AF102093

ग्राम विकास योजना और प्रबंध
(Rural Development Planning and Management)

(एम.आर.डी.-103)

ग्राम विकास में एम.ए. हेतु (एम.ए.आर.डी.)

For Master of Arts [Rural Development] [MARD]

विशेष विश्वविद्यालयों के लिए महत्वपूर्ण अध्ययन सामग्री

इंदिरा गाँधी राष्ट्रीय मुक्त विश्वविद्यालय (इग्नू), के.एस.ओ.यू. (कर्नाटका), बिहार विश्वविद्यालय (मुजफ्फरपुर), नालंदा विश्वविद्यालय, जामिया मिलिया इस्लामिया, वर्धमान महावीर मुक्त विश्वविद्यालय (कोटा), उत्तराखंड मुक्त विश्वविद्यालय, कुरुक्षेत्र विश्वविद्यालय, सेवा सदन कॉलेज ऑफ एजुकेशन (महाराष्ट्र), मिथिला विश्वविद्यालय, आंध्रा विश्वविद्यालय, अन्नामलाई विश्वविद्यालय, बैंगलोर विश्वविद्यालय, भारतीयर विश्वविद्यालय, भारतीदशन विश्वविद्यालय, हिमाचल प्रदेश विश्वविद्यालय, सेंटर फॉर डिस्टेंस एंड ओपन लर्निंग, काकाटिया विश्वविद्यालय (आंध्र प्रदेश), के.ओ.यू. (राजस्थान), एम.पी.बी.ओ.यू. (एम.पी.), एम.डी.यू. (हरियाणा), पंजाब विश्वविद्यालय, तमिलनाडु मुक्त विश्वविद्यालय, श्री पद्मावती महिला विश्वविद्यालयम् (आंध्र प्रदेश), जम्मू विश्वविद्यालय, वाई.सी.एम.ओ.यू., राजस्थान विश्वविद्यालय, उत्तर प्रदेश राजर्षि टण्डन मुक्त विश्वविद्यालय, कल्याणी विश्वविद्यालय, बनारस हिंदू विश्वविद्यालय (बी.एच.यू.), और अन्य भारतीय विश्वविद्यालय।

इस पुस्तक का अंग्रेजी संस्करण भी उपलब्ध है।

English Edition of this Book is also available.

Closer to Nature We use Recycled Paper

GPH BOOK®

गुल्लीबाबा पब्लिशिंग हाउस प्रा. लि.

आई.एस.ओ. 9001 एवं आई.एस.ओ. 14001 प्रमाणित कं.

Published by:
GullyBaba Publishing House Pvt. Ltd.

Regd. Office:
2525/193, 1ˢᵗ Floor, Onkar Nagar-A,
Tri Nagar, Delhi-110035
(From Kanhaiya Nagar Metro Station Towards Old Bus Stand)
Ph. 011-27387998, 27384836, 27385249

Branch Office:
1A/2A, 20, Hari Sadan,
Ansari Road, Daryaganj,
New Delhi-110002
Ph. 011-23289034
011-45794768

E-mail: hello@gullybaba.com, Website: GullyBaba.com

New Edition

Price:
Author: GullyBaba.Com Panel

ISBN: 978-93-83921-49-2
Copyright© with Publisher

All rights are reserved. No part of this publication may be reproduced or stored in a retrieval system or transmitted in any form or by any means; electronic, mechanical, photocopying, recording or otherwise, without the written permission of the copyright holder.

Disclaimer: This book is based on syllabus of IGNOU. This is only a sample. The book/author/publisher does not impose any guarantee or claim for full marks or to be pass in exam. You are advised only to understand the contents with the help of this book and answer in your words.

Gullybaba Publishing House Pvt. Ltd. is not connected to any university/board/institution in any way.

All disputes with respect to this publication shall be subject to the jurisdiction of the Courts, Tribunals and Forums of New Delhi, India only.

FREE HOME DELIVERY of GPH Books

You can get GPH books by VPP/COD/Speed Post/Courier.
You can order books by Email/SMS/WhatsApp/Call.
For more details, visit gullybaba.com/faq-books.html

Note : Selling this book on any online platform like Amazon, Flipkart, Shopclues, Rediff, etc. without prior written permission of the publisher is prohibited and hence any sales by the SELLER will be termed as ILLEGAL SALE of GPH Books which will attract strict legal action against the offender.

प्रस्तावना

आज यह महसूस किया जाने लगा है कि विकास के लाभ समाज के अधिकांश वर्गों तक नहीं पहुँच पाते हैं। इसलिए विकास योजना को काफी महत्त्व मिलने लगा है। साथ ही यह भी माना गया है कि योजना प्रक्रिया के गठन और संरचना में संशोधन किया जाना जरूरी है, ताकि नीतियाँ और कार्यक्रम ग्रामीण क्षेत्रों की विकास संबंधी आवश्यकताओं को प्रतिबिंबित कर सकें। इसलिए विकास योजना के प्रबंधन पर भी विशेष बल दिया जा रहा है।

प्रस्तुत जी.पी.एच. की पुस्तक **'ग्राम विकास योजना और प्रबंध (एम.आर.डी.-103)'** में योजना तथा प्रबंधन से संबंधित विभिन्न संकल्पों तथा मुद्दों पर विस्तार से चर्चा की गई है।

पुस्तक विशेष रूप से प्रश्न पत्र की तैयारी के लिए सारगर्भित एवं परीक्षोपयोगी प्रश्नोत्तर के रूप में लिखी गई है। इसके अध्ययन से न केवल अल्प समयावधि में छात्रों को अपना पाठ्यक्रम पूर्ण कर पाने में मदद मिल सकेगी बल्कि प्रश्नों के उत्तरों को हल करने में भी सरलता होगी।

प्रस्तुत पुस्तक की विषय-सामग्री के विस्तृत एवं जटिल उपबंधों को तर्कपूर्ण एवं संप्रभावी ढंग से संक्षेप में प्रस्तुत किया गया है। पुस्तक की भाषा उपयुक्त, सरल एवं प्रवाहपूर्ण रखने का प्रयत्न किया गया है। पुस्तक के प्रत्येक अध्याय के प्रारंभ में अध्याय की भूमिका दी गई है जिससे छात्रों को अध्याय को समझने में सरलता होगी।

हमारी पुस्तक की सबसे बड़ी और महत्त्वपूर्ण विशेषता यह है कि इसके अंतर्गत आपको गत वर्षों के प्रश्न पत्र हल सहित दिए जाते हैं जो आपकी परीक्षा को न केवल सरल बनाते हैं अपितु आपको परीक्षा में अच्छे अंक प्राप्त करने में भी सहायक होते हैं। पुस्तक में प्रश्न पत्रों के प्रारूप को आपके सामने बिल्कुल उसी प्रकार प्रस्तुत किया गया है जैसा आपके सामने परीक्षा केंद्र में प्रस्तुत होता है, जो आपको अपने आप में एक अलग प्रकार का आत्मविश्वास बढ़ाने में सहायक होगा।

आगामी संस्करण में आपके सुझावों को यथास्थान साभार सम्मिलित किया जाएगा। अत: अपने सुझाव नि:संकोच हमें हमारी **Email : feedback@gullybaba.com** पर या सीधे प्रकाशन के पते पर लिखें और हमें अपने सुझावों से अनुग्रहित करें।

प्रकाशक (GPH) अपने कार्यरत सहायकों व लेखकों का सहृदय आभार प्रकट करता है, जिनके सहयोग और प्रयासों के कारण ही इस पुस्तक का प्रकाशन संभव हो पाया है।

हम आपकी सफलता की कामना करते हैं।

Topics Covered

खंड-1 ग्राम विकास योजना (Rural Development Planning)

1. ग्राम विकास के लिए योजना (Planning for Rural Development)
2. योजना प्रक्रिया (Planning Process)
3. बहु-स्तरीय योजना (Multi-level Planning)
4. जिला योजना (District Planning)
5. नीचे के स्तर की योजना (खंड स्तर योजना) (Grassroots Level Planning (Block Level Planning))
6. नीचे के स्तर की योजना (ग्राम स्तर योजना) (Grassroots Level Planning (Village Level Planning))

खंड-2 ग्राम विकास प्रबंध (Rural Development Management)

7. ग्राम विकास परियोजनाओं के प्रबंधन में मुद्दे (Issues in Management of Rural Development Projects)
8. परियोजना आयाम, पहचान और निर्माण (Project Dimension, Identification and Formulation)
9. परियोजना मूल्यांकन-I (तकनीकी व्यवहार्यता) (Project Appraisal-I (Technical Feasibility))

10.	परियोजना मूल्यांकन-II (आर्थिक व्यवहार्यता) (Project Appraisal-II (Economic Feasibility))
11.	परियोजना मूल्यांकन-III (वित्तीय व्यवहार्यता) (Project Appraisal-III (Financial Feasibility))
12.	परियोजना कार्यान्वयन (कार्यकलाप योजना, नेटवर्क विश्लेषण) (Programme Implementation (Activity Planning and Network Analysis))
13.	विकास परियोजनाओं की निगरानी (Monitoring Development Projects)
14.	परियोजना मूल्यांकन (Project Evaluation)

खंड–3 स्वैच्छिक क्रिया (Voluntary Action)

15.	ग्राम विकास में स्वैच्छिक प्रयास (Voluntary Effort in Rural Development)
16.	स्वैच्छिक एजेंसी प्रशासन (Voluntary Agency Administration)
17.	समुदाय आधारित कार्यक्रमों और परियोजनाओं को विकसित करना (Developing Community Based Programmes and Projects)
18.	सामाजिक क्रिया (Social Action)
19.	स्वैच्छिक संगठनों का गठन और मजबूत करना (Formation and Strengthening of Voluntary Organisations)

विषय-सूची

1.	ग्राम विकास योजना (Rural Development Planning)	1
2.	ग्राम विकास प्रबंध (Rural Development Management)	53
3.	स्वैच्छिक क्रिया (Voluntary Action)	115

प्रश्न पत्र

(1) जून 2012 (हल सहित)	185
(2) दिसम्बर 2012 (हल सहित)	188
(3) जून 2013 (हल सहित)	192
(4) दिसम्बर 2013 (हल सहित)	196
(5) जून 2014 (हल सहित)	200
(6) दिसम्बर 2014	203
(7) जून 2015	205
(8) दिसम्बर 2015	207
(9) जून 2016	209
(10) दिसम्बर 2016	211
(11) जून 2017 (हल सहित)	213
(12) दिसम्बर 2017	216
(13) जून 2018 (हल सहित)	218
(14) दिसम्बर 2018	221
(15) जून 2019 (हल सहित)	223
(16) दिसम्बर 2019 (हल सहित)	226
(17) जून 2020 (हल सहित)	228

अध्याय 1

ग्राम विकास योजना
(Rural Development Planning)

भूमिका

हाल के वर्षों में, ग्राम विकास योजना का महत्त्व उत्तरोत्तर बढ़ता जा रहा है। इसका मुख्य कारण यह है कि संपूर्ण विश्व गरीबी और भुखमरी का शिकार है। इसके साथ-साथ यह भी स्वीकार किया गया है कि विशेषत: ग्राम विकास के लक्ष्य को अच्छी तरह से प्राप्त करने के लिए ग्राम स्तर तक जनतांत्रिक विकेंद्रीकरण किया जाना आवश्यक है। यह मान लिया गया है कि केवल इन्हीं स्तरों पर ग्रामीण लोगों के बारे में व्यापक ज्ञान एवं सूचना मिल सकती है और इन्हीं स्तरों पर वे कारगर ढंग से अपनी सहभागिता दिखा सकते हैं। अत: इस संबंध में योजना आयोग ने सभी संबंधित लोगों को विस्तृत मार्ग निर्देश जारी कर दिए हैं।

प्रश्न 1. ग्राम विकास के लिए योजना की आवश्यकता पर संक्षिप्त टिप्पणी कीजिए।

अथवा

योजना के लिए आवश्यकता पर संक्षिप्त टिप्पणी लिखिए।

[जून-2014, प्रश्न सं.-5(क)]

उत्तर— ग्राम विकास हमारी योजना प्रक्रिया का एक प्राथमिक विषय है। तद्नुसार स्थायी आधार पर ग्रामीण क्षेत्रों में लोगों की आर्थिक और सामाजिक खुशहाली सुधारने के लिए सतत् प्रयास किए गए हैं। ग्रामीण विकास मंत्रालय के अंतर्गत ग्रामीण विकास विभाग एक नोडल संगठन है जो ग्रामीण जनता के सर्वांगीण उत्थान करने के लिए समर्पित है। यह विस्तृत पैमाने पर ग्रामीण अर्थव्यवस्था के लिए कार्यक्रमों/योजनाओं के माध्यम से सुनिश्चित किया जाता है। योजना का लक्ष्य ग्रामीण शहरी विभाजन को पाटना, गरीबी हटाना, रोजगार सृजन, मूल संरचना विकास और सामाजिक सुरक्षा प्रदान करना है।

योजना समय-सीमा के अंतर्गत निर्धारित उद्देश्यों को प्राप्त करने के लिए कार्यवाहियों की रूपरेखा बनाने की प्रक्रिया है। उद्देश्यों का निर्धारण, लक्ष्यों का विनिर्देशन, संसाधन जुटाने की कार्यनीति, भिन्न-भिन्न विकास क्षेत्रकों के लिए परिव्यय का आबंटन, कार्यवाहियों की रूपरेखा (नीतियों, कार्यक्रमों और उनकी वितरण प्रणाली के रूप में उनके कार्यान्वयन सहित) के ऐसे पहलू हैं जिनका किसी भी योजना क्रिया में ध्यान में रखना अत्यंत आवश्यक है।

योजना निर्माण अनिवार्य क्रिया है, क्योंकि इससे हम निर्धारित समय-सीमा के अंतर्गत जो उद्देश्य प्राप्त करना चाहते हैं, उसके लिए कुछ सुस्पष्ट कार्यनीति बना सकते हैं। विभिन्न उद्देश्यों में प्राथमिकता निर्धारण से हम कम महत्त्वपूर्ण उद्देश्यों में से सबसे अधिक महत्त्वपूर्ण उद्देश्यों को चुन सकते हैं। एक बार ऐसा कर लेने से उपलब्ध संसाधनों और अतिरिक्त संसाधन कैसे जुटाए जाएँ आदि को ध्यान में रखकर यह निर्णय लिया जा सकता है कि क्या व्यवहार्य है। इसलिए विकास संबंधी उद्देश्यों को प्राप्त करने तथा प्रणालीबद्ध तरीके से आर्थिक और सामाजिक परिवर्तन लाने के लिए योजना बनाना अधिक वैज्ञानिक तरीका है।

सबसे महत्त्वपूर्ण कारण जो आपके विचार में आता है यह हो सकता है कि आपको कतिपय संसाधनों/कारकों की अत्यधिक कमी का सामना करना पड़ सकता है। यह भी सच है कि इन संसाधनों में से प्रत्येक का भिन्न-भिन्न उपयोग हो और आप यह निर्णय नहीं कर पाएँ कि इन संसाधनों का उपयोग किस प्रकार किया जाए। ऐसी परिस्थितियों में योजना बनाना अत्यंत महत्त्वपूर्ण हो जाता है। इसलिए आपको संसाधनों के उपयोग की योजना कुछ तर्कसंगत तरीके से बनानी चाहिए। उदाहरण के लिए, मान लीजिए कि उद्देश्य किसी सामुदायिक विकास खंड में अकुशल भूमिहीन मजदूरों के उपयोग के लिए योजना बनानी है ताकि लोग लाभदायक रोजगार प्राप्त कर सकें।

योजना से संबंधित अधिकांश दूसरे औचित्य को मोटे तौर पर दो वर्गों – संवृद्धि और वितरणात्मक न्याय में बाँटा जा सकता है। यहाँ संवृद्धि का तात्पर्य संसाधन उपयोग के निर्धारित स्तर पर समय की प्रति इकाई में उत्पादन में वृद्धि से है। उत्पादन में वृद्धि संसाधन की गुणवत्ता और मात्रा पर निर्भर होती है। वितरणात्मक न्याय का तात्पर्य यह है कि संवृद्धि समाज में होती है, बढ़ी हुई समृद्धि से प्राप्त लाभ को समाज के विभिन्न वर्गों और समूहों में अधिक समानतावादी तरीके से वितरित किया जाता है। उदाहरण के लिए, इसके अंतर्गत वे नीतियाँ भी आ सकती हैं, जिनका लक्ष्य वर्गों और क्षेत्रों में असमान आय को कम करने के लिए आय वितरण, परिसंपत्तियों के स्वामित्व को घटाने के लिए परिसंपत्ति वितरण, गरीबी उन्मूलन और सामाजिक सेवाओं तक बेहतर पहुँच और उपयोग द्वारा जीवन स्तर में सुधार करना है।

भारत में योजना की आवश्यकता (Need for Planning in India): भारत जैसी विकासशील अर्थव्यवस्था की विशेषता आय और परिसंपत्ति के स्वामित्व में असमानता है। इन असमानताओं से जुड़ी हुई ग्रामीण निर्धनता की अधिकता के कारण ग्राम विकास का कार्य विशेष रूप से महत्त्वपूर्ण है। इसके अलावा, क्षेत्रीय असमानताएँ और क्षेत्रों के विकास से जुड़ी हुई समस्याएँ भी हैं जो भौगोलिक और पारिस्थितिकी कारकों (जैसे सूखा प्रवण क्षेत्र, बाढ़ प्रवण क्षेत्र आदि) के कारण लाभकारी नहीं हैं। अतः इन चुनौतियों का सामना करने के लिए भारत में योजना की गति को तेज करने की आवश्यकता है।

जैसा कि विकास के केंद्र-बिंदु 'लोग' हैं और सर्व-साधारण लोगों में स्वाभाविक तौर पर, गरीबों को प्राथमिकता मिलनी चाहिए, क्योंकि उनकी संख्या बहुत अधिक है और वे ही सबसे अधिक असुरक्षित हैं। भारत में बहुत से ग्रामीण निर्धनों को सामाजिक सेवाएँ नाममात्र को भी नहीं मिल पाती हैं और साक्षरता की निम्न दर, अधिक बाल मृत्यु दर तथा रुग्णता, कुपोषण, पर्यावरण और स्वच्छता की कमी, जल का अभाव, आवास की कमी इन्हीं में दिखाई देती है। किसी भी विकास प्रक्रिया का मुख्य दृष्टिकोण यह होना चाहिए कि गरीब और सुविधावंचित लोग अपनी सामाजिक तथा आर्थिक, दोनों स्थितियों में सुधार कर सकें। जी.पी.एच. की पुस्तकों का मुख्य उद्देश्य ज्ञान के साथ-साथ अच्छे नम्बर दिलाना है।

प्रश्न 2. योजना के मुख्य सिद्धांत और तकनीकों की चर्चा कीजिए।
अथवा
क्षेत्र विकास दृष्टिकोण पर संक्षिप्त टिप्पणी लिखिए।
[दिसम्बर-2013, प्रश्न सं.-5(b)]
अथवा
ग्राम विकास योजना से संबंधित विभिन्न सिद्धांतों और महत्त्वपूर्ण दृष्टिकोणों की समीक्षा कीजिए। [जून-2014, प्रश्न सं.-2]

उत्तर– विकास के कई दृष्टिकोण विकसित किए जा रहे हैं और उन्हें परखा जा रहा है तथा कई वैकल्पिक सिद्धांतों को प्रस्तुत भी किया जा रहा है। चूँकि प्रारंभिक अवस्था

में योजना का उद्देश्य संवृद्धि था, इसलिए अर्थव्यवस्था की उत्पादन संरचना 'प्रतिरूपण' और उसके विस्तार को सीमित करने वाले कारकों का पता लगाने पर विशेष रूप से ध्यान दिया गया था। वे सिद्धांत अधिकांश उन विकासशील देशों पर तत्परता से प्रयुक्त किए गए, जहाँ कुल उत्पादन में औद्योगिक क्षेत्रक का प्रमुख हिस्सा था।

जैसे ही वितरण (सामाजिक न्याय) की संकल्पना को एक महत्त्वपूर्ण उद्देश्य के रूप में मान्यता मिली, संवृद्धि योजना मॉडलों में अलग-अलग क्षेत्रों अथवा स्थानिक क्षेत्रों को भी उनके ढाँचे में शामिल किया जाने लगा।

क्षेत्रीय विकास योजना सिद्धांत (Theories of Regional Development Planning): औद्योगिक रूप से विकसित पश्चिमी देशों में क्षेत्रीय विकास संबंधी पहले के दृष्टिकोण, मुख्य रूप से संवृद्धि-मुखी थे और उनमें यह कल्पना की गई थी कि आधुनिक क्षेत्रक कार्यों द्वारा उच्चसंवृद्धि दर प्राप्त की जा सकती है। परंतु क्षेत्रीय अर्थव्यवस्था में उच्च संवृद्धि पैदा करने की अवधारणाएँ भिन्न-भिन्न विकास सिद्धांतों या मॉडलों में अलग-अलग थीं।

तालिका 1.1: विकास सिद्धांत और संबद्ध योजना मॉडल/दृष्टिकोण

सिद्धांत	संबद्ध नीति/योजना मॉडल दृष्टिकोण
(1) आर्थिक आधार गुणंक सिद्धांत	आर्थिक आधार मॉडल (गुणंक विश्लेषण)
(2) व्यापक आर्थिक संवृद्धि	(i) आदान-उत्पादन मॉडल (ii) तिनबरगेन योजना मॉडल/क्षेत्रकों/उद्योगों के लिए वृद्धिमान पूँजी उत्पादन अनुपात (iii) सामाजिक लागत लाभ विश्लेषण (iv) पूँजीगत निवेश पर वापसी की आंतरिक दर उच्चतम सीमा तक बढ़ाना
(3) ध्रुवित विकास (विस्तार सिद्धांत, केंद्रीय स्थान सिद्धांत, नोदक फर्म संकल्पना)	संवृद्धि ध्रुव केंद्र कार्यनीतियाँ: (i) मध्य आकार के शहर प्रमुख शहरों की ओर पलायन रोधक के रूप में (ii) निम्न स्तर से विकास के लिए केंद्र बिंदुओं के तौर पर निम्न स्तर जनसंख्या केंद्र
(4) आधुनिक/नवक्लासिकी और मार्क्सवादी अवस्था सिद्धांत	(i) त्वरित शहरी आधार (ii) द्वि-क्षेत्रक संवृद्धि मॉडल (iii) बड़े पैमाने की पूँजी प्रधान संसाधन आधारित परियोजनाएँ
(5) कृषि/भूमि उपयोग सिद्धांत	वॉन थूनेन मॉडल; कृषि भूमि उपयोग जोन में विभागीकरण या क्षेत्रीकरण का स्थानीय लाभों सहित

पंक्ति 2, 3 और 4 में यथा उल्लिखित इन सिद्धांतों में बुनियादी नियम यह है कि एक ही समय में संवृद्धि नहीं दिखाई देती चूँकि संवृद्धि को प्रभावित करने वाले तथ्यों की तीव्रता भिन्न-भिन्न होती है, यह स्वयं को अर्थव्यवस्था के कुछ केंद्रों पर या 'ध्रुव' कहे जाने वाले कुछ विशेष क्षेत्रों पर प्रगट करती है और तब विभिन्न माध्यमों द्वारा अन्य खंडों और क्षेत्रों में फैलती है। समग्र आर्थिक व्यवस्था पर इस तरह की संवृद्धि के प्रभाव में भी भिन्नताएँ हैं। क्षेत्रीय अर्थव्यवस्था में संवृद्धि आधुनिक क्षेत्रक कार्यों अथवा संवृद्धि 'ध्रुवों' द्वारा विकास की प्रक्रिया का विस्तार कर उत्पन्न की जा सकती है। "आर्थिक आधार सिद्धांत" क्षेत्रीय अर्थव्यवस्था में स्थानीय संसाधनों की भूमिका को मानते समय इस बात पर बल देते हैं कि उच्च संवृद्धि या तो प्राथमिक अथवा निर्यात के लिए माल उत्पादन करने संबंधी विनिर्माणकारी कार्यों के विस्तार से प्राप्त की जा सकती है।

ग्राम विकास योजना की प्रणालियाँ (Rural Development Planning Methodologies): चौथी पंचवर्षीय योजना के बाद भारत में लघु स्तर (Micro Level) योजना प्रणाली विकसित करने की दिशा में पर्याप्त काम हुआ है। योजना आयोग ने जिला योजनाओं के निर्माण पर जोर दिया, जिला योजना बनाने के संबंध में दिशा-निर्देश दिए और सुझाव दिया कि:

"*जिला योजना के निर्माण का पहला उद्देश्य जिले के उपक्षेत्रों में स्थापित किए जाने वाले दीर्घकालिक आर्थिक कार्यकलापों और प्राकृतिक संसाधन का विकास (संरक्षण) करने के लिए भावी 15 से 20 वर्षों में किए जाने वाले उपायों का निर्धारण करना, आधारिक संरचना सुविधाओं और सामाजिक सेवाओं का निर्माण करना तथा कस्बों और शहरों की संवृद्धि को इस तरीके से प्रोत्साहित करना है जो जिले को पूर्व-निर्धारित दिशा में विकास करने में सहायक हों। दूसरा उद्देश्य तात्कालिक समस्याओं, अल्पकालिक प्राथमिकताओं और उपलब्ध संसाधनों की मौजूदा परिस्थितियों के विश्लेषण और यथार्थ मूल्यांकन के आधार पर अगले पाँच वर्षों अथवा एक वर्ष के लिए एकीकृत कार्य योजना तैयार करना है।*"

उपर्युक्त विवरण से यह स्पष्ट होता है कि शुरू में विकास के लिए दृष्टिकोण क्षेत्रीय था, जिसमें संवृद्धि बिंदुओं और आर्थिक कार्यकलापों के निर्धारण पर जोर दिया गया था। कुछ वर्षों के बाद, समाज के विभिन्न वर्गों के बीच आय की असमानता और इलाकों तथा क्षेत्रों के बीच संवृद्धि की विषमता कम करके वितरणात्मक न्याय प्राप्त करने के लिए ग्राम विकास का कार्य राष्ट्रीय नीति में परिवर्तन हुआ है। इन उद्देश्यों को प्राप्त करने के लिए ढाँचे में इलाका दृष्टिकोण और लक्ष्य दृष्टिकोण जोड़े गए। दृष्टिकोण में प्रगतिशील परिवर्तनों के आधार पर तीन श्रेणियों - संवृद्धि केंद्र दृष्टिकोण, क्षेत्र विकास दृष्टिकोण और एकीकृत विकास दृष्टिकोण के अधीन ग्राम विकास योजना के लिए विकसित की गई प्रणालियों का वर्णन किया जा सकता है।

संवृद्धि केंद्र दृष्टिकोण (Growth Centre Approach): इस दृष्टिकोण के पीछे बुनियादी तर्क यह है कि आधारिक संरचना संबंधी सुविधाएँ पैदा करने के लिए बढ़ते

हुए संसाधनों को इन क्षेत्रों की ओर ले जाने से ग्रामीण क्षेत्रों के विकास को प्रोत्साहित किया जा सकता है। दो मुख्य कारणों से आधारिक संरचना संबंधी कठिनाइयाँ पैदा होती हैं। पहला, वित्तीय कठिनाइयाँ, दूसरा निवेश की आर्थिक दक्षता, इसे सुनिश्चित किया जाना है। इसका अभिप्राय यह है कि उपयुक्त स्थानों पर सुविधाओं का पता लगाया जाना चाहिए। कुछ गाँवों में अपेक्षाकृत जनसंख्या कम है जो निवेश के पूर्ण नियमित उपयोग के लिए पर्याप्त नहीं है। सुविधाओं का निर्धारण जनसंख्या के न्यूनतम स्तर को ध्यान में रखकर किया जाना चाहिए।

ग्रामीण संवृद्धि केंद्र की संकल्पना का अभिप्राय निवेश के लिए आदर्श स्थान का पता लगाना और संबंधित क्षेत्र में उत्प्रेरित संवृद्धि के लिए केंद्रित रूप से काम करना भी है। "अवस्थिति निर्धारण सिद्धांतों" और "केंद्रीय स्थान सिद्धांत" द्वारा इस दृष्टिकोण को मुख्य आधार प्रदान किया गया था। अवस्थिति सिद्धांत विकास में स्थानिक कारकों के महत्त्व पर बल देते हैं। इस प्रकार, कुछ अवस्थितियों में आर्थिक और आधारिक संरचना सुविधाओं की व्यवस्था इन केंद्रों के निकटवर्ती क्षेत्रों में संवृद्धि पैदा कर सकती है।

क्षेत्र विकास दृष्टिकोण (Area Development Approach): यह संवृद्धि केंद्र दृष्टिकोण का विस्तार है और इसमें आर्थिक संवृद्धि प्राप्त करने में स्थानीय कारकों को ध्यान में रखा जाता है। क्षेत्र का एकीकृत विकास न केवल पर्याप्त आधारिक संरचना नेटवर्क के विकास पर निर्भर करता है, बल्कि इस बात पर भी निर्भर करता है कि स्थानीय अर्थव्यवस्था के कारकों को उत्पादन आधारित संरचना के लिए किस तरीके से सक्रिय किया गया है। दूसरे शब्दों में, क्षेत्र के एकीकृत विकास के लिए स्थानिक और कार्यात्मक एकीकरण आवश्यक है।

यह जरूरी नहीं है कि विकास का व्यापक प्रभाव, खासतौर से भारत के गाँवों की वर्तमान स्थिति में पूरे समाज पर एक जैसा पड़े या सभी लोगों को इसका समान लाभ हो इसके दो कारण हैं:

- उन क्षेत्रों में जहाँ आधुनिक कृषि प्रौद्योगिकी का प्रचलन नहीं हो सका है, वहाँ गाँवों में कृषि और इससे संबद्ध कार्य सभी उपलब्ध मजदूरों को पूरी तरह से रोजगार नहीं दे सका है, और
- संसाधनों तक, खासतौर पर भूमि, गाँव के बहुत से लोगों की पहुँच बहुत कम है या बिल्कुल नहीं है।

एकीकृत ग्राम विकास दृष्टिकोण (Integrated Rural Development Approach): ग्राम विकास दृष्टिकोण की समस्याओं और ग्रामीण निर्धनता की समस्या से निपटने के लिए सरकारी नीति के संदर्भ में, ग्राम विकास की नई कार्यनीति, अर्थात् एकीकृत ग्राम विकास दृष्टिकोण विकसित की गई है, क्योंकि क्षेत्र विकास दृष्टिकोण, कुल मिलाकर रोजगार, आय और परिसंपत्ति के वितरण में असमानता के प्रश्न को हल करने में असफल रहा है। केवल भौगोलिक आधार पर बल देना, जैसा कि क्षेत्र विकास दृष्टिकोण के मामले में है, समस्याओं के समाधान में अपर्याप्त पाया गया है।

छठी पंचवर्षीय योजना (1978-83) के प्रारूप में एकीकृत ग्राम विकास संकल्पना का उल्लेख निम्नलिखित शब्दों में किया गया है:

पिछली योजनाओं में विभिन्न ग्राम विकास कार्यक्रमों के अनुभव से यह दिखाई देता है कि क्षेत्र के समग्र विकास और स्थानीय लोगों, खासतौर पर समाज के कमजोर वर्गों को लाभ पहुँचाने के लिए मात्र परियोजना दृष्टिकोण या क्षेत्रक दृष्टिकोण पर्याप्त नहीं है। बेरोजगारी और गरीबी तथा कृषि और इससे संबद्ध कार्यों के विकास की संभावनाएँ भी एक क्षेत्र से दूसरे क्षेत्र में तथा क्षेत्रों के अंदर भी भिन्न-भिन्न हैं। इसलिए विभिन्न कार्यक्रमों के एकीकरण के लिए योजना बनाना और योजना उद्देश्यों, स्थानीय आवश्यकताओं तथा पर्यावरण संतुलन के अनुरूप स्थानीय प्रतिभाओं के अधिकतम उपयोग के लिए समुचित समन्वय स्थापित करना आवश्यक होगा।

अब एकीकृत ग्राम विकास का ध्यान इन छोटे और सीमांत किसानों, कृषि मजदूरों और ग्रामीण दस्तकारों के लक्ष्य समूहों पर विशेष रूप से होगा, जिनकी आर्थिक प्रगति ग्राम विकास के लिए महत्त्व का विषय होगा। इस नए दृष्टिकोण का लक्ष्य उन ग्रामीण परिवारों के आर्थिक कार्यकलापों से संबंधित क्षेत्र कार्यक्रमों का एकीकरण करना होगा, जिन्हें रोजगार देना, विकसित करना बुनियादी उद्देश्य है। इसे प्राथमिक, माध्यमिक और तृतीयक क्षेत्र को विकसित करके पूरा किया जाएगा।

प्रश्न 3. परियोजना चक्र पर संक्षिप्त टिप्पणी कीजिए।

उत्तर— परियोजना, संकल्पना से लेकर कार्यान्वयन तक चक्रीय क्रम में अनेक चरणों में होकर गुजरती है। इन चरणों से परियोजना का जीवन-चक्र बनता है।

पहला, परियोजना का विचार शुरू होता है। परियोजना का विचार कौन शुरू करता है? यह संबंधित विभाग, ग्राम सभा, खंड स्तर के निकाय, लक्ष्य समूह, विकास कार्यों में लगे स्वैच्छिक संगठन, वैज्ञानिक और तकनीकी अनुसंधान समूह या केंद्रीय योजना एजेंसी हो सकते हैं।

बाद में, इस विचार का खाका तैयार करने से पहले इसकी उपयोगिता के आधार पर इसका विश्लेषण किया जाता है। स्थानीय परिस्थितियों के अनुभव और उपलब्ध जानकारी पर आधारित ठोस निर्णय ही केवल इस निर्णय का मार्गदर्शक होता है। फिर भी, एक बार जब परियोजना के विचार का पता लगा लिया जाता है और उसे स्वीकार कर लिया जाता है, तब संबंधित विभाग में इसकी रूपरेखा तैयार करने का काम शुरू किया जाता है। इस कार्य के सफल संपादन के लिए दल के सदस्यों के बीच लगातार अनुक्रिया और प्रतिपुष्टि अत्यंत आवश्यक है।

रूपरेखा तैयार करने के बाद, यदि परियोजना स्वीकार करने योग्य पाई जाती है तो इसे क्षेत्रक की अन्य परियोजनाओं के साथ चयन के लिए भेजा जाता है। इसके अलावा,

यदि इसे चुन लिया जाता है तो यह कार्यान्वयन अवस्था में जाता है और अंत में परिणामों के मूल्यांकन की आवश्यकता होती है।

तालिका 1.2 में परियोजना का जीवन-चक्र दर्शाया गया है:

तालिका 1.2: परियोजना जीवन चक्र

योजना-पूर्व अवधि				चयन	योजना अवधि	योजना के बाद की अवधि
संकल्पना या पहचान	तकनीकी औचित्य	आर्थिक उपयोगिता	वित्तीय व्यवहार्यता		निर्माण ←	प्रचालन →
(1)	(2)	(3)	(4)	(5)	(6)	(7)
					← परियोजना कार्य जीवन →	
प्रत्याशित मूल्यांकन					मूल्यांकन	यथार्थ मूल्यांकन

चार्ट में परियोजना के जीवन चक्र, भिन्न-भिन्न संबंधी प्रावस्थाएँ, योजना अवधि के संदर्भ में प्रावस्थाओं की स्थिति और भिन्न-भिन्न प्रावस्थाओं में हल किए जाने वाली समस्याओं के निर्णय की किस्म दिखाई गई हैं। यद्यपि प्रत्येक प्रावस्था की अपने संबंध में निर्णय की समस्याएँ हैं, फिर भी योजना-पूर्व अवधि में पूरी समस्या पर यह निर्णय करना है कि क्या परियोजना को योजना में शामिल करना उपयोगी है। निर्माण प्रावस्था समस्याएँ अलग किस्म की होती हैं, जहाँ प्रबंध तकनीक जब लागू किए जाते हैं तो ऐसे प्रश्नों का उत्तर मिलने में सहायता मिलती है जैसे कि समय अनुसूची के अंतर्गत कार्य को किस प्रकार संयोजित किया जाए ताकि परियोजना के निर्माण स्थान पर सामग्री और श्रमिकों का प्रवाह बना रहे। इससे प्रबंध स्टाफ को परियोजना के निर्माण और प्रचालन में अधिकतम दक्षता प्राप्त करने में सहायता मिलती है।

प्रश्न 4. स्टॉक और प्रवाह की संकल्पना की व्याख्या कीजिए और इनमें अंतर स्पष्ट कीजिए।

उत्तर— किसी निश्चित समय पर विद्यमान संसाधनों की मात्रा को स्टॉक कहते हैं। गणना के समय, कल्पना कीजिए किसी वर्ष विशेष की 31 मार्च को विद्यमान संबंधित संसाधनों का स्टॉक कृषि और वन भूमि, पशु झुंड और कृषि औजार हैं। संसाधनों का मनुष्य द्वारा उपयोग का अभिप्राय यह है कि स्टॉक का स्वत: आहरण हो रहा है, खनिज पदार्थों जैसे पुनर्नवीकरण न किए जा सकने वाले संसाधनों के मामले में या स्टॉक से उत्पादन का आहरण हो रहा है जैसे पुनर्नवीकरण योग्य संसाधनों के मामले में उदाहरणार्थ मत्स्य-पालन, वानिकी, पशुधन, कृषि-भूमि या भूमिगत जलाशय।

स्टॉक पर स्वतः किसी भी प्रकार के आहरण (अर्थात् मंद निस्सारण या उपयोग) या स्टॉक से उत्पादन के आहरण को प्रवाह माना जाता है। दूसरे शब्दों में, संसाधन की मात्रा या कालावधि के दौरान संसाधनों से उत्पादन का कोई भी आहरण या उपयोग प्रवाह कहलाता है। उदाहरण के लिए, यदि कृषि भूमि वैचारिक दृष्टि से स्टॉक है तो भूमि से उत्पादन प्रवाह संकल्पना है। दूसरे उदाहरण के रूप में कल्पना कीजिए, वर्ष के शुरू में कुछ धन (माना कि ₹10,000) बैंक में जमा किए गए। यह जमा धन स्टॉक है, पूँजी निधि है। यदि आपको, माना कि वर्ष के अंत में कुछ धन की जरूरत है तो आपके सामने दो विकल्प हैं। पूँजी निधि, स्टॉक या मूलधन कुछ हिस्सा निकाल लें या मूलधन (₹10,000) पर अर्जित एक वर्ष के ब्याज हिस्सा या पूरी राशि निकाल लें। यदि आप पहला विकल्प चुनते हैं तो निकाली गई राशि स्टॉक से प्रवाह है, यदि दूसरा विकल्प चुना जाता है तो यह उत्पादन (ब्याज अर्जन) से प्रवाह है। दूसरा उदाहरण आपकी मासिक आय है, जो एक प्रवाह है, क्योंकि यह एक महीने-अवधि में अर्जित किया गया है। इसका अर्थ है कि समय हमेशा प्रवाह का एक आयाम होता है जैसे प्रतिदिन (अर्थात् मजदूरी), प्रतिमास (वेतन), प्रतिवर्ष (ब्याज)।

स्टॉक हमेशा निश्चित समय के आधार पर निर्धारित किया जाता है (उदाहरण के लिए किसी भी नियत समय में बैंक में आपकी जमा राशि)।

हमारे दैनिक जीवन में गैर-नवीयन योग्य स्टॉक (खनिज खानें, तेल के कुएँ) में से सतत् प्रवाह का अर्थ है: स्टॉक का कम होना और अंततः उसका समाप्त होना। इस प्रक्रम को उल्टा नहीं किया जा सकता। नवीयन योग्य स्टॉकों (चरागाह, वन, पशु या पशुधन) के मामले में उपर्युक्त प्रक्रम को इस दृष्टि से उल्टा करने योग्य कहा जा सकता है कि स्टॉक की कमी होने की अवधि के बाद वह अवधि आती है जिसमें स्टॉक का पुनः सृजन एवं पुनरुत्पादन होता है और उसकी मात्रा उसके मूल स्तर तक पहुँच जाती है। लेकिन प्रवाह की सदैव एक उच्च सीमा भी होती है यथा दूध देने वाले पशुओं के स्टॉक से दुग्धोत्पादन। कुछ मामलों में ऐसा हो सकता है कि उत्पाद का प्रवाह उच्च सीमा को भी पार कर जाए। इससे स्टॉक पर प्रतिकूल प्रभाव पड़ता है। एक समय ऐसा आता है जब स्टॉक पुनःसृजित होने की अपेक्षा अधिक तेजी से समाप्त होने लगता है। सीमा से अधिक मछली पकड़ना, सीमा से अधिक चरागाह का इस्तेमाल करना तथा वृक्षों आदि का काटना इसी प्रकार के स्पष्ट उदाहरण हैं। इस प्रकार, संबंधित संसाधनों के पुनः सृजन का जैविक एवं पारिस्थितिक स्थितियों द्वारा निर्धारित एक अधिकतम सतत् उत्पादन स्तर होता है।

प्रश्न 5. भारत में ग्राम विकास से संबंधित योजना को संक्षेप में स्पष्ट कीजिए।

अथवा

गरीबी उन्मूलन कार्यक्रमों की उपलब्धियों की समीक्षा कीजिए।

[जून-2014, प्रश्न सं.-3(i)]

उत्तर— भारतीय राष्ट्रीय कांग्रेस ने योजना के संबंध में 1947 से भी पहले, अपनी प्रतिबद्धता दिखाई थी और रिपोर्टों का एक सैट भी तैयार किया था जिस पर काफी रुचि पैदा हुई और चर्चा भी हुई।

भारत के प्रथम प्रधानमंत्री जवाहरलाल नेहरू को आमतौर पर भारत में योजना का निर्माता कहा जाता है। उन्होंने औद्योगिक परिवर्तन की उन अनावश्यक कठिनाइयों को दूर करते हुए जहाँ तक यह भारत के गाँवों में रहने वाले लोगों के जीवन को प्रभावित करता है, दूर करते हुए योजना को देश के विकास के मार्ग के रूप में देखा। आमतौर पर भारत की योजना क्रिया में पहली तीन पंचवर्षीय योजनाओं को सबसे अधिक सक्रिय प्रावस्था के रूप में समझा जाता है।

योजना के प्रारंभिक वर्ष (The Early Years of Planning): यद्यपि पहली पंचवर्षीय योजना (1950-55) मूलत: कार्यक्रमों, लक्ष्यों और परिव्यय एक साथ रखने की सरल क्रिया थी और इसने सामुदायिक विकास कार्यक्रम और राष्ट्रीय विस्तार सेवाएँ शुरू करके विकास का मार्ग प्रशस्त किया।

योजना के कार्य के संबंध में भारत की परियुक्ति द्वितीय पंचवर्षीय योजना के निर्माण में दिखाई दी। लब्ध-प्रतिष्ठित सांख्यिकीविद् और व्यापक सूझ-बूझ के व्यक्ति समझे जाने वाले प्रो. पी.सी. महालनोबिस को आमतौर पर द्वितीय पंचवर्षीय योजना की रूपरेखा का श्रेय दिया जाता है। यह योजना उस समय तृतीय विश्व में किसी भी नव स्वतंत्र देश में योजना पर सबसे अधिक आत्म-चेतना का प्रयास था। लगभग सभी प्रमुख समकालीन अर्थशास्त्री जिन्होंने विकास अर्थशास्त्र के अध्ययन में रुचि ली थी, इन वर्षों के दौरान भारतीय योजनाकारों से प्रभावित हुए और आज के कई नोबल पुरस्कार विजेताओं ने भी ऐसा ही किया।

द्वितीय पंचवर्षीय योजना (1955-60) ने उद्योग पर बल दिया। विचार यह था कि यह कार्यनीति ग्रामीण भारत की अधिशेष आबादी को राहत देगी। कार्यनीति में भारी उद्योगों और पूँजीगत माल क्षेत्रक में रोजगार बढ़ाने के लिए कहा गया था ताकि कृषि क्षेत्र का भार कम हो सके। यह प्रमुखत: औद्योगीकरण की कार्यनीति थी; जिसमें अग्रवर्ती और पश्चवर्ती, दोनों सशक्त उद्योग अनुबंधन को बनाने की आशा की गई थी।

संकट के वर्षों में योजना की भूमिका (Role of Planning During the Years of Crises): तृतीय पंचवर्षीय योजना की सूचीबद्ध प्राथमिकताओं में आमतौर पर कृषि का प्रथम स्थान माना गया था। इस प्रकार कम-से-कम इसके प्रारंभिक प्रतिपादन में तृतीय पंचवर्षीय, द्वितीय पंचवर्षीय योजना से भिन्न थी। आमतौर पर यह माना गया था कि द्वितीय पंचवर्षीय योजना में कृषि पर बल नहीं दिया गया था। तृतीय पंचवर्षीय योजना में इस पर अधिक बल देने का प्रयास किया गया।

भारतीय योजना को 1960 की दशाब्दी में बाहरी कारकों के दो प्रमुख आघातों का सामना करना पड़ा। पहला, 1962 में चीन के साथ युद्ध के रूप में था और दूसरा, 1965

और 1967 में फसल लगातार असफल रही। पहले आघात के कारण भारत के रक्षा परिव्यय में काफी वृद्धि करनी पड़ी और इसके लिए सरकार को सार्वजनिक पूँजी निवेश में भारी कटौती करनी पड़ी। इसके फलस्वरूप पूँजीगत माल क्षेत्रक को भारी आघात पहुँचा। खाद्यान्न के क्षेत्र में आए संकट से उबरने के लिए संयुक्त राज्य अमेरिका से गेहूँ का आयात किया गया। पहली बार अंतर्राष्ट्रीय सहायता पर भारत की निर्भरता की स्थिति खुलकर सामने आई। फिर भी, इन संकटों के फलस्वरूप भारतीय योजनाकारों ने खाद्यान्न की आत्मनिर्भरता प्राप्त करने की आवश्यकता महसूस की। इस संकट से सरकार की प्रतिक्रिया यह हुई कि पंचवर्षीय योजनाओं को छोड़ना पड़ा। इसके फलस्वरूप 1966 और 1969 के बीच की अवधि को – वार्षिक योजना प्रावस्था – बहुधा "योजना अवकाश" अवधि के रूप में कहा गया।

कृषि विकास की सुस्पष्ट कार्यनीति के प्रतिपादन के लिए वार्षिक योजना प्रावस्था, महत्त्वपूर्ण सिद्ध हुई। यह कार्यनीति चौथी पंचवर्षीय योजना में भी अपनाई गई। यह परिवर्तन भारतीय कृषि पर बंधनकारी दबावों को कम करने के लिए महत्त्वपूर्ण था।

योजना और कृषि का रूपांतरण (Planning and Agricultural Transformation): चौथी पंचवर्षीय योजना के दौरान नई कार्यनीति पर कार्यान्वयन शुरू हुआ और कृषि में इसे आमतौर पर "हरित क्रांति" के रूप में जाना गया था।

कृषि में "हरित क्रांति" ने प्रवेश किया तभी यह महसूस किया गया कि "वितरणात्मक न्याय" अभी भी स्वप्न बना हुआ है। इस प्रकार लोक-प्रचलित गरीबी हटाओ नारे के आने पर और इसमें योजना के विशिष्ट उद्देश्य के रूप में गरीबी उन्मूलन पर जोर दिया गया। वास्तव में, योजना आयोग द्वारा तैयार किए गए प्रलेख ने, यद्यपि सरकारी तौर पर यह कभी नहीं छापा गया, सबसे पहली बार गरीबी उन्मूलन को राजनीतिक और सार्वजनिक बहस का प्रमुख मुद्दा बनाया था।

पाँचवीं पंचवर्षीय योजना के कार्यनीति प्रलेख में कार्यकारी दल की सिफारिशों का अनुसरण किया गया। दल ने गरीबी की परिभाषा, पोषाहार की अपर्याप्तता के आधार पर की थी और स्वयं उद्देश्य के रूप में निम्नतम तीन दशकों की आय के पुनर्वितरण को स्पष्ट करने का प्रयास किया।

गरीबी उन्मूलन और भारतीय योजना (Poverty Alleviation and Indian Planning): छठी पंचवर्षीय योजना (1980-85) में भी उसके मुख्य लक्ष्य के रूप में गरीबी उन्मूलन कार्यक्रम पुनः शुरू किया गया। फलस्वरूप, गरीबी उन्मूलन के लिए राष्ट्रीय ग्रामीण रोजगार कार्यक्रम, ग्रामीण भूमिहीन रोजगार गारंटी कार्यक्रम (बाद में जवाहर रोजगार योजना में इनका विलय किया गया), स्व-रोजगार के लिए ग्रामीण युवाओं का प्रशिक्षण कार्यक्रम, ग्रामीण क्षेत्रों में महिला और बाल दिवस कार्यक्रम, एकीकृत ग्राम विकास कार्यक्रम पर बहुत जोर दिया गया। ग्रामीण रोजगार कार्यक्रमों सहित एकीकृत ग्राम

विकास कार्यक्रम, न्यूनतम आवश्यकता कार्यक्रम और क्षेत्र विकास कार्यक्रम का अभिप्राय छठी पंचवर्षीय योजना में ग्रामीण क्षेत्रक पर बहुत बल दिया जाता था।

सातवीं पंचवर्षीय योजना में भी गरीबी उन्मूलन पर काफी ध्यान दिया जाता रहा। रोजगार के अवसरों में वृद्धि, मानव संसाधन और आधारिक संरचना विकास, असमानता उन्मूलन, खाद्यान्न सुरक्षा की विस्तृत प्रणाली, कृषि और उद्योग में उत्पादकता में वृद्धि, विकास में लोगों की सहभागिता और कृषि तथा ग्राम विकास प्रशासन में पर्याप्त सुधार को प्राथमिकता के क्षेत्रों के रूप में निर्धारित किया गया।

नवीं पंचवर्षीय योजना ने उत्पादनकारी रोजगारों को उत्पन्न करने और गरीबी उन्मूलन को ध्यान में रखते हुए कृषि और ग्रामीण विकास की प्राथमिकता पर बल दिया है। दसवीं योजना ने नवीं योजना की तीन योजना कार्यनीतियों को जारी रखा:

- क्षेत्र-उत्पादन को बढ़ाना और ग्रामीण क्षेत्रों में अन्य क्रियाओं का विकास;
- गरीबी उन्मूलन कार्यक्रम; और
- गरीबी रेखा से नीचे लोगों के लिए सार्वजनिक वितरण व्यवस्था।

प्रश्न 6. भारत में योजना प्रक्रिया का विवरण दीजिए।

अथवा

वार्षिक योजनाएँ तथा मध्यावधि मूल्यांकन पर नोट लिखिए।

अथवा

भारत में योजना प्रक्रिया की संक्षिप्त विवेचना कीजिए।

[दिसम्बर-2012, प्रश्न सं.-1]

अथवा

मध्य-अवधि मूल्यांकन पर संक्षिप्त टिप्पणी लिखिए।

[दिसम्बर-2013, प्रश्न सं.-5(c)]

उत्तर– योजना बनाना लक्ष्य की प्राप्ति के लिए कार्यवाहियों का एक ब्लूप्रिंट तैयार करने की एक प्रक्रिया है। किसी भी योजना प्रक्रिया में कुछ ऐसे उद्देश्य होते हैं जिन्हें निर्धारित समय सीमा के अंदर प्राप्त करना होता है। भारत में सर्वसम्मत सिद्धांत पंचवर्षीय योजनाओं का निर्माण करना है, जिसके अंतर्गत हमारी वार्षिक योजनाएँ होती हैं। फिर भी, ऐसे अवसर भी आते हैं, जब सरकार को अपने लिए कुछ ऐसे उद्देश्य निर्धारित करने पड़ते हैं, जिन्हें अपेक्षाकृत लम्बे समय अर्थात् 10 से 15 वर्षों में पूरा करना होता है। दीर्घकालिक समय-सीमा की यह योजना प्रक्रिया परिप्रेक्ष्य योजना है। परिप्रेक्ष्य योजना के ढाँचे में दीर्घकालिक समय-सीमा के लक्ष्य भी निर्धारित किए जाते हैं। भारत में न्यूनतम आवश्यकता कार्यक्रम (एम.एन.पी.) और निर्धनता उन्मूलन, दो ऐसे उदाहरण हैं जिन्हें इस संदर्भ में देखा जा सकता है।

पहले कार्यक्रम के बारे में, छठी पंचवर्षीय योजना में विभिन्न क्षेत्रों, जैसे प्रारंभिक शिक्षा, ग्रामीण स्वास्थ्य, ग्रामीण जल आपूर्ति, ग्रामीण सड़कें, विद्युतीकरण, भूमिहीन मजदूरों के लिए आवास व्यवस्था, शहर की गंदी बस्तियों में पर्यावरण संबंधी सुधार, पोषाहार आदि के लिए लक्ष्य निर्धारित किए गए थे, जिन्हें 1990, 1999 और कुछ मामलों में 2000 ई. तक प्राप्त किया जाना था। इस प्रकार इन क्षेत्रों के लिए 10, 15 और 20 वर्ष की समय-सीमा का परिप्रेक्ष्य था।

इसी प्रकार हमारे देश में गरीबी की स्थिति के बारे में 1980 में छठी पंचवर्षीय योजना में गरीबी की रेखा से नीचे जीवन-यापन करने वाले लोगों की संख्या जो उस समय लगभग 50 प्रतिशत थी, उसे कम करके 1995 में 10 प्रतिशत तक लाने का उद्देश्य रखा गया था। सातवीं पंचवर्षीय योजना में 15 वर्ष का परिप्रेक्ष्य रखा गया था और कुछ क्षेत्रों के लिए 15 वर्षों की परिप्रेक्ष्य योजना तैयार की गई थी तथा इसके लिए कुछ उद्देश्य और भौतिक लक्ष्य निर्धारित किए गए थे।

पंचवर्षीय योजनाएँ (Five Year Plans): यद्यपि पंचवर्षीय योजना भारत में योजना का मुख्य माध्यम है। हमने यह प्रक्रिया 1951 में शुरू की और लगातार तीन योजनाओं के बाद, 1966 और 1969 के बीच की अवधि में तीन वार्षिक योजनाएँ देखीं। इसे कभी-कभी "योजना अवकाश" की अवधि भी कहा जाता है। फिर भी, 1969 से पंचवर्षीय योजनाएँ बनाई गईं, यद्यपि यहाँ भी 1978 में और फिर 1980 में अवकाश रहा। पाँचवीं पंचवर्षीय योजना (1974-79) को एक वर्ष पहले ही 1978 में समाप्त किया गया और तब सरकार ने अपनी नीतियों और कार्यक्रमों को अधिक कारगर बनाने के लिए 1978-83 की पंचवर्षीय योजना का मसौदा तैयार किया।

पंचवर्षीय योजना की अवधि शुरू होने के काफी पहले से ही योजना आयोग और राज्य सरकार योजना बनाने का कार्य शुरू करते हैं। उदाहरण के लिए, आठवीं पंचवर्षीय योजना 1990-95 को बनाने की प्रक्रिया 1987 में ही शुरू हुई। इसका प्रारंभिक अभ्यास आर्थिक स्थिति, इसके समक्ष आने वाली समस्याओं और बची हुई विकास संबंधी समस्याओं (सामाजिक और आर्थिक) की गहन समीक्षा के साथ हुआ।

इसके साथ-साथ, राज्य योजना विभाग राज्य योजना के प्रस्ताव तैयार करने का काम शुरू करता है। वह योजना आयोग और केंद्रीय सरकार के मंत्रालयों द्वारा भेजे गए दिशा-निर्देशों के आधार पर कार्यवाही आरंभ करता है। सबसे पहले राज्य योजना की सामान्य कार्यनीति और दृष्टिकोण पर विचार किया जाता है और फिर योजना की समीक्षा, संसाधनों की स्थिति का मूल्यांकन तथा किस सीमा तक अतिरिक्त संसाधन जुटाए जा सकते हैं, के आकलन तथा प्राथमिकता के क्षेत्र तय करने का काम शुरू होता है। संबंधित विभागों को क्षेत्रक प्रस्ताव तैयार करने के लिए कहा जाता है जिसकी समीक्षा की जाती है, उसमें संशोधन किया जाता है और तब राज्य की प्राथमिकताओं तथा संसाधनों की स्थिति को ध्यान में रखते हुए समग्र राज्य योजना के अंतर्गत शामिल किया

जाता है। इसके बाद, योजना का प्रारूप, योजना आयोग के पास भेजा जाता है, जहाँ प्रत्येक क्षेत्रक पर राज्य सरकार तथा केंद्र सरकार के संबंधित मंत्रालय और योजना आयोग के विषय से संबंधित प्रभाग के बीच चर्चा होती है।

योजना आयोग द्वारा केंद्रीय सरकार के मंत्रालयों और राज्य सरकारों के लिए कार्य पूरा किए जाने के बाद केंद्रीय और राज्य योजनाएँ समाकलित की जाती हैं तथा विभिन्न क्षेत्रों के लिए तथा इन क्षेत्रों के कार्यक्रमों के लिए भी परिव्यय तय किए जाते हैं।

वार्षिक योजनाएँ (Annual Plans): वार्षिक योजनाएँ संबंधित पंचवर्षीय योजना के ढाँचे के अंतर्गत उन क्षेत्रों के लिए केंद्रीय और राज्य सरकारें, दोनों मिलकर तैयार करते हैं जो स्वीकृत किए गए हैं। ये कार्यवहियाँ आमतौर पर पूर्ववर्ती वर्ष के लगभग सितम्बर/अक्तूबर में शुरू की जाती हैं। चूँकि कार्यक्रम, वित्तीय, परिव्यय, लक्ष्य आदि के रूप में पंचवर्षीय योजना का आम ढाँचा उपलब्ध है, इसलिए यह कार्यवाही पंचवर्षीय योजनाएँ तैयार करने की तरह जटिल नहीं है।

केंद्रीय मंत्रालय/विभाग अपनी वार्षिक योजनाओं के प्रस्ताव तैयार करते हैं और उन्हें योजना आयोग को प्रस्तुत करते हैं। तब योजना आयोग के सचिव और मंत्रालय/विभाग के सचिव स्तर पर इन्हें अंतिम रूप देने के लिए इन पर चर्चा करते हैं, इन चर्चाओं में संबंधित मंत्रालयों और योजना आयोग के अधिकारी भी भाग लेते हैं। इन चर्चाओं में वित्त मंत्रालय पूरी तरह से शामिल रहता है, क्योंकि उन्हें केंद्रीय सरकार के वार्षिक बजट में प्रत्येक मंत्रालय की वार्षिक योजनाओं को शामिल करना होता है। आमतौर पर केंद्रीय सरकार का वार्षिक बजट 28 फरवरी को संसद में प्रस्तुत किया जाता है।

इसी प्रकार, राज्य वार्षिक योजना तैयार करने की कार्यवाही भी वार्षिक बजट की तैयारी से पहले की जाती है।

धनराशि की आवश्यकताओं को ध्यान में रखते हुए जुटाए जा सकने वाले संभावित संसाधनों के अनुमान, क्षेत्रकों की पारस्परिक प्राथमिकताएँ, वस्तुगत और वित्तीय वितरण सहित वार्षिक योजना की उच्चतम सीमा तैयार की जाती है और अनुमोदन के लिए मंत्रिपरिषद् को प्रस्तुत की जाती है। इसके बाद, संबंधित विभागों को क्षेत्रक वित्तीय आबंटन सूचित किए जाते हैं। इससे योजना का कार्य आरंभ होता है और वार्षिक योजना प्रलेख की तैयारी के लिए क्षेत्रक योजना तथा स्कीमवार प्रस्ताव प्रस्तुत किए जाते हैं। इन्हें योजना आयोग को भेजा जाता है।

कार्यदलों के सुझावों पर योजना आयोग के उपाध्यक्ष के साथ मुख्यमंत्री, राज्य के योजना प्रभारी मंत्री की बैठक में विचार किया जाता है और उसे अंतिम रूप दिया जाता है। इसके बाद राज्य सरकार इसे वार्षिक बजट में शामिल करती है जिसे आमतौर पर फरवरी या मार्च में राज्य विधानसभा में प्रस्तुत किया जाता है।

वार्षिक योजनाओं के संबंध में पूर्ण योजना आयोग, केंद्रीय मंत्रिमंडल या राष्ट्रीय विकास परिषद् द्वारा अनुमोदन की प्रक्रिया नहीं होती है, क्योंकि वार्षिक योजना मुख्य रूप

से पंचवर्षीय योजना के ढाँचे के अंतर्गत तैयार की जाती है और पंचवर्षीय योजना को इन सभी की स्वीकृति पहले ही मिल चुकी होती है।

बजट (Budget): केंद्र और राज्य सरकार स्तर पर प्रति वर्ष बजट बनाया जाता है। यह वित्तीय नीति का प्रलेख होता है। इसमें 1 अप्रैल से अगले वर्ष की 31 मार्च तक की अवधि शामिल होती है। इसमें सरकार की प्राप्तियाँ और व्यय, दोनों शामिल होते हैं। इसमें योजनागत और योजनेत्तर व्यय शामिल होते हैं।

मध्यावधि मूल्यांकन (Mid-term Appraisal): आमतौर पर पंचवर्षीय योजना काल के दौरान आयोग द्वारा मध्यावधि मूल्यांकन किया जाता है। सातवीं पंचवर्षीय योजना 1985-90 के मामले में योजना आयोग ने यह मूल्यांकन 1987-89 के दौरान किया। इससे योजना की प्रगति की समीक्षा करने का अवसर मिलता है और पंचवर्षीय की शेष अवधि के लिए तथा संभवत: अगली पंचवर्षीय योजना के लिए भी कार्यवाही को दिशा-निर्देश मिलता है।

सातवीं पंचवर्षीय योजना के मध्यावधि मूल्यांकन की प्रक्रिया के बाद योजना आयोग के विषय से संबंधित प्रभागों द्वारा क्षेत्रक मूल्यांकन तैयार किया गया था। योजना आयोग ने प्रगति, विद्यमान समस्याओं तथा मुद्दों और कार्य के तरीके की समीक्षा में संबंधित मामलों को शामिल किया। प्रारंभिक मूल्यांकन का प्रारूप तैयार करने के लिए योजना आयोग में कई बैठकों में इस पर चर्चा हुई। उपाध्यक्ष की अध्यक्षता में योजना आयोग की कई बैठकों में इस प्रारूप की समीक्षा की गई। अनुमोदित प्रारूप पर पूरे योजना आयोग में विचार किया गया। योजना आयोग द्वारा अनुमोदित प्रलेख राष्ट्रीय विकास परिषद् को प्रस्तुत किया गया तथा संसद के दोनों सदनों के पटल पर रखा गया।

प्रश्न 7. राष्ट्रीय और राज्य, दोनों स्तरों पर योजना के संगठनों की प्रकृति का वर्णन कीजिए।

अथवा

'जिला योजना एजेंसियों' पर संक्षिप्त टिप्पणी दीजिए।

[जून-2012, प्रश्न सं.-4(b)]

अथवा

भारत में राष्ट्रीय और राज्य स्तर योजना में शामिल प्रशासनिक तंत्र का वर्णन कीजिए। [जून-2013, प्रश्न सं.-1]

अथवा

योजना आयोग पर संक्षिप्त टिप्पणी लिखिए। [जून-2014, प्रश्न सं.-5(ख)]

उत्तर— हमारे संविधान में उल्लिखित राज्य नीति के निर्देशक सिद्धांत यद्यपि किसी न्यायालय द्वारा लागू नहीं किए जा सकते हैं, फिर भी ये देश के शासन के लिए आधारभूत सिद्धांत निर्धारित करते हैं। अनुच्छेद 37 में स्पष्ट रूप से कहा गया है कि कानून

बनाते समय इन सिद्धांतों को अपनाना राज्य का कर्त्तव्य होगा। ग्राम विकास से संबंधित संविधान के महत्त्वपूर्ण अनुच्छेद 38, 39 क, 40, 41, 43, 46, 47, 48 और 48 क हैं। ब्यौरेवार उपबंध अनुबंध 1 में दिए गए हैं।

अनुच्छेद 38 लोक कल्याण की उन्नति से संबंधित है। अनुच्छेद 39 कुछ नीति तत्त्वों को निर्धारित करता है, जिन्हें अपने नागरिकों की आजीविका के पर्याप्त साधन सुनिश्चित करने और बच्चों तथा महिलाओं के हितों की सुरक्षा के लिए राज्य द्वारा अपनाया जाना चाहिए। अनुच्छेद 40 ग्राम पंचायतों के गठन के बारे में है, अनुच्छेद 41 में काम का अधिकार, शिक्षा का अधिकार और कुछ मामलों में लोक सहायता से संबंधित है। अनुच्छेद 43 निर्वाह मजदूरी प्राप्त करने से संबंधित है और अनुच्छेद 46 समाज के कमजोर वर्गों के शैक्षिक तथा आर्थिक हितों के बारे में है। अनुच्छेद 47 जीवन-स्तर को ऊँचा उठाने के संबंध में है, अनुच्छेद 48 कृषि और पशुपालन संघटन के बारे में है तथा अनुच्छेद 48क वनों और वन्य जीवों के संरक्षण तथा पर्यावरण की सुरक्षा और उसके सुधार के बारे में है। इस प्रकार, संविधान में देश के लोगों के कल्याण और प्रगति के संबंध में राज्य द्वारा पालन किए जाने वाले व्यापक निर्देशों से संबंधित उपबंध हैं।

योजना आयोग (Planning Commission): हमारे देश में योजना प्रक्रिया को सुकर बनाने के लिए योजना आयोग तकनीकी निकाय है। सरकार द्वारा इसकी स्थापना मार्च, 1950 में की गई। इसके निम्नलिखित कार्य हैं:

- देश की सामग्री, पूँजी और तकनीकी कार्मिकी कर्मिकों सहित मानव संसाधन का मूल्यांकन करना और ऐसे संसाधनों को बढ़ाने की संभावनाओं का पता लगाना जो राष्ट्र की आवश्यकताओं के संदर्भ में कम पाए गए हों।
- देश के संसाधनों के सर्वाधिक प्रभावकारी और संतुलित उपयोग के लिए योजना बनाना।
- प्राथमिकताएँ निर्धारित करना, उन अवस्थाओं की व्याख्या करना जिनमें योजना कार्यान्वित की जानी हैं और प्रत्येक अवस्था को समुचित ढंग से पूरा करने के लिए संसाधनों के आबंटन का प्रस्ताव करना।
- उन कारकों के बारे में सूचित करना जिनके कारण आर्थिक विकास की गति धीमी होने की प्रवृत्ति हो सकती है और विद्यमान सामाजिक तथा राजनीतिक स्थिति को ध्यान में रखते हुए उन स्थितियों को निर्धारित करना, जिन्हें योजना के सफल निष्पादन के लिए बनाया जाना है।
- तंत्र के स्वरूप का निर्धारण, जो योजना के सभी पहलुओं की प्रत्येक अवस्था में सफल कार्यान्वयन के लिए आवश्यक हो।
- योजना की प्रत्येक अवस्था के निष्पादन में अर्जित प्रगति का समय-समय पर मूल्यांकन करना और नीति तथा उपायों के समायोजन की सिफारिश करना जो ऐसे मूल्यांकन से आवश्यक दिखाई दे, और

- ऐसी अंतरिम या अनुषंगी सिफारिशें करना जो या तो उसे अपने कर्त्तव्यों के निर्वहन के लिए सुकर हों या मौजूदा आर्थिक दशाओं, विद्यमान नीतियों, उपायों और विकास कार्यक्रमों पर विचार करने पर या केंद्रीय और राज्य सरकारों द्वारा सलाह के लिए उसे भेजी गई इस प्रकार की किसी विशिष्ट समस्याओं के परीक्षण के लिए उपयुक्त प्रतीत होते हों।

राष्ट्रीय विकास परिषद् (National Development Council): संविधान के अधीन आर्थिक और सामाजिक योजना समवर्ती सूची का विषय है, क्योंकि यह ऐसा विषय है जिसमें केंद्र तथा राज्य, दोनों रुचि लेते हैं और दोनों को पूरे सामंजस्य के साथ काम करना होता है। संघीय ढाँचे की दो संयोजनकारी संरचनाओं के बीच नीतियों का समन्वय पारस्परिक परामर्श की प्रक्रिया द्वारा किया जाता है। समग्र राष्ट्रीय आवश्यकताओं के आधार पर नीतियों के निर्माण में परामर्श की यह पद्धति हमारे देश की योजना निर्माण का केंद्र-बिंदु है। राष्ट्रीय विकास परिषद् नीति निर्माण करने वाली सर्वोच्च निकाय है, जो एकीकृत विकास प्रयास के रूप में संपूर्ण देश के लिए बनाई जाने वाली और कार्यान्वित की जाने वाली योजनाओं के लिए अवसर प्रदान करता है। इसका अध्यक्ष प्रधानमंत्री होता है।

केंद्रीय मंत्रालयों की योजना इकाइयाँ (Planning Units of Central Ministries): चूँकि योजनाओं के निर्माण में केंद्रीय मंत्रालयों की भूमिका बहुत महत्त्वपूर्ण होती है और उन नीतियों तथा कार्यक्रमों में पर्याप्त साझेदारी होती है जिन्हें अंततोगत्वा योजना में स्थान मिलता है, अधिकांश मंत्रालयों में संबंधित मंत्रालय के काम का समन्वय करने के लिए उनके पृथक् प्रभाग या इकाइयाँ हैं जो इन कार्यों को करती हैं। योजना एक कार्यक्रम प्रभागों के निकटतम सहयोग से कार्य करती है। तब संबंधित मंत्रालय/विभाग द्वारा इन्हें अंतिम रूप दिया जाता है और योजना आयोग को प्रस्तुत किया जाता है।

राज्य स्तर पर योजना के लिए संगठन (Machinery for Planning at the State Level): केंद्र के समान राज्य में भी कई संगठन और विभाग योजना प्रक्रिया में लगे हुए हैं। इन पर विचार निम्न प्रकार से किया जा सकता है:

राज्य योजना विभाग (State Planning Department): हमारे देश के भिन्न-भिन्न राज्यों और संघ राज्य क्षेत्रों में प्रशासनिक संगठनों में विविधता होने के कारण राज्य स्तर पर योजना तंत्र के लिए एक ही प्रकार का एकसमान पैटर्न रखना संभव नहीं है। फिर भी मोटे तौर पर अधिकांश राज्यों में विद्यमान स्थिति का विवरण इस अनुभाग में दिया गया है।

प्रत्येक राज्य में योजना आयोग विभाग है, जो पंचवर्षीय योजनाएँ, वार्षिक योजनाएँ बनाने के लिए तथा योजनाओं की देख-रेख (मॉनीटरिंग) और अपने मूल्यांकन स्कंधों के माध्यम से सामान्य मूल्यांकन करने के लिए उत्तरदायी है।

राज्य की पंचवर्षीय योजना ऐसा ढाँचा मुहैया करती है जिसके अंतर्गत वार्षिक योजना तैयार की जाती है। यह योजना आयोग द्वारा निर्धारित मार्गदर्शी सिद्धांतों को ध्यान में रखती है। योजना विभाग पंचवर्षीय योजना बनाने के लिए उत्तरदायी है और यह सुनिश्चित करने के लिए भी उत्तरदायी है कि राज्य की पंचवर्षीय योजना में निर्धारित व्यापक उद्देश्यों को प्राप्त करने के लिए किए जा रहे उपाय वार्षिक योजना में प्रतिबिम्बित होते हैं।

अधिकांश राज्यों में राज्य योजना विभाग के अलावा, राज्य योजना बोर्ड भी हैं। इसमें संबंधित मंत्री, विशेषज्ञ, गैर-सरकारी सदस्य और सरकारी अधिकारी होते हैं।

आर्थिक और सांख्यिकीय, जनशक्ति और मूल्यांकन विभाग (Departments of Economics and Statistics, Manpower and Evaluation): अधिकांश राज्यों में राज्य विभाग की प्रशासनिक सहायता के लिए आर्थिक और सांख्यिकीय, जनशक्ति और मूल्यांकन विभाग होते हैं। आर्थिक और सांख्यिकीय विभाग कार्यक्रमों की योजना बनाने तथा उनकी देख-रेख (मॉनीटरिंग) करने के लिए राज्य और निचले स्तरों पर तकनीकी कार्मिक मुहैया करता है। जनशक्ति विभाग आने वाले वर्षों में जनशक्ति की अपेक्षिताओं और आवश्यकता का मूल्यांकन करता है ताकि इन आवश्यकताओं को पूरा करने के लिए योजना प्रक्रिया में कार्य योजनाएँ समाविष्ट की जा सकें और योजना कार्यान्वयन की संपूर्ण जनशक्ति संबंधी आवश्यकताएँ पूरी की जा सकें।

मूल्यांकन विभाग को, जैसा कि नाम से स्पष्ट है, संगामी या कार्योत्तर आधार पर शुरू किए जा रहे विभिन्न कार्यक्रमों का मूल्यांकन अध्ययन करने का काम सौंपा जाता है। इस प्रकार के अध्ययन से योजना स्कीमों के बारे में की जाने वाली सुधारात्मक कार्यवाही करने के लिए राज्य को प्रतिपुष्टि संबंधी जानकारी मिलती है।

जिला योजना एजेंसियाँ (District Planning Agencies): राज्य स्तर पर शब्दावली में अधिकांश विभागाध्यक्षों को जिला स्तर का अधिकारी कहा जाता है। उदाहरण के लिए, ये लोक निर्माण विभाग, सिंचाई, लोक स्वास्थ्य इंजीनियरी विभाग, राज्य विद्युत बोर्ड के कार्यपालक इंजीनियर, जिला शिक्षा अधिकारी, मुख्य चिकित्सा और स्वास्थ्य अधिकारी आदि होते हैं। ये अधिकारी जिला स्तर पर योजना प्रक्रिया के अंग होते हैं।

गरीबी उन्मूलन के मुख्य कार्यक्रमों जैसे एकीकृत ग्राम विकास कार्यक्रम (आई.आर.डी.पी.), राष्ट्रीय ग्राम रोजगार कार्यक्रम (एन.आर.ई.पी.) और ग्रामीण भूमिहीन रोजगार कार्यक्रम (आर.एल.ई.जी.पी.) के संदर्भ में 1980 में इस प्रकार के कार्यक्रमों की योजना बनाने, उन्हें कार्यान्वित करने और उनकी देख-रेख (मॉनीटरिग) के लिए जिला ग्राम विकास एजेंसियाँ गठित की गई हैं। ये पंजीकृत सोसाइटियाँ हैं और आमतौर पर जिला कलेक्टर इनका अध्यक्ष होता है। उस जिले से निर्वाचित संसद सदस्य और विधायक तथा राज्य के अधिकारी भी इनके सदस्य होते हैं।

कई राज्यों में, ग्राम विकास कार्यक्रमों की योजना बनाने में पंचायती राज संस्थाओं की महत्त्वपूर्ण भूमिका होती है। आमतौर पर ऐसे निकाय तीन स्तरीय होते हैं और कुछ मामलों

में द्वि-स्तरीय होते हैं। खासतौर पर गुजरात, महाराष्ट्र और हाल ही में आंध्र प्रदेश और कर्नाटक में ग्राम विकास कार्यक्रमों की योजना बनाने और उनके कार्यान्वयन से संबंधित जिम्मेदारियाँ इन निकायों को सौंपी गई हैं।

महाराष्ट्र जैसे राज्यों में जिला योजना और विकास समितियाँ (डी.पी.डी.सी.) हैं जो जिला और निचले स्तरों पर ग्राम विकास कार्यक्रमों की योजना बनाने के बारे में महत्त्वपूर्ण निर्णय लेती हैं। इस प्रकार की समितियों की अध्यक्षता मंत्री या गैर-सरकारी व्यक्ति ही कर सकते हैं।

प्रश्न 8. योजना स्कीम में "गाडगिल" फार्मूला की संकल्पना को स्पष्ट कीजिए।

उत्तर– केंद्रीय सरकार राज्य योजना के लिए राज्यों को योजना सहायता प्रदान करती है। 1969 में राष्ट्रीय विकास परिषद् ने योजना आयोग द्वारा राज्यों को धनराशि के आबंटन का मानदंड स्वीकृत किया था। आमतौर पर यह मानदंड "गाडगिल" फार्मूला के नाम से जाना जाता है। "गाडगिल" फार्मूला के अनुसार असम, नागालैंड और जम्मू तथा कश्मीर की आवश्यकताओं को ध्यान में रखने के बाद केंद्रीय सहायता इस प्रकार वितरित की गई – जनसंख्या के आधार पर 60 प्रतिशत, प्रति व्यक्ति आय के आधार पर 10 प्रतिशत (केवल उन्हीं राज्यों को जिनकी प्रति व्यक्ति आय राष्ट्रीय आय से कम है) प्रमुख चालू सिंचाई तथा ऊर्जा परियोजनाओं के संबंध में वचनबद्धता के आधार पर 10 प्रतिशत (प्रत्येक ₹20 करोड़ या इससे अधिक लागत) प्रति व्यक्ति आय के संबंध में कर प्रयासों के आधार पर 10 प्रतिशत और विशेष समस्याओं से निपटाने के लिए 10 प्रतिशत। फंड धनराशि का 30 प्रतिशत सीधे अनुदान के रूप में और 70 प्रतिशत ऋण के रूप में दिया जाता है। परंतु असम, जम्मू और कश्मीर तथा नागालैंड के मामले में संपूर्ण योजना धनराशि सीधे अनुदान के रूप में दी जाती है।

योजना धनराशि के आबंटन के लिए योजना आयोग 1980 से किंचित् संशोधित फार्मूले का अनुसरण कर रहा है। इसके अधीन विशेष श्रेणी के राज्यों अर्थात् असम, हिमाचल प्रदेश, अरुणाचल प्रदेश, जम्मू और कश्मीर, मिजोरम, मणिपुर, नागालैंड, त्रिपुरा और सिक्किम की आवश्यकताओं को पूरा करने के लिए केंद्रीय सहायता के कुल पूल (total pool) से पूरी राशि पहले ही निकाली जाती है। शेष राशि बाकी राज्यों में इस आधार पर वितरित की जाती है जनसंख्या के आधार पर 60 प्रतिशत, कर प्रयास के आधार पर 10 प्रतिशत, राष्ट्रीय औसत से कम प्रति व्यक्ति आय के आधार पर 20 प्रतिशत और विशेष समस्याओं से निपटने के लिए 10 प्रतिशत।

हाल ही के वर्षों में गाडगिल फार्मूले को उपयुक्त ढंग से संशोधित करने के लिए राज्यों का दबाव पड़ रहा है ताकि इसे पिछले कुछ दशाब्दियों के दौरान हुए परिवर्तनों के अनुरूप बनाया जा सके। इस बारे में चर्चा चल रही है। राज्य इस संबंध में एकमत नहीं है

कि मानदंड का पालन किया जाए या उन्हें योजना धनराशि आबंटन करते समय वरीयता दी जाए। जी.पी.एच. की पुस्तकों का मुख्य उद्देश्य ज्ञान के साथ-साथ अच्छे नम्बर दिलाना है।

प्रश्न 9. विकेंद्रीकृत और बहु-स्तरीय योजनाओं का विस्तार से वर्णन कीजिए।

अथवा

विकेंद्रीकृत और बहु-स्तरीय योजना की महत्त्वपूर्ण विशेषताओं की विवेचना कीजिए।

अथवा

विकेंद्रीकृत योजना के गुण और दोषों की चर्चा कीजिए।

[जून-2012, प्रश्न सं.-3(a)]

अथवा

विकेंद्रीकृत योजना क्या है? विकेंद्रीकृत योजना के गुण और दोषों को स्पष्ट कीजिए। [जून-2013, प्रश्न सं.-1]

अथवा

नियोजन की बहु-स्तरीय संरचना का विश्लेषण कीजिए। यह किस प्रकार विकेंद्रित नियोजन से भिन्न है? [जून-2014, प्रश्न सं.-2]

उत्तर— ग्राम विकास के लिए विकेंद्रीकृत योजना तथा योजना की समग्र प्रणाली के बीच संबंध समझना बहुत आवश्यक है इस प्रकार विकेंद्रीकृत योजना की परिभाषा योजना के उस प्रकार के रूप में की गई है, जिसमें योजना के निर्माण करने, अंगीकार करने, निष्पादन करने और पर्यवेक्षण करने संबंधी कार्य एक केंद्रीय प्राधिकरण को सौंपने के बजाय विभिन्न एजेंसियों में वितरित किए जाते हैं। विकेंद्रीकृत योजना में क्षेत्रीय निकायों और स्थानीय उद्यमों को योजना बनाने, उसे अपनाने तथा कार्यान्वित करने में अधिक स्वतंत्रता दी जाती है।

केंद्रीकरण अथवा विकेंद्रीकरण अपने आप में अच्छे या बुरे नहीं हैं। कई विकासशील देशों में प्रारंभिक अवस्था में समाजवादी देशों के मॉडलों को अंगीकृत करते हुए कुछ-कुछ केंद्रीकृत योजना का सिद्धांत अपनाया गया। परंतु अधिकांश स्थितियों में भिन्न-भिन्न स्तरों पर ऐसे कार्यों के अंतरण से मिश्रित योजना क्रिया महत्त्वपूर्ण होती है। भारत में कुछ सीमा तक योजना विकेंद्रीकृत की गई है, अब राज्यों की निश्चित जिम्मेदारियाँ हैं। वास्तव में, अब जिला योजना को एक प्रभावकारी सत्ता बनाने की दशा में गंभीरता से विचार किया जा रहा है। अधिकांश समीक्षकों का विचार है कि हमें विकेंद्रीकृत योजना की दिशा में अधिक से अधिक काम करने वालों की जरूरत है।

विकेंद्रीकृत योजना की आवश्यकता की मान्यता से बहु-स्तरीय योजना के विचार से प्रेरणा मिलती है। स्पष्ट शब्दों में, यह कहा जा सकता है कि विकेंद्रीकरण के तर्क का

अभिप्राय यह है कि कुछ कार्य जो इस समय उच्च स्तरों पर किए जा रहे हैं, उन्हें निचले स्तरों पर अधिक कारगर ढंग से किया जा सकता है।

विकेंद्रीकृत योजना से कई स्तरों पर योजना बनाने के लिए तर्कसंगत आधार प्राप्त होता है। विकेंद्रीकृत योजना से बहु-स्तरीय योजना के अस्तित्व के लिए तर्क का आधार मिलता है। योजना प्रक्रिया के विकेंद्रीकरण से योजना अधिक अर्थपूर्ण, अधिक लोकतांत्रिक और उन लोगों की आवश्यकताओं के अनुरूप बनती है, जिनके लिए योजना होती है। फिर भी, कई स्तरों पर योजना का एकीकरण किया जाना जरूरी है। यही बहु-स्तरीय योजना का मुख्य उद्देश्य है।

अत: संक्षेप में, बहु-स्तरीय योजना की परिभाषा इस प्रकार की जा सकती है कि यह अनेक सुस्पष्ट क्षेत्र के स्तरों और एजेंसी स्तरों का उपयोग, भली-भाँति समझे गए कार्यों के निष्पादन, उसी राज्य क्षेत्र में कार्य संचालन तथा ऐसे क्षेत्र के निवासियों के बीच कार्य संचालन है।

विकेंद्रीकृत योजना के गुण और दोष (Merits and Demerits of Decentralised Planning): केंद्रीकृत योजना के अंतर्गत केंद्रीकृत स्तर पर निर्णय करना और एक ही स्तर से निर्देश देना संभव है। फिर भी, सूचना प्राप्त करने में बहुत लागत आती है, समय की हानि होती है, सभी परिस्थितियों में समान रूप से अवधारणाओं को लागू करने में कठिनाई होती है, कार्यान्वयन के लिए निर्देश भेजने में अस्पष्टता की समस्या होती है, आदि, इससे केंद्रीकृत योजना का प्रभाव घट जाता है।

इसी प्रकार, उसी एजेंसी या अलग-अलग एजेंसियों द्वारा अलग-अलग स्तरों पर निर्णय किए जा सकते हैं।

- विकेंद्रीकृत योजना एक प्रकार के नीचे से ऊपर की ओर की योजना निर्माण का द्योतक है और निचले तथा क्षैतिज स्तरों में राजनीतिक और आर्थिक प्राधिकार का विस्तार करती है। इस प्रकार, यह लोकप्रिय सहभागिता को प्रोत्साहित करती है और स्थानीय मूल्यों एवं उप-क्षेत्रीय कारकों तथा बहुवादी समाज की आवश्यकताओं को मान्यता देती है।
- केंद्रीकृत योजना की तुलना में विकेंद्रीकृत योजना क्षेत्रीय निकायों और स्थानीय उद्यमों को अधिक स्वतंत्रता देती है।
- केंद्रीकृत योजना नौकरशाही की कार्यविधि और बढ़ती हुई लालफीताशाही से ग्रस्त होती है और इसलिए प्रबंध दक्षता में ह्रास होता है। विकेंद्रीकृत योजना काफी सीमा तक इस समस्या को दूर करने में सहायक होती है।
- केंद्रीकृत योजना के परिणामस्वरूप शक्तियों का केंद्रीकरण हो सकता है। इसके अलावा, इस प्रकार की प्रणाली व्यक्तिश: पहल तथा उद्यम पर प्रतिकूल प्रभाव डाल सकती है। विकेंद्रीकृत योजना इन संभावनाओं के निराकरण में सहायक होती है।

- केंद्रीकृत योजना में निर्माताओं को बहुधा वास्तविकताओं की जानकारी नहीं होती है और अधिकतर मानकीकृत कार्यक्रम तथा स्कीमें तैयार की जाती हैं जो सभी स्थानों पर उपयुक्त नहीं होती हैं। विकेंद्रीकृत योजना बनाने में योजनाएँ अधिक यथार्थ होती हैं।

विकेंद्रीकृत योजना बनाने की अपनी कुछ कमियाँ भी हैं। ये कमियाँ इस प्रकार हैं:

- विकेंद्रीकृत योजना में प्रशासनिक और राजनीतिक ढाँचा निचले स्तरों पर परिवर्तन और विकास के लिए दबाव के रूप में काम कर सकता है। यह विकास के फायदों को सीमित करने या गुप्त रूप से या प्रत्यक्ष रूप से उन प्रत्यावर्तनों के विरोध करने से हो सकता है जिससे अन्य समूहों को शक्ति मिलेगी। सुविधा-वंचित लोग इतने कमजोर होंगे कि वे उनका विरोध ही नहीं कर सकेंगे।
- निचले स्तरों पर योजना में बहुधा तकनीकी क्षमताएँ सीमित होती हैं।
- विकेंद्रीकृत योजना कभी-कभी उन राष्ट्रीय प्राथमिकताओं को प्रतिबिंबित नहीं करती हैं जो केंद्रीकृत योजना में संभव हैं। इसलिए यह राष्ट्रवादी ताकतों को सुदृढ़ करने तथा विभाजनकारी ताकतों से लड़ने में असमर्थ रहती हैं।

योजना का बहु-स्तरीय ढाँचा (Multi-level Structure of Planning)–भारत में योजना बनाने की महत्त्वपूर्ण विशेषता यह है कि यह राष्ट्रीय तथा राज्य-स्तर पर समवर्ती योजना को शामिल करते हुए संघीय प्रणाली के माध्यम से लोकतांत्रिक ढाँचे में बनाई जाती है।

भारत के संविधान के संघीय स्वरूप में योजना के कम से कम दो स्तर अर्थात् संघ और राज्य होने आवश्यक हैं (आर्थिक और सामाजिक योजना समवर्ती सूची में है)। फिर भी, बहुवादी सामाजिक-आर्थिक पर्यावरण के फलस्वरूप मिश्रित अर्थव्यवस्था और कुछ राज्यों के विशाल आकार को ध्यान में रखते हुए उप-राज्य स्तर तथा लघु-स्तरों पर भी योजना बनाना आवश्यक है।

वृहत् या राष्ट्रीय योजना में मुख्य रूप से इन उद्देश्यों को प्राप्त करने के लिए राष्ट्रीय उद्देश्यों की व्यापक रूपरेखा तथा संसाधनों के आबंटन का स्वरूप दिया जाता है। इसमें राज्य की योजनाएँ शामिल होती हैं और संसाधनों के क्षेत्रक आबंटन निर्धारित होते हैं। लघु स्तर या जिला और निचले स्तरों की योजनाएँ अधिकतर स्थानीय प्राथमिकताओं और आवश्यकताओं पर आधारित होती हैं राज्य-योजनाओं से इनके लिए परिव्यय प्राप्त किए जाते हैं। इस प्रकार, जैसे-जैसे हम योजना के निचले स्तरों पर जाते हैं, स्थानीय आवश्यकताओं और प्राथमिकताओं पर अधिक ध्यान दिया जाता है। भारत जैसे देश में इसलिए लघु स्तर की योजना अधिक ग्रामोन्मुखी होनी चाहिए। बहु-स्तरीय योजना के संदर्भ में ग्राम विकास के लिए योजना पर विचार करते समय निम्नलिखित महत्त्वपूर्ण तर्कों को ध्यान में रखा जाना चाहिए:

- प्रत्येक स्तर पर निर्णय लेने के लिए कई एजेंसियाँ हो सकती हैं, जो एक-दूसरे से स्वतंत्र प्रतीत हों परंतु वास्तव में उनके अपने-अपने क्षेत्र के कार्य पारस्परिक

संबंध का बोध कराते हों। उदाहरण के लिए, रेलवे लाइन बिछाने का काम केंद्र सरकार का होगा, रेलवे लाइन तक यात्रियों को ले जाने वाली बस का संचालन राज्य स्तर के सार्वजनिक उपक्रम का काम होगा तथा जिस सड़क पर बस चलती है, उसमें राष्ट्रीय राजमार्ग या राज्य राजमार्ग शामिल हो सकते हैं अथवा पंचायतों आदि के अधीन ग्रामीण सड़कें भी शामिल हो सकती हैं। इस प्रकार, विकेंद्रीकृत योजना या स्थानीय योजना को निरंतर उच्च स्तर पर अन्य योजना एजेंसियों के साथ, विशेषकर भौतिक अथवा स्थान-निर्धारण संबंधी पहलुओं की रूपरेखा तैयार करने में आदान-प्रदान करना होगा।

- सरकारी स्तरों के बीच आदान-प्रदान के अलावा, अन्य संगठनों जैसे सहकारी समितियों, कृषक संघों, स्वैच्छिक संगठनों और अन्य एजेंसियों के साथ भी आदान-प्रदान की आवश्यकता होगी।
- विकेंद्रीकृत योजना इकाई को निकटवर्ती विकेंद्रीकृत इकाइयों के साथ या तो स्वयं या उच्च स्तर के माध्यम से आदान-प्रदान करना होगा। इस प्रकार, यदि किसी छोटी नदी पर एक ग्राम द्वारा बाँध बनाया जाता है तो हो सकता है कि उससे नीचे के ग्रामों के लिए पानी न बचे। इसी प्रकार, एक गाँव का उद्योग दूसरे गाँव में प्रदूषण का कारण हो सकता है।
- ग्रामीण और ग्रामीणेतर क्षेत्रों के बीच कोई स्पष्ट विभाजक रेखा खींचना कठिन है। ग्राम क्षेत्रों तक में भी भिन्न-भिन्न आकार के गाँव हैं। ग्रामीण और शहरी सोसाइटियों में पारस्परिक निर्भरता, निरंतरता और प्रवाह के कारण गाँव और शहर में लगातार संपर्क बना रहता है। बहुत से गाँव सेवाओं के लिए शहरों पर निर्भर रहते हैं। इसलिए यह संभव नहीं है कि सभी गाँवों में सभी सुविधाओं की योजना तैयार की जाए। इस प्रकार, ग्राम विकास के संदर्भ में विकेंद्रीकृत योजना केवल ग्रामीण क्षेत्रों तक ही सीमित नहीं रखी जा सकती है, परंतु क्षेत्रों की योजना के साथ भी आदान-प्रदान करने योग्य होना चाहिए।

सम्बद्धता कारक (Consistency Factors): विकास योजना में मुख्य ग्रामों की सामाजिक, आर्थिक, प्रौद्योगिक और सांस्कृतिक सीमाओं को ध्यान में रखकर ग्रामीण क्षेत्रों में बदलाव लाने पर केंद्रित होती है।

निचले स्तरों पर योजना को निम्नलिखित कारणों से राष्ट्रीय उद्देश्यों में से चुनने की स्वतंत्रता होनी चाहिए:

- **व्यवहार्यता या प्रासंगिकता (Feasibility or Relevance):** खंड के लिए राष्ट्रीय उद्देश्यों की व्यवहार्यता या प्रासंगिकता पर निर्भर करते हुए कोई भी योजना राष्ट्रीय योजना के उद्देश्यों के अनुरूप हो सकती है या नहीं भी हो सकती है अथवा उन्हें उतना ही महत्त्व दे सकती है या नहीं भी दे सकती है। उदाहरण के लिए, खंड स्तर पर कार्यान्वित आत्म-निर्भरता संबंधी राष्ट्रीय योजना का अभिप्राय यह होगा कि खंड से देश के शेष भाग को सामान और सेवाओं का

प्रवाह उस स्तर तक बढ़ेगा जिस स्तर तक वे सामान और सेवाओं का प्रवाह के लिए कीमत अदा कर सकते हैं। चूँकि खंड राष्ट्रीय अर्थव्यवस्था का एक अंग है, भले ही यह बहुत छोटा है, इसलिए इस आशय से आत्मनिर्भरता व्यावहारिक नहीं है, भले ही यह पूर्णतः अप्रासंगिक न हो।

- **प्राथमिकताएँ निश्चित करने की स्वतंत्रता (Freedom to Fix Priorities):** चूँकि स्थानीय स्तर पर राष्ट्रीय परिदृश्य से विशिष्ट स्थितियाँ काफी भिन्न हैं, इसलिए खंड की योजना अपनी प्राथमिकताओं की स्कीम में राष्ट्रीय प्राथमिकताओं को अलग-अलग महत्त्व दे सकती है।

- **लक्ष्य निर्धारण (Target Fixing):** उपलब्ध संसाधनों और अपने अनुभवों के अनुसार खंड की योजना बनाने में लक्ष्यों की व्यवहार्यता के आधार पर अपने लक्ष्य निर्धारित करने की स्वतंत्रता होनी चाहिए। अब, लक्ष्य क्या है? यह उद्देश्यों से प्राप्त मात्रात्मक अभिव्यक्ति है और अपनी उपलब्धि के लिए समय सूची को दर्शाता है। लक्ष्य नियत करते समय संसाधनों की मात्रा और संबद्ध संस्थागत तथा संगठनात्मक व्यवस्था, जनशक्ति, व्यवहार्यता आदि को ध्यान में रखा जाना चाहिए।

- **सूचना आधार (Information Base):** सूचना आधार बहुत ही महत्त्वपूर्ण घटक है और इसे विभिन्न स्तरों पर विकसित किया जाना चाहिए। इसे एकीकृत प्रणाली के रूप में इस प्रकार विकसित किया जाना चाहिए ताकि सूचना प्रवाह क्षैतिज और ऊर्ध्वाधर, दोनों प्रकार से पारस्परिक संपर्क को सुदृढ़ तथा सशक्त करने में सहायक हो। सूचना आधार की रूपरेखा बनाने के लिए व्यावसायिक दक्षता के अलावा सामग्री (आँकड़े) संकलन, प्रक्रमण और पारेण सुविधाएँ आवश्यक हैं।

- **योजना उद्देश्यों के बीच संबंध (Relationship among Plan Objectives):** योजना उद्देश्यों के बीच या तो पूरक या प्रतियोगी संबंध हो सकते हैं। पूरक संबंध तब सुनिश्चित किए जाते हैं, यदि ऐसी योजना जो एक उद्देश्य के लिए सकारात्मक है, दूसरी योजना के लिए भी उसका सकारात्मक योगदान होना चाहिए, कम से कम नकारात्मक संबंध नहीं होना चाहिए। दूसरी ओर, प्रतियोगी संबंध का अभिप्राय यह है कि एक उद्देश्य के लिए सकारात्मक योगदान (कम से कम उसी मामले में) दूसरे के लिए नकारात्मक योगदान हो सकता है।

प्रश्न 10. क्षेत्र के स्तरों तथा कार्यकलापों की पहचान पर प्रकाश डालिए।

उत्तर— विकेंद्रीकरण की आवश्यकता का समर्थन व्यापक रूप से योजना प्रक्रिया में प्रस्तुत किया गया है। फिर भी, स्तर क्या होने चाहिए और संशक्तिशील योजना ढाँचे में

विभिन्न स्तरों को किस प्रकार जोड़ा जाए, अभी भी ऐसा मामला है, जिस पर देश में सार्वजनिक बहस की जरूरत है।

मुख्य समस्या जिसे व्यापक रूप में माना जाता है, वह उन कार्यकलाप से संबंधित है जिन्हें प्रत्येक क्षेत्र स्तर पर समुचित ढंग से शुरू किया जाना चाहिए। पिछले वर्षों में राजनीतिक, वित्तीय और आर्थिक, दोनों मामलों में केंद्रीय और राज्य सरकारों के बीच तनाव रहा है। केंद्र-राज्य संबंध पिछले दशक में हमारे देश में गंभीर बहस का विषय रहा है। राज्य, खासतौर पर, संघ सरकार के हाथों में वित्तीय शक्तियों के संकेंद्रण से संबंधित मामलों पर काफी उत्तेजित थे। उनके अनुसार, इससे उन्हें राज्य स्तर पर अपने कार्यों के संचालन में, विशेषकर आत्म-निर्भरता के क्षेत्र में, काफी कठिनाइयों का सामना करना पड़ा। प्रशासनिक सुधार आयोग, भिन्न-भिन्न आयोगों और हाल ही में सरकारिया आयोग ने भिन्न-भिन्न क्षेत्रों में केंद्र-राज्य संबंधों पर विस्तृत रिपोर्ट प्रस्तुत की है।

उपयुक्त क्षेत्रक स्तरों के निर्धारण में, न केवल तकनीक और प्रक्रियाओं के अनुसार योजना आवश्यकताओं को ध्यान में रखा जाना चाहिए बल्कि सामाजिक, राजनीतिक और प्रशासनिक ढाँचों को भी ध्यान में रखा जाना चाहिए। स्वतंत्रता प्राप्ति के समय तकनीकी दृष्टि से प्रभुता-संपन्न, भिन्न-भिन्न आकार के और अलग-अलग संरचनाओं की कई इकाइयों को एक सशक्त सत्ता में मिलाने की जरूरत थी। एक औपचारिक संघीय ढाँचे में राज्य बनाए गए थे। आधारभूत इकाइयों के रूप में जिलों को राज्य के अंदर ज्यों का त्यों रखा गया, जहाँ कहीं व्यवहार्य था, जिलों में थोड़ा-बहुत परिवर्तन किया गया। 1950 के दशक के प्रारंभ में राष्ट्र-व्यापी स्तर पर गाँवों को सामुदायिक विकास खंडों के अंतर्गत लाया गया। शांतिपूर्ण ढंग से इकाइयों को बनाना और पुनर्गठित करना बहुत बड़ी उपलब्धि थी।

समन्वय सुनिश्चित करने की दृष्टि से भी क्षेत्र स्तरों के बीच मध्यवर्ती स्तर विद्यमान है। इस प्रकार, राज्यों के समूह के रूप में "क्षेत्रीय परिषदों" (अभी काफी सक्रिय नहीं है) की संकल्पना की गई थी। कुछ बड़े राज्यों में प्रशासनिक समन्वय के लिए कुछ जिलों का समूह मंडल के अधीन है।

कार्यकलापों से संबंधित नाजुक समस्या यह है कि प्रत्येक क्षेत्र स्तर पर समुचित रूप से किसे शुरू किया जाए। संघ और राज्यों के बीच शक्तियों और उत्तरदायित्वों का विभाजन संविधान में निर्धारित किया गया है। पिछले वर्षों के दौरान, जैसा कि अधिकांश महासंघों के मामले में हुआ है, संघ और राज्यों के बीच दोनों राजनीतिक और वित्तीय-आर्थिक क्षेत्रों के मामलों में तनाव रहा है।

महत्त्वपूर्ण मुद्दा यह है कि राज्य और उप-राज्य स्तर पर शक्तियों और कार्यों का विभाजन राष्ट्रीय आधार पर निर्धारित होने चाहिए और यह कार्य प्रत्येक राज्य पर उसके निर्णय के लिए छोड़ देना चाहिए। दूसरा, क्या ऐसे सांविधिक उपबंधों को लागू करने की

जरूरत है, जिनसे उप-राज्य क्षेत्र स्तरों पर, खासतौर पर निकायों के निर्वाचन के बारे में इस प्रकार के प्रबंध की निरंतरता और प्रमाणिकता सुनिश्चित हो सके।

वृहत् और मध्य पहलुओं, विकास संबंधी कार्यक्रम में सोपानों या सहबंधों, विकास की संभावनाओं और परियोजनाओं तथा प्रक्रियाओं के निष्पादन में कार्य-दक्षता कारकों के आधार पर कार्यकलापों में अंतर करने के बारे में कई दृष्टिकोण किए गए हैं।

सरकारी समितियों (जिला योजना पर 1984 की हनुमंतराव समिति सहित) ने जिला योजनाओं के निर्माण, कार्यान्वयन और अनुवीक्षण तथा परियोजना के लिए ब्यौरेवार योजना सहित व्यापक योजना प्रक्रिया अपनाने के लिए तकनीकों तथा प्रक्रियाओं पर ध्यान केंद्रित किया था। इसमें अंतर्निहित पेचीदगियों को महसूस करते हुए भारत सरकार ने (1988 में) आदर्श जिला योजनाएँ हाथ में लेने का निर्णय किया।

प्रश्न 11. योजना एजेंसियों की पहचान पर नोट लिखिए।

उत्तर– प्रकार्यात्मक एजेंसियों, उनकी शक्तियों और पारस्परिक संबंधों, दोनों क्षैतिज और ऊर्ध्वाधर (अर्थात् विषम क्षेत्र स्तरों से तथा क्षेत्र स्तर में) के संदर्भ में नीति के लिए क्षेत्र स्तरों का काफी महत्त्व है। सुविधा के लिए इन एजेंसियों को राजनीतिक निर्णय करने वाले निकायों, योजना संगठनों, स्टाफ एजेंसियों, पद्धति एजेंसी (सरकार के कार्यकारी विभाग), सार्वजनिक उपक्रम और सहकारी समितियों की श्रेणियों में वर्गीकृत किया जा सकता है। इसके अलावा, विशेषकर जिला स्तर पर सोसाइटी पंजीकरण अधिनियम के अधीन और एकीकृत योजना के लिए सरकारी समितियों के रूप में स्थापित कई विशेषज्ञ समितियाँ होती हैं। कई प्राइवेट निकाय जैसे किसानों, व्यापारियों और उद्योगपतियों के संघों को भी इस प्रक्रिया में शामिल किया जा सकता है।

इस प्रकार, निर्धारित भौगोलिक क्षेत्र में सरकार के विभिन्न स्तर होते हैं, जैसे केंद्र, राज्य और जिला तथा उसी क्षेत्र में काम करने वाली प्रत्येक स्तर की कई एजेंसियाँ होती हैं। प्रत्येक श्रेणी के संबंध कोटि के अनुसार वरिष्ठ से अधीनस्थ तक, अर्थ स्वशासी स्वरूप की होती है।

प्रत्येक क्षेत्र स्तर पर, क्षेत्र स्तरों का प्रतिनिधित्व करने की दृष्टि से और संसाधनों तक पहुँच तथा निर्णय करने की शक्ति के संबंध में वरिष्ठ, अधीनस्थ, अर्द्ध समान तथा समान संबंध रखने की दृष्टि से जिस तरह एजेंसियाँ गठित की जाती हैं, वे बहु-स्तरीय योजना के मूलधार होते हैं। जब उप-राज्य स्तर पर रूपरेखा एक जैसी न हो और अस्पष्ट ही तो औपचारिक संरचनाओं में वास्तविक कार्यचालन में बहुत भिन्नता होती है (जिसके विकेंद्रीकरण के बहाने वास्तविक केंद्रीकरण अथवा पाखंड का दोष लगाया जा सकता है)।

प्रश्न 12. विकेंद्रीकृत योजना प्रणाली में जिला योजना तथा उनके घटकों का वर्णन कीजिए।

अथवा

जिला स्तर योजना के महत्त्वपूर्ण घटकों का वर्णन कीजिए।

[जून-2013, प्रश्न सं.-3(a)]

उत्तर– सहस्राब्दी विकास के लक्ष्यों तक पहुँचने के लिए राज्य योजना आयोग के तत्वाधान में भारत सरकार-यू.एन. संयुक्त कंवर्जेस कार्यक्रम के अंतर्गत विकेंद्रीकृत जिला योजना के प्रथम चरण के क्रियान्वयन के लिए प्रदेश के पाँच जिलों–खरगौन, राजगढ़, छतरपुर, मंडला एवं सतना को पायलेट प्रोजेक्ट के लिए चुना गया है। वर्ष 2010-11 से यह प्रक्रिया राज्य के सभी जिलों में आरंभ हो गई है। इस कार्यक्रम के तहत जिला योजना के क्षमता विकास हेतु वार्षिक जिला योजना को सुदृढ़ करने के लिए वर्ष 2010-11 से विकेंद्रीकृत प्रक्रिया से नियोजन का कार्य प्रारंभ किया गया है।

विकेंद्रीकृत योजना ढाँचे में जिला योजना एक प्रकार की क्षेत्र आधारित योजना है। योजना की आवश्यकता और अवधारणा पर विचार निम्न प्रकार से किया जा सकता है:

जिला योजना की आवश्यकता (Need for District Planning): जिला योजना की जरूरत प्रशासन की मध्यवर्ती इकाई, अर्थात् जिला स्तर पर संभावनाओं के अधिक ब्यौरेवार विश्लेषण से राष्ट्रीय और राज्य योजनाओं की कमी पूरा करने की आवश्यकता से उत्पन्न होती है।

जिला योजना पर 1984 के कार्यदल की रिपोर्ट के अनुसार, जिला योजना एक प्रकार की क्षेत्र आधारित उप-राज्य योजना है और इसकी माँग स्थानीय क्षेत्रों (अर्थात् जिलों) के संसाधनों, समस्याओं और संभावनाओं के अधिक ब्यौरेवार विश्लेषण से राष्ट्रीय और राज्य योजना की कमी को पूरा करने की आवश्यकता से उत्पन्न होती है ताकि प्रत्येक जिले की खास आवश्यकताओं के अनुरूप विशिष्ट रूप से तैयार किए गए निवेश कार्यक्रमों को विकसित किया जा सके और कार्यान्वित किया जा सके। दूसरे शब्दों में, जिला योजना में लोगों की विशिष्ट आवश्यकताओं, क्षेत्र की संवृद्धि संभावनाओं और उपलब्ध बजट आवंटन के अनुरूप जिला स्तर पर विकासात्मक परिदृश्य विकसित करना अंतर्निहित है।

जिला योजना की अवधारणा और विस्तार (Concept and Scope of District Planning): जिला योजना को राज्य या खंड योजना से अलग रखकर नहीं देखा जा सकता है। खंड योजना निचले प्रशासनिक स्तर पर दूसरी क्षेत्र-आधारित योजना है। जिला योजना अनिवार्यत: राज्य में विद्यमान परिस्थितियों की खास प्रवृत्ति की रचनात्मक अनुक्रिया होनी चाहिए। जिला योजना में काफी लचीलापन होना चाहिए ताकि जिला योजना के वैचारिक ढाँचे में समायोजन और संशोधन लागू किए जा सकें। जिला बहु-स्तरीय योजना की केवल उप-प्रणाली है और इसलिए विषमस्तरीय (ऊर्ध्वाधर) एकीकरण महत्त्वपूर्ण है।

जिला योजना का कार्य-क्षेत्र खुला होना चाहिए, इसमें जिले की सीमा से परे उपलब्ध सहबंधों को स्वीकार कर लेना चाहिए। इसलिए जिला स्तर पर सभी योजनाएँ एक ही योजना एजेंसी द्वारा बनाई जानी चाहिए। योजना कार्यकलाप इस ढंग से बनाए जाएँ, जिससे भिन्न-भिन्न विकास संबंधी कार्यक्रमों के लिए आवश्यक सहलग्नता और आधारिक संरचनात्मक सुविधाओं की व्यवस्था की जा सके।

जिला योजना में तीन पहलुओं पर विचार किए जाने की आवश्यकता है:
- प्राकृतिक भौगोलिक क्षेत्रों के अनुसार क्षेत्रीय साम्यता, इसमें एक से अधिक जिले हो सकते हैं;
- जिले के भीतर उप-क्षेत्रीय तत्त्वों की मान्यता; और
- स्थानीय संस्थाओं में क्षमता, प्राधिकार और दक्षता का निर्माण।

जहाँ तक इस प्रकार के उद्देश्यों को जिले की स्थूल पृष्ठभूमि में समझा जा सकता है, जिला योजना में राष्ट्रीय और राज्य उद्देश्यों को ध्यान में रखा जाना चाहिए।
- गरीबी उन्मूलन;
- आंतरिक रूप से वित्त संवृद्धि की क्षमता तथा प्रौद्योगिक विकास, दोनों के अनुसार स्वतः कायम रहने वाली संवृद्धि;
- उच्च उत्पादकता;
- लगभग पूर्ण रोजगार की स्थितियों का सृजन;
- भोजन, वस्त्र और आवास के लिए लोगों की बुनियादी आवश्यकताओं की पूर्ति;
- सर्वजनीन प्रारंभिक शिक्षा;
- सभी के लिए स्वास्थ्य सुविधाओं की उपलब्धता।

जिला योजना के घटक (Components of District Planning):

स्थानिक घटक (Spatial Component): चूँकि जिला योजना अनिवार्यतः क्षेत्र आधारित योजना है, इसलिए जिला योजना में स्थानिक घटक बहुत महत्त्वपूर्ण है। जिला योजना पर 1984 की रिपोर्ट में यह बताया गया है कि स्थानिक योजना में सभी स्थानिक अभिव्यक्तियाँ शामिल हैं, इसमें वे भी शामिल हैं जो मानवीय कार्यकलाप, आर्थिक और सामाजिक, दोनों से उत्पन्न होती हैं।

जिला योजना में संपूर्ण जिले या उसके किसी भाग में आधारिक संरचनात्मक सुविधाओं के असंतुलन का पता लगाया जाना चाहिए और उसे ठीक करना चाहिए। उसे फलस्वरूप सस्य क्रम प्रतिमान (cropping pattern) जैसी विशेषताओं पर आधारित उप-क्षेत्रीयकरण के तत्त्वों पर विचार करना चाहिए। उप-क्षेत्रीकरण में बस्तियों के समूहों में आर्थिक और सामाजिक, दोनों प्रकार के पारस्परिक संबंधों पर विचार किया जाना चाहिए।

आधारिक संरचना और सेवा सुविधाओं के भौतिक वितरण का स्वरूप पारस्परिक निर्भरता निर्धारित करेगा। इस प्रकार की सुविधाएँ एक बस्ती से दूसरी बस्ती में

अलग-अलग होंगी। यह हमेशा जरूरी नहीं है कि प्रत्येक जिले में सभी सुविधाएँ हों और न ही यह भी आवश्यक है कि जिले के सभी खंडों/गाँवों में सभी सुविधाएँ हों। योजना बनाते समय यह आवश्यक है कि स्थानिक विशेषताओं और मानदंडों पर भी विचार किया जाए।

आर्थिक घटक (Economic Component): आर्थिक योजना परंपरागत रूप में योजना का सार भाग (Core) रहा है क्योंकि विकास योजना का मुख्य लक्ष्य आय और रोजगार रहा है। बेहतर संसाधन प्रबंधन के लिए भी आर्थिक योजना आवश्यक है। आर्थिक योजना की अनिवार्य पूर्वापेक्षाएँ जिले में निम्नलिखित की स्थिति के बारे में ज्ञान का होना है:

- संसाधन
- जनसांख्यिकीय विशेषताएँ
- कृषि-आर्थिक विशेषताएँ
- सामाजिक-आर्थिक कारक
- आधारिक संरचनात्मक विशेषताएँ
- क्षेत्रक रूपरेखा

इसके अलावा, आर्थिक योजना को भौगोलिक, भूमिगत जल, वन, मृदा, मानव और अन्य उपलब्ध संसाधन की जानकारी भी आवश्यक होगी। यह सूचना जिले की रूपरेखा निर्धारित करती है और इससे संबंधित जिले के लिए योजना की कार्यनीति का भी सुझाव मिलेगा।

आर्थिक योजना जिले में उपलब्ध वित्तीय संसाधनों के संदर्भ में बनाई जानी चाहिए। ये संसाधन निम्नलिखित हैं:

- जिले में खास परियोजनाओं के लिए राज्य (और केंद्र) से उपलब्ध संसाधन।
- विशिष्ट परियोजनाओं से नहीं जोड़ी गई सामान्य स्वरूप की स्कीमों के लिए राज्य (और केंद्र) से उपलब्ध संसाधन।
- गैर-सरकारी और स्वैच्छिक एजेंसियों से संसाधन।

सामाजिक घटक (Social Component): जिला योजना में योजना के सामाजिक घटक की अनदेखी नहीं की जा सकती है। जिला योजना का कार्य सामाजिक असमानता को कम करना, सामाजिक सेवाएँ प्रदान करना और जनता की सहभागिता सुनिश्चित करना भी है। जिला योजना के संबंध में विकास के लिए जनता की सहभागिता महत्त्वपूर्ण साधन है और लक्ष्य भी है, क्योंकि योजना सामाजिक परिवर्तन का माध्यम है और सरकार तथा लोगों के बीच खाई पाटने का उपाय है।

पहली पंचवर्षीय योजना में कहा गया था कि शुरू में अपनी बेहतरी की संभावना से उत्पन्न स्थानीय रुचि तभी स्थायी बनाई जा सकती है, जब इसकी प्राप्ति दिखाई दे, भले ही थोड़ी ही हो और अप्रत्यक्ष रूप में हो, इसमें प्राप्ति के प्रति जागरूकता का अंश हो।

प्रशासनिक घटक (Administrative Component): जिला योजना की सफलता अथवा असफलता अंततः जिले की योजना तंत्र के राजनीतिक और प्रशासनिक ढाँचे से प्रभावित होती है। जिला प्रशासन परंपरागत रूप में राज्य क्षेत्र से बनाई गई प्रशासन की इकाई है जो मुख्यतः कानून और व्यवस्था तथा भू-राजस्व से संबंधित है। विकास प्रशासन के रूप में जिला प्रशासन की भूमिका पर भारत की विकास योजनाओं में प्रारंभ से ही जोर दिया जाता रहा है।

कलक्टर जिले का प्रशासन का शीर्षस्थ अधिकारी है। जिला योजना बोर्ड/समितियाँ उसकी सहायता करता है। तालिका 1.3 में जिला स्तर पर योजना तंत्र दिखाया गया है।

तालिका 1.3

जिला स्तर पर शीर्ष योजना निकाय	जिला राज्यों में इस प्रकार के निकाय हैं
(1) जिला योजना बोर्ड	गुजरात, मध्य प्रदेश, मेघालय, नागालैंड, पंजाब
(2) जिला योजना समिति	मणिपुर, राजस्थान, सिक्किम
(3) जिला परिषद्	कर्नाटक, पश्चिम बंगाल
(4) जिला विकास बोर्ड	आंध्र प्रदेश
(5) जिला विकास समिति	असम, हिमाचल प्रदेश
(6) जिला विकास समिति	जम्मू और कश्मीर, उड़ीसा
(7) जिला विकास परिषद्	केरल, तमिलनाडु
(8) जिला योजना और विकास परिषद्	महाराष्ट्र, बिहार
(9) जिला योजना और मॉनीटरिंग समिति	उत्तर प्रदेश

योजना समिति का अध्यक्ष मंत्री, संसद सदस्य, विधानसभा सदस्य, जिला कलक्टर कोई भी हो सकता है।

जिला योजना संबंधी कार्यकारी दल ने अपनी 1984 की रिपोर्ट में योजना प्रक्रिया के निर्विहन संचालन के लिए चार महत्त्वपूर्ण प्रशासनिक पहलुओं पर विचार किया था। ये निम्नलिखित हैं:

- योजना के समन्वय और कार्यान्वयन के लिए उपयुक्त तंत्र की स्थापना।
- धनराशियाँ प्रदान करने, प्रशासनिक और तकनीकी स्वीकृतियाँ जारी करने, पुनर्विनियोजन प्रक्रियाएँ और अंतः क्षेत्रक अंतरणों को संपन्न करने के लिए नई प्रक्रियाएँ लागू करना।
- राज्य स्तर पर क्षेत्रक परिव्यय से जिला योजना का सामंजस्य स्थापित करने के लिए उपयुक्त प्रक्रिया आरंभ करना।
- स्कीमों की मॉनीटरिंग और समीक्षा के लिए प्रक्रिया आरंभ करना।

प्रश्न 13. जिला योजना बनाने में आने वाली समस्याओं का वर्णन कीजिए।

उत्तर— जिला योजना पर कार्यदल (1964) ने निम्नलिखित समस्याएँ और कठिनाइयाँ बताई थीं:

- अधिक-से-अधिक नई स्कीमों को जोड़ने के लिए जनता और राजनीतिज्ञों का दबाव, इसके परिणामस्वरूप इस प्रकार की स्कीमों के लिए नाममात्र की व्यवस्था हो पाती है और संसाधनों का प्रसार भी क्षीण हो जाता है।
- जिला प्रमुखों और राज्य स्तर के विभाग प्रमुखों के बीच प्राधिकार और नियंत्रण संबंधी संघर्ष।
- विभागों (जैसे केरल) के विरोध के कारण जिला स्तर पर कार्यों के हस्तांतरण की समस्या।
- अपने वार्षिक योजना प्रस्ताव तैयार करने और योजना आयोग द्वारा राज्य की योजना के प्रस्तावों को अंतिम रूप दिए जाने से पहले राज्य सरकार को समय पर प्रस्तुत करने के लिए जिला योजना निकायों के पास समय की कमी।
- पिछड़े क्षेत्रों के लिए अलग उप-योजना बनाकर जिले के अंदर ऐसे क्षेत्रों पर विशेष ध्यान देने की माँग।
- कुछ पहलुओं (जैसे रोजगार, आय वितरण) पर कमजोर आँकड़ा आधार।
- बड़ी-बड़ी परियोजनाओं के लिए राज्य की भारी देयताओं के कारण जिला स्तर पर पर्याप्त योजना राशि देने में कठिनाई।
- जिला स्तर पर निष्पादनकारी एजेंसियों में जिला योजना निकायों के प्रति उत्तरदायित्व की कमी।
- स्कीमों को स्वीकृत करने में विलम्ब।
- राज्य योजनाओं में जिला स्तर की स्कीमों को पूरी तरह से प्रतिबिंबित करने की समस्या और संपूर्ण राज्य योजना में जिला योजना के एकीकरण में कठिनाइयाँ।
- जिला योजना में नई स्कीमों के लिए सीमित स्थान, क्योंकि अधिकांश धन चालू स्कीमों के लिए प्रयुक्त किया जाता है।

भारत में जिला योजना बहुत प्रणालीबद्ध नहीं है। फिर भी, यह ध्यान रखना आवश्यक है कि जिला योजना को केवल चरणों में आरंभ किया जाना चाहिए। एक ओर तो योजना तकनीक के सभी परिष्करणों और बारीकियों के साथ तथा दूसरी ओर, संपूर्ण विकेंद्रीकरण उपायों के अंगीकरण के साथ इसे एक ही दौर में शुरू नहीं किया जा सकता है।

प्रश्न 14. जिला योजना की प्रक्रिया में शामिल विभिन्न प्रावस्थाओं का वर्णन कीजिए। [दिसम्बर-2013, प्रश्न सं.-1]

उत्तर– जिला योजना की प्रक्रियाओं में संचालन के लिए राज्य योजना आयोग द्वारा जारी दिशा-निर्देश के अनुरूप विभिन्न स्तरों पर तकनीकी सहायता दलों का गठन किया गया। ग्राम स्तर में प्रत्येक तीन पंचायतों पर व नगरीय निकाय क्षेत्रों पर तीन वार्डों में एक तकनीकी सहायता दल का गठन किया गया। शहरी और ग्रामीण योजनाओं को पूरे जिले के लिए विकास योजना की रूपरेखा के रूप में परिवर्तन करना जिला योजना समितियों का उत्तरदायित्व है।

जिला योजना की प्रक्रिया की चार प्रवस्थाएँ होती हैं:

(1) योजना पूर्व प्रावस्था (Preplanning Phase): जिला योजना आरंभ करने से पहले योजना पूर्व प्रावस्था में निम्नलिखित कार्यवाही की जानी चाहिए:

(क) जिला योजना के कार्यक्षेत्र और विषयों का निर्धारण।

(ख) समुचित मानदंड के अनुसार राज्य से जिले को संपूर्ण योजना राशि में से राशि का आवंटन।

(ग) जिला योजना के लिए उपयुक्त संगठनात्मक ढाँचा स्थापित करना।

(घ) विकेंद्रीकरण के लिए कुछ प्रशासनिक उपाय करना।

(ङ) उपयुक्त जिला योजना तंत्र स्थापित करना।

(च) कार्मिकों के प्रशिक्षण की व्यवस्था करना।

(छ) राज्य स्तर पर जिला योजना इकाई स्थापित करना।

औपचारिक योजना में व्यापक विविध क्षेत्रों सहित कार्यों का विशाल समूह होता है। इसलिए पहले योजना कार्यक्रमों को मोटे तौर पर ऐसे योजना कार्यक्रमों में विभाजित करना चाहिए, जो केवल किसी खास जिले के लिए संगत हो अथवा जो एक से अधिक जिलों के लिए संगत हो। पहला जिला स्तर कार्यक्रम है और दूसरा राज्य स्तर का कार्यक्रम है। भिन्न-भिन्न भौगोलिक स्तरों के संदर्भ में योजना कार्यों में भेद करने के सिद्धांत को यहाँ अपनाया जाना चाहिए।

बहु-स्तरीय योजना ढाँचे में जिला योजना के कार्यक्षेत्र और विषय के निर्धारण के बाद राज्य से जिले को योजना राशि आवंटित करने के लिए उपयुक्त मानदंड तैयार किए जाने चाहिए। इस प्रकार के आवंटन के लिए कोई भी फार्मूला नहीं है, इसलिए राज्यों को कतिपय मानकों के आधार पर मानदंड विकसित करने चाहिए।

जिला स्तर पर जिले के लिए विकास कार्यक्रम और उन्हें कार्यान्वित किए जाने वाले तरीके के निर्धारण के लिए संगठनात्मक ढाँचे में राजनीतिक, जिला, प्रशासनिक और स्थानीय संस्थाओं का एकीकरण होना चाहिए। इसके अलावा, इसका लक्ष्य जिला स्तर पर सभी प्रशासनिक कार्यों को एक ही एजेंसी के प्रभावी समन्वय और नियंत्रण के अधीन लाना तथा सहभागी एजेंसियों/पंचायती राज निकायों, गैर-सरकारी एजेंसियों आदि के लिए स्पष्ट कार्य योजना निर्धारित करना होना चाहिए।

योजना पूर्व प्रावस्था में ही पर्याप्त प्रशासनिक विकेंद्रीकरण सुनिश्चित करना आवश्यक है।

विकेंद्रीकृत बहु-स्तरीय योजना के ढाँचे के अंतर्गत जिला प्राधिकारी को निम्नलिखित कार्य करने चाहिए:

(i) निर्धारित राष्ट्रीय और राज्य स्तर के उद्देश्यों के अंतर्गत स्थानीय आवश्यकताओं और उद्देश्यों की पहचान करना;

(ii) जिले में प्राकृतिक और मानव संसाधनों की सूची बनाना तथा उपक्षेत्रीय स्तरों पर अभी तक प्राप्त विकास का स्तर बनाना;

(iii) जिला योजना तैयार करना;

(iv) जिला योजना के कार्यान्वयन का समन्वय करना; और

(v) जिला योजना की मॉनीटरिंग और समीक्षा करना।

इसलिए उपर्युक्त के लिए पर्याप्त क्षमता का निर्माण करने के लिए राज्य स्तर पर जिला योजना इकाई की स्थापना करना वांछनीय होगा। इस प्रकार की इकाई अंत: जिला विविधताओं का अध्ययन करेगी, जिलों की धनराशि के वितरण के लिए उपयुक्त मानदंड बनाने का काम करेगी, जिला योजना अधिकारियों की सहायता करेगी और राज्य की योजना के साथ जिले की योजना का एकीकरण करेगी।

(2) योजना निर्माण प्रावस्था (Planning Phase): योजना निर्माण प्रावस्था में निम्नलिखित चरण शामिल हैं:

(क) जिला योजना के मुख्य उद्देश्यों का प्रतिपादन,

(ख) जिला योजना के लिए आँकड़ों का संकलन,

(ग) बुनियादी उद्देश्यों के संबंध में जिले की रूपरेखा (प्रोफाइल) तैयार करना,

(घ) जिला योजना की मुख्य कार्यनीति तैयार करना, और

(ङ) निर्धारित कार्यनीति के संदर्भ में मौजूदा कार्यक्रमों और परियोजनाओं का विश्लेषण।

इसमें निम्नलिखित अंतर्निहित है:

(i) चालू कार्यक्रमों और परियोजनाओं का संशोधन,

(ii) अंत: खंड असमानताएँ हटाने के लिए प्रस्ताव,

(iii) बेरोजगार/अल्प रोजगार का मूल्यांकन और जनशक्ति योजना तथा बजट निर्माण के प्रस्ताव,

(iv) नई परियोजनाओं और योजनाओं को शामिल करना,

(v) विभिन्न परियोजनाओं और कार्यक्रमों के बीच सहलग्नता,

(vi) कार्यान्वयन में कोई अंतराल नहीं है, यह सुनिश्चित करने के लिए संगठन और प्रबंध,

(vii) विभिन्न परियोजनाओं और योजनाओं को आबंटन के लिए संसाधनों का मूल्यांकन,

(viii) जिला योजना के भौतिक और वित्तीय घटकों का विवरण,
(ix) जिला योजना के स्थानिक आयामों का विवरण, और
(x) जिला योजना और क्षेत्रीय तथा राज्य विकास योजनाओं के बीच संबंध तथा संपर्क के संकेत।

विकास की कार्यनीति के सबसे आदर्श आधार स्थानिक विशेषताएँ और सामाजिक-आर्थिक कारक होंगे। जिला योजना के खाके और कार्यनीति के संदर्भ में योजना कार्यक्रमों का विश्लेषण किया जाना आवश्यक है। उदाहरण के लिए, विभिन्न कार्यक्रमों जैसे ऑपरेशन फलड और एकीकृत ग्राम विकास कार्यक्रम के बीच अंत: सहलग्नता पर विचार करना जरूरी है। जिला योजनाकारों को विभिन्न योजना कार्यक्रमों में कमी पूरी करने और कार्यक्रमों को पूर्ण रूप देने का पर्याप्त प्राधिकार और विवेकाधिकार होना चाहिए।

योजनाकार जिले में विद्यमान संसाधनों, जनशक्ति और रोजगार आवश्यकताओं के संबंध में उपलब्ध आँकड़ों का अनुमान लगाकर निम्नलिखित का पता लगाया जा सकता है:

- ऐसे क्षेत्र जहाँ निवेश के लिए जनशक्ति की अपेक्षा वित्तीय संसाधन अधिक हैं;
- ऐसे क्षेत्र जहाँ संसाधन (निवेश) और जनशक्ति दोनों समान रूप से उपलब्ध हैं; और
- ऐसे क्षेत्र जहाँ जनशक्ति की उपलब्धता की अपेक्षा संसाधनों की उपलब्धता बहुत कम है।

(3) कार्यान्वयन प्रावस्था (Implementation Phase): जिला योजना का कार्यान्वयन तीसरी प्रावस्था है जिसमें परियोजना और क्षेत्रक दृष्टिकोण को मूर्त रूप दिया जाता है। सफल कार्यान्वयन अपनाई गई योजना के युक्तियुक्त होने पर और कार्यान्वयनकर्त्ताओं के बीच समन्वय होने पर निर्भर करता है। बहुधा उसी क्षेत्र में कई एजेंसियाँ जिस कठोर तरीके से काम करती हैं, जिनमें कई एजेंसियाँ उसी क्षेत्र में काम करती हैं, उनमें से प्रत्येक द्वारा अलग-अलग प्राय: एक ही प्रयोजन के लिए धनराशि का उपयोग किया जाता है। इस प्रकार, जिला स्तर पर वित्तीय एकीकरण, वास्तव में, गंभीर समस्या है। समन्वय की एक और समस्या है, क्योंकि जो संगठन सहलग्नता स्थापित करना चाहते हैं, उन्हें संसाधन आवंटन पर राय देने की शक्तियाँ कदापि नहीं हैं, वे समुचित अवस्थिति संबंधी निर्णय लेते हैं और नई स्वीकृति जारी करते हैं।

(4) मॉनीटरिंग और मूल्यांकन प्रावस्था (Monitoring and Evaluation Phase): योजना की अंतिम प्रावस्था मॉनीटरिंग और मूल्यांकन है। चूँकि जिला योजना का कार्यान्वयन राज्य के विभागों और अन्य एजेंसियों द्वारा किया जाता है, इसलिए यह देखने के लिए उसकी प्रगति की मॉनीटरिंग आवश्यक है कि क्या इसमें सम्मिलित की गई परियोजनाएँ/स्कीमें उसी आधार पर कार्यान्वित की जा रही हैं, जिस पर इन्हें बनाया गया था या इनकी रूपरेखा तैयार की गई थी। मॉनीटरिंग से कार्यान्वयन अनुसूची पर नजर

रखी जाती है और इससे योजनाकार समय पर सुधारात्मक उपाय कर सकता है, ताकि समय और लागत की बचत की जा सके। इसी प्रकार, जिले के लिए योजना में किसी खास किस्म की समस्याओं पर आगे मार्ग-निर्देशन के लिए जिला योजना का मूल्यांकन आवश्यक है—क्या जिला योजना सफल रही है, क्या इसमें सुधार हो सकता है और संप्रत्ययीकरण (Conceptualisation) या कार्यान्वयन में समस्याओं की पहचान जरूरी है।

प्रश्न 15. परिप्रेक्ष्य जिला योजना तथा वार्षिक जिला योजना पर संक्षिप्त टिप्पणी कीजिए।

उत्तर– **परिप्रेक्ष्य जिला योजना (Perspective District Plan):** समयबद्ध कार्यक्रम बनाना जिला योजनाओं के लिए जरूरी है। योजना प्रक्रिया में मोटे तौर पर सभी अवस्थाएँ आ जाती हैं, परंतु जब तक योजना पूरी नहीं है, तब तक कि इस प्रकार की योजना के लिए समय-सूची निर्दिष्ट न की गई हो। प्रत्येक जिले के दीर्घकालिक विकास के लिए परिप्रेक्ष्य योजना का लक्ष्य जिले का दीर्घकालिक विकास होना चाहिए और विकास में क्षेत्रीय असमानताएँ कम करने के लिए 10 से 15 वर्षों तक की परिप्रेक्ष्य योजना की जरूरत है। आदर्श स्थिति तो यह है कि इसमें मौखिक और मानव संसाधन, दोनों आने चाहिए जिससे सुविधावंचित वर्ग पर विशेष ध्यान दिया जाए।

परिप्रेक्ष्य योजना का उद्देश्य जिला का दीर्घकालीन विकास होना चाहिए। जिले के अंतर्गत परिप्रेक्ष्य जिला योजना में परिप्रेक्ष्य खंड योजनाओं को भी ध्यान में रखा जाए, जिसका समन्वय जिला स्तर पर किया जाता है। इस प्रकार की जिला योजना निम्नलिखित कारकों पर आधारित होनी चाहिए:

- जनसांख्यिकीय प्रवृत्तियों, मानव संसाधनों, आर्थिक कार्यकलाप में लगे हुए संस्थाओं के ब्यौरों सहित आर्थिक क्रियाकलाप, उपलब्ध सामाजिक और संस्थागत आधारिक संरचना सहित संसाधनों की सूची;
- कार्यक्रमों की संभाव्यता के व्यापक विश्लेषण सहित योजनागत और योजनेत्तर दोनों चालू कार्यक्रम के बारे में सूचना; और
- जिले में सभी विभागों के संभावित कार्यकलाप का मूल्यांकन।

वार्षिक जिला योजना (Annual District Plan): वार्षिक जिला योजना राज्य स्तर पर वार्षिक योजना और बजट से जुड़ा हुआ संक्रियात्मक कार्यक्रम है।

वार्षिक योजना की तैयारी का ऐसा कार्य है, जिसे पंचवर्षीय योजना का अनुसरण करना चाहिए और निम्नलिखित बातों का समावेश करना चाहिए:

- प्राथमिकता के क्षेत्रकों और कारण स्पष्ट करते हुए खंड/जिले का आर्थिक खाका;

- विभिन्न विकास कार्यक्रमों के अधीन प्रस्तावित लाभार्थी परिवारों का खाका। लाभार्थियों की अभिवृत्ति और परियोजना की व्यवहार्यता के अनुसार उनकी स्थूल श्रेणियाँ तैयार की जानी चाहिए;
- लाभार्थी कार्यक्रमों का पूरे वर्ष के लिए स्थानिक वितरण और समय-अनुसूची तैयार करना;
- क्षेत्रमूलक कार्यक्रमों की स्थानिक और समय संबंधी अनुसूची तैयार करना; और
- वर्ष के दौरान विभिन्न विकास कार्यक्रमों में प्रस्तावित अंत: संबंध।

स्कीमों का चयन - परियोजना निर्माण (Selection of Schemes – Formulation of Planning): निश्चित स्कीमें और परियोजनाएँ जिला योजनाकारों द्वारा वार्षिक योजना के आधार पर तैयार की जानी चाहिए। आमतौर पर, स्थानीय आवश्यकताओं तथा जिले में संभावनाओं के आधार पर निर्धारित की गई स्कीमों और परियोजनाओं के लिए विस्तृत परियोजना निर्माण क्रियाएँ नहीं हैं। फिर भी, योजनाकार के लिए कई परियोजनाओं/स्कीमों/विचारों को ध्यान में रखकर प्राथमिकताएँ रखना आवश्यक है। भिन्न-भिन्न प्रतियोगी परियोजनाओं में विकल्प, निर्धारित दक्षता मूल्यांकन के अलावा, लोगों की ज्ञात आवश्यकताओं को ध्यान में रखकर किया जाना चाहिए। उदाहरण के लिए, प्राथमिकता उन स्कीमों को दी जानी चाहिए, जो काफी मात्रा में रोजगार पैदा करती हों या जिनसे पिछले निवेशों से अधिकतम उत्पादन मिलने की संभावना हो, श्रमिकों की उपलब्धता को ध्यान में रखकर परियोजना का स्थान निर्धारण करना चाहिए।

जिले के लिए वार्षिक कार्य-योजना (Annual Action Plan for the District): वार्षिक कार्य-योजना वर्ष के लिए जिले के कार्यों का कैलेंडर होता है। यह पाक्षिक/मासिक/त्रैमासिक आधार पर किए जाने वाले और पूरे किए जाने वाले कार्यकलाप का ब्यौरेवार कार्य कैलेंडर होना चाहिए।

कार्य-योजना अनिवार्यत: वार्षिक कार्य-योजना और वर्ष के दौरान कार्यान्वयन के लिए चुनी गई स्कीमों से संबंधित होती है। उदाहरण के लिए, वार्षिक कार्य-योजना में वर्ष में खाद्यान्न उत्पादन में 1000 मीटरी टन वृद्धि का लक्ष्य रखा जा सकता है। इस उद्देश्य को प्राप्त करने के लिए निम्नलिखित स्कीमें चुनी जा सकती हैं:

- 500 किसानों को 500 मिनीकिटों का वितरण; और
- 600 किसानों के लिए उथले नलकूपों का निर्माण।

वार्षिक कार्य योजना इन्हें निम्न प्रकार से कार्यान्वित कर सकती है:

कार्य	पूरा किए जाने की अवधि
(1) 500 किसानों को मिनीकिटों का वितरण	मई तक (मानसून से पहले)
(2) उथले नलकूपों का निर्माण - छह महीने तक प्रति मास 100 नलकूप	दिसम्बर तक (भूमिगत जल स्तर के अनुसार)

प्रश्न 16. खंड स्तर योजना के अर्थ और कार्यक्षेत्र की चर्चा कीजिए।

अथवा

खंड योजना के प्रमुख उद्देश्य क्या हैं? क्षेत्र के विकास में यह किस प्रकार योगदान कर सकता है?

अथवा

खंड स्तर योजना पर संक्षिप्त टिप्पणी दीजिए।

[जून-2012, प्रश्न सं.-4(a)]

अथवा

स्थिति-विशेष योजना पर संक्षिप्त टिप्पणी लिखिए।

[दिसम्बर-2013, प्रश्न सं.-5(a)]

अथवा

खंड योजना के उद्देश्यों पर संक्षिप्त टिप्पणी लिखिए।

[जून-2014, प्रश्न सं.-5(ग)]

उत्तर— मूल रूप से खंड योजना से अभिप्राय निर्धारित समय सीमा चाहे ये एक साल की हो या पाँच साल या इससे ज्यादा समय की हो के अंदर खंड के विकास की योजना बनाना है जबकि एक राष्ट्रीय योजना के लिए विभिन्न क्षेत्रों की आवश्यकताओं को बड़े स्तर पर ध्यान में रखा जाता है। खंड योजना मूल रूप से स्थानीय स्तर पर योजना का एक अभ्यास है। यहाँ पर यह बात विशेष ध्यान दिए जाने योग्य है कि इस स्तर की योजना बनाने के अभ्यास की सफलता और विफलता स्पष्ट रूप से दिखाई देती है। यह कहना अनावश्यक है कि जीवन की दशाओं में छोटे परिवर्तन जो कि योजना के फलस्वरूप आते हैं, इस स्तर पर स्पष्ट रूप से दिखते हैं। यह व्यापक भागीदारी को प्रोत्साहन देता है। इस प्रकार लोगों का जुड़ना खंड योजना के अभ्यास को व्यापक आधार वाला बनाता है। अतएव यह अति महत्त्वपूर्ण है।

खंड विकास योजना के दो प्रमुख घटक हैं:
- क्षेत्र विकास घटक और
- लक्षित समूहों के लिए लाभार्थी मूलक कार्यक्रम

क्षेत्र विकास घटक में, संसाधनों के विकास के लिए योजना, आधारभूत संरचनात्मक विकास और सामाजिक, आर्थिक सुविधाओं के प्रावधान एक-दूसरे के साथ तादात्म्य बनाने होंगे।

नीचे के स्तर की योजना स्थिति विशेष होती है। इसलिए यह सारा अभ्यास व्यवस्थित योजना के ढाँचे में किया जाएगा जिसमें मूल बिंदु, केंद्र बिंदु और वे क्षेत्र जहाँ सेवा प्रदान करनी है सम्मिलित हो।

खंड योजना के उद्देश्य (Objectives of Block Planning):
- क्षेत्र में आर्थिक और सामाजिक आधारभूत संरचना का निर्माण।

- न्यूनतम आवश्यकता और अन्य कार्यक्रमों के माध्यम से समाज सेवाओं को बढ़ाना और उपलब्ध कराना तथा सार्वजनिक वितरण प्रणाली की पहुँच का विस्तार करना।
- क्षेत्र में गरीब व पीड़ित लोगों के हित को सुरक्षित करने के लिए संस्थाओं/संगठनों का निर्माण।
- क्षेत्र में समता आधारित संरचना के निधिस्वामित्व को प्रोत्साहन देना।
- तकनीक उन्नयन, उत्पादकता में वृद्धि और कौशल बढ़ाने में योगदान।
- क्षेत्र में अत्यधिक विकास और सार्वजनिक रोजगार कार्यक्रमों के द्वारा रोजगार और आय से वृद्धि विशेष रूप से गरीबों की।
- विकास के लाभ का वितरण इस प्रकार हो कि वे कमजोर वर्ग जैसे कि सीमांत कृषक, खेतिहर मजदूर आदि तक पहुँच सकें।

एकीकृत क्षेत्र दृष्टिकोण (Integrated Area Approach): स्थानीय संदर्भ में ग्रामीण सामाजिक आर्थिक दशा के विभिन्न पहलुओं के बीच अंतर्क्षेत्रीय संबंधों का खंड योजना में ध्यान रखा जाता है। अन्यथा इस बात का खतरा हो सकता है कि विकास विकृत हो। इसका आशय है कि योजना प्रक्रिया में एक एकीकृत क्षेत्र विकास दृष्टिकोण की आवश्यकता है।

अंतर्क्षेत्रीय योजना के महत्त्व की व्याख्या में हम खाद्य और कृषि संगठन (FAO) की परियोजना जो टर्की के अनातोलिया क्षेत्र में 1930 में लागू की गई थी। इस परियोजना के द्वारा लगभग चालीस हजार हेक्टेयर भूमि कमांड क्षेत्र के अंतर्गत लाई गई थी। हालाँकि सिंचाई सुविधा के निर्माण के पंद्रह साल बाद निर्मित क्षमता का केवल पंद्रह प्रतिशत ही प्रयोग में लाया जा सका।

दुर्भाग्य से बढ़े हुए कृषि उत्पादों को बाजार के द्वारा और यातायात सुविधाओं के द्वारा ध्यान रखने की कोई योजना नहीं थी जिसके कारण माल तैयार करने के उद्योग स्थापित हुए। इसके परिणामस्वरूप रोजगार बढ़ा। शीघ्र ही पड़ोस के क्षेत्रों से लोग इस क्षेत्र में आने लगे। इसके दबाव से बढ़ी जनसंख्या के परिणामस्वरूप विभिन्न जनसुविधाओं जैसा कि शिक्षा, स्वास्थ्य, आवास और जल वितरण की व्यवस्था पर तनाव बढ़ा। अंत में यह आवश्यक था कि इन क्षेत्रों की भी योजना बनाई जाए।

व्यापक विकास योजना (Comprehensive Development Plan): किसी क्षेत्र के सर्वांगीण विकास के लिए यह आवश्यक है कि सभी संबंधित क्षेत्र के लिए साथ योजना बनाई जाए। जब विभिन्न क्षेत्रों को जोड़ते हुए योजना बनाई जाती है तो यह एक व्यापक विकास योजना होती है। खंड स्तर पर विकास को बढ़ाने की दिशा में व्यापक विकास योजना को बनाए जाने की आवश्यकता है, जिसमें उत्पादन क्षेत्र के साथ और दूसरे क्षेत्र भी सम्मिलित होने चाहिए। इस प्रकार व्यापक योजना के घटकों में सम्मिलित हैं–संसाधनों के लिए योजना आधारभूत सुविधाएँ और समाज सेवा सुविधाएँ। इस प्रकार क्षेत्रीय अधिकारियों, जिला ग्राम विकास संस्थाओं (DRDA) और वित्तीय संस्थाओं द्वारा

बनाई गई योजनाओं को यदि ठीक ढंग से एकीकृत किया जाए तो वह क्षेत्र के व्यापक विकास की योजना को बनाएगी।

स्थिति विशेष योजना (Location Specific Plan): यह स्थानीय स्तर पर है। इसमें विभिन्न गतिविधियों और सुविधाओं की स्थिति पर विशेष ध्यान संभव है। इस प्रकार एक लघुस्तरीय या खंड स्तर की योजना का विशिष्ट है कि क्षेत्र में प्रस्तावित विभिन्न योजनाओं की स्थिति को निर्धारित किया जा सकता है। इसलिए यह स्थिति विशेष योजना है।

इन स्थितियों पर व्यवहार्यता और क्षेत्र के लोगों को सुविधाएँ उपलब्ध कराने हेतु दूरी/सीमा के आधार पर पहुँचा जाता है।

खंड योजना और जिला योजना (Block Planning and the District Plan): खंड स्तरीय योजना पर कार्यकारी समिति (1978) ने पाया कि "कुछ निश्चित सामुदायिक हित खंड स्तर की विशेषता है। यह पर्याप्त रूप से क्षेत्र और जनसंख्या की दृष्टिकोण से छोटा है। इससे योजना बनाने वालों, वे जो योजना कार्यान्वयन के लिए जिम्मेदार हैं और लोगों के बीच गहरे संबंध और समझ संभव है।"

खंड योजना और जिला योजना एक-दूसरे से घनिष्ठ रूप से जुड़ी है और इनको विकेंद्रीकृत योजना की प्रक्रिया में चरणों के रूप में देखा जा सकता है। एक तरफ खंड योजना को जिला योजना और राज्य योजना से एकीकृत करने की आवश्यकता है। दूसरी तरफ खंड में विभिन्न गाँवों के समूहों को उप इकाइयों की योजना से एकीकृत करना है।

कुछ विशेष प्रकार की विकास योजनाओं जैसे कि ऊर्जा उत्पादन, प्रमुख सिंचाई परियोजनाओं की राज्य और राष्ट्रीय स्तर पर नियोजन की आवश्यकता है और कुछ दूसरी योजनाओं को खंड स्तर पर स्थानीय आवश्यकताओं को ध्यान में रखते हुए बनाया जा सकता है। खंड स्तरीय योजना के अभ्यास की सफलता के लिए क्षैतिज और ऊर्ध्वाधर रूप से जोड़ना महत्त्वपूर्ण है।

खंड स्तरीय योजना को जिला और राज्य स्तरीय योजना के समग्र ढाँचे में अपने से संबंधित विशिष्ट क्षेत्र और जिम्मेदारियों को अवश्य अलग कर देना चाहिए। उनके बीच के अंतर्संबंधों को भी निर्धारित अवश्य कर लेना चाहिए।

राज्य और मंडल स्तरीय योजना के नीचे खंड और जिला स्तर की योजना का स्तर का पता लगाने की आवश्यकता नहीं है। इन सभी स्तरों की योजना को एक ही अभ्यास के भाग के रूप में देखना चाहिए। खंड स्तरीय योजना की समिति (1978) के अनुसार खंड योजना दल को जिले के मुख्यालय में होना चाहिए और इसे जिला योजना के अभ्यास में शामिल होना चाहिए।

प्रश्न 17. खंड स्तर पर योजना प्रक्रिया की विस्तार से व्याख्या कीजिए।

अथवा

परिप्रेक्ष्य योजना पर संक्षिप्त टिप्पणी लिखिए।

[जून-2013, प्रश्न सं.-5(b)]

उत्तर– खंड योजना को दो विभिन्न भागों में विभाजित किया गया है। एक तो परिप्रेक्ष्य योजना है जिसमें दीर्घकालिक संभावना होती है। यह योजना लंबी अवधि के दौरान विभिन्न क्षेत्र के विकास के कार्यक्षेत्र को दर्शाती है। दूसरे शब्दों में, यह भिन्न-भिन्न क्षेत्र में विकास की संभावनाओं को प्रस्तुत करती है। दूसरी वार्षिक योजना है, जिसे पंचवर्षीय योजना और परिप्रेक्ष्य योजनाओं से लिया जाता है।

परिप्रेक्ष्य योजना का निर्माण (Formulation of Perspective Plan): विकास के स्वीकृत उद्देश्यों के लिए युक्तियुक्त और सुसंगत अंतर-संबद्ध लक्ष्यों का सैट स्थापित करना परिप्रेक्ष्य योजना का उद्देश्य है। यह मौजूदा जानकारी और अनुभव के आधार पर तैयार किया जाता है परंतु इसमें आगे दस से पंद्रह वर्षों की अवधि के बारे में विचार किया जाता है। इस कार्य का महत्त्व यह है कि इसे पर्याप्त ढंग से निष्पादित किया जाना चाहिए अन्यथा वर्तमान स्थिति पर अत्यधिक संकेंद्रण का खतरा उत्पन्न हो सकता है अथवा इसके विपरीत, योजनाओं में अपेक्षित वृद्धि दर सुनिश्चित करने के लिए भिन्न-भिन्न समय पर आवश्यक उपाय करने की जरूरत पर बल देना पड़ सकता है। खंड की परिप्रेक्ष्य योजना जिले की परिप्रेक्ष्य योजना के ढाँचे के अंतर्गत होनी चाहिए।

संसाधनों की सूची तैयार करना (Preparation of Resource Inventory): योजना निर्माण में यह सबसे अधिक महत्त्वपूर्ण सोपान है। यदि इसे तर्कसंगत ढंग से किया गया है तो कार्यक्रम का कार्यान्वयन सफलतापूर्वक किया जा सकता है। संसाधनों की सूची तैयार करने में निम्नलिखित की स्थिति जानना आवश्यक है:

- प्राकृतिक संसाधन जैसे भूमि, जल, वनस्पति और मानव तथा गोजातीय संसाधन;
- कार्यकलाप जैसे कृषि और संबद्ध क्षेत्र उद्योग;
- सामाजिक सेवाएँ और संस्थागत सुविधाएँ जैसे स्वास्थ्य, शिक्षा, सफाई और जल आपूर्ति, बैंकिंग आदि; और
- आधारिक संरचना सुविधाएँ जैसे सड़क और बिजली।

इन सभी मदों के लिए हमें जिस निश्चित सूचना की जरूरत पड़ती है, वे हैं:

- किस्म
- स्थान या वितरण
- मात्रा/परिणाम/संख्या
- कोटि (गुणवत्ता)
- उपयोगिता का स्तर
- भावी विकास की संभावना
- समस्याएँ और कठिनाइयाँ

योजना निर्माण की प्रक्रिया को भूमिगत पानी के उपयोग के लिए योजना बनाने के उदाहरण से स्पष्ट किया जा सकता है। इस प्रकार की योजना बनाने के लिए भूमिगत जल सर्वेक्षण के आँकड़ों का अध्ययन करना जरूरी है। ऐसे स्थलों का पता लगाया जाना चाहिए

जहाँ भूमिगत जल उपलब्ध है, इस बात का भी पता लगाना जरूरी है कि क्या यह पानी खारा है या अन्यथा और कितनी मात्रा में उपलब्ध है।

एक बार जब हमें इन पहलुओं की जानकारी मिल जाती है तो इन संसाधनों की उपयोगिता में कठिनाइयों और निकट भविष्य में काम में लाए जा सकने वाले संसाधनों के अनुमान को ध्यान में रखकर हम भावी विकास के लिए उपलब्ध कुल संभावनाओं का आकलन कर सकते हैं। इससे हमें उन भिन्न-भिन्न योजना की इकाइयों की संख्या के अनुमान भी हो जाएँगे जिन्हें कार्यान्वित किया जा सकता है। क्षेत्र में व्यावहारिक योजना की संख्या भी इस आधार पर तय की जा सकती है।

संसाधनों की गुणवत्ता से यह अनुमान लगाया जा सकता है कि संसाधन का उपयोग किस कार्य के लिए किया जा सकता है या दूसरे शब्दों में, क्षेत्र में किस प्रकार की योजना कार्यान्वित की जा सकती है। स्थान संबंधी जानकारी से स्थान निर्धारण सुझाया जा सकेगा कि इन योजनाओं को कहाँ कार्यान्वित किया जा सकता है और उन स्थानों में व्यावहारिक इकाइयों की संख्या भी तय की जा सकती है। फिर भी, उन स्कीमों की सूची को अंतिम रूप देने से पहले जिन्हें उस क्षेत्र में कार्यान्वित किया जाना है, हमें केवल संसाधनों की संभावनाओं का ही नहीं बल्कि अन्य पहलुओं पर भी विचार करना होगा।

उपयुक्त स्कीमों के लिए योजना बनाना (Planning for Suitable Schemes): किसी भी योजना प्रक्रिया में अनिवार्य कार्यों में प्रमुख कार्य चालू योजना की समीक्षा करना है। पहला, क्षेत्र में भिन्न-भिन्न विभागों और एजेंसियों द्वारा कार्यान्वित किए जा रहे विभिन्न कार्यक्रमों की सूची बनाई जानी चाहिए। योजना की इकाइयों की संख्या बढ़ाने का सुझाव देने से पहले, योजना के कार्यान्वयन में प्राप्त अनुभव से सीखना उचित होगा। यह संभव है कि कुछ योजनाएँ सफलतापूर्वक कार्यान्वित की गई हों। इसके फलस्वरूप कार्यक्रम के उद्देश्य प्राप्त हो गए हों। ऐसी भी स्थिति हो सकती है जहाँ कार्यान्वयन करने वाली एजेंसी को तकनीकी जानकारी के अभाव, कच्चे माल की कमी, अग्रानुबंधन और पश्चानुबंधन की अपर्याप्तता, लोगों से कम सहयोग आदि जैसी विभिन्न कठिनाइयों का सामना करना पड़ सकता है।

पश्चानुबंधन और अग्रानुबंधन का आकलन (Assessment of Backward and Forward Linkages): पश्चानुबंधन वे सुविधाएँ और आदान हैं जो उत्पादन को सुकर बनाते हैं, जबकि अग्रानुबंधन वे हैं जिनकी जरूरत उत्पादन के बाद होती है। इस बात को और स्पष्ट करने के लिए हम कह सकते हैं कि कृषि क्षेत्र के लिए आदान वितरण केंद्र, सिंचाई सुविधाएँ आदि को पश्चानुबंधन कहा जा सकता है, जबकि विपणन भंडारण सुविधाओं, संसाधन (प्रोसेसिंग) सुविधाओं को अग्रानुबंधन कहा जा सकता है।

किसी भी स्कीम को कार्यान्वित करने के लिए यह आवश्यक है कि पश्चानुबंधन और अग्रानुबंधन उपलब्ध हों।

वार्षिक खंड योजना (Annual Block Plan): वार्षिक खंड योजना को वार्षिक जिला योजना से संबद्ध किया जाता है और इसमें प्राथमिकता के क्षेत्र कार्यान्वित की जाने

वाली स्कीमें (नई और चालू दोनों), परिव्यय और लक्ष्य अंकित होते हैं। जिला योजना की तरह खंड योजना में भी प्रश्नास्पद वर्ष के लिए खंड स्तर पर प्रस्तावित कार्यक्रमों की क्षैतिज और ऊर्ध्वाधर अनुबंधनों के ब्यौरे तैयार किए जाने चाहिए। खंड स्तर की योजना निर्माण कार्य में गैर-सरकारी व्यक्ति, गैर-सरकारी संगठन, व्यावसायिक वर्ग और लोगों के प्रतिनिधि शामिल किए जाने चाहिए। केंद्रीय और राज्य सरकारों की जो स्कीमें खंड में कार्यान्वयन के लिए मिली हैं, व्यावहारिकता, स्थानीय आवश्यकताओं और संभावनाओं की दृष्टि से उनका मूल्यांकन किया जाना चाहिए और उनमें यदि कुछ संशोधन आवश्यक समझे जाएँ तो उन्हें करवाया जाना चाहिए।

कार्य योजनाओं का निर्माण (Formulation of Action Plans): वार्षिक कार्य योजना सीधे निष्पादन के लिए होती है। वार्षिक कार्य योजना में वार्षिक योजना में निर्धारित स्कीमें होती हैं। परंतु कई ऐसे कारक हैं जिन्हें इस अनुक्रिया के दौरान ध्यान में रखना जरूरी होता है।

स्कीमों का चयन और उनका स्थान निर्धारण (Selection of Schemes and their Location): वार्षिक कार्य योजना कार्यान्वयन के लिए स्कीमों का शेल्फ है। कुछ ऐसे मानदंड हैं जिन्हें ध्यान में रखा जाना चाहिए। चूँकि ये स्कीमें पंचवर्षीय योजना से चुनी गई हैं, इसलिए निस्संदेह ये व्यावहारिक हैं। फिर भी उनकी व्यवहार्यता का मूल्यांकन किया जाना चाहिए। व्यवहार्यता और औचित्य के अलावा हमें कुछ ऐसी स्कीमों को प्राथमिकता भी देनी चाहिए जिन्हें लोगों की आवश्यकता समझा गया हो और इसलिए आवश्यकताओं का कार्यान्वयन भी तेजी से किया जाना चाहिए।

वित्तीय घटक (Financial Component): वार्षिक कार्य योजना के लिए वित्तीय भार के ब्यौरे तैयार कर लेने चाहिए, यह विभिन्न स्रोतों जैसे सरकारी विभाग, वित्त संस्थाएँ और किसी अन्य बाहरी एजेंसी से उपलब्ध वित्तीय आधार पर होना चाहिए।

प्रश्न 18. 'लाभार्थी मूलक कार्यक्रमों के लिए खंड योजना' पर एक नोट लिखिए।

उत्तर– लाभार्थी मूलक कार्यक्रमों, जैसे एकीकृत ग्राम विकास कार्यक्रम (IRDP) को खंड स्तर पर कार्यान्वित किया जा रहा है। इसके लिए खंड स्तर पर योजना बनाना आवश्यक है, ताकि कार्यक्रमों को प्रभावी ढंग से कार्यान्वित किया जा सके। वास्तव में, गरीबी उन्मूलन कार्यक्रम और उन कार्यक्रमों को जिन्हें सुविधावंचित वर्गों के लिए तैयार किया गया है, खंड योजना में जोड़ा जाना चाहिए।

एकीकृत ग्राम विकास कार्यक्रम और खंड योजना (IRDP and Block Planning): एकीकृत ग्राम विकास कार्यक्रम के कार्यान्वयन में लाभार्थी परिवारों का पता लगाया जाता है। परिवार की शुद्ध आय का अनुमान लगाया जाता है और जिन परिवारों की आय विनिर्दिष्ट राशि से कम होती हैं, उन्हें इस कार्यक्रम के अधीन सहायता दी जाती

है। इन परिवारों के लिए आमदनी पैदा करने वाले स्व-रोजगार की व्यवस्था की जानी होती है। परिवारों के विकल्प (रुचि) का भी पता लगाया जाना चाहिए, क्योंकि योजना निर्माण अवस्था से ही लाभार्थी को कार्यक्रम से जोड़ना होता है। लाभार्थी से केवल एक ही विकल्प के बदले दो-तीन विकल्पों का पता लगाना अधिक उपयोगी होता है, ताकि यदि उसे पहला विकल्प देना संभव न हो तो अन्य विकल्पों पर विचार किया जा सके। चुनिंदा लाभार्थियों की रुचि की/स्कीमों का पता लगाने के बाद, भिन्न-भिन्न किस्मों की ऐसी सूची बनाई जाती है, जिन्हें अलग-अलग गाँवों के लोग चाहते हैं। इन स्कीमों का आकलन किया जाता है और उन स्कीमों से तुलना की जाती है जो उस क्षेत्र में व्यावहारिक हैं और इसके आधार पर हम यह मालूम कर सकते हैं कि लाभार्थियों द्वारा वांछित कितनी स्कीमें क्षेत्र में कार्यान्वित की जा सकती हैं और कितनों को छोड़ा जाना है।

प्रश्न 19. नीचे के स्तर की योजना (ग्राम स्तर योजना) के अर्थ और प्रक्रिया की व्याख्या कीजिए।

अथवा

नीचे के स्तर की योजना पर संक्षिप्त टिप्पणी लिखिए।

[दिसम्बर-2012, प्रश्न सं.-5(g)]

अथवा

ग्राम स्तर पर निचले स्तर की योजना के अर्थ और कार्यक्षेत्र की चर्चा कीजिए।

[दिसम्बर-2013, प्रश्न सं.-1]

अथवा

जमीनी स्तर नियोजन पर संक्षिप्त टिप्पणी लिखिए।

[जून-2014, प्रश्न सं.-4(ख)]

उत्तर— ग्रामीण विकास का एक देश के विकास में विशिष्ट महत्त्व माना गया है। इन महत्त्वों को ध्यान में रखकर ही ग्रामीण विकास के लिए बहुतेरी योजनाओं और कार्यक्रमों का आरंभ किया जा चुका है। कृषि विकास, ग्रामीण युवाओं के लिए रोजगार, जल वितरण, संरचनात्मक विकास, आवास और स्वास्थ्य और शिक्षण क्षेत्रों के लिए कई प्रयास किए जा चुके हैं।

स्वतंत्रता के बाद की अवधि में ग्रामीण क्षेत्रों के संपूर्ण विकास के लिए समय-समय पर क्रमानुसार/व्यवस्थित प्रयास किए गए हैं। पहली पंचवर्षीय योजना में सामुदायिक विकास कार्यक्रमों (सी.डी.पी.) का आरंभ कर दिया गया था। कृषि विकास सामुदायिक विकास कार्यक्रमों के अभ्यंतर विषयों में एक था। लोगों की सहभागिता का प्रयास खंड स्तर संस्थाओं, ग्राम पंचायतों, ग्राम सभा, महिला मंडली, युवा क्लबों, कृषि चर्चा मंडली जैसे नीचे के स्तर की संस्थाओं के माध्यम से किया गया। लेकिन ये आधार-स्तर संस्थाएँ बिना किसी वैधानिक समर्थन के वृहत् रूप से स्वयंसेवी थीं। विभिन्न क्षेत्रीय विभागों के

माध्यम से ग्रामीण विकास पर बहुत-सी धनराशि खर्च की गई और संगठनीय स्तर के क्षेत्रीय कार्यकर्त्ताओं के साथ ग्रामीण लोगों तक प्रत्यक्ष पहुँचने का प्रयास किया गया। ग्रामीण जनसमूह की आवश्यकताओं, वरीयताओं और आधारभूत वास्तविकताओं पर बिना ध्यान दिए हुए जब तक कई नए कार्यक्रमों और स्कीमों को प्रारंभ किया गया। खंड स्तर पर योजना निर्माण की जिन योग्यता और ग्रामीण स्तर पर ऐसे प्रभावशाली संस्थाओं की कमी जिसमें जन सहभागिता हो, आधार-स्तर योजना की समस्याओं में शामिल हैं।

चित्र 1.1 उच्च स्तर से योजना की सूचनाओं और संसाधनों के प्रवाह को दर्शाता है। 'ऊपर से योजना' के इस उपागम में योजनाओं और सेवाओं के केवल निष्क्रिय अभिग्राहक ही लक्षित समूह है। यह अदूरदर्शिता कार्यक्रमों और स्कीमों के प्रत्यारोपण में ही प्रतिबिंबित हो जाती थी, क्योंकि ये इच्छित परिणामों को प्राप्त नहीं कर पाई।

चित्र 1.1: केंद्र में योजना का निर्माण और सूचनाओं और संसाधनों को निम्न स्तरों तक पहुँचाना

इसलिए, योजना प्रक्रिया में अपने स्वयं के समुदाय में विकास के लिए ग्रामीण लोगों का सम्मिलित होना आवश्यक था। ग्रामीण जनसमूह के लिए कार्यक्रमों और नीतियों के प्रत्यारोपण एवं योजना बनाने में इन कमियों को सुधारने के दृष्टिकोण से, वहाँ योजना

निर्माण के प्रतिमान में बदलाव आया था। केंद्र/उच्च स्तर से योजना के बदले 'निम्न/ग्राम स्तर से योजना' पर ध्यान केंद्रित किया गया था, जो आधार-स्तर योजना की अंतर्निहित विषयवस्तु है। आधार-स्तर योजना उन लोगों की सहभागिता को सुनिश्चित करती है जो विकास योजना में अंतिम लक्ष्य हैं।

आधार स्तर योजना को खंड और ग्राम के निम्नस्तरीय योजना के रूप में भी परिभाषित किया जा सकता है, जहाँ लोग समाज के विभिन्न वर्गों से एकत्रित होते हैं और हस्तक्षेप के क्षेत्रों को सूचीबद्ध करते हैं एवं वरीयता देते हैं, अपने संसाधनों का अवलोकन करते हैं और स्वयं में उत्तरदायित्वों को बाँटकर अपने समुदाय के विकास के लिए योजनाओं को बनाते हैं, कार्यान्वित करते हैं और उनका निरीक्षण करते हैं। चित्र 1.2 आधार-स्तर योजना में सूचनाओं और संसाधनों के प्रवाह को दर्शाता है। इस बात पर जोर दिया जाना चाहिए कि आधार-स्तर योजना एक विकेंद्रीकृत योजना है जिसमें आधार-स्तर पर लोग न केवल अपने समुदाय के लिए योजना बनाने के लिए अधिकृत होते हैं, बल्कि उन्हें संसाधनों को प्रभावशाली ढंग से प्रस्तुत/लागू करने और पूरी प्रक्रिया का निरीक्षण करने की भी शक्ति है। इसमें स्वयं में जिम्मेदारियों और उत्तरदायित्वों को अपने समुदाय के साथ-साथ राष्ट्र के विकास के लिए बाँटना भी शामिल है।

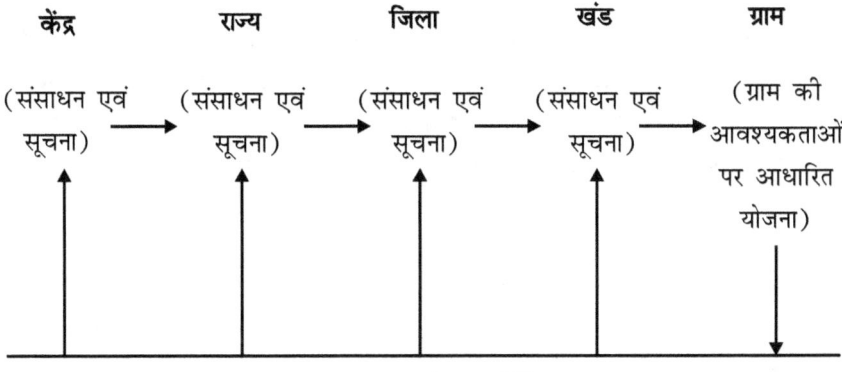

आधार स्तर से पुनर्निवेश

चित्र 1.2: लक्षित लोगों के द्वारा स्वयं ही आधार स्तर योजना ग्राम स्तर पर की गई

केंद्र से राज्यों में, राज्यों से जिलों और जिलों और गाँवों के अंदर के क्षेत्रों में शक्तियों का विकेंद्रीकरण योजना की अति केंद्रीकृत व्यवस्था को मूलतः पुनर्गठित करने के सबसे बेहतर तरीकों में से एक है। केंद्रीकरण ने आम आदमी को उन सरकारी योजनाओं के प्रति आश्रित एवं उदासीन बना दिया है जो उनके कल्याण एवं विकास के लिए हैं। दूसरी ओर, विकेंद्रीकरण लोगों को समर्थ बनाने, लोगों की सहभागिता बढ़ाने और उनकी कार्यकुशलता में वृद्धि करने जैसे परिणाम देता है।

प्रजातांत्रिक विकेंद्रीकरण व्यवस्था के अंतर्गत, जो सामान्यत: ग्रामीण क्षेत्रों के संदर्भ में 'पंचायती राज' के नाम से जाना जाता है, ग्रामीण लोग ग्राम पंचायत के सदस्यों का चुनाव करते हैं जो ग्रामीण विकास के लिए कार्यक्रमों और योजनाओं को कार्यान्वित करने के लिए उत्तरदायी होते हैं/जिम्मेदार होते हैं।

समाज के कमजोर वर्ग कभी भी सामुदायिक विकास के लिए निर्णय निर्माण प्रक्रिया में सम्मिलित नहीं हो सके हैं, उन्हें आधार-स्तर योजना का एक अंग बनने का कानूनी/वैधिक अधिकार दिया गया है। विभिन्न वार्डों और निर्वाचन क्षेत्रों में अनुसूचित जाति, अनुसूचित जनजाति, अन्य पिछड़े वर्गों और महिलाओं को इसके लिए कुछ सीटों का आरक्षण दिया गया है। कमजोर वर्गों के प्रतिनिधियों को सम्मिलित करने के पीछे उनके अपने-अपने वर्ग सदस्यों के कल्याण/भलाई को सुरक्षित/निश्चित करने जैसा उद्देश्य अंतर्निहित है। ठीक इसी तरह से, महिलाओं से यह अपेक्षा की जाती है कि पंचायत में योजना निर्माण की प्रक्रिया के दौरान वे महिलाओं के कल्याण और उनकी भलाई से संबंधित विषयों को उठाएँगी।

नीचे के स्तर की योजना में ग्राम पंचायत ग्राम विकास से संबंधित कई विषयों पर कार्य करती है जैसे—भवन निर्माण का नियमन, सार्वजनिक भूमि की अतिक्रमण से रक्षा, पुराने पेयजल स्रोतों को बनाए रखना, ठोस-कचरे का एकत्रीकरण एवं समापन और तरल-कचरे के समापन का निर्धारण, पर्यावरणीय स्वच्छता बनाए रखना, सार्वजनिक बाजारों की व्यवस्था, रोगवाहकों का नियंत्रण, सड़कों एवं अन्य सार्वजनिक संपत्तियों की सुरक्षा, गलियों में रोशनी की व्यवस्था, प्रतिरक्षण कार्यक्रम, कृषि संबंधी कार्य जैसे बंजर और सीमांत भूमि को जोतना, मृदा संरक्षण, बागवानी तथा साग-सब्जी की पैदावार को बढ़ावा देना और कृषि भवनों की व्यवस्था/प्रबंधन।

आधार-स्तर योजना का क्षेत्र अति विस्तृत है। इसमें अन्य निर्णायक क्षेत्र जैसे पशुपालन और दुग्ध उत्पादन, लघु सिंचाई (Minor irrigation), मत्स्य उद्योग, सामाजिक वनखंड (Social Forestry), लघु उद्योग, ग्रामीण आवास, जल वितरण, बिजली और शक्ति, शिक्षा, सार्वजनिक कार्य, सार्वजनिक स्वास्थ्य एवं सफाई का प्रबंध, सामाजिक कल्याण, गरीबी उन्मूलन, अनुसूचित जाति एवं जनजाति का विकास एवं कल्याण, खेल एवं सांस्कृतिक मामलों को बढ़ावा देना, सार्वजनिक वितरण व्यवस्था, प्राकृतिक आपदाओं के दौरान राहत कार्य आदि शामिल हैं। हस्तक्षेप करने वाले इन सभी क्षेत्रों के अलावा, पंचायत का यह कर्त्तव्य बनता है कि वह ग्राम विकास के सभी क्रियाकलापों में लोगों की सहभागिता को सुनिश्चित करे और उनके कार्यों की सुस्पष्टता (पारदर्शिता) को बनाए रखे।

इस प्रकार, इसमें यह भी अंतर्निहित है कि सुनियोजित विकास प्रक्रिया में लोगों की सहभागिता के लिए विकेंद्रीकरण को आवश्यक एवं वांछनीय समझा गया है। 1993 के 73वें और 74वें संविधान संशोधनों के साथ ही संपूर्ण देश में पंचायती राज संस्थाओं और शहरी स्थानीय संस्थाओं ने अपनी जड़ें जमा ली हैं।

प्रश्न 20. नीचे के स्तर पर योजना में पंचायती राज की भूमिका की आलोचनात्मक समीक्षा कीजिए।

उत्तर– विकेंद्रीकृत योजना से संबंधित विषय सामाजिक योजनाकारों और सामाजिक शोधकर्त्ताओं के मध्य व्यापक महत्त्व प्राप्त कर रहे हैं। सार्वभौमिक रूप से इसे मान लिया गया है कि 'स्थानीय समस्याओं का स्थानीय समाधान है' और एक संपूर्ण नीति एक जिले में भी कारगर नहीं हो सकती है। प्रजातांत्रिक विकेंद्रीकरण की संस्थाओं का एक संक्षिप्त अवलोकन इसके महत्त्व को समझने में उपयोगी होगा। 1952 में सामुदायिक विकास कार्यक्रमों को ग्रामीण समुदाय के सामाजिक और आर्थिक जीवन को बदलने के उद्देश्य से प्रारंभ किया गया। ये कार्यक्रम लोगों की प्रभावशाली सहभागिता को उत्पन्न नहीं कर सके। कारणों को समझने के लिए बलवंतराय मेहता कमेटी की स्थापना की गई जिसने पंचायती राज व्यवस्था के माध्यम से स्थानीय सहभागिता के संस्थाकरण और प्रजातांत्रिक विकेंद्रीकरण का अनुमोदन किया। इसने पंचायती राज की त्रि-स्तरीय व्यवस्था का प्रस्ताव रखा: जिला स्तर पर जिला परिषद्, मध्य स्तर पर ब्लॉक/खंड समिति और निम्नतर स्तर पर ग्राम पंचायत।

कई राज्यों ने कमेटी के अनुमोदनों/प्रस्तावों को स्वीकार किया लेकिन इन राज्यों में पंचायती राज व्यवस्था एक समान नहीं थी। यहाँ पदाधिकारियों और राज्य स्तर के राजनीतिज्ञों के बीच सामान्यत: उदासीनता या भावशून्यता और यहाँ तक कि वैमनस्यता जैसी भावनाएँ थीं। पंचायत के सदस्यों की शक्तियाँ सीमित थीं। जिला अधिकारियों द्वारा संस्था का विसर्जन स्वयं जिला अधिकारियों द्वारा भी किया जा सकता था। पंचायत के चुनाव बहुत ही अनियमित थे। परिणामत: 1965 के पश्चात् पंचायती राज व्यवस्था लुप्त होने लगी। 1977 से 1988 के बीच, कई समितियाँ और उप-समितियाँ संस्था की जाँच-पड़ताल करने, इसकी कमजोरी और शक्तियों को समझने और इसे प्रभावशाली बनाने के लिए रूपात्मक सलाह देने के लिए बनाई गईं। अशोक मेहता कमेटी (1977), जी.वी.के. राव कमेटी (1985), एल.एम. सिंघवी कमेटी (1986), पी.के. थुंगन (1988), बी.एन. गाडगिल जैसी समितियों ने पंचायती राज संस्था के विभिन्न पहलुओं का अध्ययन किया और कुछ मूल्यवान सुझाव सामने आए, यद्यपि वे सभी पंचायती राज व्यवस्था की प्रस्तावित रूपरेखा और गठन में एक-दूसरे के भिन्न थे। इन सभी के बीच इन समितियों/कमेटियों के द्वारा कुछ मुख्य अनुमोदन किए गए थे–पंचायती राज व्यवस्था को संवैधानिक मान्यता देना, त्रि-स्तरीय व्यवस्था, पाँच वर्षों की निश्चित अवधि और अनुसूचित जाति/अनुसूचित जनजाति और महिलाओं के लिए आरक्षण।

तदनंतर, 73वें संशोधन अधिनियम में, जो 24 अप्रैल 1993 में प्रभाव में आया, पंचायती संस्थाओं की शक्तियों, उत्तरदायित्वों और वित्त को संवैधानिक मंजूरी दी गई।

भारतीय राज व्यवस्था में एक मौलिक परिवर्तन यह आया कि भारतीय राज्य व्यवस्था का प्रजातांत्रिक आधार और विस्तृत हो गया। संशोधनों के पहले, निर्वाचित प्रतिनिधियों द्वारा

हमारा प्रजातांत्रिक ढाँचा केवल संसद के दो सदनों, 28 राज्यों की विधान सभाओं और केंद्र प्रशासित प्रदेशों की दो विधान सभाओं तक ही सीमित था। अब इसमें करीब 594 जिला पंचायत, लगभग 6000 खंड/तहसील/मंडल पंचायत मध्य स्तर पर और लगभग 250,000 ग्राम पंचायत भी देश में हैं। इन संगठनीय परिवर्तनों के परिणामत: वर्तमान संदर्भ में, प्रत्येक पाँच वर्षों में लगभग करीब 34 लाख प्रतिनिधि लोगों द्वारा निर्वाचित किए जाते हैं, जिसमें से एक लाख से भी अधिक महिलाएँ हैं।

यद्यपि पंचायती राज की संस्था इस युगांतकारी संवैधानिक संशोधन से पूर्व भी अस्तित्व में थी किंतु उनके पास निर्णय लेने की वास्तविक शक्ति/अधिकार नहीं था और न ही अपनी योजनाओं को कार्यान्वित करने के लिए कोई वित्तीय अथवा वैधानिक अधिकार थे। इस अधिनियम ने पंचायत के निर्वाचित सदस्यों को विकास में अधिक वृहद्/विस्तृत भूमिका निभाने के लिए अधिकारों एवं उत्तरदायित्वों की व्यवस्था की है। अब पंचायत संस्थाओं के पास कार्यकारी नियामक, प्रशासकीय और विकास संबंधी कार्यों की शक्तियाँ हैं। इस अधिनियम ने पंचायत को कृषि, भूमि सुधार, पशु चिकित्सा, लघु उद्योगों, सुरक्षित पेयजल, स्वास्थ्य और सफाई, गरीबी उन्मूलन कार्यक्रम, परिवार कल्याण, सामाजिक कल्याण जैसे विषयों पर कार्यक्रम बनाने और उसे कार्यान्वित करने का काम सौंप दिया है।

पंचायती राज व्यवस्था की प्रमुख विशेषताएँ (Salient Features of *Panchayati Raj* Institution): यह स्थानीय स्वशासन का त्रि-स्तरीय ढाँचा है जहाँ ग्राम स्तर पर ग्राम पंचायत, नागरिक और विकास संबंधी व्यवस्था की देखभाल करती है। खंड स्तर संस्था अथवा खंड पंचायत/ब्लॉक पंचायत ग्राम पंचायतों को सहयोग करती है और विकास कार्यक्रमों के कार्यान्वयन के लिए तकनीकी सलाह देती है और मार्गदर्शन करती है।

एक अनिवार्य व्यवस्था जिसने नए पंचायती राज प्रशासन के ढाँचे को आधार दिया है वह है ग्राम सभा की स्थापना, जिसमें गाँव के सभी मतदाता होते हैं। यह ग्राम सभा या ग्राम समुदाय होता है जिसमें सभी वयस्क सदस्य जो पंचायत क्षेत्र में मतदाता के रूप में पंजीकृत हैं, सम्मिलित होते हैं।

उस क्षेत्र का प्रत्येक वयस्क नागरिक ग्राम सभा के माध्यम से नीचे के स्तर की योजना में भाग ले सकता है। ग्राम सभा को योजना में भाग लेने का, क्रियाकलापों का निरीक्षण करने के साथ-साथ अपने क्षेत्र में कार्यान्वित कार्यक्रमों की वित्तीय स्थिति के निरीक्षण का भी अधिकार है। ग्राम पंचायत अपने सारे कार्यकलापों के लिए ग्राम सभा के प्रति उत्तरदायी होती है। निम्नस्तरीय पंचायत की कार्यवाहियों के ऊपर ग्राम सभा एक सजग प्रहरी की तरह नजर रखती है। बशर्ते कि सभी राज्यों ने ग्राम सभा का संगठन/निर्माण किया है लेकिन बैठकों के संदर्भ में विभिन्न राज्यों के मध्य असमानता है जिसका प्रसार मध्य प्रदेश और पश्चिम बंगाल में वर्ष में एक बार से लेकर आसाम में वर्ष में चार बार तक है।

वर्तमान संविधान संशोधन ने पंचायती राज्य व्यवस्थाओं में संगठनात्मक एवं वित्तीय दोनों ही तौर पर दलित वर्गों को महिलाओं और अन्य पिछड़ी जातियों के साथ आरक्षण

देकर पूर्ण करना सुनिश्चित किया है। इसने उन वर्गों को निर्णय-निर्माण के पदों को प्राप्त करने/हासिल करने के योग्य बनाया। कमजोर वर्ग के नागरिकों जैसे महिलाएँ, अनुसूचित जाति/अनुसूचित जनजातियों को पर्याप्त मान्यताएँ दी जा चुकी हैं जिससे वे पंचायत के सभी स्तरों पर सक्रिय पदों और अध्यक्ष के पदों को प्राप्त कर सकें, जहाँ अनुसूचित जातियों और जनजातियों के लिए उनके क्षेत्र में उनकी जनसंख्या के अनुपात में स्थान आरक्षित किए गए हैं। इनमें से एक-तिहाई महिलाएँ होनी चाहिए। परिणामत: 200 जिला पंचायतों में, 2000 से अधिक खंड/तहसील/मंडल पंचायतों के माध्यमिक स्तर पर और लगभग 85,000 ग्राम पंचायतों में महिलाएँ अध्यक्ष हैं और लगभग 7,00,000 निर्वाचित सदस्य अनुसूचित जाति/जनजाति से हैं। बड़ी संख्या में अब तक बहिष्कृत समूह और समुदाय अब निर्णय-निर्माण संस्थाओं/अंगों में शामिल हो गए हैं।

पंचायती राज संस्था की दूसरी महत्त्वपूर्ण विशेषता यह है कि प्रत्येक स्तर पर स्थानों/पदों को प्रत्यक्ष निर्वाचन के द्वारा भरा जाता है।

प्रश्न 21. द्वि-स्तरीय योजना और जनजातीय योजना का विवरण दीजिए।

उत्तर– जनजातीय क्षेत्रों के लिए, 1996 में 'द प्रोविजंस ऑफ पंचायत एक्ट' जनजातीय पहचान को सुरक्षित रखने और उपजीवी बनने से उनकी रक्षा करने के लिए प्रभाव में लाया गया है। जनजातीय समाज अक्सर अपनी विशिष्ट जीवन-शैली, रूढ़ नियमों सामाजिक-सांस्कृतिक लोकाचारों आदि के लिए जाने जाते हैं। ये अपने जनसांख्यिकी, सामाजिक, आर्थिक और शैक्षिक पहलुओं के संदर्भ में सदृश/सजातीय समूह नहीं हैं। इनमें से कुछ समुदाय संख्या के स्तर पर बहुत छोटे हैं जबकि अन्य बड़े हैं। कुछ अनुसूचित जाति समुदाय सामाजिक और आर्थिक रूप से असुरक्षित हैं। बहुत सारे जनजातीय समाज एकाकी जीवन जी रहे हैं और बाकी समाज से कटे हुए हैं। इन समूहों की स्वयं की प्रशासकीय संस्थाएँ हैं। जनजातीय क्षेत्रों में प्रजातांत्रिक विकेंद्रीकरण पर विचार करते समय उनकी देशी संस्थाओं और आचार/नीतियों पर पर्याप्त ध्यान दिए जाने की आवश्यकता है।

पारंपरिक जनजातीय पंचायतों का पंचायती राज संस्थाओं के साथ एकीकरण (Integration of traditional tribal Panchayats with the PRIs): यह आवश्यक है कि उस तरीके पर ध्यान दिया जाए जिसके द्वारा जनजातियों के पारंपरिक पंचायतों को अधिक विस्तृत वैधानिक पंचायती राज संस्थाओं के साथ बिना कोई बाधा पहुँचाए हुए एकीकृत किया जा सके। 'भूरिया आयोग' के नाम से एक आयोग का गठन अनुसूचित क्षेत्रों में पंचायतों के प्रसार का अनुमोदन करने के लिए गठित किया है। इसका उद्देश्य जनजातीय समाज की परंपराओं और रिवाजों/प्रथाओं को संरक्षित और सुरक्षित रखने के लिए स्वशासन के लिए उपयुक्त प्रशासकीय ढाँचे अथवा पारंपरिक प्रबंधन के साथ आधार-स्तर अधिशासन की व्यवस्था करना है।

मोटे तौर पर, जनजातीय क्षेत्रों के लिए पंचायतों पर कोई भी विधि निर्माण उनके पारंपरिक कानून सामाजिक और धार्मिक आचरणों और सामुदायिक संसाधनों के पारंपरिक प्रबंधन के अनुरूप होगा। इसका ध्येय उनकी संपूर्णता और पहचान को अक्षुण्ण रखना है।

73वें संविधान संशोधन अधिनियम के विपरीत प्रसारित अधिनियम के कार्यान्वयन के लिए छोटे-छोटे और बिखरे हुए जनजातीय बस्तियों को भी एक ग्राम के रूप में घोषित किया गया। जनजातीय क्षेत्रों में, अधिकतर पहाड़ी स्थलों पर गाँव जनसंख्या के हिसाब से छोटे और बिखरे हुए हैं। 1992 के अधिनियम ने इन छोटी बस्तियों या टोलों को भी अपनी स्वयं की ग्राम सभा के साथ एक गाँव जैसा दर्जा दिया। यह प्रसारित/विस्तृत अधिनियम की बहुत ही महत्त्वपूर्ण विशेषता है। एक से अधिक गाँवों को सम्मिलन से केवल संख्या के लिए, छोटी बस्तियों पर बड़े समुदायों का प्रभुत्व होता है।

ग्राम सभा प्रजातांत्रिक विकेंद्रीकरण और नीचे के स्तर की योजना का केंद्र है। प्रसारित/विस्तृत अधिनियम के अनुसार प्रत्येक वह सदस्य जिसका नाम उस गाँव की निर्वाचक सूची में है, वह ग्राम सभा का सदस्य है। इन गाँव की एसेम्बलियों अथवा ग्राम सभाओं को विस्तृत शक्तियों और कार्यवाही करने की शक्ति से समर्थ बनाया गया है जिससे वे लोगों की परंपराओं, प्रथाओं और सांस्कृतिक पहचान और सामुदायिक संसाधनों को संरक्षित कर सकें। ग्राम सभा जनजातीय समुदाय के सामाजिक-आर्थिक विकास की योजना प्रक्रिया में भाग लेती है। इसे समुदाय के सामाजिक आर्थिक विकास के लिए ग्राम पंचायत द्वारा विकसित/बनाए कार्यक्रमों और योजनाओं को अनुमोदित अथवा अस्वीकृत करने की शक्ति है। ग्राम सभा गरीबी उन्मूलन और अन्य कार्यक्रमों के लाभभोगियों का चयन भी करती है। ग्राम के सभी सामाजिक आर्थिक विकास के कार्यक्रमों और परियोजनाओं के लिए ग्राम पंचायत को कोष के उपभोग के लिए ग्राम सभा से सर्टिफिकेट प्राप्त करना होता है।

बाँधों और सड़कों के निर्माण यह बताते हैं कि जनजातीय व्यक्ति अक्सर 'विकासीय परियोजनाएँ' कही जाने वाली योजनाओं के शिकार रहे हैं। पहले कई बार उन्हें उनके पर्यावरण से हटाया गया है और उनका पुनर्स्थापन अधिकारियों की दया पर निर्भर था। फिर भी इस विस्तरित अधिनियम ने जनजातीय लोगों को यह अधिकार दिया है कि वे उनके जीवन को प्रत्यक्ष या अप्रत्यक्ष रूप से प्रभावित करने वाले विषयों पर निर्णय ले सकें। अधिनियम के अनुसार, विकास संबंधी परियोजनाओं के लिए भूमि का अधिग्रहण और जनजातीय क्षेत्र में ऐसी परियोजनाओं से प्रभावित लोगों का पुनर्वास अथवा पुनर्स्थापन ग्राम सभा अथवा ग्राम पंचायतों के पर्याप्त विचार-विमर्श के साथ किया जाना है।

विस्तरित अधिनियम ने जनजातीय लोगों की स्थायी समस्याओं को ध्यान में रखा है जैसे बढ़ती ऋणग्रस्तता, भूमि का हस्तांतरण, वन संबंधी समस्याएँ, विस्थापन की समस्याएँ, गद्य, जल और अन्य प्राकृतिक संसाधनों की समस्याएँ। यह आदेश दिया गया है कि इन क्षेत्रों में भूमि के अधिग्रहण से पूर्व उपयुक्त स्तर पर या तो ग्राम सभा अथवा पंचायतों से

राय ली जानी है। ठीक इसी तरह से, जब कभी ऐसी परियोजनाओं से विस्थापित लोगों को पुनर्वासित करवाया जाता है तो इन संस्थाओं का परामर्श लेना होगा ताकि पुनर्वास वास्तविक, व्यावहारिक और प्रभावित परिवारों द्वारा स्वीकार्य हो।

उपर्युक्त कार्यों एवं शक्तियों के अलावा ग्राम सभा और समुचित स्तर की पंचायतों को निम्नांकित आदेशात्मक शक्तियाँ होंगी:

- मद्य निषेध लागू करना अथवा किसी भी नशीले पदार्थ से विक्रय और उपयोग को नियंत्रित करना या प्रतिबंधित करना।
- गौण वन्य उत्पाद का स्वामित्व और सभी प्रकार के ग्रामीण बाजारों की व्यवस्था करना।
- भूमि के हस्तांतरण को रोकना और जनजातीय क्षेत्रों के किसी जनजातीय कबीले के अवैधानिक रूप से हस्तांतरित भूमि को पुनः प्राप्त करने के लिए उचित कार्यवाही करना।
- जनजातियों के महाजनों के उपभोग पर नियंत्रण और क्षेत्र में सामाजिक खंडों में संस्थाओं और पदाधिकारियों की कार्यसंरचना पर नियंत्रण।
- स्थानीय योजनाओं और जनजातीय उप-योजनाओं के साथ इनके संसाधनों के ऊपर नियंत्रण रखना।

पंचायतों और ग्राम सभा को शक्तियाँ एवं अधिकार दिए गए हैं जिससे वे स्व-शासन की संस्थाओं जैसे कार्य करने के योग्य हों। इस तथ्य/बात की ओर पर्याप्त ध्यान दिया गया है कि आधार-स्तर पर पंचायतों को नीतियाँ बनाने और उन्हें लागू करने और उनके कबीले समुदाय के सामाजिक आर्थिक विकास के लिए परियोजनाएँ बनाने और उन्हें कार्यान्वित करने की पर्याप्त शक्ति होनी चाहिए। उच्च स्तर की पंचायत संस्थाओं को ग्राम पंचायतों के मददगार और सलाहकार की भूमिका निभानी चाहिए। यह एक प्रकार से राजनैतिक नेतृत्व अथवा नौकरशाही के द्वारा विकास की योजनाओं और कार्यक्रमों के कार्यान्वयन और प्रबंधन में शक्तियों के दुरुपयोग को निषेधित करना है। यह व्यवस्था में पारदर्शिता और उत्तरदायित्व भी लाएगा और लोगों के द्वारा निकट प्रबोधन को भी बढ़ाएगा।

प्रश्न 22. भारत में पंचायती राज व्यवस्था के उद्देश्य, संरचना तथा कार्यों का संक्षेप में वर्णन कीजिए।

उत्तर– यद्यपि राज्यों में पंचायती राज संस्थाओं की संरचना अलग-अलग है, तथापि उसमें कुछ समानताएँ भी हैं। इसके स्वरूप का विश्लेषण करने से पहले हमें इसके उद्देश्यों और लक्ष्यों पर दृष्टि डालना आवश्यक है।

उद्देश्य (Objective): मोटे तौर पर, पंचायती राज संस्थाओं के उद्देश्य निम्नलिखित हैं:

- पंचायती राज संस्थाएँ ग्रामीण विकास से संबंधित नीतियों और कार्यक्रमों के कार्यान्वयन में महत्त्वपूर्ण संगठनात्मक कमी को दूर करती हैं।

- कुछ समीक्षक पंचायती राज संस्थाओं को गरीबों, दलितों और शोषितों में विश्वास पैदा करने और उनकी सामाजिक-राजनीतिक क्षमता में संवर्द्धन करने के लिए कर्त्तव्यनिष्ठा का केंद्र मानते थे। ये संस्थाएँ गरीबों को इस योग्य बनाती हैं कि वे भी निर्णय लेने के काम में भागीदार बन सकें।
- संस्था को आधारभूत स्तर पर लोकतांत्रिक प्रक्रिया सुदृढ़ करने की जिम्मेदारी सौंपी गई है, इसलिए पंचायती राज संस्था ग्रामीण क्षेत्रों में प्राधिकार के परंपरागत आधार में महत्त्वपूर्ण परिवर्तन कर सकती है। यद्यपि परंपरागत व्यवस्था से आधुनिक व्यवस्था में परिवर्तन करना आसान नहीं है।
- ग्राम विकास के कार्यक्रम तैयार करने और उनका कार्यान्वयन करने के लिए स्थानीय स्तर पर संगठनात्मक आधारभूत संरचना के एक समान पैटर्न के निर्माण या सृजन में सहायता करना।
- सरकारी और गैर-सरकारी लोगों के बीच के अंतर को कम करना।
- आर्थिक कार्यकलाप और उन्नत कार्यकुशलता तैयार करने के लिए आवश्यक महत्त्वाकांक्षा उत्पन्न करने और प्रेरणा प्रदान करते हुए मानव संसाधन विकास में योगदान करना।
- राजनीतिक शिक्षा और प्रशिक्षण के एक कारगर साधन के रूप में काम करना।

संरचना (Structure): राजस्थान और आंध्र प्रदेश पंचायती राज शुरू करने वाले सबसे पहले राज्य थे। उनका अनुकरण महाराष्ट्र, गुजरात व कई अन्य राज्यों ने किया। आज पंचायती राज का पूरे देश में विस्तार हो चुका है, हालाँकि विभिन्न राज्यों में यह भिन्न-भिन्न प्रकार से है। बहुराष्ट्रीय संगठनात्मक संरचना इस प्रणाली की एक अनोखी विशेषता है। ये तीन स्तरीय संरचना प्रमुख पैटर्न हैं। तीन स्तर हैं: सबसे नीचे-गाँव/मंडल स्तर, बीच में ताल्लुक या खंड स्तर और अंत में सबसे ऊपर जिला स्तर। इस पैटर्न के अपवाद हैं असम, हरियाणा और उड़ीसा जैसे कुछ राज्यों की द्विस्तरीय आधार संरचना।

आंध्र प्रदेश में हाल ही में किए गए संशोधनों में पंचायत समितियों के स्थान पर मंडल प्रजा परिषदें (एम.पी.पी.) स्थापित की गई हैं। उच्च स्तर की इकाई का पुन: नाम जिला प्रजा परिषद् (जैड.पी.पी.) रखा गया है।

कार्य (Function): पंचायती राज संस्थाएँ अनेक कार्य करती हैं, जिन्हें मोटे तौर पर प्रथम सोपान अर्थात् ग्राम पंचायत/मंडल पंचायत/गाँव पंचायत के नागरिक और विकास कार्यों की श्रेणी में रखा जा सकता है। इनमें स्वच्छता, सफाई व्यवस्था, जल आपूर्ति, सड़कों का निर्माण व रख-रखाव, बिजली, शमशान भूमि आदि का अनुरक्षण शामिल है।

अध्याय 2

ग्राम विकास प्रबंध
(Rural Development Management)

भूमिका

मानव विकास के लिए हमारे समाज में प्रबंध की भूमिका बहुत महत्त्वपूर्ण है। यह हमारे समय की बहुत बड़ी जरूरत को पूरा करता है, जैसे मानव और वस्तुगत संसाधनों के प्रभावी उपयोग द्वारा सभी लोगों के जीवन-स्तर में सुधार लाना।

प्रबंध समस्त संगठित सामाजिक और आर्थिक कार्यकलापों में एक विश्वव्यापी प्रक्रिया है। यह केवल कारखाने, दुकान या कार्यालय तक ही सीमित नहीं है, अपितु यह उन सभी जटिल संगठनों में संचालन शक्ति का काम करता है जो निर्धारित लक्ष्यों की प्राप्ति में लगे हुए हैं।

अत: प्रबंध किसी भी व्यापारिक फर्म, सरकारी उद्यम और विभागों, ग्राम विकास, सैनिक संगठनों आदि के लिए बहुत आवश्यक है।

प्रश्न 1. प्रबंध की अवधारणा को स्पष्ट कीजिए।

उत्तर– प्रबंध किसी भी व्यापारिक फर्म, सरकारी उद्यम और विभागों, सैनिक संगठनों आदि के लिए आवश्यक है। यह माना गया है कि प्रबंध एक विशिष्ट प्रकार की क्रिया है, जिसका मुख्य उत्तरदायित्व दूसरे लोगों के जरिए काम करवाना है। इसी प्रकार, यह भी माना गया है कि सभी प्रबंधकीय कार्य सार्वभौमिक हैं और मानवीय प्रयासों के किसी भी क्षेत्र में सभी प्रबंधक इस बात की ओर ध्यान दिए बिना कि वे किसका प्रबंध कर रहे हैं, वही विशिष्ट प्रबंधकीय कार्य करते हैं। सभी प्रबंध विशेषज्ञों ने प्रबंध की व्याख्या अपने-अपने ढंग से की है। फिर भी, विभिन्न परिभाषाओं के उन अभिन्न तत्त्वों की पहचान इस प्रकार की जा सकती है:

- **समस्या-समाधान की प्रक्रिया (Process of Problem Solving):** व्यक्ति जो कुछ करता है, वह प्रक्रिया कहलाती है। इस प्रक्रिया में निरंतर तथा कभी भी समाप्त न होने वाले आवृत्तिमूलक कार्य भी शामिल होते हैं। उदाहरण के लिए, प्रबंधक को अप्रत्याशित आर्थिक प्रवृत्तियों, संसाधनों की कमी, तकनीकी समस्याओं आदि के साथ अनिवार्यत: बराबर जूझना पड़ता है। प्रबंधक को निर्णय लेने पड़ते हैं और इन समस्याओं का समाधान करना पड़ता है।
- **स्पष्टत: वर्णित उद्देश्य (Clearly-stated Objectives):** सभी संगठनों के अस्तित्व के पीछे कोई न कोई लक्ष्य तथा उद्देश्य होते हैं। उद्देश्य अपेक्षतया अधिक स्पष्ट और व्यवहारपरक होते हैं। अत: प्रबंधक को कार्यकलापों की योजना बनानी पड़ती है, ताकि उद्देश्यों को पूरा किया जा सके। उदाहरण के लिए, गरीबी उन्मूलन परियोजनाओं में से प्रत्येक के कुछ उद्देश्य हैं, जिन्हें प्राप्त किया जाना है।
- **दक्षता (Efficiency):** दक्षता को क्रियाओं की ऐसी तकनीक कहा जा सकता है, जिसके जरिए उद्देश्यों को अनुकूलतम और प्रभावी ढंग से प्राप्त किया जा सके ताकि समय, प्रतिभा तथा पूँजी के संसाधनों का पूरा उपयोग किया जाना संभव हो सके तथा इन संसाधनों का अपव्यय न हो।
- **दुर्लभ संसाधन (Scarce Resources):** प्रकृति में उपलब्ध संसाधनों की मात्रा कम है और एक निश्चित समय-सीमा के अंदर उनकी मात्रा बढ़ाई नहीं जा सकती। इसके अतिरिक्त ये दुर्लभ संसाधन ऐसे हैं, जिनका आवश्यकता की तात्कालिकता या प्राथमिकता के आधार पर वैकल्पिक प्रयोग किया जा सकता है।

उपयुक्त विशेषताओं के आधार पर प्रबंध की एक सामान्य परिभाषा बनती है: "प्रबंध परिवर्तनशील वातावरण में दुर्लभ संसाधनों के कुशल प्रयोग और अन्य लोगों के समन्वित प्रयासों के जरिए कतिपय निश्चित लक्ष्यों को सफलतापूर्वक प्राप्त करने की निर्णयन प्रक्रिया है।"

पीटर ड्रकर *दि प्रैक्टीस ऑफ मैनेजमेंट* के शब्दों में, "प्रबंध एक बहुउद्देशीय साधन है जो कारोबार, प्रबंधक और कामगार तथा कार्य का प्रबंध करता है।"

यहाँ प्रबंध के तीन कार्यों पर बल दिया गया है:
- कारोबार का प्रबंध,
- प्रबंधक का प्रबंध, और
- कामगार तथा कार्य का प्रबंध।

प्रश्न 2. प्रशासन तथा प्रबंध में अंतर स्पष्ट कीजिए।

अथवा

प्रशासन और प्रबंध पर संक्षिप्त टिप्पणी लिखिए।

[जून-2014, प्रश्न सं.-5(घ)]

उत्तर— इन दोनों शब्दों के प्रयोग में आमतौर पर इतनी गड़बड़ी है कि अक्सर इन्हें एक दूसरे के स्थान पर, अदल-बदल कर प्रयोग किया जाता है। इसका कारण इस तथ्य में छिपा है कि हमेशा प्रबंध की भूमिका की महत्ता स्वीकार किए बिना उसका लाभ उठाने की बात सोची जाती है और उसका महत्त्व कम आँका जाता है। प्रौद्योगिकी संबंधी प्रगति, उत्पादन के स्तर में वृद्धि, पूँजीगत निवेश तथा अन्य गोचर साधनों को ही सदा से आर्थिक विकास में सहायक माना जाता रहा है। इस प्रकार प्रबंधकीय कौशल को महत्त्व न देकर उसे भुला दिया गया है।

आर्थिक और सामाजिक विकास में प्रबंध की बड़ी महत्त्वपूर्ण भूमिका रहती है क्योंकि यह सामाजिक-आर्थिक प्रगति में सहायक होता है और इसके साथ ही बचत और पूँजी निवेश भी होता है।

प्रशासन सामान्यत: उच्चतर एवं नीति-निर्धारण स्तरों से जुड़ा होता है। प्रशासन का संबंध लक्ष्यों, नीतियों के निर्धारण और संगठनात्मक व्यवस्था तथा कार्य-नीतियों से होता है। इसका मुख्य उत्तरदायित्व वित्त, उत्पादन और वितरण में समन्वय बनाए रखना है। यह संगठनात्मक व्यवस्था में केंद्रीय नियंत्रक प्राधिकारी के रूप में भी कार्य करता है। संकल्पनात्मक कार्य की दृष्टि से प्रशासन का प्रतिनिधित्व शीर्षस्थ प्रबंध द्वारा किया जाता है जबकि प्रबंध का अभिप्राय कार्य के संचालन से होता है। चित्र 2.1 में इस अंतर को स्पष्ट किया गया है:

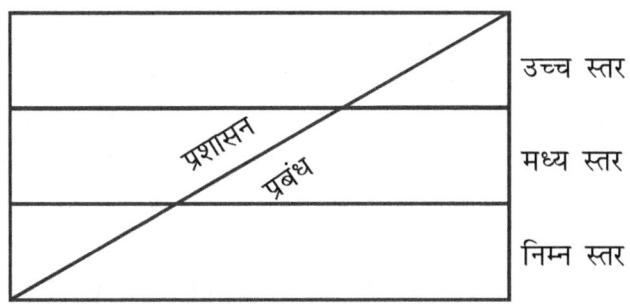

चित्र 2.1: प्रशासन बनाम प्रबंध

चित्र 2.1 में प्रबंधक प्रत्येक स्तर तक दोनों तरह के कार्य करता है (सोच-विचार और काम करना)।

शीर्षस्थ प्रबंध प्रशासन का प्रभारी होता है; प्रशासन का अर्थ है लक्ष्यों का निर्धारण, योजनाओं, कार्य-नीतियों और मूल नीतियों का निर्माण। कार्यक्रमों और योजनाओं का वास्तविक कार्यान्वयन मध्य और निम्नस्तरीय प्रबंध द्वारा किया जाता है।

सभी प्रबंधक, प्रबंध के किसी भी स्तर पर, प्रबंध के एक ही जैसे विशिष्ट कार्य करते हैं।

प्रशासन	प्रबंध
(1) कुशल मार्गदर्शन सुनिश्चित करता है।	(1) प्रभावी कार्यान्वयन सुनिश्चित करता है।
(2) संगठन का स्वरूप निर्धारित करता है।	(2) संगठन का उपयोग करता है (प्रबंधकीय कार्यों के लिए संगठन एक माध्यम है)।
(3) लक्ष्यों का निर्धारण करता है।	(3) इन लक्ष्यों को प्राप्त करने का प्रयत्न करता है।
(4) वित्त, उत्पादन और वितरण में समन्वय करता है।	(4) किसी उद्देश्य तक पहुँचने के लिए दूसरों के कार्यकलाप में समन्वय करता है।
(5) मार्गदर्शन, नेतृत्व और नियंत्रण प्रदान करता है।	(5) लोगों तथा अन्य संसाधनों के साथ संगठित रूप से काम करते हुए कार्य पूरा करता है।

प्रबंध भिन्न-भिन्न प्रबंध प्रणालियाँ अपनाकर लोगों के जरिए काम पूरे कराता है। उदाहरण के लिए :

- सहभागिता द्वारा प्रबंध
- लक्ष्यपरक अथवा परिणामपरक प्रबंध
- प्रोत्साहन द्वारा प्रबंध
- दो-तरफा संचार द्वारा प्रबंध
- सुव्यवस्थित अन्वेषण और विश्लेषण द्वारा प्रबंध (वैज्ञानिक प्रबंध)
- प्रत्यायोजन द्वारा प्रबंध।

अधिकतम उत्पादकता और परिणाम सुनिश्चित करने के लिए सबसे अच्छी प्रबंध प्रणाली लोकतांत्रिक सहभागिता प्रबंध प्रणाली है जिसमें संचार, प्रोत्साहन और समन्वय की भूमिका रहती है। काम के लिए अनुकूल, भौतिक और मनोवैज्ञानिक वातावरण का होना बुनियादी आवश्यकता है।

प्रश्न 3. एक परियोजना के कार्यान्वयन को प्रभावित करने वाले कारकों का वर्णन कीजिए।

उत्तर– प्रबंध के मुख्य कार्य दो भाग में हैं – प्रभावी कार्य-निष्पादन या कार्यान्वयन। कार्यान्वयन को एक ऐसी प्रक्रिया माना जाता है जिसके द्वारा कतिपय निर्धारित उद्देश्यों को प्राप्त करने की दृष्टि से योजनाबद्ध तरीके से पूर्व-निर्धारित कार्यकलापों का समूह पूरा किया जाता है। इस प्रकार, कार्यान्वयन उन कार्यकलापों के व्यापक समूह का उप-समूह है जिससे प्रबंध बनता है। आमतौर पर कार्यक्रम का कार्यान्वयन परिभाषित परियोजनाओं की श्रृंखला के माध्यम से किया जाता है।

(1) कार्यान्वयन की प्रावस्थाएँ (Phase of Implementation):
कार्यान्वयन की दो उप-प्रावस्थाएँ होती हैं:
(क) प्रचालन पूर्व प्रावस्था
(ख) प्रचालन प्रावस्था

कार्यान्वयन की प्रचालन पूर्व प्रावस्था तब शुरू होती है जब व्यवहार्यता रिपोर्ट पूरी हो जाती है और वित्त की व्यवस्था होती है। प्रचालन पूर्व प्रावस्था को तब पूरा हुआ समझा जाए जब परियोजना के विभिन्न घटक स्थापित किए जाते हैं और उनका काम चालू हो जाता है।

प्रचालनाधीन प्रावस्था में परियोजना प्रबंध के निम्नलिखित उद्देश्य हैं:
(i) समय पर परियोजना पूरी करना।
(ii) अपेक्षित लागत के अंदर परियोजना पूरी करना।

(2) कार्यान्वयन को प्रभावित करने वाले कारक (Factors Affecting Implementation): ऐसे कई कारक हैं जो कार्यक्रम के कार्यान्वयन को प्रभावित करते हैं। ग्राम प्रबंधक को उनकी भूमिका और कार्य को समझना होता है। उनकी संक्षिप्त सूची नीचे दी गई है:

(क) तकनीकी कारक (Technical Factors): ग्रामीण परियोजनाएँ विविध प्रकार की हो सकती हैं, जैसे सिंचाई, पशुधन विकास, प्रौद्योगिकी के प्रयोग और तकनीकी कर्मचारियों की भर्ती की जरूरत होती है ताकि उत्पादन को अधिकतम सीमा तक बढ़ाने के लिए उत्पादन कार्यों को प्रभावी ढंग से कार्यरत रखा जा सके। ग्राम विकास प्रबंध के लिए तकनीकी कारकों के ज्ञान और उन्हें व्यवस्थित रखने के तरीकों की भी जानकारी होनी आवश्यक है।

(ख) आर्थिक और वित्तीय कारक (Economic and Financial Factors): ये ऋण, आर्थिक सहायता, मूल्य निर्धारण, संसाधनों का विकल्प आदि को प्रभावित करने वाले कारकों से संबंधित हैं।

(ग) वाणिज्यिक कारक (Commercial Factors): ये उत्पादनों का विपणन और आदानों की आपूर्ति आदि से संबंधित हैं।

(घ) सामाजिक-सांस्कृतिक कारक (Socio-Cultural Factors): चूँकि ग्रामीण समाज और संस्कृति बहुत निकटता से जुड़ी है। इसलिए परियोजना प्रबंधक को

सामाजिक-सांस्कृतिक मूल्यों, परंपरा, सामाजिक संरचना, जाति और नातेदारी पैटर्न, सामाजिक प्रथाएँ आदि और सामाजिक स्तरीकरण की भूमिका समझा जाना चाहिए।

(ङ) **राजनीतिक कारक** (Political Factors): शक्ति संरचना, प्रभावशाली समूहों, नेतृत्व पैटर्न आदि भी परियोजना कार्यान्वयन को प्रभावित करते हैं।

(च) **संस्थानिक, संगठनात्मक और प्रबंधकीय कारक** (Institutional, Organisational and Managerial Factors): परियोजनाओं के कार्यान्वयन उस सीमा तक प्रभावित होंगे जिस सीमा तक संगठनात्मक और प्रबंधकीय उद्देश्य तथा कार्य स्पष्ट रूप से निर्धारित किए गए होंगे, उत्तरदायित्व स्पष्टतः निर्धारित किए गए होंगे, पारस्परिक संबंध सुदृढ़ किए गए होंगे और परियोजना नियंत्रण प्रणालियाँ विकसित की गई होंगी।

(छ) **लोगों की भागीदारी** (People's Participation): परियोजना के कार्यान्वयन में लोगों की भागीदारी का बहुत महत्त्व है। इसलिए परियोजना प्रबंधकों का लक्ष्य न केवल लोगों की भागीदारी प्राप्त करना होना चाहिए बल्कि कार्यनीतियाँ और कार्यविधियाँ भी विकसित करनी चाहिए।

(ज) **समाकलन और संयोजन** (Integration and Coordination): चूँकि कार्यान्वयन में अनेक एजेंसियाँ सम्मिलित होती हैं इसलिए क्षैतिजिक और ऊर्ध्वाधर दोनों समाकलन और संयोजन अत्यंत आवश्यक हैं।

(3) **कार्यान्वयन में देरी** (Delays in Implementation): परियोजना की कार्यान्वयन प्रावस्था में आने वाली सबसे मुख्य समस्या है कार्य-निष्पादन में देरी। इसे परियोजनाओं की चूक के रूप में भी माना जाता है, जिसके फलस्वरूप, लागत में वृद्धि होती है और राजस्व में भी घाटा होता है। परिणाम यह होता है कि व्यवहार्यता रिपोर्ट में की गई प्रारंभिक संकल्पनाएँ पूरी तरह से निरर्थक हो जाती हैं। आमतौर पर देरी आंतरिक कारकों के कारण तथा बाहरी कारकों के कारण भी होती है।

आंतरिक कारक जिनके कारण देरी होती है, वे इस प्रकार हैं:
(क) गलत और अपर्याप्त सूचना पर आधारित अपर्याप्त योजना
(ख) अपर्याप्त वित्त व्यवस्था
(ग) अनुपयुक्त प्रौद्योगिकी का चयन
(घ) कार्यकारी विभागों के बीच समन्वय की कमी
(ङ) शक्ति के प्रत्यायोजन का अभाव
(च) उत्तरदायित्व पर अधिक बल
(छ) कमजोर औद्योगिक संबंध
(ज) एजेंटों का गलत चयन
(झ) लोगों की सहभागिता का अभाव।

बाहरी कारक जिनके कारण विलम्ब होता है, वे हैं:
(क) आदानों की समस्या
(ख) परिवहन समस्या

(ग) वरिष्ठ स्तर पर प्रशासन में बार-बार परिवर्तन जिससे नीति की निरंतरता प्रभावित होती है।

(घ) जनता के सहयोग की कमी।

निगरानी और नियंत्रण की प्रणाली तब बहुत कारगर होती है जब समय-सूची के साथ प्रत्येक कार्य में किए जाने वाले भौतिक कार्य और वहन किए जाने वाले वित्तीय व्यय के बीच अनुबंधन हो। प्रचालनात्मक योजना में निम्नलिखित पहलू शामिल होने चाहिए:

(i) परियोजनाओं के अंतिम लक्ष्यों का विभिन्न उप-प्रणालियों में विभाजन तथा इन उप-प्रणालियों का कार्य और उप-कार्यों में विभाजन।

(ii) प्रत्येक कार्य तथा उप-कार्य के शुरू होने और पूरा करने के लिए समय अनुसूची तथा उनका क्रम।

(iii) वित्त व्यय सहित प्रत्येक कार्य में अंतर्निहित भौतिक कार्य का अनुबंधन।

(iv) कार्यान्वयन पूर्व प्रावस्था के दौरान वित्त संसाधनों की आवश्यकताओं को दर्शाने वाली समय तालिका।

(v) निगरानी और नियंत्रण प्रणाली।

प्रश्न 4. प्रबंध की प्रक्रिया को विस्तारपूर्वक समझाइए।

उत्तर– प्रबंध प्रक्रिया में निम्न कार्य शामिल हैं, जो कि निम्नलिखित हैं:

(1) नियोजन (Planning): योजना भविष्य के लिए बनाई जाती है और वह संगठन की दिशा निर्धारित करती है। यह एक तरह की संगठित दूर-दृष्टि और सुधारात्मक पश्च-दृष्टि है।

(2) संगठन (Organising): इसमें उद्देश्यों की पूर्ति के लिए अपेक्षित कार्यकलाप को निर्धारित करना, कार्यकलापों को संचालन योग्य इकाइयों में समूहबद्ध करना और ऐसे समूहबद्ध कार्यकलापों को प्रबंधकों को सौंपना शामिल है। यह अधिकार-दायित्व के संबंध को तय करता है। संगठन की एकता का लक्ष्य प्राप्त करने के लिए इन संबंधों को उचित रूप से समन्वित करना जरूरी है। अत: हम देखते हैं कि संगठन के कार्य में शामिल हैं:

(क) किए जाने वाले आवश्यक कार्यों की पहचान करना और उन्हें उनमें लगने वाले समय या लागत के अनुसार वर्णित करना,

(ख) कार्मिकों के अधिकार और दायित्व का निर्धारण करने के साथ-साथ ये कार्य उन्हें सौंपना,

(ग) यह प्राधिकार उनके कर्मचारियों को प्रत्यायोजित करना,

(घ) अधिकार और दायित्व के बीच संबंध स्थापित करना,

(ङ) इन कार्यकलापों को समन्वित करना।

(3) स्टाफिंग (Staffing): प्रबंधकीय और गैर-प्रबंधकीय दोनों स्तरों पर उपर्युक्त कार्य-बल किराए पर लेने और उसे बनाए रखने का कार्य स्टाफिंग कहलाता है। यह कार्य अधिक संकटपूर्ण है क्योंकि लोगों की प्रतिभा, ज्ञान, कौशल, अनुभव, शारीरिक दशा, आयु

और अभिरुचियाँ अलग-अलग होती हैं। अत: प्रबंधक वर्ग को, कार्य-बल की तकनीकी और परिचालन क्षमता के साथ-साथ उसकी सामाजिक और मनोवैज्ञानिक पृष्ठभूमि की जानकारी भी होनी चाहिए।

(4) **निर्देशन (Directing):** यह कार्य नेतृत्व, संचार, अभिप्रेरण और पर्यवेक्षण से संबंधित है जिससे कि वांछित लक्ष्य प्राप्त किए जा सकें। यह कार्य सीधे ही किसी भी संगठन के मानवीय तत्त्वों से जुड़ा होता है।

(5) **प्रयोजन (Coordinating):** किसी संगठन के विभिन्न विभागों को प्रदत्त प्रबंधन संबंधी कार्यकलापों को उनके उद्देश्यों के दृष्टिकोण से संयोजन की आवश्यकता है। इसी प्रकार से एक विभाग के अंदर के विभिन्न कार्यकलापों के संयोजन की भी आवश्यकता है। यह किसी संगठन और उसके विभागों के सुचारू रूप से कार्य करने के लिए आवश्यक है। संयोजन नियमित प्रबंधन प्रक्रिया का एक भाग है किंतु संगठन अलग से एक विभाग और संयोजन के लिए प्रक्रिया रख सकते हैं।

(6) **रिपोर्ट करना (Reporting):** प्रबंधन को अपने लिए विभिन्न विभागों और खंडों तथा विभिन्न स्तरों पर काम करने वालों को दिए गए कार्यों और उनके निष्पादन संबंधी सूचना रखना आवश्यक होता है। रिपोर्ट करने का आशय कार्य निष्पादन में हुई प्रगति संबंधी सूचना से है। प्रभावशाली निगरानी के लिए रिपोर्ट का विश्वसनीय होना आवश्यक है। संगठन के विभिन्न स्तरों से ऊँचे स्तर पर रिपोर्ट का निरंतर प्रवाह होना चाहिए। प्रभावशाली और समय से कार्य निष्पादन के लिए प्रबंधन को एक अच्छी रिपोर्ट प्रणाली बनानी चाहिए।

(7) **बजट बनाना (Budgeting):** बजट बनाना, संगठन के कार्यों के लिए संसाधनों के आबंटन तथा पुन: विभागों तथा खंडों द्वारा निष्पादित होने वाले विभिन्न कार्यों के लिए उपलब्ध संसाधनों को प्राप्त कराने को दर्शाता है। वित्तीय बजट के अलावा यह आवश्यक है कि कार्य निष्पादन के लिए निर्धारित समय का भी बजट, निर्धारित धन व समय के अंदर बनाया जाए।

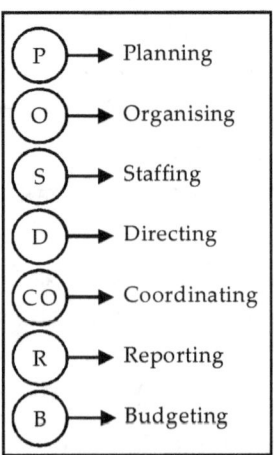

चित्र 2.2: पोस्डकोर्ब (POSDCORB)

प्रश्न 5. परियोजना के विभिन्न आयामों का विस्तारपूर्वक विवरण दीजिए।

अथवा

बताइए कि पूँजीगत संरचना परियोजना का महत्त्वपूर्ण आयाम क्या है?

उत्तर– राष्ट्रीय योजना उद्देश्यों के बीच परियोजना उद्देश्यों की स्थिति इत्यादि परियोजना आयाम को निर्धारित करते हैं। सामान्यत: ऐसा समझा जाता है कि परियोजना किसी क्षेत्र और उपक्षेत्र के लिए होती है। प्रक्रिया के दौरान इसकी पहचान किसी खास क्षेत्रक/उप-क्षेत्रक से की जाती है। यथार्थ की दुनिया में इस प्रकार की पहचान भ्रामक बन गई है। परियोजना के बहुत से आयाम होते हैं और प्रारंभ में ही उनकी पहचान करना अत्यंत आवश्यक है। जो कि निम्नलिखित हैं:

(1) कार्यकलाप समूह (Activity group): परियोजना का पहला आयाम है – कार्यकलाप समूह या कार्यकलाप का वह स्वरूप, जिससे यह संबद्ध है। यह प्रत्येक व्यक्ति द्वारा स्वीकृत सबसे अधिक आधारभूत आयाम है। चार कार्यकलाप समूहों में से किसी एक से परियोजना संबद्ध होगी। इन समूहों को कार्यकलाप के स्वरूप के अनुसार वर्गीकृत किया गया है। इस प्रकार के कार्यकलाप समूह हैं:

(क) अंतिम रूप से सामग्री उत्पादन करने वाले क्षेत्रक;

(ख) उत्पादकता आधारित संरचना क्षेत्रक;

(ग) विपणन आधारिक संरचना क्षेत्रक; और

(घ) सामाजिक सेवा आधारिक संरचना क्षेत्रक।

समूह के इस पैटर्न का स्वरूप इस प्रकार है कि समूह (क), (ख) और (ग) समूह (घ) के संपूरक हैं। समूह (घ) खंड स्तर पर आत्मनिर्भर है क्योंकि इसमें अधिकतर वे क्षेत्रक/उप-क्षेत्रक होते हैं जिनकी व्यवस्था न्यूनतम सामाजिक आवश्यकताओं से की जाती है। अत: समूह के अंदर एक क्षेत्रक से दूसरे क्षेत्रक में या (ख) और (घ) के साथ निवेश के किसी भी अंतरण का विकल्प बहुत कम रहता है।

किन्हीं भी समूहों में परिवर्तन या संशोधन के फलस्वरूप परिवर्तन की दिशा का मूल्यांकन उचित ढंग से किया जाना आवश्यक है। समूह (ख) और (ग) के संबंध में समूह (क) के अंतर्गत प्रभावित संशोधन उस दिशा को सूचित करेगा जिसमें इन दो समूहों में संशोधन किया जाना चाहिए।

उदाहरण के लिए, हम दूध उत्पादन लेते हैं। मान लीजिए कि समूह (क) में संशोधन है क्योंकि दूध उत्पादन को अपेक्षाकृत अधिक निवेश दिया जाना है। इससे समूह (ख) में तद्नुसार चारे और पशु-चिकित्सा सुविधाओं में अधिक निवेश की जरूरत होगी और इसी प्रकार पशु-चारे और दूध उत्पाद के लिए विपणन आधारिक संरचना में भी अधिक निवेश की जरूरत होगी।

इसलिए परियोजनाओं की पहचान और संशोधन करते समय परिणामी कार्यविधि का अनुसरण करना होगा।

(2) स्वावलंबन और संपूरकता (Independence and complementarity): यदि परियोजना किसी ऐसे वृहत् कार्यक्रम की हो जिसमें यह या तो स्वावलंबी हो या किन्हीं अन्य परियोजनाओं की संपूरक हो। फिर भी, परियोजनाओं के बीच उद्देश्यों के टकराव से बचना चाहिए। इससे लाभार्थियों को और अंततोगत्वा समाज को अधिक-से-अधिक लाभ सुनिश्चित होंगे।

(3) संभावित लाभार्थी समूह (Potential Beneficiary group): चूँकि परियोजना एक निश्चित कालावधि में कतिपय सामाजिक वर्ग के विकास के लिए योजनाबद्ध हस्तक्षेप है इसलिए संभावित वर्ग के हित परियोजना का एक आयाम बनता है। परियोजना के लक्ष्यों के रूप में निम्नलिखित में से एक या कई संभावित लाभार्थी समूह होंगे:

(क) सामान्यतः खंड की जनसंख्या या गाँवों के समूह के निवासी, उदाहरण के लिए सड़कों, विद्युतीकरण के लिए;

(ख) समस्त ग्राम समुदाय, उदाहरण के लिए स्कूल, प्राथमिक केंद्र, पेयजल, सार्वजनिक नलकूप;

(ग) सहकारी समितियों के सदस्य, उदाहरण के लिए दूध सहकारी समितियों के लिए संग्रहण/शीतलन केंद्र, बुनकर सहकारी समितियों के लिए ऊन धुलाई केंद्र;

(घ) विशिष्ट लक्ष्य समूह जैसे सिंचाई नलकूप या पेयजल कुएँ से भागीदारी के लिए अलग-अलग सदस्य या परिवारों का संघ। इनमें आवास, डेरी इकाई, जूता बनाने जैसे लक्ष्य समूह के अलग-अलग सदस्य या परिवार भी हो सकते हैं;

(ङ) प्राइवेट किसी व्यक्ति, प्राइवेट फर्म और कंपनियाँ या सामान्यतः परिवार, उदाहरण के लिए लघु उद्योग, डेरी इकाई, बागान वृक्षारोपण।

(4) निवेश में शेयर (पूँजी संरचना) (Share in investment (capital structure)): पूँजी संरचना निर्धारण परियोजना में निजी क्षेत्रक द्वारा प्रस्तावित निवेश में शेयर द्वारा किया जाता है। इसलिए पूँजी संरचना परियोजना का बहुत महत्त्वपूर्ण आयाम है।

लाभार्थी समूह और ऊपर यथा-उल्लिखित उनके हितों के अनुसार सार्वजनिक क्षेत्रक, व्यक्तियों, निजी क्षेत्रक की संस्थाओं, ग्राम समुदाय या पंचायत, सहकारी समिति या इन सभी से संयुक्त रूप से पूँजी प्राप्त की जा सकती है।

कुछ अत्यंत आवश्यक मामलों में निवेश पूर्णतः सार्वजनिक या निजी हो सकता है। इसके अलावा, निवेशकर्त्ताओं और परियोजना निवेश में उनके शेयर के अनुपात के अनुसार परियोजना के अधीन पूँजीगत परिसंपत्तियों में तद्नुसार भागीदारी रखी जाती है।

(5) वित्तीय हित (Financial interests): परियोजना में पूँजी संरचना के फलस्वरूप वित्तीय हित भिन्न-भिन्न हो सकते हैं। परियोजना में अंशदाताओं के शेयर के

अनुसार हित भी भिन्न-भिन्न होंगे। परियोजना वित्त भी अंशतः अनुदान के रूप में निवेशकर्त्ताओं से फंड अंतरण द्वारा और अंशतः वित्तीय संस्थाओं से ऋण के रूप में आएगा। परियोजना के इस आयाम को अनदेखा नहीं किया जा सकता है।

(6) आबंटन और विशिष्टता (Allocation and area specificity): समय और संसाधनों के आबंटन की समस्या, विशेषकर पूँजी की समस्या का परियोजना की पहचान से महत्त्वपूर्ण संबंध है। इसलिए विभिन्न कार्यकलापों में उचित समन्वय जरूरी है।

आर्थिक कार्यकलापों और सुविधाओं का स्थानिक वितरण और संरचना यह निर्धारित करती है कि किस किस्म की परियोजना बनाई जानी है और भिन्न-भिन्न संसाधनों का आबंटन क्या होगा। संवृद्धि केंद्र (growth poles) और केंद्रीय स्थान जैसी अवधारणाओं को परियोजना के स्थानिक और अवस्थिति संबंधी आयामों को स्पष्ट करने के लिए प्रयुक्त किया जा सकता है।

प्रश्न 6. एक परियोजना तैयार करने की प्रक्रिया पर संक्षिप्त में नोट लिखिए।

अथवा

परियोजना की निर्माण प्रक्रिया का वर्णन कीजिए।

उत्तर– परियोजना के प्रस्ताव की श्रृंखला के बाद इस प्रकार पहचान किए गए और जाँचे गए प्रत्येक परियोजना को निश्चित तकनीकी-आर्थिक संबंधों के विस्तृत विश्लेषण के आधार पर सूत्रबद्ध करना अथवा तैयार करना जरूरी है। आमतौर पर परियोजना प्रतिपादन के फलस्वरूप विस्तृत परियोजना रिपोर्ट (डी.पी.आर.) तैयार की जाती है। यह वह अवस्था है जिस पर ब्यौरेवार अध्ययन शुरू होंगे ताकि वास्तविक ऐसे अनुमान तैयार किए जा सकें कि परियोजना किस प्रकार कार्यान्वित की जाएगी और इसकी आय अर्जन क्षमता क्या होगी। विस्तृत ब्लू प्रिंट बनाने में समय लगता है, बहुधा एक वर्ष या दो वर्ष और कभी-कभी तो जटिल परियोजनाओं के लिए इससे भी लंबा समय लगता है और यह अधिक महँगा भी है। इसमें कुल परियोजना निवेश का सात से दस प्रतिशत खर्च आ सकता है।

निर्माण या तैयारी की प्रक्रिया में वे सभी कार्य शामिल हैं जो परियोजना को उस बिंदु तक लाने के लिए आवश्यक हैं, जिस पर बहुत सावधानी से समीक्षा या मूल्यांकन शुरू किया जा सकता है और यदि परियोजना चुन ली जाती है तो कार्यान्वयन भी किया जाता है।

परियोजना की तैयारी में पहले सोपान के रूप में व्यवहार्यता अध्ययन शुरू किया जाना चाहिए। यदि विस्तृत उन्नत योजना बनाने की जरूरत होती है तो यह प्रारंभिक सोपान ऐसा निर्णय करना अधिक आसान बना देता है।

प्रथम चरण (First Phase): किसी खंड योजना के उद्देश्य बनाने के लिए आवश्यक है प्रथम चरण के रूप में अब इन उद्देश्यों का खंड की भौतिक और सामाजिक

स्थितियों से मिलान करना होगा। चूँकि परियोजना के लिए प्रत्येक योजना समयबद्ध है, अतः आपको सबसे पहले आधार वर्ष में सभी संसाधनों की सूची बनानी होगी। चित्र 2.3 में वह तरीका अथवा कार्य-स्कीम दी गई है जो आप खंड स्तर पर शुरू कर सकते हैं।

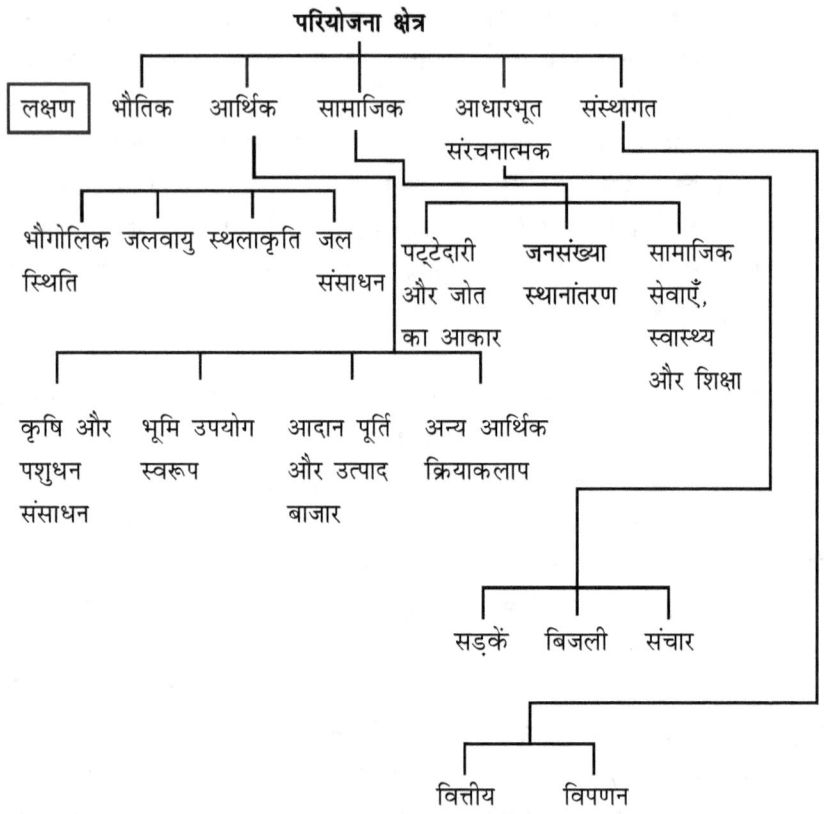

चित्र 2.3: परियोजना निर्माण के समय पहचान किए जाने वाले परियोजना क्षेत्र की विशेषताओं के ब्यौरे

यह स्कीम उस क्षेत्र की विद्यमान स्थिति बताएगी जहाँ परियोजना स्थित होगी और वह आधार बताएगी जहाँ से परियोजना शुरू होगी। दूसरे शब्दों में, यह परियोजना की कठिनाइयों और अवसरों की रूपरेखा प्रस्तुत करेगी।

अनुवर्ती चरण (Subsequent Phase): अगला चरण है क्रियाकलाप और सामान्य सुविधाओं का, उनको विभिन्न चरणों में बाँटने का, उनकी लागत का और वित्तपोषण के तरीके का पता लगाना और हिसाब लगाना। संगठन और प्रबंध पहलुओं की व्यवस्था भी इसी चरण पर की जाती है। तथापि, यह अवश्य ध्यान में रखना चाहिए कि क्रियाकलाप में परियोजना के स्वरूप के अनुसार अंतर हो सकता है। अतः एक विचारणीय रूपरेखा नीचे दी

जा रही है। इस रूपरेखा में इस प्रकार रूपांतर किया जा सकता है कि यह उस परियोजना के लिए खासतौर पर उपयुक्त हो सके जिस परियोजना का आप प्रतिपादन कर रहे हैं।

- परियोजना विवरण
- घटकों के ब्यौरे: कार्य और सामान्य सुविधाएँ
- परियोजना को विभिन्न चरणों में बाँटना
- लागत अनुमान
- वित्तपोषण
- संगठन और प्रबंध
- उत्पादन, बाजार और वित्तीय अपेक्षाएँ
- लाभ और औचित्य
- प्रमुख समस्याएँ
- अनुबंध।

प्रश्न 7. विस्तृत परियोजना रिपोर्ट (डी.पी.आर.) पर संक्षिप्त टिप्पणी कीजिए।
[जून-2012, प्रश्न सं.-5(d)]

उत्तर– विश्व बैंक ने सिफारिश की है कि व्यावहारिक रूप में विस्तृत परियोजना रिपोर्ट का मुख्य विवरण किसी साधारण कृषि परियोजना के लिए एकल स्पेस में टाइप किए गए लगभग पच्चीस पृष्ठों में होना चाहिए और किसी जटिल ग्राम विकास परियोजना के लिए अधिक से अधिक पचास पृष्ठों में होना चाहिए। इस विवरण के साथ अनेक अनुबंध भी होने चाहिए, जो अलग खंड में भी हो सकते हैं। जहाँ तक संभव हो, मूल विवरण में परियोजना को इस रूप में प्रस्तुत किया जाए कि कोई गैर-विशेषज्ञ भी उसे समझ सके; विशिष्ट सूचना - जिसमें नक्शे, चार्ट और ब्यौरेवार तालिकाएँ शामिल हैं - अनुबंधों में दी जानी चाहिए।

प्रारंभ में, यह अवश्य ध्यान में रखा जाना चाहिए कि किसी परियोजना की विस्तृत परियोजना रिपोर्ट की विषय-वस्तु उसके बाह्य कलेवर से अधिक महत्त्वपूर्ण है। मुख्यत: इसलिए प्रत्येक परियोजना को अलग-अलग तत्त्वों पर अलग-अलग तरीके से बल देना होगा। तथापि बाह्य कलेवर की एक रूपरेखा यहाँ दी जा रही है ताकि, परियोजना के प्रतिपादनकर्त्ता के नाते आपको यह रिपोर्ट शुरू करने का तरीका पता चल सके। बाह्य कलेवर की जाँच सूची अब इस प्रकार दी जा सकती है:

- **सार और निष्कर्ष (Summary and Conclusion):** इस भाग में परियोजना के अनिवार्य तत्त्व बहुत ही संक्षिप्त रूप में दिए जाने चाहिए। इसमें तर्काधार, प्राथमिकताएँ, लाभार्थी, मुख्य घटक, निवेश अवधि लागत, संगठन, वित्तीय और आर्थिक प्रयासों का वर्णन होगा।

- **प्रस्तावना (Introduction):** इस भाग में परियोजना विचार के उद्भव का वर्णन होना चाहिए और यह बताया जाना चाहिए कि विस्तृत परियोजना रिपोर्ट तैयार करने के लिए कौन-सी एजेंसियाँ जिम्मेदार हैं। यह भाग बुनियादी तौर पर गैर-तकनीकी भाग है और संक्षिप्त होना चाहिए।

- **पृष्ठभूमि (Background):** इस भाग में परियोजना की रूपरेखा मुख्यतः पर्यावरण के (प्राकृतिक, आर्थिक और सामाजिक) संदर्भ में स्थापित करने के लिए होती है। यहाँ जो सामग्री प्रस्तुत की जाए, उसका बाद के भागों में प्रस्तुत की जाने वाली सामग्री से सीधा संबंध होना चाहिए।

- **परियोजना का तर्काधार (Project Rationale):** इस भाग में परियोजना के चयन के लिए तकनीकी, आर्थिक और सामाजिक औचित्य भी बताए जाने चाहिए। विकास कार्यनीतियाँ अनेक हैं, इसलिए सभी तो इस परियोजना द्वारा अपनाई नहीं जा सकती। इसलिए किसी खास कार्यनीति को ही चुना गया है, इस संबंध में स्पष्टीकरण अवश्य दिया जाना चाहिए। इस भाग में परियोजना की सीमाओं का भी उल्लेख होना चाहिए।

- **परियोजना क्षेत्र (Project Area):** परियोजना क्षेत्र के विकास के अवसरों तथा संभावनाओं का भी उल्लेख होना चाहिए।

- **परियोजना (The Project):** इस भाग में परियोजना के उद्देश्यों का और इसके संचालन तंत्र का विस्तृत वर्णन होना चाहिए।

- **संगठन और प्रबंध (Organisation and Management):** इस भाग में परियोजना के विभिन्न पहलुओं के लिए कार्यान्वयन और परिवीक्षण एजेंसियों का वर्णन होना चाहिए। इसमें प्रशासनिक व्यवस्था, अपेक्षित कर्मचारियों के स्वरूप, परियोजना प्राधिकारी के कार्यों और शक्तियों पर भी चर्चा होनी चाहिए।

- **उत्पादन, बाजार और वित्तीय परिणाम (Production, Markets and Financial Results):** इस भाग में यह बताया जाना चाहिए कि लाभार्थी इस परियोजना की मुख्य धारा में क्यों आएँ। यहाँ परियोजना की वित्तीय और आर्थिक व्यवहार्यता भी बताई जानी चाहिए।

- **लाभ और औचित्य (Benefits and Justification):** यह विस्तृत परियोजना रिपोर्ट का महत्त्वपूर्ण भाग है, जहाँ परियोजना के सभी पहलुओं का, सामाजिक और आर्थिक वांछनीयता के लिए मूल्यांकन करना होगा।

- **प्रमुख समस्याएँ (Outstanding Issues):** इस भाग में कुछ ऐसी प्रमुख समस्याओं पर विचार किया जाएगा जिन्हें परियोजना को आगे किसी समय हल करना होगा।

- **अनुबंध (Annexure):** इस भाग में परियोजना के लिए विस्तृत समर्थन सामग्री होती है। चूँकि यह भाग केवल विशेषज्ञों और सुविज्ञों के लिए ही होता है, अतः इसे खास सावधानी से तैयार किया जाना चाहिए। इसमें जो सामग्री शामिल की जाती है, वह है सांख्यिकीय तालिकाएँ, नक्शे, आरेख, चार्ट, फोटोग्राफ और रेखाचित्र। इस भाग का प्रस्तुति-क्रम मुख्य विवरण के प्रस्तुतीकरण के तद्नुरूप होना चाहिए। जी.पी.एच. की पुस्तकों का मुख्य उद्देश्य ज्ञान के साथ-साथ अच्छे नम्बर दिलाना है।

प्रश्न 8. विकास योजना क्यों तैयार की जाती है? चर्चा कीजिए।

उत्तर— योजना बनाना लक्ष्य की प्राप्ति के लिए कार्यवाहियों का एक ब्लू प्रिंट तैयार करने की एक प्रक्रिया है। इस संबंध में यह मान लिया जाएगा कि योजनाकार को अनेक चीजें दे दी गई हैं या दे दी जाएँगी। उदाहरण के लिए समय, उद्देश्य, कुछ संसाधन उपलब्धता आदि अत्यंत महत्त्वपूर्ण हैं। यह एक अत्यंत सरल परिभाषा है जिसे कोई भी व्यक्ति दे सकता है लेकिन तीन चीजों में कोई परिवर्तन नहीं होगा जैसे—उद्देश्य, कार्यवाहियों का ब्लू प्रिंट तथा संसाधन जिनका प्रयोग लक्ष्य प्राप्ति के लिए किया जाएगा। योजना उद्देश्य विकास लक्ष्यों का सामान्य विवरण हैं। योजनाकार के रूप में आपका कार्य विशिष्ट कार्य बन जाता है और खंड स्तर पर संगत उद्देश्यों को लक्ष्यों में बदलने की समस्याओं पर ध्यान केंद्रित किया जाता है। किसी भी कल्याणकारी राज्य में (यदि कल्याणकारी राज्य की परिभाषा दी जाए) विकास योजना का मूल उद्देश्य लोगों का अधिकाधिक सामाजिक-आर्थिक कल्याण करना है। लेकिन भिन्न-भिन्न काल में देश में बदलते हुए सामाजिक, राजनीतिक तथा आर्थिक मूल्यों एवं मानकों के साथ-साथ विशिष्ट उद्देश्यों में भी अंतर पाया जा सकता है।

वस्तुनिष्ठ कार्य (Objective Function): विकास योजना सिद्धांतों में अनेक वस्तुनिष्ठ कार्य होते हैं। बहरहाल महत्त्वपूर्ण वस्तुनिष्ठ कार्यों को दो वर्गों में विभाजित किया जा सकता है। **पहला,** प्राकृतिक संसाधनों, श्रम एवं पूँजी का इष्टतम उपयोग करते हुए उत्पादन को अधिक से अधिक बढ़ाना। इसके परिणामस्वरूप यह आशा की जाती है कि बेहतर प्रबंध एवं प्रौद्योगिकी के माध्यम से उत्पादन दक्षता में वृद्धि होगी। इसको विकास का 'संवृद्धि' उद्देश्य कहा जाता है। इससे अधिक उत्पादक शक्तियाँ प्राप्त करने के लिए रोजगार की संख्या में अधिक से अधिक वृद्धि होती है और व्यापक उपभोक्ता माँग में भी वृद्धि होती है। **दूसरा** 'सामाजिक न्याय' का उद्देश्य है। सामाजिक न्याय के अनुसार सामाजिक वर्गों, ग्रामीण एवं शहरी लोगों या क्षेत्रों के बीच असमानता के स्तरों को कम से कम करने, पिछड़े वर्गों एवं क्षेत्रों का अग्रता के आधार पर विकास करने तथा व्यापक गरीबी को समाप्त करने की आवश्यकता है।

प्रश्न 9. परियोजना की तकनीकी व्यवहार्यता को स्पष्ट कीजिए।

अथवा

परियोजना के मूल्यांकन से जुड़ी तकनीकी व्यवहार्यता की महत्त्वपूर्ण विशेषताओं को स्पष्ट कीजिए। [दिसम्बर-2012, प्रश्न सं.-1]

उत्तर– विकास परियोजना की सबसे महत्त्वपूर्ण, बुनियादी और सबसे व्यापक विशेषता यह है कि इसमें कोई तकनीकी संबंध होता है। परियोजना चाहे कहीं भी स्थित हो, इसके लिए कोई भी धन जुटा रहा हो अथवा इसका लाभ कोई भी उठा रहा हो, इसकी यह बुनियादी विशेषता बनी रहती है। आदानों को उत्पादों में बदलने की प्रक्रिया या विभिन्न कारणों से उसकी उपयुक्तता का मूल्यांकन किया जाता है। इस प्रक्रिया को पूरी तरह भौतिक, रासायनिक या जैविक होना या न होना महत्त्वपूर्ण नहीं है। इस तरह ईंट-गारे को सिंचाई के कुएँ का रूप देना, ट्रेक्टर निर्माण, कृषि फसलों की रोपाई तथा पैदावार आदि सभी काम बुनियादी तौर पर एक जैसे होते हैं।

विशेषताएँ (Features):

(1) समय (Time): किसी परियोजना में एक से अधिक तकनीकी प्रक्रियाएँ हो सकती हैं, लेकिन उसके पदार्थ के रूपांतरण की प्रक्रिया की मूलभूत विशेषता में फर्क नहीं पड़ता है, बल्कि उसके रूपांतरण का दायरा बढ़ता ही है। इस बुनियादी पृष्ठभूमि के साथ प्रत्येक पदार्थ रूपांतरण को पूरे होने में कुछ समय लगता है। अगर किसी प्रक्रिया में एक प्रक्रिया के पूरी हो जाने के बाद दूसरी प्रक्रिया को क्रमवार किया जाना है, तो ऐसी परियोजना में उस प्रक्रिया से काफी अधिक समय लगेगा, जिससे विभिन्न प्रक्रियाएँ साथ-साथ चलाई जाती हैं।

(2) संबंध (Relationship): प्रक्रिया में रूपांतरित होने वाले आदानों में आपस में तथा परिणामी उत्पादन के बीच निश्चित संबंध है। इन दो प्रकार के संबंधों को कारक-कारक तथा कारक-उत्पाद संबंध कहते हैं। उत्पादों और इकाइयों के बीच निश्चित अनुपात होता है। यही कारण है कि निश्चित व्यास के सिंचाई के कुएँ के लिए निश्चित मात्रा में गारा और निश्चित आकार और आयतन की ईंटों की निश्चित संख्या लगती है। इस विशेषता के कारण परियोजना के आदानों और उत्पादों के बीच एक तकनीकी संबंध होता है।

(3) प्रक्रियाओं का चयन (Choice of Processes): अक्सर एक जैसे अथवा समान रूप से किसी आवश्यकता की पूर्ति करने वाली एक या अधिक प्रक्रियाएँ उपलब्ध होती हैं। प्रक्रियाओं के इन विकल्पों में दो अंतर हो सकते हैं:

(क) प्रक्रियाओं में समान आदान हो, लेकिन प्रति इकाई उत्पादन के लिए आदानों की मात्रा का अनुपात अलग-अलग हो।

(ख) किसी प्रक्रिया में बिल्कुल अलग आदान हो।

(4) तकनीकी कार्यकुशलता (Technical Efficiency): तकनीकी कार्यकुशलता के आधार पर एक या किसी भी परियोजना का चयन करना होता है। तकनीकी कार्यकुशलता के मानदंड के इस्तेमाल से उपयुक्त परियोजना का चयन कर पाते हैं।

(5) पैमाने के सुलाभ और अलाभ (Economics and Diseconomies of scale): यदि हम इकाई स्तर की प्रक्रिया की परिभाषा ऐसी प्रक्रिया के रूप में करते हैं जिसका परिणाम मानव विशिष्टयों की इकाई उत्पाद के रूप में निकलता है, तो हम आसानी से देख सकते हैं कि उत्पाद की एक से अधिक इकाइयों के लिए प्रक्रिया का स्तर या पैमाना तद्नुसार बढ़ाया जाता है। इसके विपरीत, जब प्रक्रिया का पैमाना बढ़ता है तो उत्पाद भी बढ़ता है। भौतिक रूपांतरण के कई कार्य होते हैं जहाँ जब प्रक्रिया का पैमाना बढ़ाया जाता है, उत्पाद समानुपातिक रूप में बढ़ाया जाता है, परंतु आदानों में बचत होती है।

उदाहरण के लिए, सिंचाई के कुएँ के निर्माण के मामले में आदानों की कोई बचत नहीं हुई है। परंतु निर्धारित संख्या के छात्रों के बैठने के लिए एक आयताकार कक्ष के कमरे वाले ग्रामीण प्राइमरी स्कूल के निर्माण पर विचार करें। इसके लिए भी हमें निश्चित संख्या में ईंटों, गारे और मनुष्य के श्रम की जरूरत होगी। अब कल्पना कीजिए, इसी के बराबर धारिता के एक अन्य कमरे को जोड़ा जाता है। निश्चित रूप से अधिक सामग्री की जरूरत होगी, परंतु निस्संदेह पहले के मुकाबले दुगुनी नहीं, क्योंकि दो कक्षा कमरों के बीच की दीवार दोनों में एक होगी। यह "प्रक्रियाओं के वर्धित पैमाने से प्राप्त मितव्ययता" के रूप में जाना जाता है, यद्यपि इकाई स्तर पर यथा परिभाषित प्रक्रिया वैसी ही रहती है।

प्रश्न 10. परियोजना मूल्यांकन के उद्देश्यों और आयामों की चर्चा कीजिए।

उत्तर— परियोजना की रूपरेखा तैयार करने और उसकी मंजूरी के लिए उसका मूल्यांकन आवश्यक है। मूल्यांकन का तात्पर्य परियोजना के मूल्य, स्तर तथा/अथवा स्थिति का ठीक-ठाक पता लगाना है। व्यवहार्यता विश्लेषण के दृष्टिकोण से किसी परियोजना का मूल्यांकन योजना बनाए जाने से भी पहले चरण में किया जाता है। उस समय परियोजना का काम शुरू भी नहीं हुआ होता है और इसके काम करते रहने की अवधि भविष्य के गर्भ में छिपी होती है। परियोजना की भावी लागतें और लाभ इस समय विभिन्न आदानों (inputs) के तकनीकी संबंधों पर आधारित अनुमान-मात्र होते हैं। इन अनुमानों का वर्तमान समय के आधार पर विश्लेषण करना होता है ताकि परियोजना की उपयुक्तता के बारे में कोई फैसला लिया जा सके।

रूपरेखा बनाए जाने के इस चरण में मूल्यांकन किया जाना जरूरी है ताकि इसे मंजूर करने वाले अधिकारियों को परियोजना की कार्यनीति की सिफारिश करने के लिए

सहायता मिल सके। मंजूरी दिए जाने के चरण में परियोजनाएँ बनाने वालों और उन्हें चलाने की पेशकश करने वालों ने जिन परियोजनाओं की सिफारिश की है, उनकी मंजूरी देने वाले अधिकारियों को भी, इनमें से सर्वश्रेष्ठ (सर्वाधिक उपयोगी और सबसे किफायती) परियोजना (या परियोजनाओं की सैट) चयन करने और उसकी मंजूरी देने के लिए, उनका मूल्यांकन करना जरूरी है। इससे यह स्पष्ट होता है कि परियोजना की रूपरेखा बनाने वालों का परिप्रेक्ष्य और नजरिया इसे मंजूर करने वाले अधिकारियों से भिन्न होता है। फिर भी, विकास के समूचे परिप्रेक्ष्य को देखते हुए, परियोजनाओं का उनके तकनीकी, कार्यान्वयन-संबंधी, वाणिज्यिक, संगठनात्मक-प्रबंधकीय, आर्थिक-सामाजिक और अनिश्चितता की आशंका जैसे सभी पक्षों को देखते हुए मूल्यांकन किया जाना चाहिए। लेकिन यह समझ लेना चाहिए कि परियोजना मूल्यांकन के ये घटक अपने आप में पूर्ण नहीं, बल्कि एक-दूसरे पर निर्भर हैं।

मूल्यांकन में मुख्यत: कार्यक्रम के उद्देश्यों और लक्ष्यों के प्रभाव और प्राप्ति के विधिवत् मूल्यांकन पर बल दिया जाता है। व्यापक मूल्यांकन में, कार्यक्रम/परियोजना चक्र के तीनों चरणों – कार्यक्रम प्रतिपादन, कार्यान्वयन और परिणाम (परिणाम एवं प्रभाव) की जाँच करनी होती है। तद्नुरूपी मूल्यांकनों को अनुमान या प्रत्याशित मूल्यांकन, कार्यान्वयन विश्लेषण या समवर्ती मूल्यांकन और प्रभाव या अंतिम या अंतस्थ मूल्यांकन के रूप में जाना जाता है। अत: निविष्टियों, प्रक्रिया और परिणामों का अध्ययन करना, कार्यक्रम मूल्यांकन का ही एक हिस्सा है जिसमें कार्यक्रम के सभी पहलुओं पर विचार किया जाता है, किंतु, वास्तव में यह कतिपय मुख्य पहलुओं तक ही सीमित रह जाता है, जैसे कि उद्देश्यों की प्राप्ति, संगठनात्मक कुशलता, मार्गदर्शी सिद्धांतों, समय-सारणी और लागत का परिपालन।

प्रश्न 11. आर्थिक व्यवहार्यता को स्पष्ट करते हुए विभिन्न आर्थिक उपायों तथा उनके बीच अंतर को समझाइए।

अथवा

आर्थिक व्यवहार्यता की अवधारणा स्पष्ट कीजिए।

अथवा

आर्थिक व्यवहार्यता विश्लेषण क्या है? आर्थिक विश्लेषण कैसे किया जाता है?

अथवा

सामाजिक लागत तथा लाभों का पता लगाने के लिए जिन तथ्यों को ध्यान में रखा जाता है, उनका संक्षेप में उल्लेख कीजिए।

अथवा

परियोजना की आर्थिक व्यवहार्यता की अवधारणा और विशिष्टताओं को स्पष्ट कीजिए। [जून-2014, प्रश्न सं.-3(ii)]

उत्तर– आर्थिक व्यवहार्यता विश्लेषण व्यवहार्य परियोजना विकल्पों की आर्थिक कार्यक्षमता का परिमाणात्मक आकलन है। यह विश्लेषण इसलिए किया जाता है ताकि किसी एक विकल्प का अन्य विकल्पों से श्रेष्ठता के आधार पर चयन किया जा सके। आर्थिक विश्लेषण से पता चलता है कि विभिन्न विकल्पों के बीच कितना अंतर है तथा ऐसा आधार तैयार हो जाता है, जिससे परियोजना का तुलनात्मक अध्ययन संभव होता है। किंतु इन उपायों के इस्तेमाल का महत्त्व विचाराधीन विकल्पों के अनुसार अलग-अलग होता है।

इस प्रकार आर्थिक विश्लेषण में वित्तीय अथवा आर्थिक औचित्य के आधार पर विकल्पों की तुलना करने तथा उनमें से किसी एक के चयन की तकनीकों को अपनाया जाता है। इन तकनीकों का इस्तेमाल बहुत महत्त्वपूर्ण है क्योंकि किसी विशेष विकल्प के चयन से काफी कुछ लाभ या हानि हो सकते हैं।

आर्थिक व्यवहार्यता विश्लेषण में व्यवहार्य परियोजना के भिन्न-भिन्न तत्त्वों की आर्थिक दक्षता का मात्रात्मक माप तैयार किया जाता है। यह विश्लेषण इसलिए किया जाता है ताकि उनमें से एक ऐसा परिवर्तन चुना जा सके जो श्रेष्ठ हो। आर्थिक विश्लेषण विकल्पों में अंतर स्पष्ट करता है और उनमें इस सीमा तक कमी करता है कि इससे परियोजना की तुलना करनी आसान हो जाती है।

आर्थिक दक्षता व्युत्पन्न और गौण संकल्पना है। यह परियोजना के आदान और उत्पादन की प्राथमिक श्रेणियों से प्राप्त की जाती है। व्युत्पत्ति तभी संभव होती है, जब आदान और उत्पादन परिणाम उनके संबंधित मूल्यों में बदल जाते हैं, जो उनकी संबंधित कीमतों या इकाइयों के मूल्यों से गुणा करके निकाली जाती है।

आर्थिक कार्यक्षमता की व्युत्पत्ति परियोजना के आदानों और उत्पादों के प्राथमिक वर्गों से होती है। यह व्युत्पत्ति तभी संभव है जब आदानों और उत्पादों की मात्राओं को उनके अपेक्षित मूल्यों में रूपांतरित किया जाए। इसके लिए हमें उन्हें उनके अपेक्षित मूल्यों या इकाई मूल्यों से गुणा करना पड़ता है।

इस प्रकार आर्थिक कार्यक्षमता की व्युत्पत्ति की एक अनिवार्य शर्त यह है कि आदानों की कीमत अथवा आदान एवं उत्पाद का इकाई मूल्य अवश्य दिया जाए। आर्थिक कार्यकुशलता मापदंड क्योंकि एक व्युत्पन्न मूल्य अवधारणा है, इसलिए वह एक संबंध का प्रतिनिधित्व करता है। आप पूछ सकते हैं कि यह संबंध क्या है? यहाँ प्रश्न यह भी किया जा सकता है कि यह संबंध व्यक्त कैसे होता है?

मूलतः यह संबंध दो तरीकों से व्यक्त हो सकता है:
- आदानों एवं उत्पादों के सरल मूल्यों में अंतर के रूप में, और
- सरल आदान मूल्य की तुलना में सकल उत्पाद मूल्य के अनुपात के रूप में।

इसका अर्थ यह है कि किसी भी परियोजना की आर्थिक कार्यक्षमता के दो मूलभूत मापदंड हो सकते हैं। पहला, सरल मूल्यों का अंतर और दूसरा, उनका अनुपात। पहले से परियोजना की कार्यक्षमता का पूर्ण मूल्यांकन होता है तथा दूसरे से तुलनात्मक मूल्यांकन।

जब अनेक परियोजना विकल्पों में से चयन करना हो और ऐसा प्राय: होता है, तो कार्यक्षमता का तुलनात्मक मापदंड अधिक एवं कम कार्यकुशलता के आधार पर परियोजना विकल्पों का वर्गीकरण करता है और उससे परियोजना दल को यह तय करने में मदद मिलती है कि सूची में किस विकल्प का स्थान सबसे ऊपर हो।

कार्यकुशलता मापदंडों में अंतर (निजी तथा सामाजिक) (Differences in Efficiency Measures (Private and Social)): विभिन्न आर्थिक कारक प्रतिनिधि एक ही वस्तु का मूल्य अलग-अलग आँकते हैं क्योंकि उनके उद्देश्य, लक्ष्य या प्रेरक तत्त्व अलग-अलग होते हैं।

उदाहरण के लिए, एक दुग्ध उत्पादन परियोजना लीजिए, जिसमें चारे के लिए भूसा एक आदान है। इस परियोजना में भाग लेने वाले एक किसान को अपनी आवश्यकता का कुछ भूसा दूसरे किसानों से अपने गाँव या आस-पास के इलाके में प्रचलित बाजार मूल्य पर खरीदना पड़ सकता है। उस किसान के लिए इस आदान का मूल्य होगा—खरीदे गए भूसे की मात्रा × प्रचलित बाजार मूल्य।

अब भूसे के रूप में आदान के मूल्य पर सभी किसानों अर्थात् समाज की दृष्टि से विचार कीजिए। भूसा कृषि का गौण उत्पाद है और उसकी कोई और खास उपयोगिता नहीं है। इसलिए समाज के लिए भूसे का मूल्य एक तरह से शून्य है। अकेले भूसा आदान के मूल्य में अंतर दोनों मामलों में अलग-अलग होगा। पहले मामले में परियोजना की निजी आर्थिक कार्यक्षमता का मूल्यांकन होगा तो दूसरे मामले में उसकी सामाजिक-आर्थिक कार्यक्षमता ज्ञात होगी।

सार्वजनिक एवं सामाजिक-आर्थिक कार्यकुशलता मापदंड (Public and Social Economic Efficiency Measure): सामाजिक तथा सार्वजनिक-आर्थिक मापदंडों में भी अंतर होता है। सार्वजनिक का अर्थ है, सरकार तथा सरकार की एजेंसियाँ। परंतु सरकार और समाज अलग-अलग हैं, अत: सार्वजनिक एवं सामाजिक एक समान नहीं हैं। इस अंतर को और स्पष्ट करने के लिए हम यह मान लेते हैं कि दुग्ध उत्पादन परियोजना के पूँजी निवेश पूर्णतया सार्वजनिक हैं और परियोजना का संचालन एवं प्रबंध किसी सार्वजनिक एजेंसी के हाथ में है। सार्वजनिक एजेंसी का उद्देश्य एक शहर की आबादी को प्रतियोगी मूल्यों पर दूध उपलब्ध कराना है, जो पहले से निजी विक्रेताओं द्वारा बेचा जा रहा है। यहाँ भी भूसा इस परियोजना का एक आदान है।

किसी किसान की भाँति परियोजना के प्रबंधन को आवश्यक भूसा आस-पास के किसानों से बाजार भाव से खरीदना पड़ता है या अन्य स्थानों से खरीद कर उसे परियोजना के स्थल तक वाहनों से लाना पड़ता है।

उत्पाद मूल्यों पर विचार करते हुए भी यही निष्कर्ष निकलेगा क्योंकि भिन्न-भिन्न आर्थिक कारक और संस्थाएँ एक ही परियोजना का उत्पादन मूल्यांकन भिन्न-भिन्न कर सकती हैं। विशुद्ध सार्वजनिक निवेश परियोजनाओं का एक वर्ग है, जो सामान्यतया सामाजिक बुनियादी सुविधाओं के क्षेत्रों और विज्ञान तथा टेक्नोलॉजी क्षेत्र से संबंधित है और जिनके उत्पाद एवं सेवाएँ उपभोक्ताओं को नि:शुल्क उपलब्ध कराई जाती है तथा जिनके उत्पाद का मूल्यांकन मूल्यों के हिसाब से करना असंभव नहीं तो बहुत कठिन अवश्य होता है। ऐसे मामलों में उपलब्ध विकल्पों में चयन के लिए सार्थक मापदंड होता है सामाजिक कार्यक्षमता।

लागत और लाभ (Costs and Benefits): किसी परियोजना की लागतों एवं लाभों का निर्धारण उसके आदान एवं उत्पाद मूल्यों के आधार पर किया जाता है। संबंधित कारकों तथा संस्थाओं के आधार पर आदान एवं उत्पाद मूल्यों में अंतर का स्वाभाविक परिणाम होता है: परियोजना के निजी, सार्वजनिक तथा सामाजिक लागतों व लाभों में भिन्नता। इसलिए किसी भी परियोजना के नियोजक के लिए पहला काम यह होता है कि वह लागतों एवं लाभों की सही पहचान करे।

प्रारंभ में आपको यह लग सकता है कि आदान करने वाला कोई भी हो, उसके मूल्यों से ही परियोजना की लागत बनती है। इसी प्रकार, उत्पाद किसी के पास भी जाए, उसके सारे मूल्य मिलकर ही लाभ कहलाते हैं। किंतु दो पहलू ऐसे हैं, जो स्थिति को कुछ बदल देते हैं। पहली बात यह कि सामाजिक दृष्टिकोण से एक नकारात्मक उत्पाद मूल्य अर्थात् सामाजिक दृष्टि से अवांछनीय अथवा हानिकारक उत्पाद, किसी परियोजना की सामाजिक लागत होता है। अत: नकारात्मक आदान मूल्य सामाजिक लाभ बनता है।

सरल पहचान के लिए गैर-आदान लागत तथा गैर-उत्पाद लाभ की अवधारणा का विश्लेषण इस प्रकार है:

(1) गैर-आदान निजी अथवा सार्वजनिक लागत (Non-input Private or Public Costs): गैर-आदान निजी अथवा सार्वजनिक लागत दो प्रकार की होती हैं:

(क) कर एवं शुल्क (Taxes and Duties): सरकार के अधिकारों के लिए भुगतान जैसे कि उत्पाद एवं सीमाशुल्क, रॉयल्टी, बिक्री कर, विकास शुल्क, लाभ पर कर, भू-राजस्व आदि तथा निजी अधिकारों के लिए भुगतान जैसे कि किराया, पेटेंट शुल्क तथा ब्रांड नाम आदि।

(ख) बिक्री वृद्धि व्यय (Sales Promotion Charges): परियोजना के उत्पाद की बिक्री बढ़ाने के लिए भुगतान जैसे कि विज्ञापन तथा विपणन एजेंटों की व्यवस्था।

किंतु मूल्य ह्रास तथा ऋण की किस्तों पर ब्याज की राशि को क्या माना जाए, इस संबंध में मतभेद है। लगता यही है कि निजी या सार्वजनिक दृष्टिकोण से ये सभी गैर-आदान लागत हैं। अत: इन मामलों में सही दृष्टिकोण की स्पष्ट व्याख्या अवश्य की जानी चाहिए।

मूल्य ह्रास निजी तथा सार्वजनिक उद्योग कंपनियों द्वारा अपनाई जाने वाली वित्तीय लेखा पद्धति है, जिससे यह पता चलता है कि लेखा अवधि के दौरान कितनी भौतिक पूँजी संपत्ति का इस्तेमाल किया जा चुका है। प्रबंधन द्वारा किसी संपत्ति के मूल्य ह्रास को अपनी कंपनी के वार्षिक तुलन-पत्र में लागत के रूप में दर्ज किया जा सकता है किंतु यह नहीं भूलना चाहिए कि संपत्ति की लागत (आदान लागत) उसे प्राप्त करने के समय खर्च की गई थी।

इसलिए निजी अथवा सार्वजनिक लागत में मूल्य ह्रास प्रभार को सम्मिलित करने का अर्थ होगा उस संपत्ति की आदान लागत का दोहरा लेखा करना। इस प्रकार किसी सार्वजनिक या सामाजिक परियोजना की आर्थिक लागत की गणना करते हुए मूल्य ह्रास का समावेश करना अनावश्यक है। किंतु किसी परियोजना की वित्तीय क्षमता का मूल्यांकन करने में मूल्य ह्रास एकदम सार्थक है, क्योंकि प्रबंधन के पास मूल्य ह्रास प्रभार, धन के स्रोत के रूप में उपलब्ध होता है।

ऋण भुगतान की किस्तों की स्थिति भी इसी तरह की है क्योंकि संपत्ति की लागत उसकी खरीद के समय व्यय हुई थी, इसलिए ऋण के भुगतान की लागत के रूप में दिखाने का अर्थ होगा दोहरी लेखा प्रक्रिया किंतु परियोजना की वित्तीय क्षमता का विश्लेषण करने के लिए किस्तों के भुगतान का हिसाब लगाना सार्थक है।

ब्याज वास्तव में गैर-आदान लागत है जो निवेश धन के स्वामित्व के अधिकारों के लिए किया गया भुगतान है। जो लोग बचत करके निजी या सार्वजनिक परियोजनाओं को ऋण प्रदान करते हैं, उन्हें अपने उपभोग का त्याग करने का मुआवजा मिलना ही चाहिए। परंतु निजी या सार्वजनिक दृष्टि से किसी परियोजना का आर्थिक विश्लेषण करने का एक प्रमुख मुद्दा यह है कि क्या उस परियोजना से इतना लाभ मिल सकेगा कि उससे ऋण ली गई राशि पर सूद का भुगतान किया जा सके? इसी तथ्य के कारण ब्याज को परियोजनाओं की निजी अथवा सार्वजनिक आर्थिक लागत से अलग रखा जाना चाहिए। इस पद्धति को अपनाते हुए परियोजनाओं के मूल्यांकनकर्त्ता यह दिखा सकते हैं कि परियोजना के लाभ ही निजी या सार्वजनिक दर संबंधित ब्याज दर से अधिक है। इसका सीधा अर्थ यही होगा कि परियोजना को चलाया जा सकता है।

(2) **गैर-उत्पादन निजी अथवा सार्वजनिक लाभ** (Non-output Private or Public Benefits): दूसरी ओर आपको यह भी दिखाई देगा कि कुछ परियोजनाओं का निजी अथवा सार्वजनिक दृष्टि से गैर-उत्पाद लाभ भी होता है। ये लाभ विभिन्न प्रकार के सरकारी करों व शुल्कों में रियायतों व छूटों, बिक्री पर सब्सिडी या उत्पादों की खरीद समर्थन मूल्यों पर करने के रूप में हो सकते हैं। संभवत: अब आप किसी निजी अथवा सार्वजनिक संस्था को मिलने वाले लाभों की कल्पना कर सकते हैं।

यह प्रभाव परियोजना उत्पादन के निवल मूल्य में वृद्धि के रूप में पड़ता है। इस मूल्य की तुलना उस निवल मूल्य से की जानी चाहिए जिसका आकलन खुले बाजार भाव के

आधार पर किया गया हो, जिसमें कर शामिल होते हैं और सरकारी खरीद के रूप में समर्थन एवं सब्सिडी शामिल नहीं होते।

संक्षेप में किसी परियोजना की निजी अथवा सार्वजनिक सकल लागत में संबंधित निजी अथवा सार्वजनिक परियोजना के प्रत्यक्ष आदान तथा गैर-उत्पाद लागत शामिल होती है। दूसरी ओर सकल लाभों में प्रत्यक्ष उत्पाद तथा गैर-उत्पाद लागत शामिल होती है। दूसरी ओर सकल लाभों में प्रत्यक्ष उत्पाद तथा गैर-उत्पाद लाभ शामिल होते हैं। निजी अथवा सार्वजनिक दृष्टि से कुल लागत पर मिलने वाले कुल लाभ से हमें विशुद्ध राजस्व, आय, लाभ, अतिरिक्त प्राप्ति आदि मिलते हैं।

(3) सामाजिक लागत एवं लाभ (Social Costs and Benefits): परियोजना की सामाजिक लागत एवं लाभ के मामले में आप ऐसी स्थिति का सामना कर सकते हैं, जो एक साथ अधिक सरल भी है और जटिल भी।

सामाजिक लागत व लाभ का पता लगाना इसलिए अधिक सरल है कि हमारा ध्यान अब केवल आदान एवं उत्पाद संबंधी लागत तथा लाभों तक ही सीमित हो चुका है। समाज की दृष्टि से गैर-आदान लागत तथा गैर-उत्पाद लाभ कोई नहीं है।

जटिलता का कारण यह है कि आदान लागत तथा उत्पाद लाभों का पता प्रत्यक्ष एवं परोक्ष दोनों तरीकों से लगाना होगा। इसमें केवल परियोजना में लगाई गई राशि और परियोजना से प्राप्त लाभों को ही नहीं, बल्कि उस परियोजना की उपस्थिति के फलस्वरूप अन्य परियोजनाओं द्वारा अर्थव्यवस्था के और क्षेत्रों में परोक्ष रूप से हुई लागत व लाभों का भी हिसाब लगाना होगा। इन्हें आमतौर पर बाह्य प्रभाव कहा जाता है, जो बाह्य अर्थव्यवस्थाएँ अथवा निरर्थव्यवस्थाएँ हो सकती हैं।

सामाजिक लागत एवं लाभों का पता लगाने का काम करते हुए इन तथ्यों को ध्यान में रखा जाना चाहिए:

(क) सामाजिक लाभों का स्वरूप परियोजना की प्रकृति तथा प्रकार से भिन्न होता है।

(ख) किसी परियोजना के खास मद शीर्षक विशेषकर अप्रत्यक्ष बाह्य लागत तथा लाभों की मद से सामने दिखाई गई लागत व लाभों की वास्तविक राशि बहुत मामूली या शून्य निकल सकती है। इनमें से कुछ राशियाँ तो गिनती योग्य भी नहीं होतीं या उनकी गणना करना कठिन हो सकता है। इन्हें एकदम काट लेना ठीक नहीं होगा, क्योंकि इससे सामाजिक लागत एवं लाभों की पहचान अधूरी रह सकती है और परियोजना के महत्त्वपूर्ण सामाजिक लागत एवं लाभों की जानकारी से वंचित रहना पड़ सकता है।

(ग) किसी परियोजना के सामाजिक प्रभावों को अल्प सीमाओं के भीतर रखना सामान्यत: कठिन होता है, क्योंकि कोई भी नई योजना तालाब में फेंके कंकड़ की भाँति होती है, जिससे आस-पास लहरें बनाना अनिवार्य है। स्वाभाविक ही है कि प्रभाव के बिंदु

के आस-पास ही सबसे अधिक प्रभाव महसूस करती है। जिस तरह दूर होने पर लहरें फीकी पड़ जाती हैं, उसी तरह प्रभाव घटता जाता है और अंतत: अदृश्य हो जाता है। परियोजना के सामाजिक बाह्य प्रभावों की स्थिति भी इसी तरह की है। सामाजिक लागत लाभ गणना में यदि वृत्त प्रभाव भी पकड़ में आ जाए तो यह उपलब्धि कोई कम नहीं होगी।

प्रश्न 12. परियोजना के आर्थिक मूल्यांकन में समय की भूमिका की व्याख्या कीजिए। [जून-2012, प्रश्न सं.-3(b)]

अथवा

वर्तमान एवं भावी आर्थिक मूल्य पर टिप्पणी कीजिए।

उत्तर— परियोजना के लगभग हर पहलू का महत्त्वपूर्ण घटक समय है। प्रत्येक परियोजना का आर्थिक जीवन होता है जो निर्माण कार्य के पहले वर्ष से शुरू होता है और परियोजना के समाप्त होने के वर्ष तक रहता है। इसकी रूपरेखा और इसका मूल्यांकन तैयार करते समय इसका जीवन पूर्णत: भविष्य पर निर्भर करता है। इसका अर्थ यह हुआ कि परियोजना के आदान, उत्पादन और उनकी कीमतें तथा प्रत्यक्ष या अप्रत्यक्ष लागतें और लाभ सभी भविष्य की वस्तु हैं।

परियोजना की रूपरेखा इसके जीवनकाल के आदान और उत्पादन, लागत और लाभ का भावी कालक्रम है। परियोजना की रूपरेखा के इस लक्षण के दो तात्कालिक परिणाम हैं। इसलिए इन परिणामों का मूल्यांकन उचित रूप से होना चाहिए।

वर्तमान और भावी आर्थिक मूल्य (Present and Future Economic Values): यह परिणाम लागत, लाभ या उनके घटकों, यहाँ तक कि उसी राशि से संबंधित है परंतु भिन्न-भिन्न तारीखों पर होने वालों से संबंधित है, क्योंकि उनका वर्तमान मूल्य समान नहीं है। वर्तमान और भावी मूल्यों की संकल्पना को सोदाहरण स्पष्ट करने का प्रयास नीचे किया गया है:

- **वर्तमान मूल्य (Present Value):** वर्तमान मूल्य श्रृंखला समय के प्रभाव से मुक्त है, अत: इस संबंध में सामान्य गणितीय कार्यकलाप आसानी से चलाए जा सकते हैं।

    इस प्रकार लागत एवं लाभों की वर्तमान मूल्य श्रृंखला से हमें परियोजना की लागत व लाभों का सकल वर्तमान मूल्य प्राप्त होता है। लाभ तथा लागत के योगफलों के अंतर से शुद्ध लाभों का वर्तमान मूल्य अथवा लाभों का शुद्ध वर्तमान मूल्य प्राप्त होता है।

- **भावी मूल्य (Future Value):** जैसे कि एक कहावत है, "सारी को छोड़ आधी को धावे, आधी न रहे न सारी पावे", आज से पाँच वर्ष बाद एक रुपए के बराबर के लाभ का मूल्य आज की तुलना में कम होगा। भविष्य में बहुत

समय बाद जितनी समय अवधि लंबी होती जाएगी उसका वर्तमान मूल्य भी उतना ही कम होता जाएगा। यह इसलिए होता है क्योंकि हम सभी-व्यक्ति, संस्था और यहाँ तक कि समाज भी समग्र रूप से वर्तमान के मुकाबले भविष्य को कम महत्त्व देते हैं।

दूसरे शब्दों में, हम लाभ या लागत की इकाई को त्यों-त्यों कम महत्त्व देते हैं ज्यों-ज्यों आगे लम्बे भविष्य के बारे में सोचते हैं। जिस दर से यह महत्त्व घटते हैं, वह कमी की दर कहलाती है। समाज या सरकार की तुलना में सीमित जीवन अवधि के निजी क्षेत्र के व्यक्ति इस ह्रास की दर अधिक आँकते हैं। भविष्य को नगण्य समझने में इस प्रकार का अंतर ह्रास की निजी और सामाजिक दर बताता है।

अत: चाहे वे निजी हों, सार्वजनिक या सामाजिक, परियोजना लागतों, लाभों और उनके घटकों के भावी समयानुक्रम को वर्तमान के तद्नुरूपी मूल्य क्रम में परिवर्तित किया जा सकता है बशर्ते कि हमें संगत बट्टा दरें उपलब्ध हों।

अनुमानों के बारे में अनिश्चितता (Uncertainty about Estimates)—दूसरा परिणाम यह है कि परियोजना से संबंधित मामलों चाहे वो निर्माण की अवधि हो, परियोजना का आर्थिक जीवन हो, आदान, उत्पादन, मूल्य, लागत, लाभ या उनके अन्य अंग हों, के अनुमानों के बारे में अनिश्चितता बनी रहेगी। ऐसा माना जाता है कि परियोजना दल अपने पास उपलब्ध ज्ञान, अनुभव तथा आँकड़ों की सूचना के आधार पर मात्रा एवं मूल्यों के अच्छे से अच्छे अनुमान तैयार करने के प्रयास करेगा।

ऐसा देखने में आया है कि लागत एवं लाभ मूल्यों के बारे में अच्छे-अच्छे अनुमान अक्सर गलत साबित होते हैं जो अन्य बातों के अलावा आदानों व उत्पादों की कीमतों पर निर्भर होते हैं। आदानों की कीमतें किन्हीं अज्ञात कारणों से भविष्य में बढ़ सकती हैं, जिससे पूँजी या संचालन लागत में वृद्धि हो जाएगी। इसी प्रकार उत्पादों की माँग घटने से उसकी कीमतें गिर सकती हैं जिससे उत्पाद लाभ में कमी आ जाएगी। यह मानना होगा कि अनिश्चितता की समस्या का स्वरूप ही ऐसा है कि इससे निपटने के लिए कोई बना-बनाया फॉर्मूला या पूरी तरह संतोषजनक विधि तलाशना कठिन है। इसमें बस यही किया जा सकता है कि यह पता लगाया जाए कि (1) परियोजना के निवल लाभ के वर्तमान मूल्य पर किसी एक विकल्प अथवा सभी विकल्पों के अनुमान की अनिश्चितता के कारण कितना बुरा असर पड़ेगा और (2) या इसके बाद भी परियोजना स्वीकार्य सीमा के भीतर रह पाएगी?

व्यावहारिक दृष्टि से इसका अर्थ है विकल्प से संबंधित अनिश्चितता के फलस्वरूप किसी एक या अन्य विकल्प के अनुमान के बारे में हो सकने वाले किसी के व्यक्तिगत निर्णय और निष्पक्ष सूचना के आधार पर अपेक्षित परिवर्तनों के संदर्भ में निवल लाभ के

वर्तमान मूल्य का सुग्राहिता परीक्षण। इसे सुग्राहिता विश्लेषण कहा जाता है। किंतु यह विश्लेषण उस समय सही नहीं होता, जब अनेक विकल्पों के अनिश्चित प्रभाव पर एक साथ विचार किया जाए, क्योंकि अनिश्चित प्रभाव उलझ जाते हैं। ये एवजी या आत्म-निवारक भी हो सकते हैं। फिर भी अनिश्चितता बनी रहती है।

इस परीक्षण के अनुसार किसी अनिश्चित विकल्प के अनुमान में 5, 10 या 20 प्रतिशत कम या अधिक के तुलनात्मक परिवर्तन के लिए अन्य बातों के अपरिवर्तित रहने पर, आपको विशुद्ध लाभ के वर्तमान मूल्य की गणना करनी होगी। मान लीजिए यदि विकल्प के अनुमान में 5 प्रतिशत परिवर्तन से शुद्ध लाभ के मूल्य में 20 प्रतिशत परिवर्तन होता है तो इसका निष्कर्ष यह निकलेगा कि इस खास विकल्प की परियोजना में भविष्य में परिवर्तन होने की काफी संभावना है। इसके विपरीत यदि शुद्ध लाभ के वर्तमान मूल्य में परिवर्तन इतना मामूली है कि परियोजना की स्थिरता पर उसका कोई खास असर नहीं होने वाला तो सीधा निष्कर्ष यह निकलता है कि वह सुग्राही नहीं है। सुग्राहिता अधिक होने पर परियोजना को फिर से तैयार किया जाना चाहिए और यदि शुद्ध लाभ का परिवर्तित वर्तमान मूल्य नकारात्मक निकलता हो तो परियोजना को रद्द भी किया जा सकता है।

प्रश्न 13. वित्तीय व्यवहार्यता की संकल्पना और इसके आकलन में प्रयोग आने वाले प्रमुख संकेतकों की संक्षेप में चर्चा कीजिए।

अथवा

वित्तीय व्यवहार्यता की मुख्य विशेषताएँ बताइए।

अथवा

नकदी प्रवाह विवरण पर संक्षिप्त टिप्पणी लिखिए।

[जून-2012, प्रश्न सं.-5(e)]

अथवा

भुगतान वापसी अवधि पर संक्षिप्त टिप्पणी लिखिए।

[दिसम्बर-2012, प्रश्न सं.-5(f)]

अथवा

परियोजना की वित्तीय व्यवहार्यता के विश्लेषण की प्रमुख विशेषताओं को स्पष्ट कीजिए। [जून-2013, प्रश्न सं.-3(b)]

उत्तर– सामान्यत: वित्तीय व्यवहार्यता की परिभाषा को परियोजना की अनिवार्यता अथवा देयताओं से निपटने या पूर्ति की क्षमता के रूप में परिभाषित किया जा सकता है। नकदी भुगतान की बाध्यताएँ तब उत्पन्न होती हैं, जब निजी या सार्वजनिक आर्थिक एजेंट अपने निवेश तथा परिचालन लागत को पूर्णत: या अंशत: पूरा करने के लिए धन उधार लेने के लिए परियोजना में सम्मिलित होते हैं।

यदि एजेंट अपने स्वयं के धन से पूरी लागत वहन करता है तो इस एजेंट विशेष के दृष्टिकोण से परियोजना के वित्तीय व्यवहार्यता के मूल्यांकन का प्रश्न उत्पन्न नहीं होता क्योंकि केवल इसकी आर्थिक क्षमता साधन ही निर्णय का मार्ग प्रशस्त करेंगे।

आमतौर पर, आर्थिक एजेंट तभी धन उधार लेने की इच्छा करता है या निर्णय करता है जब उसे परियोजना से काफी नकदी आय होने की आशा होती है। एजेंट को उधारदाता की शर्तों पर कर्ज ली गई राशि चुकाने के लिए सक्षम होना चाहिए।

वित्तीय व्यवहार्यता की समस्या तभी उत्पन्न होती है जब परियोजना प्राइवेट या सार्वजनिक एजेंटों के हाथों में नकद आमदनी अर्जित करने की आशा से की जाती है और ये एजेंट अपने निवेश और/अथवा परिचालन लागत की पूर्ति के लिए उधार पर निर्भर रहते हैं।

इस बात को और अधिक स्पष्ट करने के लिए हम एक ऐसे संवर्धनात्मक या आधारिक संरचनात्मक सेवा परियोजना पर विचार करते हैं, जहाँ निजी एजेंट संपूरक निवेश करता है। प्राइवेट एजेंटों के लिए परियोजना के लाभ प्राप्त करने से पहले ऋण का प्रावधान भी होता है। यहाँ इन एजेंटों के दृष्टिकोण से भी परियोजना की वित्तीय व्यवहार्यता का पूर्व मूल्यांकन करना आवश्यक हो जाता है। उदाहरण के लिए, ग्रामीण क्षेत्र में चल रही किसी एकीकृत पशु विकास परियोजना पर विचार कीजिए। सार्वजनिक क्षेत्रक इस परियोजना के अंतर्गत कृत्रिम गर्भाधान (ए.आई.) और स्वास्थ्य सुरक्षा या तो नि:शुल्क या मामूली कीमत पर प्रदान करता है। क्षेत्र के ग्रामीण परिवारों को अच्छी कोटि की भैंस या गाय खरीदने के लिए बैंक ऋण के रूप में वित्तीय सहायता का प्रावधान है। इस परियोजना का मुख्य उद्देश्य क्षेत्र में दूध का उत्पादन बढ़ाना है। सार्वजनिक क्षेत्र प्रोत्साहन के रूप में इस निवेश पर थोड़ी सी आर्थिक सहायता की व्यवस्था करता है। सार्वजनिक दृष्टि से इस प्रकार की परियोजना की वित्तीय व्यवहार्यता का मूल्यांकन करने का कोई प्रश्न नहीं उठता है, जबकि प्राइवेट परिवारों की दृष्टि से इस प्रकार का मूल्यांकन अत्यंत आवश्यक है।

इस आधार पर सार्वजनिक क्षेत्रक संसाधनों से वित्त पोषित बहुत सी ऐसी योजना परियोजनाएँ होंगी जिन्हें सार्वजनिक दृष्टिकोण से वित्तीय व्यवहार्यता मूल्यांकन की आवश्यकता नहीं है। यह मुख्यत: इसलिए है क्योंकि ये राजस्व कमाने वाली परियोजनाएँ नहीं हैं। उदाहरण के लिए, सामाजिक उपभोग की आवश्यकताओं (न्यूनतम आवश्यकता कार्यक्रम परियोजनाएँ) की पूर्ति संवर्धनात्मक एवं विस्तृत सेवा परियोजनाओं के लिए विशेष रूप से बनाई गई परियोजनाओं का सार्वजनिक क्षेत्रक के दृष्टिकोण से वित्तीय व्यवहार्यता मूल्यांकन करना आवश्यक नहीं होगा।

संकेतक (Indicators): आमतौर पर सबसे अधिक प्रयुक्त होने वाले तीन संकेतक हैं: भुगतान वापसी अवधि, निवेश पर औसत और प्रतिलाभ की वित्तीय दर। अंतिम संकेतक अर्थात् प्रतिलाभ की वित्तीय (आंतरिक) दर बट्टागत नकद प्रवाह तकनीक के प्रयोग द्वारा निकाली जाती है।

इन सभी संकेतकों का उद्देश्य वर्तमान निवेश लागत से भावी लाभों की तुलना करना है। इन सभी संकेतकों की सामान्य क्रियाविधि निम्न प्रकार है:

(i) वार्षिक निवल नकद प्रवाह भिन्न-भिन्न तरीकों से एकत्रित किया हुआ अंक है जो निवेश से प्राप्त होने वाले लाभों को दर्शाता है।

(ii) सीमा संख्या (Threshold number) के रूप में वह लाभ पूर्व निर्धारित होता है, जिसे फंड के आबंटन के न्यायोचित ठहराने के लिए निवेश को अवश्य देना चाहिए।

(iii) परियोजना प्रस्ताव की स्वीकार्यता एवं अस्वीकार्यता का निर्धारण करने के लिए (i) में प्राप्त की गई संख्या की तुलना (ii) में प्राप्त की गई संख्या से की जाती है।

इन तीनों संकेतकों के लिए ये बुनियादी क्रियाविधि सोपान अपरिवर्तित रहते हैं। फिर भी, वे उस तरीके में भिन्न-भिन्न हैं जिनमें लाभ का कुल जोड़ किया जाता है।

भुगतान वापसी अवधि (Payback Period): यह उपाय वर्षों की उस संख्या को सूचित करता है जिनमें यह परियोजना अपनी निवेश लागत वापस करेगी। अन्य शब्दों में, वापस अदायगी अवधि परियोजना प्रारंभ होने के समय और उस समय के बीच की समय अवधि है जब वार्षिक लाभों के रूप में प्रारंभिक निवेश वसूल हो जाता है। यह अवधि वसूली अथवा आपूर्ति अवधि भी कहलाती है।

अत: वापस अदायगी अवधि जितनी कम होगी, परियोजना उतनी ही अधिक व्यवहार्य होगी। यदि निवल नकदी अंतर्वाह प्रतिवर्ष एक समान है तो निम्नलिखित सूत्र का उपयोग करके नकदी प्रवाह सारणी से वापस अदायगी अवधि का परिकलन करना आसान है:

$$\text{भुगतान वापसी अवधि} = \frac{\text{निवेश लागत}}{\text{औसत वार्षिक अधिशेष}}$$

दाहिनी ओर के अंश और हर अबट्टागत जोड़ माने जाते हैं।

यदि नकदी अंतर्वाह में हर वर्ष अंतर होता है, तो वापस अदायगी अवधि का परिकलन उस समय-बिंदु को पता करके किया जाता है जब निवल नकदी अंतर्वाहों का कुल जोड़ प्रारंभिक निवेश के बिल्कुल बराबर होता है। अत: पूर्ण योग करने के लिए निवल नकदी अंतर्वाहों का उस समय बिंदु तक साधारण जोड़ किया जाता है, जिस समय बिंदु पर निवल नकदी अंतर्वाहों का यह जोड़ प्रारंभिक निवेशों के बराबर होता है।

स्पष्टत: वापस अदायगी अवधि निवल राजस्व की निवेश लागत से संबंध के बारे में सूचना प्रदान करती है, खास तौर से उन परियोजनाओं में जहाँ उत्पादन मूल्य औसत अथवा सीमांत लागत के तुल्य होते हैं और बहुत अधिक आर्थिक सहायता प्राप्त, करारोपित अथवा निर्देशित नहीं होते।

व्यवहार में, वह अवधि निवेश राशि वसूल कर ली जानी है, पहले ही निश्चित कर ली जाती है। तब परिकलित वापस अदायगी अवधि का इस पूर्व निश्चित अपेक्षित अवधि से मिलान किया जाता है।

निर्णय नियम कहता है कि यदि परियोजना की वापस अदायगी अवधि वांछित वापस अदायगी अवधि से कम है अथवा उसके बराबर है तो परियोजना को स्वीकार करो अन्यथा इसे अस्वीकृत कर दो। जिन दो परियोजनाओं की वापस अदायगी अवधि वांछित अदायगी अवधि से कम है तो उनमें से उस परियोजना को तरजीह दी जाती है जिसकी वापस अदायगी अवधि अपेक्षाकृत कम होती है।

निवेश पर औसत प्रतिफल (Average Rate on Investment): निवेश पर औसत प्रतिफल, निवेश से होने वाले कुछ लाभों की माप है। निवेश पर वांछित औसत प्रतिफल उस नितांत न्यूनतम प्रतिफल को दर्शाएगा जिससे निवेशकर्त्ता परियोजना में धन लगाने को तैयार होंगे। निवेश पर औसत प्रतिफल चार चरणों में परिकलित किया जाता है:

चरण 1 (Stage 1): परियोजना अवधि तक कुल नकदी अंतर्वाह पता कीजिए।

चरण 2 (Stage 2): प्रारंभिक निवेश को कुल नकदी अंतर्वाहों से घटाइए। यह कुल परियोजना अवधि की कुल निवल आय कही जा सकती है।

चरण 3 (Stage 3): कुल निवल आय को परियोजना अवधि की वर्ष संख्या से भाग करके औसत वार्षिक आय निकालिए।

चरण 4 (Stage 4): प्रारंभिक निवेश से औसत वार्षिक आय का अनुपात ही निवेश पर औसत प्रतिफल है।

यदि निवेश पर औसत प्रतिफल वांछित संख्या से अधिक है तो परियोजना स्वीकार की जाएगी, अन्यथा परियोजना अस्वीकृत कर दी जाएगी।

सूचक के रूप में वापस अदायगी अवधि के ऊपर निवेश पर औसत प्रतिफल का उपयोग करने का मुख्य लाभ यह है कि इसमें परियोजना अवधि के दौरान परियोजना के होने वाले सभी नकदी प्रवाहों पर विचार किया जाता है। फिर भी, निवेश पर औसत प्रतिफल अलग-अलग समय बिंदुओं पर निधियों की प्राप्तियों अथवा संवितरण के बीच अंतर नहीं करता। अतः यह उन दो परियोजनाओं के बीच अंतर बताने में असफल रहता है जिनकी निवेश पर औसत प्रतिफल तो बराबर है परंतु नकदी प्रवाहों के समय में अंतर है।

वित्तीय व्यवहार्यता की मुख्य तीन विशेषताएँ हैं:

(1) वाणिज्यिक दृष्टिकोण (Commercial Angle): जिस परियोजना के संबंध में वित्तीय व्यवहार्यता की समस्या उत्पन्न होती है और मूल्यांकन की आवश्यकता पड़ती है, उनका अनिवार्यतः विशुद्ध वाणिज्यिक अथवा गैर-सरकारी एजेंसी परियोजना आदानों को खरीदने के लिए ऋण लेती है, उसे परियोजना उत्पादक बेचने पड़ते हैं और नकद आय

अर्जित करनी पड़ती है ताकि ऋण, ब्याज सहित वापस कर सके। इस प्रकार वाणिज्यिक सफलता अथवा लाभप्रदता किसी परियोजना की वित्तीय व्यवहार्यता की अनिवार्य पूर्वापेक्षा होती है।

(2) आंशिक वाणिज्यिक दृष्टिकोण (Partial Commercial Angle): यह आवश्यक नहीं है कि ऋण पर निर्भर परियोजना इस अर्थ में शत-प्रतिशत वाणिज्यिक हो कि सभी आदान खरीदे जाएँ और सभी उत्पाद बेचे जाएँ। मवेशी विकास परियोजना संबंधी जिसमें हो सकता है कि ग्रामीण परिवार गाय या भैंस कर्ज की राशि में से खरीदे, परंतु देखभाल पर हुआ श्रम अथवा जानवरों के चारे का अंश परिवार का अपना खुद का हो सकता है। इसके विपरीत, वह परिवार सारा दूध शायद ही बेचे। परियोजना की आर्थिक उपयुक्तता, प्रतिधारित लाभ सहित, निजी पारिवारिक तथा सामाजिक दृष्टिकोण दोनों उच्च हो सकती है। दूसरी ओर वाणिज्यिक दृष्टिकोण से यह असफल तथा वित्तीय रूप से अव्यवहार्य प्रस्ताव हो सकता है। अतः यह स्पष्ट है कि कर्ज पर आधारित परियोजना की वित्तीय व्यवहार्यता का मूल्यांकन तब भी किया जाना चाहिए भले ही वह उसे निजी, सरकारी तथा सामाजिक दृष्टिकोणों से आर्थिक दक्षता मापदंडों से उपयुक्त ही क्यों न माना गया हो।

(3) नकदी प्रवाह विवरण (Cash flow Statement): जिस परियोजना में ऋण लिए हुए धन से विभिन्न अनुपातों में वाणिज्यिक लेन-देन होते हैं, उसमें नकदी प्रवाह होता है। अतः नकदी प्रवाह विवरण ही परियोजना की स्थिति की जानकारी देता है। परियोजना का संबंधित नकदी विवरण वित्तीय व्यवहार्यता के मूल्यांकन का मुख्य साधन है। मुख्यतः कर्ज लिए गए धन के लेन-देनों के वाणिज्यिक स्वरूप के कारण, परियोजना के कम से कम नकदी लेख होंगे। अतः परियोजना की संपूर्ण अवधि तक वर्षवार नकदी लेखा नकदी प्रवाह विवरण कहलाता है। अपने स्वरूप के ही कारण यह विवरण परियोजना अवधि के प्रत्येक वर्ष के लिए संबंधित एजेंसी की संभावित नकद प्राप्तियों और नकद अदायगियों का पूर्वानुमान है।

(क) सामान्य मार्गदर्शी सिद्धांत (General Guiding Principle)—नकदी प्रवाह विवरण तैयार करने के लिए सामान्य मार्गदर्शी सिद्धांत नकदी के अंतर्वाह और बहिर्प्रवाह का है, वह अंतर्वाह अथवा बहिर्प्रवाह फिर चाहे किसी भी कारण हुआ हो। उदाहरण के लिए, एक रुपए की नकदी प्राप्त हुई अथवा प्रतिधारित की गई राशि अंतर्वाह है, भले ही वह अपनी स्वयं की निधि से प्राप्त अथवा प्रतिधारित हो अथवा उधार लिए गए धन से, सहायता से, उत्पाद की बिक्री से या पुरानी मशीन जैसी किसी आदान की बिक्री से प्राप्त या प्रतिधारित हो। इसी प्रकार अदा की गई एक रुपए की राशि बहिर्प्रवाह है। भले ही वह परियोजना आदानों की खरीद के लिए कर्ज की किस्त की वापस अदायगी हो अथवा ब्याज की अदायगी हो, कर और उगाही हो या अन्य पार्टियों को दिया गया कर्ज हो।

किसी पूँजीगत परिसंपत्ति के लिए निर्धारित मूल्य-ह्रास बहिर्प्रवाह के रूप में दिखाया जाता है। चूँकि यह मूल्य ह्रास निधि संबंधित एजेंसी द्वारा प्रतिधारित कर ली जाती है, इसलिए यह साथ-साथ अंतर्वाह भी बन जाता है। इस सिद्धांत का दूसरा पहलू यह है कि नकदी प्रवाह विवरण इतना व्यापक और ब्यौरेवार बनाया जाना चाहिए जितना कि परियोजना दल द्वारा बनाया जाना संभव हो। तथापि, यह सुनिश्चित किया जाना जरूरी है कि अंतर्वाह और बहिर्प्रवाह की प्रत्येक मद का पूर्वानुमान विश्वस्त तरीके से किया गया है।

(ख) **प्रयोजन (Purpose)**—नकदी प्रवाह विवरण से दो प्रयोजन पूरे होते हैं। **पहला,** इससे पता चलता है कि निवल अंतर्वाह के आधार पर संबंधित एजेंसी की वार्षिक वित्तीय स्थिति क्या होगी। **निवल अंतर्वाह** वह नकदी है जो अंतर्वाहों से बहिर्प्रवाहों को घटा कर प्राप्त होती है। निवल अंतर्वाह का उपयोग कुछ सुधार के उपाय शुरू करने के लिए भी किया जा सकता है। उदाहरण के लिए, कर्ज की वापसी के कार्यक्रम में संशोधन, कुछ वर्षों में कार्यचालन पूँजी की अपेक्षाकृत उच्च स्तर पर व्यवस्था करना आदि।

इस बात की सबसे अधिक संभावना है कि परियोजना अवधि के प्रारंभिक वर्षों में निवल अंतर्वाह ऋणात्मक होगा। इसका कारण यह भी हो सकता है कि निर्माण-अवधि में अंतर्वाह के मुकाबले बहिर्प्रवाह अधिक होंगे। तथापि जब एक बार परियोजना से नकद आय होनी शुरू हो जाएगी, तो अपेक्षित धनात्मक निवल अंतर्वाह परियोजना की वित्तीय स्थिरता का सूचक होगा। ऐसी स्थिति से यह भी पता चलता है कि कर्ज देयता भी नियमित रूप से पूरी की जा रही है।

दूसरा, विवरण की अंतर्वाह और बहिर्प्रवाह की संबंधित मदों का चयन करके, अनुपातों और दरों के रूप में, वित्तीय स्थिति के सूचक निकाले जा सकते हैं। औद्योगिक फर्में, विभिन्न दृष्टिकोणों से फर्म की स्थिति आँकने के लिए ऐसे अनेक अनुपातों तथा दरों को परिकलित करती हैं। फिर भी, ग्राम विकास परियोजना प्राधिकरण को, मूल्यांकन चरण के दौरान, वित्तीय व्यवहार्यता के कुछ मुख्य सूचकों को परिकलित करना चाहिए।

प्रश्न 14. आंतरिक प्रतिफल दर (IRR) पर संक्षिप्त टिप्पणी लिखिए।
उत्तर— निवल लाभ के वर्तमान मूल्य और किसी परियोजना के लाभ लागत अनुपातों का अनुमान तभी लगाया जा सकता है, जब हमें बट्टे की सामाजिक दर न दी गई हो, तो परियोजना दल के लिए यही विकल्प रह जाता है कि सामाजिक लाभ और लागत के समयानुक्रम को शून्य की ऊर्ध्वगामी बट्टा दरों पर कम करते चले जाएँ और प्रत्येक दर पर लाभ के वर्तमान मूल्य की राशि और लागत के वर्तमान मूल्य की राशि के बीच अंतर का पता लगाया जाए, अर्थात् निवल लाभ का वर्तमान मूल्य। यदि निवल लाभ का वर्तमान मूल्य किसी बट्टा दर पर धनात्मक हो, तो अगली उच्च बट्टा दर के हिसाब से निवल लाभ का अनुकूल वर्तमान मूल्य दुबारा मालूम किया जाए और इस प्रक्रिया को तब तक

दोहराते रहना चाहिए, जब तक कि उस बट्टा दर पर न पहुँच जाएँ, जहाँ निवल लाभ का वर्तमान मूल्य शून्य के बराबर हो जाता है। यही बट्टा दर परियोजना की आंतरिक प्रतिफल दर कहलाती है। इसे आंतरिक इसलिए कहा जाता है, क्योंकि यह परियोजना के लागत-लाभ आँकड़ों से ही निकलती है और इसमें बाहरी सहायता की आवश्यकता नहीं होती। इसे प्रतिफल दर इसलिए कहा जाता है, क्योंकि यह वास्तव में किसी परियोजना के निवेश लागत पर होने वाली प्रति इकाई प्राप्ति है। इसे कभी-कभी निवेश पूँजी की समिति दक्षता अथवा परियोजना की निजी ब्याज दर भी कहा जाता है।

प्रतियोगी परियोजनाओं के बीच चयन के मानदंड के रूप में आंतरिक प्रतिफल दर में दो मुख्य कमियाँ पाई जाती हैं, जो इस प्रकार हैं:

- इसका झुकाव शीघ्र प्रतिफल देने वाली परियोजनाओं के पक्ष में है।
- इसमें चयन सदैव निवल लाभ के वर्तमान मूल्य या लाभ/लागत अनुपात मानदंड के आधार पर किए गए चयन के अनुकूल नहीं होता।

प्रश्न 15. कार्यकलाप योजना बनाने में निहित प्रमुख सोपान कौन-कौन से हैं?

उत्तर– सबसे पहला प्रबंधात्मक कार्य, योजना तैयार करना है। इसलिए एक बार जब कार्यान्वयन के लिए परियोजना स्वीकृत हो जाती है तो परियोजना के प्रत्येक कार्य के लिए योजना बनाना अनिवार्य हो जाता है। योजना निर्माण का कार्य आनुक्रमिक तरीके से किया जाता है। आनुक्रमिक सोपान नीचे दिए गए हैं:

सोपान 1 (Step 1): परियोजना के अधीन किए जाने वाले सभी कार्यों की सूची तैयार कीजिए। कभी-कभी परियोजना को कई विभागों/क्षेत्रों/एजेंसियों की सहायता की कार्यकलापों की सूची बनाना अधिक वांछनीय है। सूची से कार्य विवरण संरचना मुहैया होगी।

सोपान 2 (Step 2): तार्किक क्रम को निर्धारित कीजिए जिसमें कार्यकलापों को किया जाना है। इससे यह पता चलेगा (1) क्रम जिसमें कार्यकलाप किए जाएँगे, तथा (2) कार्यकलाप जिन्हें साथ-साथ किया जाएगा।

सोपान 3 (Step 3): परियोजना में प्रत्येक कार्यकलाप के लिए अपेक्षित समय की निश्चित समय-अवधि का अनुमान तैयार करें। यदि आपने पहले इसी प्रकार की स्थिति में इसी प्रकार की परियोजनाओं का निष्पादन किया है तो आप पिछले अनुभव के आधार पर समय अवधि निश्चित कर सकते हैं। अन्यथा, अपने विवेक और सांख्यिकीय साधनों का उपयोग करते हुए अवधि का अनुमान तैयार करें।

सोपान 4 (Step 4): प्रवाह आरेख के रूप में कार्यकलापों का संयोजन करें। यह नेटवर्क योजना के रूप में जाना जाता है।

सोपान 5 (Step 5): प्रवाह आरेख का विश्लेषण करें। यह नेटवर्क विश्लेषण कहलाता है।

पहला सोपान विभिन्न कार्यकलाप की नीचे दिए गए अनुसार सूची बनाना है:
- परियोजना योजना की स्वीकृति
- स्टाफ की भर्ती
- मशीनरियों की खरीद
- विद्युत आपूर्ति लाइन प्राप्त करना
- स्टाफ को प्रशिक्षित करना
- मशीनरी की स्थापना करना
- बिजली की वायरिंग
- प्रायोगिक परिचालन

कार्यकलापों को कोड माध्यम से अलग-अलग किया जाएगा तथा उनकी पहचान की जाएगी। आमतौर पर, अपनाई जाने वाली प्रक्रिया प्रत्येक कार्य के लिए कोड वर्णाक्षरों में नियत की जाती हैं जैसे– A, B, C, D इत्यादि। जब कार्यकलापों की संख्या बहुत होती है जैसे 5,000 कार्यकलाप, तो इसके लिए अक्षर पर्याप्त नहीं होंगे, इसके लिए हम पहले पूर्व उल्लिखित कार्य विभाजन संरचना का प्रयोग करते हैं और पहले विभागों के लिए अक्षर कोड निर्धारित करते हैं। जैसे रिजर्व विभाग के लिए 'A', जिला प्रशासन के लिए 'B', खंड विकास एजेंसी के लिए 'C' आदि। प्रत्येक विभाग के अधीन कार्यकलापों का सैट हो सकता है। तब इन्हें अक्षर व अंक कोडों के माध्यम से पहचाना जाएगा। उदाहरण के लिए A-17 रिजर्व विभाग द्वारा शुरू किया जाने वाला 17वाँ कार्य है।

तालिका 2.1 में दुग्ध शीतलन संयंत्र की परियोजना की स्थापना के लिए उनके कोडों सहित कार्यों की सूची दी गई है:

तालिका 2.1: कार्यकलापों का कोड

कार्यकलाप कोड	कार्यकलापों का विवरण
A	परियोजना योजना स्वीकृति
B	स्टाफ की भर्ती
C	मशीनरी की खरीद
D	बिजली आपूर्ति लाइन प्राप्त करना
E	स्टाफ का प्रशिक्षण
F	मशीनें लगाना
G	बिजली की वायरिंग
H	प्रायोगिक परिचालन

अगला सोपान तार्किक क्रम निर्धारित करना है जिसमें कार्यकलाप शुरू किए जाने हैं। इसके लिए हमें प्रत्येक कार्य पर विचार करना है और देखना है कि क्या इसके लिए किसी अन्य पैकेज कार्यक्रमों के लिए रुकना पड़ेगा। तब हम तालिका 2.2 में दिए गए अनुसार अलग कॉलम में पूर्ववर्ती अथवा पिछले कार्यकलाप को अंकित करेंगे।

उदाहरण के लिए, हमारे पैकेज में किसी अन्य कार्य के लिए परियोजना योजना की स्वीकृति की प्रतीक्षा करना आवश्यक नहीं है परंतु इसके विपरीत, अन्य कार्यकलापों को परियोजना योजना की स्वीकृति तक प्रतीक्षा करनी होगी। इसी प्रकार आसन्न पूर्ववर्ती कार्य या कार्यों को नीचे दिए गए अनुसार प्रत्येक कार्य को निर्धारित किया जाता है:

तालिका 2.2: कार्यकलाप अनुक्रम

कार्यकलाप कोड	कार्यकलाप का विवरण	आसन्न पूर्ववर्ती
A	परियोजना योजना स्वीकृति	शून्य
B	स्टाफ की भर्ती	A
C	मशीनरी की खरीद	A
D	विद्युत आपूर्ति लाइन प्राप्त करना	A
E	स्टाफ को प्रशिक्षित करना	B
F	मशीनों की स्थापना करना	C
G	विद्युत वायरिंग	D
H	प्रायोगिक परिचालन	E,F,G

अब, पैकेज में प्रत्येक कार्यकलाप की कालावधि का अनुमान लगाने के लिए तरीके को देखें। कुछ परियोजना प्रबंधकों से प्रत्येक कार्यकलाप की समयावधि के आँकड़े एकत्रित करें (अधिक वास्तविक स्थिति प्राप्त करने के लिए अधिक से अधिक आँकड़े एकत्र करने का सुझाव दिया जाता है) जिसने कमोवेशी समान परिस्थितियों के अधीन ऐसी ही परियोजना शुरू की हो।

सबसे पहले, कार्यकलाप-परियोजना योजना स्वीकृति देखें। माना कि 32 परियोजना प्रबंधकों से एकत्र किए गए आँकड़े नीचे दिए गए हैं। यह इसी प्रकार की दशाओं के अधीन दुग्ध शीतलन संयंत्र को स्थापित करने की प्रक्रिया में परियोजना योजना की स्वीकृति प्राप्त करने में प्रत्येक कार्य में लगाए गए सप्ताहों की संख्या दर्शाते हैं।

तालिका 2.3: प्रत्येक कोष्ठक के नीचे अंक परियोजना प्रबंधक द्वारा सप्ताहों की संख्या

(1)	(2)	(3)	(4)	(5)	(6)	(7)	(8)	(9)	(10)	(11)	(12)	(13)	(14)	(15)	(16)
14	21	6	6	5	11	18	6	17	8	19	6	12	2	6	14
(17)	(18)	(19)	(20)	(21)	(22)	(23)	(24)	(25)	(26)	(27)	(28)	(29)	(30)	(31)	(32)
6	2	3	6	5	15	6	7	20	6	22	6	10	16	6	6

उपर्युक्त नमूने में दो परियोजना प्रबंधकों ने दो-दो सप्ताह लिए हैं। किसी ने भी अपनी परियोजना योजना की स्वीकृति प्राप्त करने के लिए इससे कम अवधि नहीं ली है। उनमें से एक ने 22 सप्ताह लिए हैं। किसी ने भी इस अवधि से कम समय नहीं लिया है। नमूने में (अर्थात् बारह) अधिकांश परियोजना प्रबंधकों ने 6 सप्ताह लिए हैं। नमूना (22 सप्ताह) में अधिकतम (दीर्घतम अवधि) निराशात्मक समय के रूप में जाना जाता है, नमूना (2 सप्ताह) में न्यूनतम आशापूर्ण समय माना जाता है और नमूना (6 सप्ताह) में अधिकांश

संभावित समय के रूप में जाने जाते हैं। नमूने से 3 अंकों का प्रयोग करते हुए समय अनुमान तक पहुँचने के लिए नीचे दिए गए फार्मूले का अनुसरण करते हैं:

समय अनुमान: $t_c = \dfrac{t_{op} + 4t_{ml} + t_{pe}}{6}$

जहाँ,

t_c = समय अनुमान
t_{op} = अधिकतम आशापूर्ण समय
t_{ml} = अधिक संभावित समय
t_{pe} = अधिक निराशाजनक समय

उपर्युक्त उदाहरण में, समय अनुमान निकलता है:

$t_c = \dfrac{2 + 4 \times 6 + 22}{6} = \dfrac{48}{6} = 8$ सप्ताह

इसी प्रकार पैकेज में प्रत्येक कार्यकलाप के लिए हम समय की अवधि का अनुमान कर सकते हैं। अनुमानित समयावधि भी उसी इकाई में व्यक्त की जानी चाहिए। जैसे प्रत्येक कार्य के लिए दिन सप्ताह या महीने। उन परियोजनाओं के मामले में जो माना कि 5 वर्ष लेती हैं उनके प्रत्येक कार्य के लिए समयावधि महीनों में व्यक्त की जा सकती है। अल्पकालिक परियोजना के लिए माना कि 9 महीने, कार्यकलाप अवधि सप्ताह में व्यक्त की जा सकती है। ऐसी परियोजना जो माना कि 3-4 महीने लेती है, समयावधि दिनों में व्यक्त की जा सकती है। हमारे उदाहरण की परियोजना के कार्यकलापों की अनुमानित समयावधि नीचे दी गई है:

तालिका 2.4: समयावधि अनुमान

कार्यकलाप कोड	कार्यकलाप का विवरण	आसन्न पूर्ववर्ती	कार्यकलाप की समयावधि (महीनों में)
A	परियोजना योजना स्वीकृति	–	2
B	स्टाफ की भर्ती	A	3
C	मशीन की खरीद	A	5
D	विद्युत आपूर्ति लाइन प्राप्त करना	A	2
E	स्टाफ को प्रशिक्षित करना	B	2
F	मशीनों की स्थापना करना	C	4
G	विद्युत वायरिंग	D	2
H	प्रायोगिक परिचालन	E,F,G	1

प्रश्न 16. नेटवर्क विश्लेषण को विस्तारपूर्वक समझाइए।

अथवा

निम्नलिखित पर संक्षिप्त टिप्पणी लिखिए:
(i) पूर्वतम कार्यसंपन्न समय   (ii) अद्यतन कार्यसंपन्न समय

उत्तर– नेटवर्क विश्लेषण में प्रतीकों, अंकन चिह्नों, अग्र एवं पश्च संचलनों आदि का प्रयोग किया जाता है। परियोजना में किसी भी कार्य को एक घटना से शुरू करना होता है और दूसरी घटना में समाप्त करना होता है। घटना एक निश्चित समय में होती है जबकि कार्यकलाप लम्बे समय के दौरान होता है। कार्यकलापों और घटनाओं के उदाहरण नीचे दिए गए हैं:

कार्यकलाप	घटनाएँ
(1) लाभार्थियों की पहचान करने के लिए सर्वेक्षण करना।	(1) सर्वेक्षण पूरा किया।
(2) कुएँ खोदने के लिए स्थानों का चयन करना।	(2) स्थलों की पहचान की गई।
(3) स्टाफ की नियुक्ति।	(3) स्टाफ नियुक्त किया गया।

प्रवाह आरेख में घटना वृत्त द्वारा दिखाई गई है और कार्यकलाप दो वृत्तों को जोड़ने वाले तौर के रूप में दिखाया गया है। जिस घटना से कार्यकलाप शुरू होता है, वह कार्यकलाप की पूर्ववर्ती घटना के रूप में जानी जाती है और जिस घटना से समाप्त होती है, वह इसकी उत्तराधिकारी घटना कहलाती है। उदाहरण के लिए:

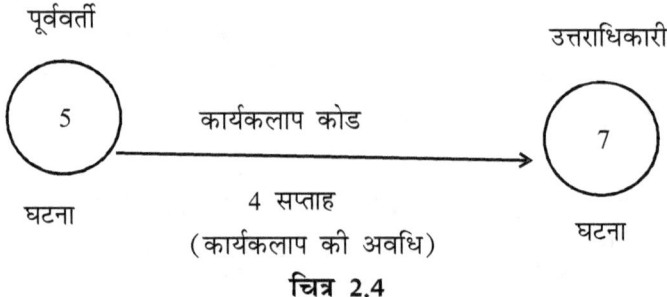

चित्र 2.4

घटना अपनी उपस्थिति पर एक से अधिक कार्यकलाप उत्पन्न कर सकती है। उदाहरण के लिए, जैसे ही परियोजना स्वीकृत होती है (जो एक घटना है) इससे कार्यकलाप उत्पन्न होंगे जैसे भूमि अधिग्रहण, स्टाफ की नियुक्ति, विद्युत आपूर्ति प्राप्त करना, मशीनरी खरीदना, वाहन खरीदना और टेलीफोन कनेक्शन प्राप्त करना आदि। ऐसे मामलों में, "योजना स्वीकृति" घटना से सभी कार्यकलापों को सीधी रेखा के रूप में नहीं दिखाया जा सकता है परंतु नीचे दिए उदाहरण के अनुसार झुकी रेखा के रूप में दिखाया जा सकता है।

ग्राम विकास प्रबंध   89

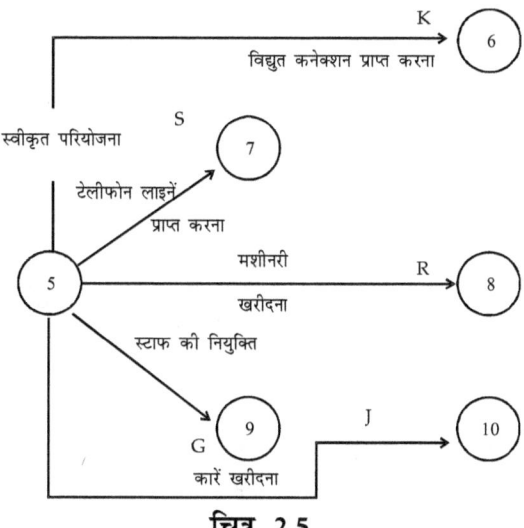

चित्र 2.5

जिस घटना से एक से अधिक कार्यकलाप होते हैं वह प्रस्फोट (burst) घटना कहलाती है।

घटना को तभी हुआ कहा जाता है जब दो या दो से अधिक कार्यकलाप पूरे हो जाते हैं। उदाहरण के लिए, मुर्गी पालन परिसर लाभभोगियों को तभी सौंपा जा सकता है, जब मुर्गी पालन परिसर का निर्माण पूरा हो गया हो। मुर्गी पालन के लिए मुर्गियों के चूजे प्राप्त किए गए हों और पशुपालन सेवाएँ और विपणन सेवाएँ आदि मुहैया की गई हों। इस प्रकार की घटना विलय (merge) घटना कहलाती है। इसका अभिप्राय यह है कि कई कार्यकलाप उस घटना में विलय हो जाते हैं। विलय घटना का उदाहरण नीचे दिया गया है।

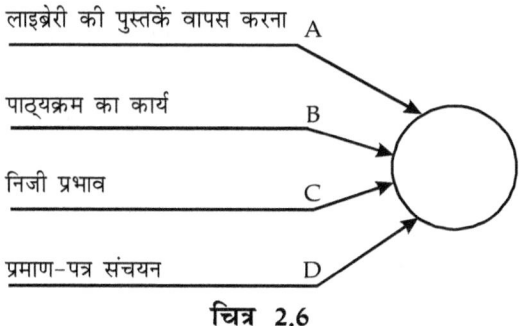

चित्र 2.6

कार्यकलापों के दो सैटों को साथ-साथ शुरू किया जा सकता है, जैसे—आई.आर.डी.पी. के अधीन स्थल का चयन (लाभार्थियों के चयन से पहले) और भवन निर्माण सामग्री की प्राप्ति (मुर्गी पालन शैडों के निर्माण से पहले)। यदि सर्वेक्षण और सामग्री की प्राप्ति के बाद परिसर बनाने का विचार है तो कार्यकलापों के बीच सहसंबंधन डमी कार्यकलापों

को शुरू करके दिखाया जाना चाहिए (बिंदुदार पंक्ति तीर सहित) जैसा कि नीचे दिया गया है:

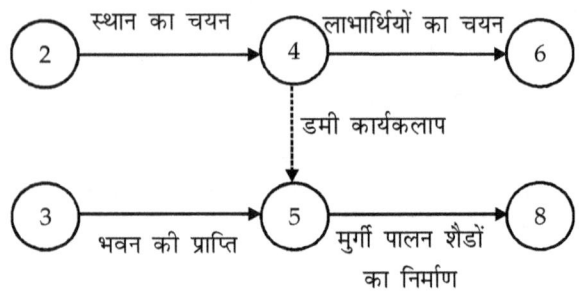

चित्र 2.7

डमी कार्यकलाप की कालावधि शून्य होती है। यह संसाधनों की खपत नहीं करती है। डमी कार्यकलापों को प्रवाह आरेख पर अपेक्षित तर्कों को दिखाने के लिए प्रयुक्त किया जाता है।

उपर्युक्त प्रतीकों, संकेतों और शब्दों का प्रयोग करते हुए हम उस परियोजना के लिए नेटवर्क योजना विकसित करें जिसे हमने चुना है। नीचे दिया गया आरेख दुग्ध शीतलन संयंत्र स्थापित करने के लिए नेटवर्क योजना है।

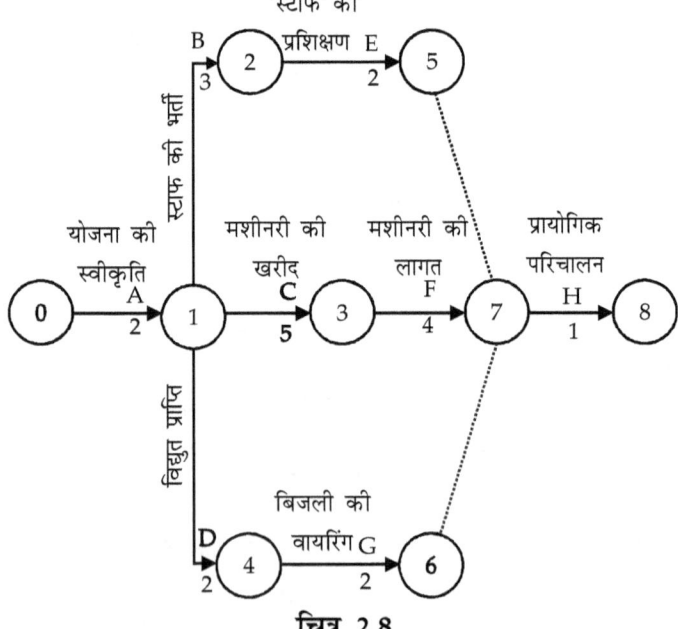

चित्र 2.8

प्रत्येक कार्यकलाप पंक्ति के नीचे, कार्यकलाप के निष्पादन के लिए अपेक्षित कालावधि दी गई है। अब प्रवाह आरेख अंत:संबद्ध कार्यकलापों के पैकेज के रूप में

परियोजना दर्शाता है। फिर भी, परंपरा के अनुसार, घटना संख्या और घटना समय निम्न प्रकार अंकित किए गए हैं:

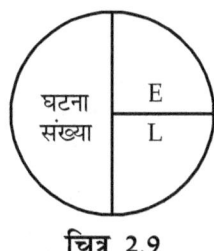

चित्र 2.9

अब परियोजना में विभिन्न घटनाओं की उपस्थिति के लिए समय अनुसूची विकसित करने के लिए प्रवाह आरेख का विश्लेषण करें। घटनाओं के लिए तीन समय अनूसूचियाँ होंगी–पहली है, पूर्वतम कार्यसंपन्न समय (EOT) और दूसरी है उद्यतम कार्यसंपन्न समय (LOT)। पूर्वतम कार्यसंपन्न समय (EOT) की गणना अग्रांतरण पद्धति (forward pass method) से की जाती है जैसा कि नीचे बताया गया है:

चित्र 2.9 में ई (E) पूर्वतम घटना समय (earliest event time) को व्यक्त करता है। यह (earliest) संभव समय है जिससे शुरू होने वाले सभी कार्यकलाप आरंभ होते हैं। अद्यतन कार्यसंपन्न समय अद्यतन संभव समय है जिस तक परियोजना पूरा करने का समय अपरिवर्तित रखने के लिए की जाने वाली घटना की समाप्ति के सभी कार्यकलाप समाप्त होते हैं।

सभी नेटवर्क गणनाओं में शून्य समय पर घटना के होने के समय निरंतर स्केल पर समय की गणना घटना 1 से होनी चाहिए।

प्रारंभिक घटना के पूर्वतम कार्यसंपन्न समय (EOT) को $t = 0$ पर सैट करें। (चित्र 2.8 देखें)। अगली घटना अर्थात् एक-दो महीने बाद होगी। इसका अर्थ यह हुआ कि परियोजना की योजना जल्दी से जल्दी दो महीने बाद स्वीकृत होगी। स्टाफ की भर्ती के लिए 3 महीने की जरूरत होगी, जिसे पाँच महीने बाद पूरा किया जा सकता है। इसी प्रकार, मशीनरी $2 + 5 = 7$ महीने बाद खरीदी जा सकती है। बिजली की आपूर्ति की स्वीकृति $2 + 2 = 4$ महीने बाद पूरी हो सकेगी। जैसा कि ऊपर बताया गया है कि प्रत्येक घटना का पूर्वतम कार्यसंपन्न समय की गणना पूर्ववर्ती घटना के और दो घटनाओं को जोड़ने वाले कार्यकलाप के लिए अनुमानित समय की कालावधि कुल जोड़ को लेकर किया जाता है।

उपांतिक घटना के LOT को उसके EOT पर सैट करें। अन्य घटनाओं के LOT की गणना करने के लिए दो घटनाओं को जोड़ने वाले कार्यकलाप के लिए समय अनुमान की कालावधि घटाई जाती है। कुछ मामलों में एक घटना के लिए एक से अधिक LOT हो सकते हैं। ऐसे मामलों में उस घटना के लिए LOT के रूप में कम से कम एक लें।

EOT और LOT की गणना करने के बाद, अंकों को क्रमशः वृत्त के शीर्ष और तल में दर्ज कीजिए। परियोजना की ऐसी घटनाएँ होंगी जिन पर EOT और LOT एक

समान हो सकते हैं। ऐसी घटनाओं को उनकी आवृत्ति में आगे या पहले नहीं किया जा सकता है। LOT और EOT के बीच अंतर घटना के होने में उपलब्ध कुशन है। यह स्लैक (SLACK) कहलाता है।

SLACK = LOT – EOT

शून्य स्लैक वाली घटनाओं को क्रांतिक घटनाएँ कहा जाता है और जिनका स्लैक शून्य से अधिक होता है, वे अक्रांतिक कहलाती हैं। ऊपर दिए गए उदाहरणों में, परियोजना शुरू करने, परियोजना योजना स्वीकृति, मशीनरी की खरीद, पूरे संयंत्र की स्थापना और प्रायोगिक परिचालन पूरी करने जैसी घटनाएँ हैं जिनका शून्य स्लैक है। परियोजना में ये क्रांतिक घटनाएँ हैं।

परियोजना प्रबंधक को यह मालूम होना चाहिए कि उसकी परियोजना में कौन-सी क्रांतिक घटनाएँ हैं ताकि प्रबंधक बहुत-सी घटनाओं में से केवल क्रांतिक घटनाओं पर पहले अपना ध्यान केंद्रित कर सके तथा उन्हें नियंत्रित कर सके। अक्रांतिक घटनाओं को उन पर उपलब्ध स्लैक की सीमा तक विलम्बित किया जा सकता है।

जो कार्यकलाप दो क्रांतिक घटनाओं को जोड़ता है, उसे क्रांतिक कार्यकलाप कहा जाता है। क्रांतिक कार्यकलाप को उनके प्रारंभ अथवा समापन में विलम्बित नहीं किया जा सकता है। उन्हें निर्धारित समय अनुसूची के अनुसार चलना होता है अन्यथा परियोजना पूरी होने में विलम्ब हो सकता है। परियोजना के प्रारंभ होने से पूरा होने तक कार्यकलापों की कई श्रृंखलाएँ होती हैं। जो श्रृंखला क्रांतिक कार्यकलाप के साथ-साथ जाती है, वह क्रांतिक पथ कहलाती है।

उदाहरण के लिए, नीचे दिए गए नेटवर्क आरेख (चित्र 2.10) को देखें। आप इसमें सात घटनाएँ देख रहे होंगे। इसमें घटना 1 से शुरू होने वाले कई निरंतर पथों को खोजना संभव है जो घटना 7 के कार्यकलापों के विभिन्न सैटों से होकर जाते हैं।

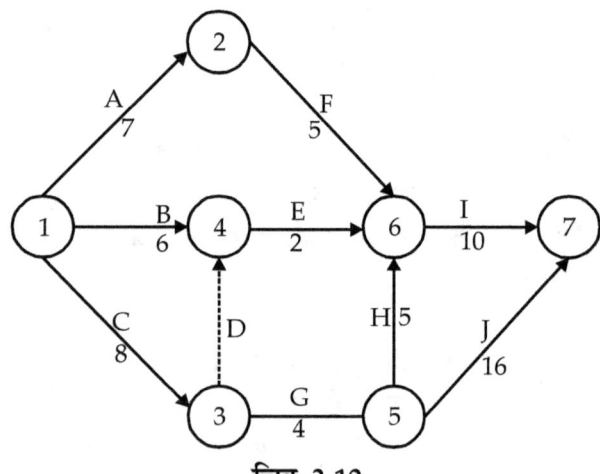

चित्र 2.10

पथ के साथ कार्यकलाप के प्रत्येक सैट द्वारा लिया गया समय अलग-अलग कार्यकलाप द्वारा ली गई कालावधि के बराबर है। इसे निम्नलिखित प्रकार से लिखा जा सकता है:

पथ	लिया गया समय
A – F – I	7 + 5 + 10 = 22
B – E – I	6 + 2 + 10 = 18
C – D – E – I	8 + 0 + 2 + 10 = 20

परियोजना को पूरा करने के लिए कार्यकलापों को सभी पथों के साथ पूरा करना होगा। परियोजना का समापन समय अधिकतम समय लेने वाले पथ के साथ मेल खाता है।

पूर्वतम कार्यसंपन्न समय (Earliest Occurring Time): प्रारंभिक घटना समय के अनुमान को अब चित्र 2.10 में नेटवर्क का प्रयोग करके प्रदर्शित किया जा सकता है।

परिभाषा के अनुसार किसी घटना का होना आवश्यक है ताकि उन सभी कार्यकलापों जो इन घटनाओं की पूर्ति व्यक्त करते हैं को पूरा किया जा सके। यदि कार्यकलाप भिन्न-भिन्न समय में पूरा होता है तो जो पूर्वतम घटना समय (earliest event time) होता है वह घटना के पूर्ण होने का द्योतक है इसलिए पूर्वतम घटना समय में किसी भी घटना के लिए पूर्वतम समापन समय (earliest finish time) का अधिकतम है। सोपान-वार प्रक्रिया बहुत सरल है जिसे नीचे दिखाया गया है। चित्र 2.10 सुलभ रखें।

घटना 1: E = 0 नियत

घटना 2: यहाँ पर केवल कार्यकलाप A समाप्त होता है। इसलिए A का EFT = 0 + 7 = 7 अत: घटना 2 के लिए पूर्वतम घटना समय (EET) $E_2 = 7$

घटना 3: कार्यकलाप C समाप्त होता है। जैसा ऊपर है $E_3 = 8$

घटना 4: यहाँ पर B एवं D समाप्त होता है।

B का EFT = 0 + 6 = 6

D का EFT = 8 घटना 4 के लिए EFT (EET) दो की अपेक्षा अधिक होगी

तथा $E_4 = 8$

घटना 5: EFT = 8 + 4 = 12 के साथ केवल G समाप्त होती है।

$\therefore E_5 = 12$

घटना 6: यहाँ पर कार्यकलाप F, E तथा H समाप्त होते हैं।

F का EFT = 7 + 5 = 12

E का EFT = 8 + 3 = 11

H का EFT = 12 + 5 = 17

17 दीर्घतम है तथा $\therefore E_6 = 17$

घटना 7: यहाँ पर कार्यकलाप I तथा J समाप्त होते हैं।

I का EFT = 17 + 10 = 27

J का EFT = 12 + 16 = 28

$E_7 = 28$

चित्र 2.10 EET घटना समय (E) को मिलाते हुए चित्र 2.10 को पुन: आरेखित किया जा सकता है।

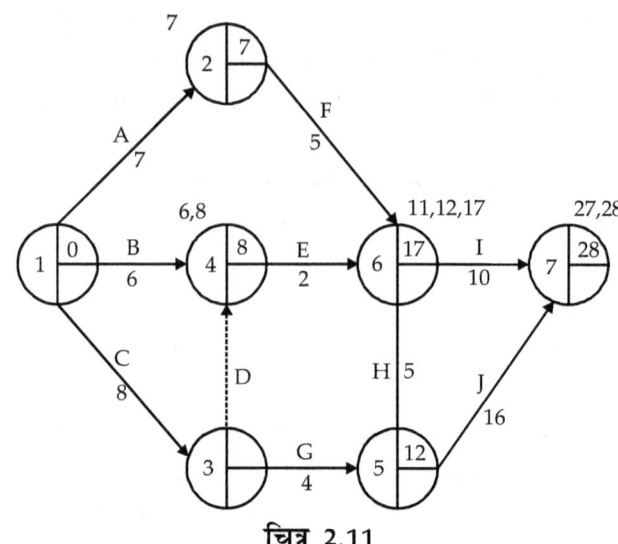

चित्र 2.11

अद्यतन कार्यसंपन्न समय (Latest Occurring Time): किसी भी कार्यकलाप का प्रारंभ करने के लिए यह आवश्यक है कि उसकी पूर्ववर्ती घटना पूरी हो गई हो। अगर घटना से उत्पन्न कार्यकलापों को परियोजना विलम्बित किए बिना पूरा किया जाना है तो इसके लिए समय सीमा होती है जिससे पहले प्रत्येक घटना को प्रारंभ करना होता है। इन मूल्यों में सबसे छोटी समय-सीमा निर्धारित करता है जिससे पहले घटना विशेष को पूरा होना है।

किसी भी घटना का LOT या अद्यतन घटना समय (L) तभी उन सभी कार्यकलापों का न्यूनतम अद्यतन आरंभ समय (L.S.T.) है जो घटना को उत्पन्न करते हैं। यह पश्चगामी विधि द्वारा अभिकलित किया जाता है जैसे नीचे दिखाया गया है:

घटना 7: L = E = 28 नियत

घटना 6: यहाँ से सिर्फ कार्यकलाप I उत्पन्न होता है।

अद्यतन घटना समय $L_6 = 18$

घटना 5: यहाँ से कार्यकलाप H एवं J उत्पन्न होते हैं।

H का LST = 18 – 5 = 13

J का LST = 28 – 16 = 12

दो का निम्नतर 12 है तथा ∴ $L_5 = 12$

घटना 4: यहाँ से केवल कार्यकलाप E उत्पन्न होता है।

E का LST = 18 – 3 = 15 ∴ $L_4 = 15$

घटना 3: यहाँ से कार्यकलाप D एवं G उत्पन्न होते हैं।

D का LST = 15 – 0 = 15

G का LST = 12 – 4 = 8

∴ $L_a = 8$

घटना 2: कार्यकलाप F से उत्पन्न होता है:

F का LST = 18 – 5 = 13

∴ $L_2 = 13$

घटना 1: कार्यकलाप A, B एवं C उत्पन्न होते हैं।

A का LST = 13 – 7 = 6

B का LST = 15 – 6 = 9

C का LST = 18 – 18 = 0

∴ $L_5 = 12$

LOT अनुसूची को नेटवर्क आरेख में सम्मिलित किया जा सकता है। नए आरेख को नीचे दिया जा रहा है:

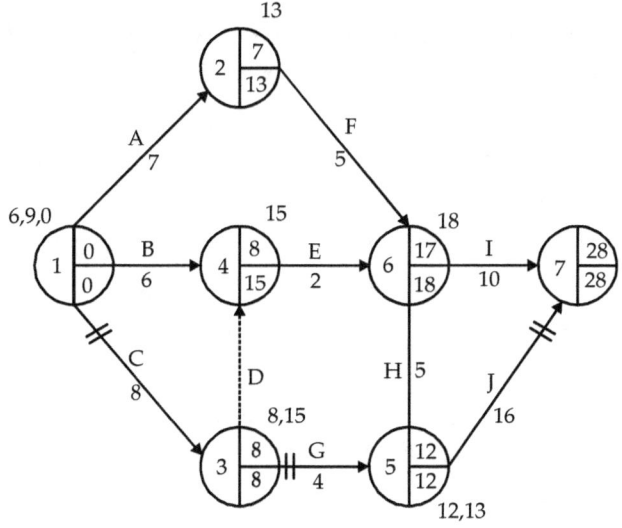

चित्र 2.12

परिभाषा के अनुसार नया क्रांतिक पथ दीर्घकालिक एवं पूर्णत: स्लैक बिना होगा। इसे चित्र 2.12 में दिखाया गया है।

प्रश्न 17. निगरानी परियोजना की अवधारणा को समझाइए।

अथवा

निगरानी परियोजना से क्या अभिप्राय है?

उत्तर— निगरानी प्रणाली का प्रबंध प्रक्रिया में महत्त्वपूर्ण स्थान है। कार्यकलाप की प्रकृति पर देख-रेख ज्यादा अथवा कम होना निर्भर करता है। उदाहरण के लिए महत्त्वपूर्ण कामों के लिए ज्यादा निगरानी चाहिए, जबकि कम महत्त्वपूर्ण कामों को ज्यादा समय तक बिना निगरानी के छोड़ा जा सकता है।

परियोजना निगरानी निम्नलिखित को सुनिश्चित करने के लिए सूचना प्रतिपुष्टि द्वारा परियोजना के कार्यान्वयन पर निगरानी रखने की युक्ति है:

- कार्य वांछित दिशा में चल रहा है ताकि उद्देश्य प्राप्त किए जा सकें;
- कार्य निर्धारित समय-अनुसूची के अनुसार/अनुसूची से पहले/अनुसूची से पीछे चल रहा है;
- लक्ष्य जनसंख्या को प्राप्त किया जा रहा है;
- लक्ष्यों की प्राप्ति और पैदा किए जाने वाले संभावित लाभकारी कार्यों का कार्यान्वयन किया जा रहा है;
- परियोजना कार्यान्वयन में सम्मिलित विभिन्न विभागों के बीच समन्वय हो रहा है;
- परियोजना द्वारा किए गए प्रयासों को कायम रखने के लिए समुदाय की सहभागिता (जहाँ प्रस्तावित की गई है) पर्याप्त सुदृढ़ है।

इस प्रकार हम देखते हैं कि निगरानी मूलत: तत्काल सूचना प्रतिपुष्टि मुहैया करके प्रबंधकीय निर्णय करने का साधन है। यह प्रारंभिक समस्याओं का पता लगाने तथा उन क्षेत्रों के संबंध में सुधारात्मक कार्यवाही करने में भी सहायता करता है, जो पिछड़ रहे हैं, जिन्हें समय पर ठीक किया जा सकता है। इस प्रकार, यह परियोजना की चालू प्रस्थिति का आलोचनात्मक मूल्यांकन भी प्रदान करता है।

उदाहरण के रूप में निर्माणाधीन मुर्गीपालन परिसर लें। परियोजना कार्यान्वयन की मूल-अनुसूची के अनुसार, परियोजना शुरू होने की तारीख से दो महीने के अंदर लाभार्थियों का पता लगाने के लिए गाँव का सर्वेक्षण पूरा किया जाना था। तीन महीने के बाद कार्यान्वयन की प्रगति की निगरानी करने पर खंड विकास अधिकारी को पता चला कि सर्वेक्षण अभी पूरा नहीं हुआ है और इससे संपूर्ण विकास परियोजना में विलम्ब होने की संभावना है। ऐसी परिस्थितियों के अधीन, अधिकारी द्वारा कार्य में तेजी लाने का निर्णय लिया जा सकता है और सर्वेक्षण के लिए अधिक जनशक्ति की व्यवस्था की जा सकती है यदि विलम्ब का कारण केवल वह है।

इसी प्रकार, परियोजना उन परिवारों को आर्थिक सहायता देने की व्यवस्था के लिए वित्तीय संसाधन आबंटित कर सकती है, जो अपनी आजीविका उपार्जन के लिए मुर्गीपालन, सूअरपालन, डेरी विकास और कुछ अन्य कार्य शुरू कर सकते हैं।

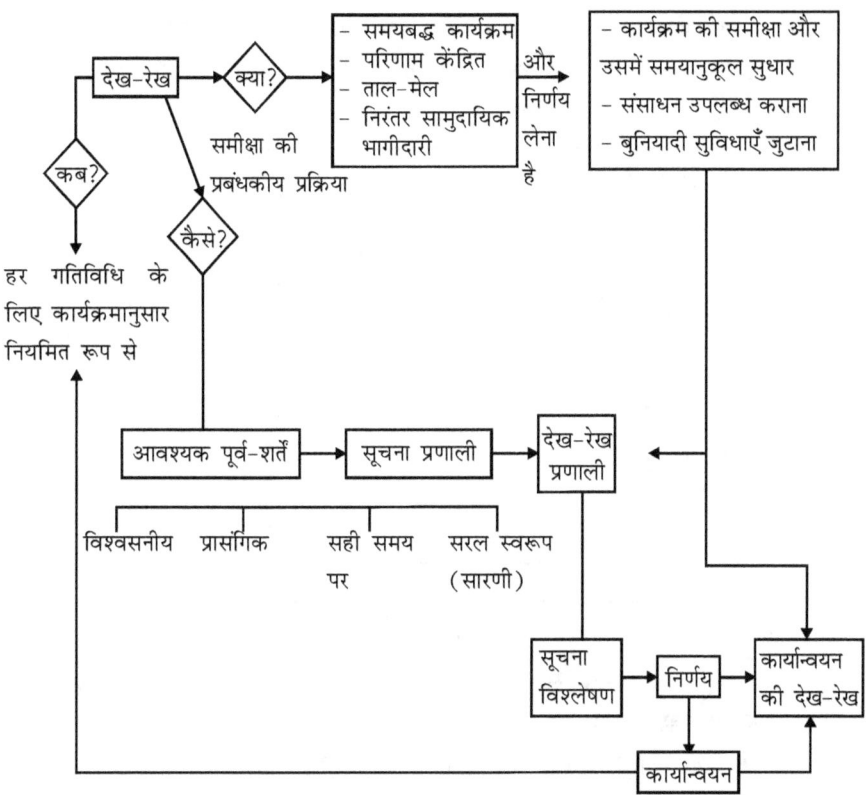

चित्र 2.13: परियोजना निगरानी प्रक्रिया

इसलिए परियोजना कार्यकलापों और घटनाओं की समुचित निगरानी यह निर्णय करने में सहायता करती है कि क्या:

- परियोजना अनुसूची को उसके मूल रूप में जारी रखा जाए या निर्धारित समय के अंदर परियोजना को पूरा करने के लिए उसे संशोधित करने की आवश्यकता है;
- परियोजना के अंतर्गत संसाधनों का पुन: आबंटन किया जाना है ताकि समग्र उद्देश्य प्राप्त हो सके; और
- किए गए प्रयासों को बनाए रखने के लिए किसी अतिरिक्त सहायता या आधारिक संरचना का निर्माण किया जाता है।

प्रश्न 18. विकास परियोजना की निगरानी में सूचना प्रणाली की भूमिका को स्पष्ट कीजिए।

अथवा

परियोजना प्रबंध सूचना प्रणाली पर संक्षिप्त टिप्पणी लिखिए।

[दिसम्बर-2012, प्रश्न सं.-5(e)]

उत्तर— परियोजना के बीच में सुधार लाने या प्रबंधकीय निर्णय लेने के लिए, परियोजना प्रबंधकों को सूचनाओं की आवश्यकता होती है। समीक्षा तथा सुधार लाने की इस प्रणाली को परियोजना की देख-रेख कहते हैं।

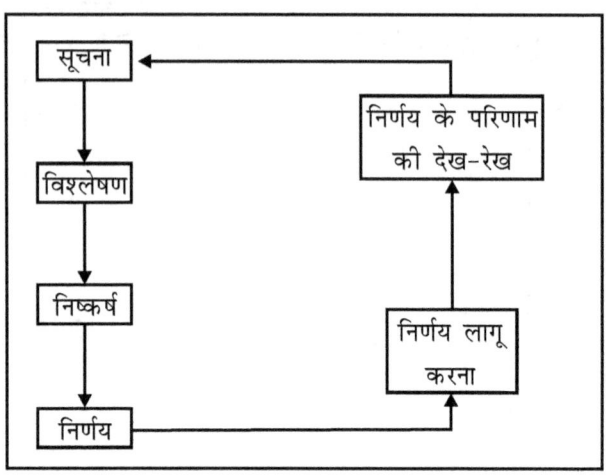

चित्र 2.14: परियोजना की देख-रेख का चित्रात्मक विवरण

परियोजना की देख-रेख संबंधी सूचना में निम्नलिखित विशेषताएँ होनी चाहिए:
- सूचना विश्वसनीय हो;
- देख-रेख की स्थितियों के साथ प्रासंगिक हो;
- समय पर उपलब्ध हो; तथा
- तालिका के रूप में हो।

निगरानी के लिए दी गई सूचना को रिपोर्ट देने वाले अधिकारी के विरुद्ध उसे चेतावनी देने के मात्र साधन के रूप में नहीं लिया जाना चाहिए। इसे समुचित सहायता और निर्णयों द्वारा अधिकारी की सहायता करने के आधार के रूप में देखा जाना चाहिए। परियोजना के कतिपय पहलुओं की निगरानी करते समय, मुर्गीपालन परिसर की परियोजना के निगरानी में सभी उपलब्ध संबंधित सूचना खंड विकास अधिकारी के पास होने चाहिए, जैसे लाभार्थियों की संख्या, जिन्होंने इस परियोजना में भाग लिया, अंडा पैदा करने वाले फार्मों की संख्या, विपणन सुविधाओं की उपलब्धता, मुर्गियों के लिए दाने की आपूर्ति और पशु-चिकित्सा सेवाओं की उपलब्धता। यदि सभी संभव संबंधित सूचना दी जाती है तो स्थिति की समीक्षा व्यापक रूप से की जा सकती है और इससे समुचित निर्णय लेने में सहायता मिलेगी।

समय पर सूचना की उपलब्धता प्रभावी निगरानी के लिए पूर्वापेक्षिता है। यह प्रति पखवाड़े, प्रति मास या प्रति तिमाही हो सकती है। यह सूचना संदर्भ अवधि समाप्त होने के बाद एक सप्ताह के अंदर उपलब्ध होनी चाहिए। सूचना विलम्ब से प्राप्त होने से निगरानी निष्प्रभावी हो सकती है और इससे परियोजना के लाभ मिलने में भी विलम्ब और कमी आ सकती है।

ग्राम विकास प्रबंध

विद्यमान निगरानी प्रणाली में जिला प्रशासन को सूचना का उपयोग करने में कठिनाई होती है। इसके कारणों में एक कारण है – रिपोर्ट का विस्तार।

सूचना का विश्लेषण आसान होना चाहिए। निगरानी के लिए रिपोर्ट में दिए गए आँकड़ों से प्रतिशत और अनुपात निकाले जाने चाहिए। इन्हें परियोजना में की गई प्रगति का मूल्यांकन करने के लिए प्रयुक्त किया जा सकता है। निकाले गए निष्कर्ष का प्रत्यक्ष संबंध विश्लेषण से होना चाहिए। ये इस प्रकार से हों कि इनके आधार पर निर्णय लिए जा सकें। जब तक निर्णय का कार्यान्वयन नहीं होता है तब तक इसे निगरानी प्रक्रिया को युक्तियुक्त अंतिम रूप में नहीं देखा जाना चाहिए। मध्यावधि सुधार लागू किए जाने के बाद परियोजना पर अनुवर्ती कार्यवाही करना जरूरी है ताकि परियोजना के निष्पादन प्रावस्था के दौरान परियोजना पर लगातार नियंत्रण बना रहे।

निगरानी समय अनुसूची का पालन (Monitoring Time Schedule Adherence): परियोजना निगरानी के तरीके का निर्धारित समय अनुसूची के अनुसार कार्य चल रहा है अथवा नहीं इसके लिए हम कार्यान्वयन योजना पर घटनाओं की प्राप्ति उपस्थिति के लिए तैयार की गई सूची प्रयोग करते हैं। प्रत्येक घटना के लिए हमने प्रारंभिक घटना समय (EOT) और अद्यतन प्रारंभ समय (LST) तैयार किया है। ये वे हैं जिनकी हमने योजना बनाई है। निष्पादन प्रावस्था में निगरानी करते समय वे वास्तविक तारीखें उपलब्ध करानी आवश्यक हैं जिनकी विभिन्न घटनाएँ हुई हैं। योजनाबद्ध अनुसूची के आधार पर खंड विकास अधिकारी यह समीक्षा कर सकता है कि विभिन्न कार्य हो रहे हैं कि नहीं। इस संदर्भ में सूचना के विश्लेषण से कार्यान्वयन अनुसूची को अद्यतन किया जा सकता है। जहाँ कहीं भी देरी दिखाई देती है, वहाँ परियोजना के शेष भाग को समय पर करने के लिए दबाव डाला जाना चाहिए और इसे "क्रेशिंग" या "दबाव डालना" के रूप में जाना जाता है।

- **रिपोर्ट देने का प्रोफार्मा (Proforma for Reporting):** कार्य संचालन की निगरानी के लिए अपेक्षित सूचना नीचे दिए गए प्रोफार्मा से दी जा सकती है:

	Earliest Occurrence Time (EOT)	Latest Occurrence Time (LOT)	Slack (3)-(2)	Actual Occurrence Time	If in progress, Expected Occurrence Time	Reasons for Delay, if any	Remarks Or Suggestions
(1)	(2)	(3)	(4)	(5)	(6)	(7)	(8)
1							
2							
3							
4							
5							
6							
7							

चित्र 2.15

पहले कॉलम में घटना कोड संख्याएँ दी गई हैं। दूसरे और तीसरे कॉलमों में घटनाओं को पूरा करने का योजनाबद्ध समय दिया गया है। अगले कॉलम में प्रत्येक घटना के लिए उपलब्ध कुशन (Cushion) की व्यवस्था की जाती है। यह स्लैक (SLACK) है। पहले चार कॉलमों में योजनाबद्ध कार्य अनुसूची दी गई है। परियोजना में प्रत्येक कार्य को पूरा करने के उत्तरदायी व्यक्ति को कॉलम 5 से आगे के कॉलमों में रिपोर्ट देनी चाहिए। कॉलम 5 में वह वास्तविक तारीख देनी चाहिए जिस तारीख को घटना हुई है। रिपोर्ट देते समय कुछ कार्यों पर काम चल रहा होता है इसके फलस्वरूप वे कार्य पूरे नहीं हुए होंगे। ऐसे मामलों में घटनाओं के उत्तरदायी व्यक्तियों के लिए यह सूचित करना आवश्यक होगा कि कार्य कब तक होने की आशा है।

परियोजना कार्य विभिन्न कारणों से विलम्बित हो सकते हैं, कुछ तो अपरिहार्य हो सकते हैं।

- **अनुसूची को अद्यतन बनाना (Time Schedule Updating):** मूल अनुसूची में वास्तव में काम होने संबंधी आँकड़े दर्ज करके सूचना का विश्लेषण किया जाता है। यदि अक्रांतिक घटनाओं (non-critical events) का वास्तविक कार्यसंपन्न होने का समय अद्यतन कार्यसंपन्न समय (latest occurrence time) से कम है तो इस घटना के कारण परियोजना विलम्बित नहीं होगी। परंतु क्रांतिक घटनाओं के मामले में घटना के अद्यतन कार्यसंपन्न समय की अपेक्षा वास्तव में कार्यसंपन्न से अधिक है तो परियोजना विलम्बित होगी।
- **परिणामों अथवा लाभ प्रवाह की निगरानी (Monitoring Results or Benefit Flow):** निर्धारित समय अनुसूची के पालन के निगरानी के अलावा, परियोजना प्रबंधक को यह भी देखना है कि योजनाबद्ध लक्ष्यों के अनुसार संभावित परिणाम निकल रहे हैं कि नहीं। निगरानी की यह प्रणाली सूचना आधारित निगरानी प्रणाली के रूप में जानी जाती है। तब प्रबंधक जल्दी से समीक्षा कर सकता है और सुधारात्मक उपायों के लिए आवश्यक प्रबंधकीय निर्णय ले सकता है।

परियोजना प्रबंध सूचना प्रणाली (Project Management Information System): विकास परियोजनाओं के निष्पादन का मूल्यांकन करने के लिए सूचना खंड स्तर पर सूचना प्रणाली के माध्यम से प्राप्त हो सकती है। निगरानी के लिए सूचना प्रणाली की रूपरेखा बनाने के लिए निम्नलिखित उपाय किए जाने चाहिए:

- इस बात का निर्णय करें कि एक स्तर से दूसरे स्तर को कितनी बार सूचना प्रस्तुत की जानी चाहिए अर्थात् अवधि निर्धारित करें। कुछ सूचना की जरूरत वर्ष में एक बार होगा, जबकि कुछ अन्य की जरूरत तिमाही में या इससे अधिक बार हो सकती है।
- उपयुक्त फॉर्मेट विकसित करें जिसमें सूचना रिकॉर्ड और प्रस्तुत की जानी चाहिए। ग्राम सेवक अपने गाँव की सूचना फॉर्मेट में प्रस्तुत करेगा, यह प्रोफार्मो

प्रयुक्त किए जा रहे अन्य प्रोफार्मों के अनुरूप होना चाहिए। उदाहरण के लिए, खंड विकास अधिकारी के लिए विस्तार अधिकारी की रिपोर्ट का प्रोफार्मा। इन्हें इस प्रकार बनाया जाए ताकि रिपोर्ट देने वाले व्यक्ति को आँकड़े देने में कम से कम समय लगे।

- सूचना रिकॉर्ड करने और उच्च अधिकारियों को प्रस्तुत करने के लिए उत्तरदायी व्यक्ति एवं स्टाफ को प्रशिक्षण दिया जाए। जब तक प्रशिक्षण नहीं दिया जाता है, तब तक रिपोर्टिंग की विश्वसनीयता, उसकी नियमितता और समय की पाबंदी सुनिश्चित नहीं की जा सकती है।
- विकास परियोजनाओं के निष्पादन का मूल्यांकन करने के लिए अपेक्षित मुख्य आँकड़े की सूची बनाइए। एकीकृत ग्राम विकास कार्यक्रम के अधीन गरीबी उन्मूलन का उदाहरण लीजिए। इसके लिए खंड स्तर के संगठन को ऋण दिए गए लाभार्थियों की संख्या, उन परिवारों की संख्या जिनकी आमदनी पैदा करने वाले कार्य ठप्प हो गए हैं, उन परिवारों की संख्या जो कार्यक्रम में सम्मिलित होने से पहले जितना अर्जित कर रहे थे, उससे अधिक अर्जित कर रहे हैं आदि।
- ऐसी सारणी विर्निदिष्ट करें जिसके माध्यम से सूचना आनी चाहिए। खंड स्तर निगरानी के मामले में सूचना निम्न स्तर पर ग्राम स्तर कार्यकर्त्ता (ग्राम सेवक) द्वारा एकत्र की जानी चाहिए और खंड विकास अधिकारी को प्रस्तुत की जानी चाहिए।

प्रश्न 19. निगरानी समय-अनुसूची का संशोधन और उसे अद्यतन का विस्तारपूर्वक वर्णन कीजिए।

अथवा

निगरानी प्रणाली पर संक्षिप्त टिप्पणी कीजिए।

उत्तर– निगरानी प्रणाली (Monitoring System) प्रबंध प्रक्रिया का महत्त्वपूर्ण भाग माना जाता है। निगरानी की कोटि कार्यकलापों के स्वरूप पर निर्भर करती है। उदाहरण के लिए, क्रांतिक कार्यकलापों के लिए निकटतम अनुवर्ती कार्यवाही आवश्यक है। क्रांतिक पथ में परिवर्तन जो बार-बार हो सकता है, उसकी बहुत बारीकी से निगरानी करना आवश्यक है। दृष्टांत के तौर पर एक उपकरण जिसे दो महीने में मिलने की आशा थी, आपूर्तिकर्त्ता के कारखाने में हड़ताल के कारण छह महीने लग सकते हैं। उपकरण लगाने का कार्य अक्रांतिक कार्य हो सकता है। परंतु नई सूचना के अनुसार यह क्रांतिक कार्य हो सकता है। इस किस्म के परिवर्तन परियोजना नेटवर्क की आवधिक समीक्षा और अद्यतन करते रहने की आवश्यकता को रेखांकित करते हैं। यह सुदृढ़ प्रबंध निगरानी प्रणाली (एम.आई.एस.) पर आधारित निगरानी प्रणाली का मूल आधार बनता है।

समीक्षा और अद्यतन करना (Review and Updating):

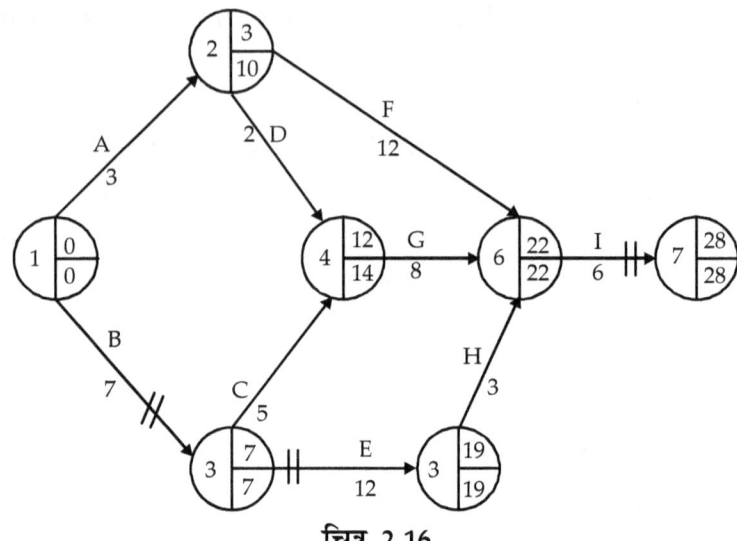

चित्र 2.16

बारहवें दिन के अंत में समीक्षा की गई थी। जो प्रगति की जानी चाहिए थी और प्रगति की रिपोर्ट की गई थी, नीचे दी गई है:

मूल योजना के अनुसार प्रगति	रिपोर्ट की गई प्रगति
(1) कार्यकलाप A और B पूरे किए गए अथवा प्रगति पर हैं और पूरा करने में अधिक-से-अधिक दो दिन और लगेंगे।	(1) A 6 दिनों में पूरा हुआ, D अनुसूची से पहले सातवें दिन के अंत तक पूरा हुआ। B बहुत अधिक विलंबित हुआ अब इसमें 8 दिन और लगने की संभावना है।
(2) E और F प्रगति पर हैं, G, H और I अभी शुरू किए जाने हैं।	(2) F प्रगति पर है और 6 दिन और लगेंगे। C, E, G, H और I को अभी शुरू किया जाना है।

पहले साक्ष्य के अनुसार कार्यकलाप C और H में मूल योजना की अपेक्षा अधिक समय लगने की संभावना है अर्थात् क्रमशः 7 और 6 दिन। अन्य कार्यकलापों में अनुमानित कालावधि में कोई परिवर्तन नहीं है। अब यह आवश्यक है कि कार्यवाही की प्रक्रिया अद्यतन की जाए। इसे किस प्रकार किया जाता है? अद्यतन, नीचे निर्धारित प्रक्रिया के अनुसार, नया नेटवर्क तैयार करने की जरूरत है:

- 12 पर सम (node) का प्रारंभिक घटना समय और अद्यतन प्रारंभ समय नियत करें।
- पूरे किए गए कार्यकलाप के लिए शून्य कालावधि दिखाइए।
- जो कार्यकलाप प्रगति पर हैं, उनके लिए प्रत्येक कार्यकलाप के शेष भाग के पूरा होने के लिए अपेक्षित समय के बराबर कालावधिक दिखाइए।

- जो कार्यकलाप अभी शुरू किए जाने हैं, उनके लिए संशोधित अनुमानों के अनुसार कालावधियाँ दिखाइए।
- नेटवर्क गणना पूरी कीजिए और क्रांतिक पथ मालूम कीजिए। अद्यतन नेटवर्क चित्र 2.17 में दिखाया गया है।

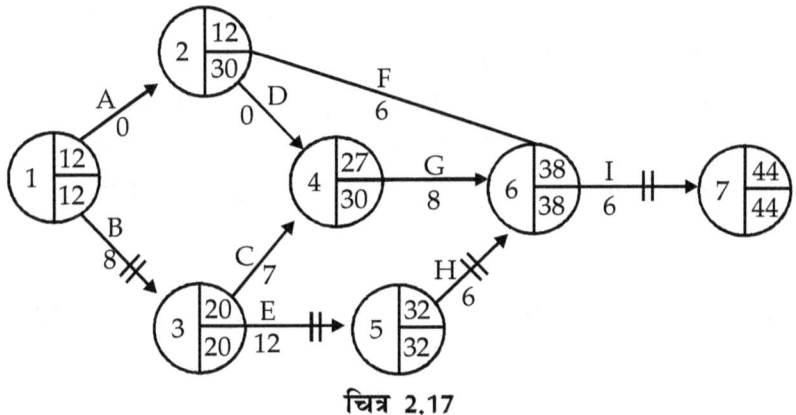

चित्र 2.17

इस प्रकार, संशोधित परियोजना पूरा करने का समय 44 दिन है और क्रांतिक पथ में कोई परिवर्तन नहीं है।

अद्यतन करने की आवधिकता परियोजना के स्वरूप पर निर्भर करती है। आमतौर पर बड़ी परियोजना के लिए अल्पकालिक परियोजना की तुलना में कम बार अद्यतन करने की जरूरत होती है। सामान्यतया परियोजना की प्रगति के साथ अद्यतन बनाने की आवृत्ति बढ़ती है ताकि मूल अनुसूची से अलग-अलग कार्यकलापों के विचलनों के प्रभाव कम से कम करने के लिए सभी संभव प्रयास किए जा सकें।

प्रश्न 20. देख-रेख प्रणाली में सुधार के लिए सुझाव बताइए।

उत्तर— वर्तमान देख-रेख प्रणाली में भौतिक प्रगति का जायजा लिया जाता है और वित्तीय लक्ष्यों और उपलब्धियों का आकलन किया जाता है। इसमें लाभ प्राप्तकर्त्ताओं को दी गई सहायता राशि और बैंक ऋणों का भी विवरण होता है। लेकिन ये उपाय प्रभावी देख-रेख प्रणाली के लिए पर्याप्त नहीं हैं। इसलिए, निम्नलिखित कदम उठाने आवश्यक हैं:

- देख-रेख प्रणाली ऐसी हो कि राज्य स्तर के विभाग तथा जिला प्रशासन यह जान सकें कि एकीकृत ग्राम विकास कार्यक्रम के प्रत्येक पक्ष की प्रगति कैसी चल रही है, ताकि जो पक्ष पिछड़ रहे हों, उनमें उपयुक्त सुधार लाया जा सके।
- प्रणाली ऐसी हो कि कार्यक्रम के प्रबंधक गरीब परिवारों के बच्चों के भोजन तथा पोषण के स्तर जैसे प्रमुख संकेतकों के आधार पर एकीकृत ग्राम विकास कार्यक्रम के लाभों का साथ-साथ आकलन कर सकें।

- प्रणाली ऐसी हो कि प्रबंधक परियोजनाओं की तुलनात्मक प्रगति की समीक्षा कर सकें और यह जान सकें कि कुछ परियोजनाओं में कम प्रगति होने के पीछे संगठन-संबंधी, प्रक्रिया-संबंधी और उपचार-संबंधी क्या कमजोरियाँ हैं।
- जिला स्तर पर प्रणाली ऐसी होनी चाहिए कि जिला ग्रामीण विकास एजेंसी उपलब्ध सूचना के आधार पर प्रभावी प्रबंधकीय नियंत्रण रख सके। इससे संसाधनों का उचित इस्तेमाल होगा, सभी काम निर्धारित समय पर पूरे होंगे, जिससे परियोजना से अधिकतम लाभ सुनिश्चित हो सकेगा।

ग्रामीण विकास प्रबंध की हर स्तर पर उचित देख-रेख से एकीकृत ग्राम विकास कार्यक्रम निश्चय ही प्रभावी होगा और इसके उद्देश्य तथा लक्ष्यों की प्राप्ति सुनिश्चित हो सकेगी।

प्रश्न 21. परियोजना मूल्यांकन किसे कहते हैं? इसके मुख्य आयामों का वर्णन कीजिए।

अथवा

परियोजना मूल्यांकन के मुख्य उद्देश्यों पर प्रकाश डालिए।

अथवा

परियोजना मूल्यांकन के अर्थ, उद्देश्यों और आयामों को स्पष्ट कीजिए।

[दिसम्बर-2013, प्रश्न सं.-2]

अथवा

उद्देश्यमूलक मूल्यांकन पर संक्षिप्त टिप्पणी लिखिए।

[दिसम्बर-2013, प्रश्न सं.-5(e)]

उत्तर– 'मूल्यांकन' शब्द हाल ही में प्रचलन में आया है। चूँकि अनेक विकासशील राष्ट्र योजना के जरिए सामाजिक न्याय से युक्त उन्नति प्राप्त करना चाहते हैं, इसलिए विकास संबंधी नीतियों और कार्यक्रमों का मूल्यांकन इस संदर्भ में निम्नलिखित कारणों से महत्त्वपूर्ण हो जाता है:

- इन देशों में सामाजिक और आर्थिक संरचनाएँ इतनी जटिल हैं कि योजना प्रक्रिया का इन संरचनाओं में होने वाले सक्रिय परिवर्तनों के अनुकूल होना आवश्यक है। यह देखा गया है कि कुछ विकास कार्यक्रम इसलिए सफल नहीं हो पाए क्योंकि या तो समस्याओं की सही पहचान करने में गलती हो गई थी या इन कार्यक्रमों को उचित रूप से सूत्रबद्ध नहीं किया गया था अथवा उनका संचालन कुशलता के साथ नहीं किया गया।
- इन देशों के पास साधन सीमित हैं और इसलिए जरूरी है कि कई कार्यक्रमों को निधि का आवंटन करने या कार्यक्रमों का चयन करने में कुशलता और लागत प्रभावोत्पादकता का ध्यान रखा जाए।

अतएव मूल्यांकन - चाहे आत्मनिष्ठ हो और/या वस्तुनिष्ठ-कार्यक्रमों की प्रासंगिकता (समग्र विकास लक्ष्यों के प्रति) दक्षता, कारगुरता और प्रभाव के अनुसार विभिन्न कार्यक्रमों का मूल्यांकन करने में विकास प्रशासन और निर्णयकर्त्ताओं के लिए सहायक होना चाहिए। इससे भविष्य में कार्यक्रमों को बेहतर बनाने और उन्हें अधिक प्रभावी ढंग से लागू करने में सहायता मिलती है। इस तरह मूल्यांकन समग्र योजना प्रणाली का एक अभिन्न अंग और विकास प्रशासन का एक मुख्य अंश बन जाता है। इसके अतिरिक्त, मूल्यांकन द्वारा नीति बनाने वालों को ऐसी प्रतिपूरक सूचना उपलब्ध कराई जानी चाहिए जिसके आधार पर वे कार्यनीति की प्रभावशीलता को देख-परक सकें और स्थिति के सर्वाधिक उपयुक्त वैकल्पिक नीतियों तथा कार्यनीतियों का निर्माण कर सकें।

आसान शब्दों में, मूल्यांकन को हमें इस तरह समझना चाहिए कि यह कार्य-निष्पादन अथवा उपलब्धि की ऐसी लेखा-परीक्षा है जिसमें कार्यक्रम के निर्माण कार्यान्वयन और प्रभाव से संबद्ध समस्त कार्यकलापों को आँका जाता है तथा अवलोकित परिणामों की तुलना प्रत्याशित लक्ष्यों के साथ की जाती है। दूसरे शब्दों में, इस कार्योत्तर परीक्षा द्वारा जिन विभिन्न पहलुओं की आलोचनात्मक जाँच की जाती है, वे इस प्रकार हैं:

- क्या कार्यक्रम/परियोजना रूपरेखा के पूर्वानुमान तर्कसंगत हैं?
- क्या प्रस्तावित प्रक्रियाओं का कड़ाई से पालन किया जाता है? यदि नहीं, तो उसके क्या कारण हैं?
- क्या अभीष्ट परिणाम प्राप्त होते हैं?

इसमें कार्यक्रम के कार्यान्वयन और प्रभाव, दोनों में सफलता या असफलता के तुलनात्मक क्षेत्रों का पता लगाने और सफलता या असफलता के लिए जिम्मेदार कारणों की पहचान करने पर सबसे अधिक ध्यान दिया जाता है। यह मालूम करने का भी प्रयास किया जाता है कि क्या अवलोकित प्रभाव वास्तव में विचाराधीन कार्यक्रम का ही परिणाम है?

मूल्यांकन प्रक्रिया में इन सभी पहलुओं पर ध्यान देने और ऐसी सिफारिशें करने की अपेक्षा की जाती है जिनके आधार पर भावी कार्य-योजना में बड़े परिवर्तन किए जा सकें। इसके अतिरिक्त, यह भविष्यवाणी भी इसमें की जानी चाहिए कि यदि कार्यक्रम नहीं बनाया गया होता तो स्थिति क्या होती? इस तरह, आप देखेंगे कि मूल्यांकन, एक प्रकार से वर्तमान निर्णयों और कार्यक्रम के विकल्पों की दीर्घकालीन प्रभावों का अध्ययन करने में सहायक होता है।

मूल्यांकन के उद्देश्य सामान्य, मूलभूत या विशिष्ट हो सकते हैं। विशिष्ट उद्देश्य उपयुक्त होने चाहिए और कार्य तथा सहभागिता को प्रोत्साहित करने और अंतत: मूलभूत उद्देश्यों को प्राप्त करने में सहायक होने चाहिए। इसे कार्यक्रम के लक्ष्यों और साधनों, दोनों का मूल्यांकन करना होता है। यदि मूल्यांकन में अधिक बल (भौतिक) लक्ष्यों की प्राप्ति पर दिया जाता है और लक्ष्यों को अंतिम उद्देश्यों से नहीं जोड़ा जाता तो कार्यक्रम के आयामों का मूल्यांकन एक तरफा या असंतुलित होगा।

मूल्यांकन के उद्देश्य इस प्रकार हैं:
- मात्रात्मक और गुणात्मक, दोनों पहलुओं से प्रगति की माप करना,
- निविष्टया-उत्पादन-परिणाम-प्रभाव (अर्थात् परियोजना अनुक्रम) के परिवर्तन की प्रक्रिया की दक्षता/कमी और प्रबंध तंत्र की दक्षता का मूल्यांकन,
- प्रक्रिया की गति तीव्र करने/मंदी करने के लिए जिम्मेदार कारणों की पहचान, और
- नीति/कार्यनीति/कार्यक्रमों के उद्देश्यों और परिचालन संबंधी पहलुओं का परिष्कार करने के लिए प्रतिपूरक सूचना उपलब्ध कराना।

आयाम (Dimensions): मूल्यांकन को अब संपूर्ण योजना प्रणाली का अभिन्न अंग तथा विकास प्रशासन का मुख्य घटक माना जाता है। सरल शब्दों में, मूल्यांकन कार्यनिष्पादन अथवा उपलब्धि का लेखा-परीक्षा है जो कार्यक्रम निर्माण, कार्यान्वयन एवं प्रभाव से जुड़े कार्यकलापों के समूचे विस्तार का निर्धारण करता है तथा पूर्वानुमानित परिणामों से प्रेक्षित परिणामों की तुलना करता है। दूसरे शब्दों में, मूल्यांकन गहराई से निम्नलिखित का परीक्षण करता है:

- क्या कार्यक्रम/परियोजना डिजाइन की मान्यताएँ वैध थीं?
- क्या कार्यक्रम के उद्देश्य विनिर्दिष्ट स्कीमों को प्राप्त करने के लिए उनसे जुड़े थे?
- क्या उद्देश्य लक्ष्यों के रूप में परिमाणात्मक थे?
- क्या कार्यान्वयन निर्धारित डिजाइन के अनुरूप था?
- क्या जटिल आदानों को सही समय तथा सही मात्रा एवं गुणवत्ता से संबंधित एजेंसियों द्वारा पहुँचाया गया था?
- क्या सेवाएँ प्रदान करने वाला मानव-श्रम प्रशिक्षित था?
- क्या निर्धारित मार्ग का अनुसरण किया गया था? यदि नहीं तो कारण बताइए?
- क्या लाभ लागत के अनुरूप थे?
- क्या अपेक्षित प्रभाव प्राप्त हो चुका था?
- क्या प्रभाव लाभकारी एवं अलाभकारी थे?

इसमें संदेह नहीं है कि इन प्रश्नों के उत्तर परियोजना की सफलता एवं असफलता को व्यक्त नहीं करते हैं लेकिन उन समस्याओं को बताते हैं जो इसके कार्यान्वयन को प्रभावित करते हैं।

मूल्यांकन के संबंध (Concerns of Evaluation): मूल्यांकन के कुछ संबंधों की चर्चा इस प्रकार है:

परिणाम का निर्धारण (Assessment of Outcome): मूल्यांकन का संबंध परिणाम या उत्पाद के निर्धारण से है। यह कार्यक्रम की समाप्ति पर किया जाता है। परिणाम या उत्पाद मूल्यांकन के मुद्दों में से कुछ विचारणीय मुद्दे इस प्रकार हैं:

- क्या लाभार्थियों ने संभावित लाभों को महसूस किया है?
- क्या संगत संकेतकों पर अलाभार्थियों की तुलना में लाभार्थी अच्छी स्थिति में हैं?
- कार्यक्रम/परियोजना प्रेक्षित लाभों (Observed benefits) (निर्दिष्ट और अनिर्दिष्ट दोनों) के लिए किस सीमा तक उत्तरदायी हैं तथा लागतें क्या थीं?
- लक्षित जनसंख्या के व्यवहारपरक आयामों में क्या-क्या परिवर्तन देखे गए?
- क्या परियोजना का कोई प्रतिकूल अनिर्दिष्ट प्रभाव है?
- क्या किसी शक्ति को काम पर लगाया गया है, जिसकी सक्रियता के दूरगामी परिणाम भी हों?

कारणपरकता अथवा कारणत्व (causation) के संबंध की चर्चा मूल्यांकन के महत्त्वपूर्ण पहलुओं में से एक है।

परियोजना कुशलता के माप (Measurement of Project Efficiency): कभी-कभी मूल्यांकन का महत्त्वपूर्ण कार्य परियोजना कुशलता की माप करना है। परियोजना की कुशलता को मापने के दो मापदंड हैं, जो निम्नलिखित हैं:

- लागत कुशलता को लागत की प्रति इकाई उत्पाद के रूप में व्यक्त किया जाता है।
- परियोजना प्रभावकारिता की माप को प्रयास की प्रति इकाई उत्पाद के रूप में मापा जाता है।

उद्देश्यमूलक मूल्यांकन (Purpose Oriented Evaluation): कभी-कभी मूल्यांकन उद्देश्यमूलक होता है। इस प्रकार के मूल्यांकन में उस आधारिक उद्देश्य पर बल दिया जाता है, जिसके लिए परियोजनाएँ प्रारंभ की जाती हैं। उदाहरण के लिए, ग्राम विकास कार्यक्रमों का उद्देश्य ग्रामीण क्षेत्रों में जीवन-स्तर में सुधार करना है। इसके कुछ उप-उद्देश्य (sub purpose) भी हो सकते हैं, जैसे—ग्रामीण जनसंख्या के लिए आधारभूत सुख-सुविधाओं की व्यवस्था। इस श्रेणी में मूल्यांकन के दो मुख्य प्रकार निम्नलिखित हैं:

- रूपात्मक मूल्यांकन (formative evaluation), तथा
- संकलनात्मक मूल्यांकन (summative evaluation)

रूपात्मक मूल्यांकन मूल रूप से परियोजनाओं के निर्माण से संबंधित है। यह सेवामूलक है तथा योजनाकारों को संभाव्य समस्याओं, क्षेत्र जहाँ परियोजना में सुधार अपेक्षित हो इत्यादि की पहचान करने में सहायता करता है। दूसरे शब्दों में, इसका उद्देश्य परियोजनाओं से होने वाले लाभों के प्रवाह को बढ़ाने अथवा वितरण प्रणाली (delivery system) की कुशलता में वृद्धि करने की दृष्टि से योजना की रूपरेखा में सुधार करना है।

संकलनात्मक मूल्यांकन का लक्ष्य परियोजनाओं को जारी रखने अथवा बंद कर देने के फैसले से परियोजनाओं के सैट में से परियोजनाओं का चयन करना है।

मूल्यांकन के लिए पूर्व शर्तें (Prerequisites for Evaluation): मूल्यांकन के सफल अध्ययन के लिए कुछ आधारभूत आवश्यकताओं की जरूरत होती है जिनमें से कुछ नीचे दी जा रही हैं:

- महत्त्वपूर्ण आवश्यकताओं में से एक आवश्यकता परियोजना के उद्देश्यों का स्पष्ट विनिर्देशन एवं इसके संभावित प्रभाव हैं। उद्देश्यों की अस्पष्टता, मूल्यांकन कार्य को कठिन बना देती है क्योंकि मूल्यांकन उद्देश्यों की वास्तविकता के विस्तार का निर्धारण करती है। उद्देश्यों के सोपान-क्रम भी विद्यमान हो सकते हैं। ये हैं–तत्काल, मध्यवर्ती, अंतिम एवं अंतिम उद्देश्य। इस सोपान-क्रम के रूप में परियोजना विवरण केवल अच्छा रूप तैयार करने में सहायता नहीं करता बल्कि परस्पर संबंधित कार्यकलापों की कड़ी के रूप में कार्यक्रम/परियोजना को स्पष्ट रूप से देखने में भी सहायता करता है। परियोजना चक्र में समान रूप की मद हैं–आदान, उत्पाद, प्रभाव एवं असर।

   तत्काल उद्देश्य सही किस्म के आदानों, पर्याप्त मात्रा, कार्यक्रम के ग्राहकों का समय पर होने की व्यवस्था हो सकती है। आदानों में सेवाएँ भी सम्मिलित हो सकती हैं। उदाहरण के लिए, कृषि विस्तार कार्यक्रम में विस्तार कार्यकर्त्ता द्वारा किसानों को प्रशिक्षण देना एक आदान है।

- मूल्यांकन के लिए दूसरी पूर्व शर्त परिणामों की तुलना के लिए मानदंड (norms)/लक्ष्यों की स्थापना करना है। इस संदर्भ में कार्य शुरू करने (कार्यक्रम) की अवधि से संबंधित बेंच मार्क आँकड़े (bench-mark data) अथवा बेस लाइन सूचना (base line information) का होना उपयोगी है। प्रगति के विस्तार को मापने के लिए संकेतकों के सैट का होना भी संगतपूर्ण है तथा इस प्रकार कार्यक्रम/परियोजना की सफलता अथवा असफलता का निर्धारण किया जा सकता है। यह कहना व्यर्थ है कि चुने हुए संकेतकों को परियोजना के विभिन्न उद्देश्यों और/अथवा इन उद्देश्यों के विभिन्न आयामों से संबंधित होना चाहिए।

- अध्ययन के निष्कर्षों को और अधिक अर्थपूर्ण बनाने के लिए आँकड़ा संग्रहण एवं विश्लेषण की तकनीक का चुनाव भी समान रूप से महत्त्वपूर्ण है।

प्रश्न 22. परियोजना मूल्यांकन की तकनीकों तथा मानदंडों की विस्तार से व्याख्या कीजिए।

अथवा

समवर्ती एवं अंतिम मूल्यांकन पर टिप्पणी कीजिए।

उत्तर– साहित्य में, आप विविध प्रकार के मूल्यांकन पाएँगे जो सामान्य से लेकर बहुत जटिल और परिष्कृत पद्धतियों पर आधारित होते हैं। मोटे तौर पर, विभिन्न तकनीकों

का अनुप्रयोग समय, लागत, प्रश्नों की प्रकृति/किस्म जिनका मूल्यांकन समाधान चाहता है तथा उपलब्ध विशेषज्ञता जैसे कारकों पर निर्भर करता है। वैज्ञानिक पद्धति का प्रयोग वांछनीय होता है क्योंकि इसमें सतर्क प्रेक्षण सम्मिलित होता है और यह मूल्यांकन करने वालों (evaluators) के विषयगत पूर्वग्रह को नियंत्रित करता है। परिणामों (inference) वैधता तथा अध्ययन के निष्कर्ष विस्तृत होते हैं, यदि तकनीक वैज्ञानिक हो। ये पद्धतियाँ निम्नलिखित बातें सुनिश्चित करती हैं:

- सही-सही एवं विश्वसनीय आँकड़ों का आधार, क्योंकि आँकड़ा संग्रहण करने के लिए प्रयुक्त साधन तथा आँकड़े संग्रहण की प्रक्रिया एवं नमूना की रूपरेखा सक्षम होती है, तथा
- प्रयुक्त वैश्लेषिक तकनीक संपूर्ण जटिल घटनाक्रम को एक साथ नहीं होने देती तथा इस प्रकार पूर्वग्रह के बिना एवं उद्देश्यपूर्ण तरीके से कार्यक्रम के प्रभाव का निर्धारण करती है।

(1) मूल्यांकन के लिए मानदंड (Criteria for Evaluation): मूल्यांकन अध्ययन में प्राय: निम्नलिखित पाँच मानदंडों को अपनाया जाता है:

(क) प्रयत्न (Efforts): संक्षेप में प्रयत्न का संबंध कार्यक्रम में प्रयुक्त कुल आदानों से है। उदाहरण के लिए, कार्यक्रम में प्रयुक्त प्रयत्नों के मानदंड में कार्यक्रम आदानों की मात्रा एवं गुण (सेवाओं की श्रृंखला), समाहित जनसंख्या, कार्यक्रम कार्मिक (programme personnel), वित्तीय संसाधन इत्यादि सम्मिलित होते हैं।

(ख) कार्य निष्पादन (Performance): यह कार्यक्रम के आदानों के परिणामों से संबंध रखता है। कार्य निष्पादन का मिश्रित सूचकांक (composite index) लाभों की मात्रा एवं गुण पर विचार करता है और व्यावहारिक आयामों में परिवर्तन करता है। इस प्रकार, यह कार्यक्रम आदानों के परिणाम के रूप में पद्धति से उत्पन्न परिणामों (उत्पादन) के बारे में बताता है।

(ग) पर्याप्तता (Adequacy): यह प्रयत्न के बीच संबंध एवं कार्यक्रम के लिए आवश्यकताओं के स्तर तक कार्यक्रम के कार्य-निष्पादन को सूचित करने वाली संबंधित माप है। दूसरे शब्दों में, यह संपूर्ण जनसंख्या में लाभार्थी जनसंख्या की सफल कवरेज (या प्रभाव) का विस्तार है। इस प्रकार यह उत्पादन एवं कुल आवश्यकता के परस्पर संबंध को व्यक्त करता है।

(घ) कुशलता (Efficiency): यह माप उपर्युक्त तीनों मानदंडों अर्थात् प्रयत्न, कार्य निष्पादन एवं पर्याप्तता को जोड़ता है तथा न्यूनाधिक सिद्धांत पर आधारित है अर्थात् प्रयत्नों में कमी करना तथा कार्य निष्पादन में वृद्धि करना। दूसरे शब्दों में, यह सरल आदान-उत्पादन अनुपात है। अत: स्वाभाविक रूप से विभिन्न विकल्पों का मूल्यांकन करते समय मुद्रा, समय एवं स्टाफ जैसे विभिन्न विकल्पों पर विचार किया जाता है।

(ङ) प्रक्रिया (Process): कारण स्वरूप को स्थापित करने की दृष्टि से उत्पादों (परिणामों) को तैयार करने में यह कार्यक्रम के साधनों का अध्ययन है।

(2) प्रभाव के संकेतक (Indicators of Impact): संकेतक परिस्थिति की समस्या अथवा परिस्थिति में परिवर्तन को व्यक्त करने वाले सरल माप हैं। संकेतकों को कार्यक्रम के विभिन्न कार्यकलापों/प्रयत्नों में हुए परिवर्तनों का मूल्यांकन करने के लिए उपकरण/साधन के रूप में प्रयुक्त किया जाता है।

(क) संकेतकों की विशेषताएँ (Characteristics of indicators): प्रभाव/असर के प्रभावी माप के लिए संकेतकों की निम्नलिखित विशिष्टताएँ होनी चाहिए:

(i) **मान्यता (Validity):** क्या माप की गई है, वह वही है, जिसे मापने के बारे में सोचा जाए। उदाहरण के लिए, छात्र द्वारा प्राप्त किए गए अंक शैक्षिक उपलब्धि को मापने के लिए मान्य हैं। लेकिन यह विद्यालय में उसके व्यवहार को मापने के लिए मान्य नहीं हैं।

(ii) **विश्वसनीयता (Reliability):** यदि समान परिस्थितियों में मूल्यांकन/आँकड़े संग्रहण का कार्य किसी अन्य व्यक्ति द्वारा भी किया जाता है तो भी समान मूल्यों (values) को प्राप्त किया जाना चाहिए। दूसरे शब्दों में, आँकड़ों के बार-बार संग्रहण का भी पहले जैसा ही मूल्य होना चाहिए।

(iii) **तर्कसंगतता (Relevance):** चुने गए संकेतक कार्यक्रम उद्देश्यों से संबंधित होने चाहिए।

(iv) **सूक्ष्मग्रहिता (Sensitivity):** महत्त्वपूर्ण पहलुओं में होने वाले छोटे-छोटे परिवर्तनों को ग्रहण करने के लिए संकेतकों को योग्य होना चाहिए।

(v) **उद्देश्यपरकता (Objectivity):** संकेतकों का मूल्यांकन करने वाले व्यक्ति को आत्मीय निर्णय से मुक्त होना चाहिए।

(vi) **सरलता (Simplicity):** माप की प्रक्रिया महँगी और अधिक समय लेने वाली नहीं होनी चाहिए।

उपर्युक्त से यह स्पष्ट है कि चुने हुए संकेतक कार्यक्रम के मुख्य आयामों से संबंधित होने चाहिए। उदाहरण के लिए, सेवामूलक कार्यक्रमों के मामले में विस्तार (भौतिक) सेवा की श्रृंखला तथा प्रदत्त सेवाओं के स्तर को चुने गए संकेतकों द्वारा प्रदर्शित किया जाना चाहिए।

(ख) विभेदक प्रभाव (Differential Impact): प्रभाव के संकेतक जो सामान्यत: समय श्रृंखला आँकड़ों पर आधारित होते हैं वे दिशा, गति व परिवर्तन की सीमा दर्शाते हैं। अंतर-क्षेत्रीय एवं अंतर-समूह की तुलनाएँ कार्यक्रम के विभेदक प्रभाव का मूल्यांकन करने में सहायता करती हैं। ये संकेतक प्रकृति से प्रत्यक्ष एवं अप्रत्यक्ष हो सकते हैं। पहले वाले संकेतक परिमाण के अधीन होते हैं और मापने में बहुत आसान होते हैं।

(ग) कार्यक्रमों के प्रभाव संकेतक (Impact Indicators of Programmes): संकेतक मूल्यों की तुलना "पूर्व और पश्चात्" (बिफोर एंड आफटर) अथवा "सहित और

रहित" (with and without) कार्यक्रम उपलब्धि के परिमाण का आकलन प्रदान करेगी। इस संबंध में जिन संकेतकों पर विचार किया गया है वे उदाहरण के तौर पर निम्नलिखित हैं–पारिवारिक आय पर कार्यक्रम का प्रभाव, बढ़ी हुई आय का प्रयोग (उपयोग, बचत एवं निवेश) तथा जीवन स्तर।

(घ) **विविध (Miscellaneous):** किसी भी कार्यक्रम के लिए निम्नलिखित चार प्रभाव की परस्पर संबंधित अनुसूचियों का सुझाव दिया जाता है:

(i) **लक्ष्य प्रभाव अनुसूची (Goal Effectiveness Index; GEI):** यह लक्ष्यों एवं उद्देश्यों की प्राप्ति की सीमा को दर्शाता है अर्थात् उद्देश्यों से कार्यक्रम परिणामों की तुलना को दर्शाता है। कार्यक्रम ने अपने उद्देश्यों को पूरा कर लिया है या नहीं, यह इन प्रश्नों का उत्तर देता है।

$$\text{जी.ई.आई.(GEI)} = \frac{\text{कार्यक्रम परिणाम}}{\text{कार्यक्रम कार्य के उद्देश्य}}$$

(ii) **सामर्थ्य से प्रभावित अनुसूची (Potency Effectiveness Index; PEI):** यह कुल या संपूर्ण आवश्यकताओं की प्राप्ति को अनुपात के रूप में व्यक्त करती है। उदाहरण के लिए, एकीकृत ग्राम विकास कार्यक्रम (आई.आर.डी.पी.) के मामले में, यह लाभार्थियों की संख्या है जिन्होंने गरीबी की रेखा पार कर ली है तथा उन गरीबों की संख्या जिन्हें इस प्रकार के कार्यक्रमों की सहायता की आवश्यकता है।

$$\text{पी.ई.आई.(PEI)} = \frac{\text{कार्यक्रम परिणाम}}{\text{परिणाम के लिए अपेक्षित सक्षम ग्राहकों की अनुमानित संख्या}}$$

(iii) **कार्यान्वित दक्षता अनुसूची (Realised Efficiency Index; REI):** यह कार्यक्रम पर लगाए गए कुल प्रयासों से परिणाम की तुलना करता है और यह उत्पादन और आदानों के अनुपात के समान ही होता है।

$$\text{आर.ई.आई.(REI)} = \frac{\text{कार्यक्रम परिणाम}}{\text{कुल कार्यक्रम प्रयास}}$$

(iv) **क्षमता दक्षता अनुसूची (Capacity Efficiency Index; CEI):** यह अपने द्वारा दी गई सेवाओं जैसा कि इसके भौतिक, मानव एवं वित्तीय संसाधनों में परिभाषित किया गया है, के अनुसार कार्यक्रम की सामर्थ्य क्षमता के साथ कार्यक्रम के उत्पादन या प्रतिफल की तुलना करती है। कार्यक्रम संसाधनों के साथ अपने नियंत्रण (कमांड) पर कितना कार्य पूरा कर सकता है, यह विचारणीय मुद्दा है।

$$\text{सी.ई.आई.(CEI)} = \frac{\text{कार्यक्रम परिणाम}}{\text{कार्यक्रम की स्थापित सामर्थ्य क्षमता}}$$

समवर्ती एवं अंतिम मूल्यांकन (Concurrent and Terminal Evaluation):
समवर्ती कार्यक्रम सतत् कार्यकलाप है तथा जब कार्यक्रम कार्यान्वित किया जा रहा हो उस समय इसका प्रयोग किया जाता है। इसे सामान्यत: नियमित समय के बाद अथवा एक चरण की समाप्ति पर किया जाता है जिससे प्रगति को सकारात्मक पुनर्निवेशन तथा कार्यक्रम को दिशा-निर्देश दिया जा सके। समवर्ती मूल्यांकन, प्रभाव पर कोई भी पुनर्निवेशन नहीं देता जब तक कि यह चरण की समाप्ति पर न हो और जब तक परियोजना की रूपरेखा पर उद्देश्यों को संशोधन करने (यदि आवश्यक हो) तथा कार्यान्वयन कार्यनीति में परिवर्तन करने में सहायता देता है ताकि परियोजना के सभी उद्देश्यों को प्राप्त किया जा सके। समवर्ती मूल्यांकन अंतिम चरण से पूर्व पर्याप्त मात्रा में मान्यताओं की संगतता अथवा वैधता की जाँच करने की इजाजत देता है।

इस प्रकार, समवर्ती मूल्यांकन के मुख्य उद्देश्य निम्नलिखित हैं:

- परियोजना परिस्थितियों अथवा विकास उद्देश्यों में परिवर्तन के संदर्भ में परियोजना संशोधन के लिए आवश्यकतानुसार पुनर्निवेशन करना, तथा
- सुधारात्मक कार्यवाही करने की दृष्टि से कार्यक्रम की प्रगति को प्रभावित करने वाली समस्याओं का पता लगाना।

समवर्ती मूल्यांकन परियोजना प्रबंध का आंतरिक प्रकार्य है, जो मूल्यांकन को उपलब्ध की गई सूचना के प्रयोगकर्त्ता भी होते हैं। इस प्रकार समवर्ती मूल्यांकन को कार्यक्रम/परियोजना के निर्मित "शिक्षा आयाम" के रूप में देखा जा सकता है।

प्रश्न 23. निम्नलिखित पर संक्षिप्त टिप्पणी लिखिए:
(i) शुद्ध लाभ का वर्तमान मूल्य

उत्तर– शुद्ध लाभ का वर्तमान मूल्य किसी भी निवेश परियोजना की आर्थिक दक्षता का सूचकांक होता है। परियोजना की लागतों और लाभों के वर्तमान मूल्यानुक्रम से हमें संबंधित परियोजना की योग्यता अथवा दक्षता का निरपेक्ष मान मिलता है। जब तक हमारा ध्यान केवल एक परियोजना या दो अथवा अधिक उन परियोजनाओं तक सीमित रहता है, जिनकी लागतों का वर्तमान मूल्य एक ही है, तब तक परियोजनाओं के बीच चयन का यह सूचकांक अथवा मानदंड उपयुक्त रहता है।

लेकिन अधिक सामान्य मामले में, जब ऐसी अनेक परियोजनाएँ हों, जिनकी लागत का वर्तमान मूल्य अलग-अलग हो, तो यह निरपेक्ष माप परियोजना के भिन्न रूपों के बीच सही चयन करने में असफल रहता है।

तालिका 2.5 में इस बात को काल्पनिक परियोजनाओं "क" और "ख" के आधार पर स्पष्ट किया गया है:

तालिका 2.5: काल्पनिक परियोजना 'क' और 'ख' का वर्तमान मूल्य

परियोजना	लाभों का वर्तमान मूल्य	लागत का वर्तमान मूल्य	निवल लाभ का वर्तमान मूल्य कॉलम (2) – कॉलम (3)	लाभों का वर्तमान मूल्य/लागत का वर्तमान मूल्य कॉलम (2) + कॉलम (3)
(1)	(2)	(3)	(4)	(5)
'क'	150	100	50	1.5
'ख'	260	200	60	1.3

निवल लाभ के वर्तमान मूल्य का उपयोग जब चयन की कसौटी के रूप में किया जाता है तो हम पाते हैं कि दोनों परियोजनाएँ चयन के योग्य हैं क्योंकि उनके निवल लाभ का वर्तमान मूल्य धनात्मक है किंतु यदि इस मानदंड के अनुसार इनमें से केवल एक को चुनने के लिए कहा जाए तो हम 'ख' चुनेंगे क्योंकि परियोजना में कॉलम (4) के अनुसार, निवल लाभ का वर्तमान मूल्य अधिक मिलता है। लेकिन, कॉलम (3) से यह स्पष्ट है कि 'ख' की लागत का वर्तमान मूल्य 'क' की लागत के वर्तमान मूल्य से दो गुना है जबकि इससे हमें शुद्ध लाभ के वर्तमान मूल्य के केवल दस यूनिट ही 'क' से अधिक मिलते हैं। अत: 'ख' का चयन भ्रामक है।

(ii) **लाभ-लागत अनुपात**

उत्तर– भिन्न-भिन्न लागत वाली एक से अधिक प्रतियोगी परियोजनाओं के मामले में, सही चयन करने के लिए दक्षता का आपेक्षिक माप अथवा योग्यता का सूचकांक आवश्यक हो जाता है। लागत के वर्तमान मूल्य की तुलना में लाभ के वर्तमान मूल्य का अनुपात, जिसे संक्षेप में लाभ-लागत अनुपात कहते हैं, ऐसा माप प्रदान करता है। यह अनिवार्यत: लागत की प्रत्येक इकाई पर लाभ दिलाता है।

लाभ-लागत अनुपात मानदंड का निर्णय नियम इस प्रकार है:

- एकाकी परियोजना के मामले में, इसे तभी चुनिए जब इसका लाभ-लागत अनुपात एक से अधिक हो, जिसका एक तात्पर्य यह भी है कि इसके निवल लाभ का वर्तमान मूल्य धनात्मक है।
- अनेक परियोजनाओं के मामले में, परियोजनाओं को उनके लाभ/लागत अनुपात के अनुसार अवरोही क्रम में रखिए और सबसे ऊपर से आरंभ करके, उन परियोजनाओं को चुनिए जो संबंधित क्षेत्र/उपक्षेत्र के लिए योजना निवेश निधि को पूरी तरह खर्च कर देंगी।

Best Help Books for IGNOU STUDENTS

GULLYBABA PUBLISHING HOUSE (P) LTD.
AN ISO 9001:2008 CERTIFIED CO.

- BA
- B.Com.
- BCA
- B.Sc.
- B.Ed.
- BPP
- BJMC
- BLIS
- BSW

- MA
- M.Com.
- MCA
- MBA
- M.Ed.
- MTM
- MARD
- MSW
- MLIS

Tourism | CTE | DNHE | DECE

Entrance Books & Others

Customised Study Material for Universities/Institutions

Regd. Office
2525/193, IstFloor, Onkar Nagar-A, Tri Nagar, Delhi-110035

Branch Office
1A/2A, 20, Hari Sadan, Ansari Road, Daryaganj, New Delhi-110002, Ph.: **23289034**

Ph.: 011-2738 7998, 2738 4836, 93508 49407, 93122 35086 • Fax : 27385249
E-mail: info@gullybaba.com | Websites: GullyBaba.com, GPHbook.com

अध्याय 3

स्वैच्छिक क्रिया
(Voluntary Action)

भूमिका

समाज सेवा और स्वयं सेवा का अपने देश में लंबा इतिहास रहा है। वैदिक काल से ही यह कल्याण और विकास का प्रमुख साधन रहा है। ब्रिटिश काल में महात्मा गाँधी और उनके गाँधीवादी तौर-तरीकों ने स्वयं सेवा को बढ़ाने में जबर्दस्त भूमिका निभाई थी। उनको पूरा भरोसा था कि देश के विकास में स्वैच्छिक क्रिया बेहतरीन जरिया है। शायद इसलिए गाँधीवादी स्वैच्छिक संस्थाओं का उद्देश्य राजनीतिक आजादी के साथ-साथ गाँवों का पुनर्निर्माण करना भी था।

प्रश्न 1. कापार्ट (CAPART) से आप क्या समझते हैं? ग्राम विकास में कापार्ट की भूमिका का वर्णन कीजिए।

अथवा

गाँव को अपनाओ कार्यक्रम पर संक्षिप्त टिप्पणी लिखिए।

[जून-2012, प्रश्न सं.-5(c)]

अथवा

लोक कार्यवाही एवं ग्रामीण प्रौद्योगिकी प्रगति (कापार्ट) के उद्देश्य, संगठन और महत्त्वपूर्ण गतिविधियों की व्याख्या कीजिए। [दिसम्बर-2012, प्रश्न सं.-2]

उत्तर– भारत के ग्रामीण विकास में स्वयंसेवी क्षेत्र की महत्त्वपूर्ण भूमिका है जो समुदाय और व्यक्तियों के बीच बदलाव की पहल और विशिष्ट मुद्दों के प्रत्यक्ष कार्यान्वयन के जरिए कार्य करता है। कापार्ट (लोक कार्यक्रम और ग्रामीण प्रौद्योगिकी विकास परिषद्) ग्रामीण विकास मंत्रालय के निर्देशों के अंतर्गत कार्य करता है। आज यह संस्था भारत में ग्रामीण विकास को फैलाने में बड़ा योगदान करती है। समस्त देश में 12,000 स्वयंसेवी संगठनों द्वारा बड़े पैमाने पर विकास कार्यक्रमों को आरंभ किया गया है।

कापार्ट की स्थापना दो एजेंसियों को मिलाकर हुई है: 'काउंसिल ऑफ एडवांसमेंट फॉर रूरल टेक्नोलॉजी' (सी.ए.आर.टी.) तथा पीपल्स एक्शन फॉर डेवलपमेंट (पी.ए.आई.डी.)। कापार्ट 1980 के संस्था पंजीकरण अधिनियम के अंतर्गत एक स्वायत्त संस्था मानी गई।

कापार्ट की सप्तम योजना के प्रस्तुतीकरण में स्वयंसेवी क्षेत्र की संस्थाओं को 1986 में औपचारिक पहचान मिली जब ग्रामीण क्षेत्रों के विकास में सहायक सरकारी तथा स्वयंसेवी क्षेत्र के संगठनों के बीच सहायक समितियों के वर्गीकरण तथा सामंजस्य के लिए सहयोग किया गया।

कापार्ट ने गाँव के लोगों को एकजुट कर विकास प्रक्रिया में अपना जबरदस्त योगदान दिया है। उसने स्वैच्छिक संस्थाओं के जरिए सरकारी कोशिशों को आगे बढ़ाने में अपनी भूमिका निभाई है।

विकास के लिए लोक कार्यक्रम को 1960 में खाद्य एवं कृषि संगठन यानी एफ.ए.ओ. के 'भूख से मुक्ति' मुहिम के तहत बनाया गया था। उसे 1973 में समिति पंजीकरण अधिनियम के तहत रजिस्टर किया गया था। उसने खासतौर पर खेती-बाड़ी और पशुपालन कार्यक्रमों को पैसा दिया। उसे खुद पैसा बाहर से मिला था। उसने छोटे और हाशिए पर पड़े किसानों, भूमिहीन मजदूरों और गाँवों के दस्तकारों-शिल्पकारों को मदद दी। अपनी समन्वित सेवाओं के जरिए खेती-बाड़ी की नई-नई तकनीक पर जानकारी दी। उन्हें रोजगार, उत्पादन और आय बढ़ाने के उपाय सुझाए।

कापार्ट यानी ग्रामीण प्रौद्योगिकी प्रगति परिषद् ने गाँवों में विकास के लिए सही तकनीक को बढ़ावा दिया। इस सिलसिले में उसने कई संस्थाओं को शोध और विकास

कोशिशों के लिए पैसा दिलाया। उसने ग्रामीण तकनीक की अपनी जानकारी को मशीन, कल-पुर्जे और उपकरण बनाने वालों के बीच प्रसारित किया।

उद्देश्य (Objectives): कापार्ट ने अपने प्रपत्र यानी चार्टर में दोनों संस्थाओं की गतिविधियों को शामिल किया। कापार्ट के उद्देश्य हैं:

- गाँवों के लिए जरूरी तकनीक के विकास के लिए प्रेरक की भूमिका निभाना। इस सिलसिले में विभिन्न एजेंसियों खासतौर पर स्वैच्छिक संस्थाओं के शोध और विकास कामों की पहचान करना, उसके लिए पैसा देना वगैरह शामिल है।
- सरकारी विभागों, सार्वजनिक क्षेत्रों, सहकारी समितियों, स्वैच्छिक संस्थाओं और आम लोगों को ठोस तकनीक मुहैया कराने के लिए भूमिका निभाना।
- सूचना और आँकड़ों के वितरण केंद्र के तौर पर काम करना।
- मशीन के कल पुर्जों और उपकरण बनाने वालों तक ग्रामीण तकनीक को पहुँचाना ताकि वे बड़े पैमाने पर उत्पादन कर सकें।
- गाँवों में लोगों की जिंदगी को बेहतर बनाने के लिए उन योजनाओं और परियोजनाओं को बढ़ावा देना, जिससे उनका पूरा विकास जुड़ा हो। मसलन, रोजगार बढ़ाने वाले, आत्मनिर्भर बनाने वाले, संगठित करने वाली परियोजनाओं को मदद करना। उसकी देख-रेख करना और उसके लिए एक विभाग या एजेंसी से दूसरी एजेंसी के बीच पुल का काम करना शामिल है।
- खासतौर पर स्वैच्छिक क्षेत्र में प्रशिक्षण कार्यक्रम चलाना या प्रायोजित करना ताकि उन्नत तकनीक से गाँवों का विकास हो सके।
- गाँवों के विकास और तकनीक से जुड़ी स्वैच्छिक संस्थाओं और सरकारी एजेंसियों के बीच संवाद को बढ़ावा देने के लिए प्रशिक्षण कार्यक्रमों, गोष्ठियों और कार्यशालाओं को प्रायोजित करना।
- कापार्ट के उद्देश्यों को बताने के लिए सामग्री तैयार करना, उन्हें प्रकाशित करना। साथ ही उस पर आधारित पत्रिकाएँ और किताबें निकालना।
- गाँवों की खुशहाली के लिए बनने वाली परियोजनाओं को लागू करने के लिए स्वैच्छिक प्रयासों को प्रोत्साहित करना, बढ़ावा देना और हर संभव मदद करना। खासतौर पर नई तकनीक पर जोर देना।
- गाँवों के विकास में जरूरी तकनीक को तैयार करने और उसके प्रसार के सिलसिले में हो रही तमाम कोशिशों में तालमेल बिठाने के लिए राष्ट्रीय नोडल एजेंसी के तौर पर काम करना।

संगठन (Organisation): दरअसल, 1995 से पहले सभी परियोजनाएँ या प्रोजेक्ट मुख्यालय से ही तय होते थे। उसकी वजह से उनकी देख-रेख और मूल्यांकन में दिक्कत आती थी। 1994 में छह क्षेत्रीय कार्यालय खुले। उनका काम-काज 1995 में शुरू हो गया। फिलहाल, नौ क्षेत्रीय कार्यालय अहमदाबाद, भुवनेश्वर, चंडीगढ़, धारवाड़, जयपुर, गुवाहाटी,

हैदराबाद, लखनऊ और पटना में काम कर रहे हैं। इनके खुलने से मूल्यांकन का काम तो कारगर ढंग से हुआ ही, उससे जमीनी स्तर पर काम कर रही छोटी स्वैच्छिक संस्थाओं को भी खासे अवसर मिले। सन् 2000 में कार्य समिति के एक फैसले से क्षेत्रीय कार्यालयों को परियोजना खर्च में ₹20 लाख तक की मंजूरी देने का अधिकार मिल गया।

शुरू से ही कापार्ट के कामकाज में साफ-सफाई या पारदर्शिता लाने की कोशिश रही। यह भी कोशिश हुई कि खासतौर पर परियोजना की मंजूरी के मामले में स्वैच्छिक संस्थाओं को निर्णय की प्रक्रिया में हिस्सेदार बनाया जाए। इसलिए समिति व्यवस्था पर जोर दिया गया। मुख्यालय के स्तर पर राष्ट्रीय स्थायी समितियाँ यानी एन.एस.सी. गठित की गईं। इन समितियों को एक करोड़ रुपए की परियोजना मंजूर करने की छूट दी गई। उससे ज्यादा की परियोजना कार्यकारी समिति ही मंजूर कर सकती है। अलग-अलग विषयों के लिए ऐसी नौ एन.एस.सी. या समितियाँ हैं। मसलन, विपणन और मीडिया, वाटरशेड यानी जल संभरण संरक्षण और विकास कार्यक्रम, जन सहयोग और सामाजिक वानिकी, ग्रामीण आवासन, ग्रामीण तकनीकी, स्वैच्छिक संस्थाओं के कामकाज से जुड़े मामले, निशक्तता, पीने का पानी, सफाई, आय के साधन बढ़ाना और उसकी देख-रेख के लिए पेनल वगैरह। समन्वित ग्रामीण विकास कार्यक्रम यानी आई.आर.डी.पी. के तहत आने वाली योजनाओं को अलग कर देने की वजह से ये समितियाँ चार रह गई हैं। अब वे उन्हीं योजनाओं को पैसा देते हैं, जो ग्रामीण विकास में स्वैच्छिक कार्यवाही या ग्रामीण तकनीकी प्रगति या लाभान्वितों के संगठन के तहत आती हैं।

सितम्बर, 1986 में शुरू होने से लेकर नवम्बर, 2000 तक कापार्ट ने 19 हजार 265 परियोजनाओं को मंजूरी दी। उसमें ₹552 करोड़ लगाए गए। तकरीबन आठ हजार स्वैच्छिक संस्थाओं को उसने ₹423 करोड़ दिए। 1999 से कापार्ट तीन क्षेत्रों की ओर मुड़ गया। ये थे ग्रामीण विकास में स्वैच्छिक संस्थाओं को प्रोत्साहन, लाभान्वितों या हितग्राहियों के संगठन और ग्रामीण तकनीकी की प्रगति यानी पी.सी., ओ.बी. और आर्ट्स। अब उसका पूरा जोर परियोजनाओं की तैयारी के अंदाज में लचीलापन लाने, समन्वित और नई सोच अपनाने पर था।

गतिविधियाँ (Activities): कापार्ट कई योजनाओं के लिए पैसा ही नहीं, तकनीकी मदद भी देता है।

(1) **ग्रामीण इलाकों में महिलाओं और बच्चों का विकास** (Development of Women and Children in Rural Areas; DWCRA): इसमें और कई चीजों के अलावा डेरी, सिलाई, कढ़ाई, बुनाई, खाद्य प्रसंस्करण जैसी गतिविधियों पर जोर दिया जाता है। 1988-89 में इसके तहत 194 परियोजनाएँ मंजूर की गईं और उन्हें ₹324 लाख की मदद दी गई।

(2) **ग्रामीण भूमिहीन रोजगार गारंटी कार्यक्रम** (Rural Landless Employment Guarantee Programme; RLEGP): इस कार्यक्रम में घर बनाना,

पानी रोकने के लिए ढाँचे यानी पोखर, बावड़ी, तालाब, सड़क, सामाजिक वानिकी और भूमि व जल संरक्षण आता है।

(3) पीने का पानी कार्यक्रम (Water Supply Programme): कापार्ट स्वैच्छिक संस्थाओं को बढ़ावा देता है कि वे द्रुत ग्रामीण जल प्रदाय कार्यक्रम के तहत परियोजनाओं पर काम करें। पीने के पानी के लिए तकनीकी मिशन के उद्देश्यों को ध्यान में रखते हुए कापार्ट उन्हें मदद देता है।

(4) केंद्रीय ग्रामीण सफाई कार्यक्रम (Central Rural Sanitation Programme; CRSP): इस कार्यक्रम में 260 परियोजनाएँ मंजूर की गई हैं, ताकि गाँवों में सफाई से जुड़े काम हो सकें।

(5) ग्रामीण विकास में स्वैच्छिक प्रयासों को प्रोत्साहन (Promotion of Voluntary Action in Rural Development): अलग-अलग गरीबी हटाओ कार्यक्रम के तहत वह स्वैच्छिक संस्थाओं को काम करने के लिए जोर देता है। कापार्ट उसमें जम कर मदद करता है। इस कार्यक्रम के तहत आय बढ़ाने वाले काम मसलन, रेशम काम, डेरी विकास, ग्रामीण उद्योग, छोटे स्तर पर सिंचाई, चारा उत्पादन वगैरह को मदद दी जाती है। सामाजिक कार्य मसलन, स्वास्थ्य सेवा, शिक्षा, सूखा और क्रेडिट यानी कर्ज प्रबंधन को भी मदद दी जाती है। 1988-89 में इस तरह की पचास परियोजनाओं को ₹519 लाख की मदद मंजूर की गई।

(6) लाभान्वितों या हितग्राहियों का संगठन (Organisation of Beneficiaries): गाँवों में गरीबी हटाओ कार्यक्रम के तहत यह योजना स्वैच्छिक संस्थाओं को मदद देती है ताकि वे गाँवों के गरीब लाभान्वितों या हितग्राहियों के लिए जागरूकता शिविर लगाएँ। इस योजना के अंग हैं:

(क) सामाजिक प्रोत्साहक यानी ऐनीमेटर का प्रशिक्षण (Training of Social Animators): सामाजिक प्रोत्साहक गाँवों के लक्ष्य समूहों से ही आते हैं। प्रशिक्षण और हुनर हासिल करने के बाद ये लोगों के लिए प्रेरणा का काम करते हैं और लोगों को अपनी योग्यता और ताकत पहचानने में मदद करते हैं। ये प्रशिक्षण स्वैच्छिक संस्थाएँ ही देती हैं या वे संस्थान जिनकी पहचान कापार्ट करता है।

(ख) जागरूकता शिविर लगाना (Organisation of Awareness Camps): यह शिविर गाँवों के गरीबों को तमाम सामाजिक-आर्थिक ताकतों के बारे में जागरूक करते हैं। आखिर वे लोग क्यों पिछड़े हुए हैं और उनके कमजोर होने की कौन-सी वजह है?

(ग) ग्रामीण संगठनकर्त्ताओं का चयन (Selection of Rural Organisers): ये संगठनकर्त्ता लाभान्वितों को सामूहिक कार्यवाही की जरूरत बताते हैं और उन्हें संगठित होने में मदद करते हैं।

कापार्ट के कुछ खास कार्यक्रम: कापार्ट के कुछ खास कार्यक्रम हैं:

(1) जलसंभरण प्रबंधन (Watershed Management): कापार्ट का वाटरशेड कार्यक्रम देशभर के सूखा आशंकित इलाकों में चलता है। यह जमीनी स्वैच्छिक संस्थाओं

और गाँवों के लाभान्वितों की मदद से चलाया जाता है। इसमें अलग-अलग खेतिहर-पारिस्थितिकी क्षेत्रों की अनुभवी स्वैच्छिक संस्थाओं को शामिल किया जाता है। इस कार्यक्रम में क्षमता निर्माण की सीढ़ी स्वैच्छिक संस्थाओं के साथ-साथ गाँव में काम करने वाले के लिए भी बहुत काम की होती है ताकि कार्यक्रम को कारगर ढंग से लागू किया जा सके। इसके तहत कापार्ट 222 स्वैच्छिक संस्थाओं को ₹6 करोड़ 38 लाख मंजूर कर चुका है। कार्य योजना और ट्रैक ए परियोजनाओं के पूरा होने पर इससे तकरीबन 1,42,500 हेक्टेयर इलाकों को लाभ पहुँचेगा।

(2) **अंतर्राष्ट्रीय निधि** (International Funding): कापार्ट का अंतर्राष्ट्रीय निधि विभाग दो स्रोतों यानी डानिडा और संयुक्त राष्ट्र विकास परियोजना यानी यू.एन.डी.पी. से पैसा लेता है।

(3) **आपदा प्रबंधन में पहल** (Initiatives in Disaster Mitigation): कापार्ट ने प्राकृतिक आपदाओं से निपटने के लिए स्वैच्छिक संस्थाओं के सहयोग से नीति बनाई है ताकि गाँव के लोगों को फिर से खड़ा किया जा सके। इसमें उनके उजड़े घरों को फिर से बनाना और उनकी जिंदगी को ढर्रे पर लाना शामिल है। उसका मकसद लोगों को कुछ राहत पहुँचाना और उनका पुनर्वास करना है। कापार्ट राज्य सरकार और अन्य एजेंसियों के इन कामों को अपना सहयोग देना चाहता है। वह इस मामले में राष्ट्रीय और अंतर्राष्ट्रीय मानवीय संस्थाओं से भी सहयोग चाहता है ताकि कापार्ट के सीमित संसाधनों से ज्यादा से ज्यादा लाभ लिया जा सके। इस क्षेत्र में स्वैच्छिक संस्थाओं के जरिए कापार्ट ने ये काम किए हैं:

(क) **उत्तराखंड का भूकंप** (Uttrakhand Earthquake): 30 मार्च 1999 को उत्तराखंड में जबरदस्त भूकंप आया था। राज्य का बड़ा इलाका उससे प्रभावित हुआ था। उस भूकंप का असर 3166 गाँवों तक हुआ था। करीब चार लाख, इक्तालीस हजार लोग उससे पीड़ित हुए। कापार्ट ने 15 स्वैच्छिक संस्थाओं को 215 अस्थायी और 22 स्थायी भूकंपरोधी आश्रय बनाने के लिए एक करोड़, चालीस लाख रुपए दिए थे। ये स्थायी आश्रय समुदाय की संपत्ति थे ताकि वे आगे भी उसमें विभिन्न सामाजिक-आर्थिक विकास गतिविधियों के लिए प्रशिक्षण और जागरूक कार्यक्रम चला सकें।

(ख) **उड़ीसा महाचक्रवात 1999** (Orissa Super Cyclone 1999): कापार्ट ने 55 स्वैच्छिक संस्थाओं को जोड़ कर महाचक्रवात से प्रभावित इलाकों में ठोस पुनर्वास परियोजनाएँ चलाईं। उसमें घर बनाना, उजड़े घरों को फिर से बनाना, किसानों, मछुआरों, गाँवों के दस्तकारों और बुनकरों के लिए फिर से काम पर लौटने का माहौल बनाना शामिल था। इसके साथ भविष्य में इस तरह की आपदाओं से निपटने के लिए तैयार करना और चक्रवात वगैरह की जानकारी लोगों में देना भी था। फिर कापार्ट ने लम्बे समय को ध्यान में रखते हुए स्वैच्छिक संस्थाओं के जरिए रणनीति तैयार की। मसलन पुनर्वास के लिए

भूमि विकास, वन रोपण, घर बनाने की तकनीक, दस्तकारों की आय बढ़ाने वाले कार्यक्रम के लिए प्रशिक्षण, जागरूकता अभियान और आपदाओं से निपटने जैसे कार्यक्रम। इस सिलसिले में 55 स्वैच्छिक संस्थाओं को 61 परियोजनाओं के लिए तीन करोड़ रुपए दिए गए। इन परियोजनाओं से बड़ी संख्या में प्रभावित परिवारों को लाभ मिलेगा।

(ग) **सूखा (Drought):** सूखा अपने देश के कई इलाकों पर कहर ढाता है। पिछले सालों में उसका सबसे ज्यादा असर राजस्थान, गुजरात, मध्य प्रदेश और आंध्र प्रदेश में रहा है। कापार्ट ने इन राज्यों को 37 स्वैच्छिक संस्थाओं के जरिए चार करोड़ रुपए की मदद दी है। उससे गाँवों में ही रोजगार के अवसर बढ़े हैं। वहाँ पलायन रुका है। फिर गाँवों में सूखे का सामना करने के लिए साधन जुटाए गए हैं। उससे भविष्य में सूखे से निपटने में मदद मिलेगी।

(घ) **बाढ़ (Flood):** बाढ़ से बुरी तरह प्रभावित इलाकों में कापार्ट ने स्वैच्छिक संस्थाओं को जोड़ कर कई परियोजनाओं पर काम कराया है। उसने स्वैच्छिक संस्थाओं को बिहार, उड़ीसा और पश्चिम बंगाल के बाढ़ वाले इलाकों में आर्थिक पुनर्वास की कोशिशों के लिए भरपूर मदद दी है।

(4) **विपणन विकास प्रभाग (Marketing Development Division):** आय बढ़ाने की योजना के तहत स्थानीय संसाधनों का इस्तेमाल करते हुए बड़ी मात्रा में चीजें तैयार की जाती हैं। चूँकि ज्यादातर चीजें काफी हद तक दूर-दराज के इलाकों में बनाई जाती हैं कम मात्रा में तैयार होती हैं। इसलिए कापार्ट इस तरह के सामान बनाने वालों को एकजुट करता है ताकि वे ग्रामश्री मेलों में अपना सामान बेच सकें। ये मेले देश के अलग-अलग हिस्सों में होते रहते हैं। गाँवों के उत्पादकों को अपना सामान बेचने के लिए ये मंच देते हैं। फिर अपने खरीदारों से सीधे संवाद का मौका भी उन्हें मिलता है। उससे उन्हें अपने सामान पर प्रतिक्रिया भी मिलती है। इन प्रतिक्रियाओं से गाँवों के गरीब उत्पादकों को अपने सामान का डिजाइन बेहतर करने, रंग बदलने और विविधता लाने में मदद मिलती है।

गाँवों के उत्पादक समूहों को बाजार देने के कार्यक्रम के तहत हिमाचल प्रदेश में लाहौल स्पीति जिले के केलांग में सिलाई और बुनाई के महिला स्वयं सहायता समूहों के लिए एक डिजाइन विकास कार्यशाला की गई। उसमें बेहतरीन डिजाइनरों ने बेहतर डिजाइन और नए उत्पादों के लिए वहाँ की महिलाओं के साथ काम किया ताकि वहाँ के बुनकर अपने उत्पादों को और बेहतर बना सकें। उस कार्यशाला की चीजों को अंतर्राष्ट्रीय व्यापार मेले में प्रदर्शित किया गया।

कापार्ट ने 14 से 27 नवम्बर 2000 को अंतर्राष्ट्रीय व्यापार मेला के दौरान एक बड़ी प्रदर्शनी सरस-2000 लगाई। यह 50 हजार वर्ग फुट में लगाई गई थी। उसमें ग्रामीण विकास मंत्रालय और कापार्ट की आय बढ़ाने की योजना के तहत गाँवों के गरीबों की बनाई चीजें प्रदर्शित की गईं।

(5) नई जन सहकार योजना (New PC Scheme): जन सहकारिता और सामाजिक वानिकी के लिए राष्ट्रीय स्थायी समिति ने जन सहकारिता योजना के तहत अहम् मसलों पर तीन उप दिशा-निर्देश जारी किए:

(क) लघु वित्त पर कापार्ट के दिशा-निर्देश (CAPART Guidelines on Micro-Finance): इन दिशा-निर्देशों के मुताबिक सभी आय बढ़ाने वाली योजनाएँ स्वयं सहायता समूहों पर आधारित होंगी। आगे से आई.आर.डी.पी./डी.डब्ल्यू.सी.आर.ए. किस्म की योजनाएँ मंजूर नहीं की जाएँगी। लघु वित्त पर मदुरई की प्रमुख स्वैच्छिक संस्था 'धन' के साथ कई चर्चाओं और कार्यशालाओं के बाद ये दिशा-निर्देश बनाए गए।

(ख) गाँव को अपनाओ कार्यक्रम ('Adopt A Village' Programme): यह योजना गाँव और पंचायत स्तर पर समन्वित योजनाओं को लागू करने का ढाँचा तैयार करती है। अब तक स्वैच्छिक संस्थाएँ समन्वित योजना के नाम पर कुल मिलाकर दो-तीन काम गिना कर ही परियोजनाएँ मंजूरी के लिए दे देते थे। ये काम पहले कापार्ट करता था। मसलन, हैंड पंप, कम खर्चे के शौचालय, घर और मछलियों के तालाब वगैरह। इस योजना के बाद अब यह तय किया गया है कि परियोजनाएँ वहाँ के लोग ही बनाएँगे और उसे सहकारी ग्रामीण मूल्य निर्धारण तकनीक के तहत तैयार किया जाएगा। उसमें वहाँ के लोगों की जरूरतों की झलक मिलनी जरूरी है। इसमें जोर सशक्तीकरण के मुद्दों, आय बढ़ाने और ढाँचायी सहयोग पर रहेगा। यहाँ जरूरी होगा कि स्वैच्छिक संस्थाएँ और उसे करने वाली टीम लघु योजनाओं को लागू करने में पूरी तरह प्रशिक्षित हो। चूँकि समन्वित योजनाओं में अच्छी-खासी रकम मिलती है, इसलिए स्वैच्छिक संस्थाओं के लिए जरूरी है कि वह अपने कामों का पूरा ब्यौरा रखे। इस तरह का काम करने वाले छोटे एन.जी.ओ. या गैर-सरकारी संस्थाओं को किसी लघु योजना समर्थित स्वैच्छिक संस्था यानी एस.वी.ओ. से प्रशिक्षण लेना होगा वह भी वाटरशेड दिशा-निर्देशों की तर्ज पर। ये संस्थाएँ जब प्रमाणित करेंगी कि प्रशिक्षण कार्यक्रम कायदे से हो गया है और परियोजना को लागू करने में समर्थ है, तभी वे आगे काम कर पाएँगे। यह साफ कर दिया गया है कि उन्हीं संस्थाओं को सीधे परियोजनाएँ दी जाएँगी, जिनके पास उस सिलसिले में ठोस तकनीकी और प्रबंधकीय अनुभव होगा। इसका मकसद एक आदर्श गाँव बनाना है, जहाँ सबकी कोशिशों और जरूरी कड़ियों को जोड़ कर उत्पादन बढ़ाना, आय में बढ़ोतरी करना और रोजगार दिलाना हो।

(ग) सूखा साधन योजना (Drought Proofing Scheme): यह योजना खासतौर पर सूखा आशंकित इलाकों के लिए है। स्वैच्छिक संस्थाएँ तीन साल के लिए सूखा से निपटने के लिए ग्राम सभा से बातचीत कर एक योजना मंजूरी के लिए देती हैं। माना जाता है कि यह योजना कापार्ट के वाटरशेड विकास कार्यक्रम के पूरक के तौर पर ही होगी। स्वैच्छिक संस्थाओं को चुनते हुए यह ख्याल रखा जाता है कि इस तरह की योजनाओं को लागू करने में उनका बेहतर अनुभव हो।

इस योजना के मुख्य उद्देश्य हैं:
(i) सूखा साधन
(ii) रोजगार बढ़ाना और गाँवों से पलायन रोकना
(iii) स्थानीय जरूरतों के मुताबिक समस्या को समझते हुए लोगों की अपनी कोशिशों से सूखे से निपटने के लिए एक लचीली व्यवस्था विकसित करना।

(6) जागरूकता अभियान कार्यक्रम (Awareness Generation Programme): गरीबी के खिलाफ काम कर रही लाभान्वितों की संस्थाओं को कापार्ट अपनी ओ.बी. यानी लाभान्वित संस्थाओं के लिए योजना के तहत खासा महत्त्व देता है। इस योजना का उद्देश्य गाँवों के गरीबों में जागरूकता लाना है। उन्हें जागरूक कर एकजुट करना, समूह बनाना और उनकी बेचने की क्षमता को मजबूत करना है। इस योजना में लाभान्वितों को एकजुट करने के लिए आर्थिक मदद दी जाती है। उन्हें संगठित कर समूह में लाया जाता है। जागरूकता अभियान के लिए शिविर लगाए जाते हैं। उसके बाद भी देख-रेख की जाती है कि विकास कार्यक्रम का लाभ उन्हें मिल भी रहा है या नहीं। जागरूकता के लाभों को और मजबूत करने के लिए सामाजिक प्रोत्साहक यानी ऐनीमेटर को प्रशिक्षण दिया जाता है ताकि वे गाँवों में बदलाव के वाहक हो सकें।

प्रश्न 2. जन भागीदारी को तय करने वाले कारकों को स्पष्ट कीजिए।

अथवा

'जन भागीदारी' पर संक्षिप्त टिप्पणी लिखिए।

[जून-2012, प्रश्न सं.-5(f)]

अथवा

लोगों की भागीदारी को निर्धारित करने वाले प्रमुख कारकों की चर्चा कीजिए।

[दिसम्बर-2013, प्रश्न सं.-3(c)]

उत्तर– भागीदारी का स्पष्ट अर्थ है लोगों को सीधे तौर पर शामिल करना, न कि प्रतिनिधित्व के जरिए अप्रत्यक्ष तौर पर शामिल होना। भागीदारी का अर्थ (1) निर्णय लेने; (2) विकास कार्यों के कार्यान्वयन; (3) कार्यक्रम की निगरानी और उसके मूल्यांकन, तथा (4) विकास के लाभों के बँटवारे में भागीदारी के रूप में समझा जाना चाहिए।

'जन भागीदारी' को कभी-कभी किसी बाहरी एजेंसी चाहे वह सरकारी हो या गैर-सरकारी की नीतियों और कार्यक्रमों को समर्थन देने में भागीदार होने के अर्थ में इस्तेमाल किया जाता है। इस लिहाज से यह जन सहयोग लगता भी है। लेकिन सही मायने में जन भागीदारी का मतलब है हर कदम पर भागीदारी। यानी योजना के स्तर पर जुड़ने, कार्यक्रम बनाने, उसे लागू करने, फैसला लेने, लाभ में हिस्सा होने, लगातार देख-रेख करने और उसके मूल्यांकन में भी पूरी भागीदारी होनी चाहिए।

दरअसल, जो विकास कार्यक्रम लोगों की हिस्सेदारी से बनाए और विकसित किए जाते हैं, वे जमीनी हकीकत के ज्यादा नजदीक होते हैं। इन कार्यक्रमों की जड़ें समाज में होती हैं। इसलिए वे उन्हें बेहद अपने लगते हैं। जन भागीदारी पर जोर इसलिए दिया जाता है क्योंकि वह लोगों को अधिकार देने का बेहतरीन जरिया होता है। उससे सचमुच हालात सुधरते हैं और वह लम्बे समय तक कारगर होते हैं।

प्रक्रिया (Process): लोगों की भागीदारी की प्रक्रिया तीन मान्यताओं पर आधारित है:

- लोग एक समुदाय के तौर पर अपने विकास की जिम्मेदारी को जानते हैं, समझते हैं और उसे स्वीकार करते हैं;
- अपनी आवश्यकताएँ पूरी करने के लिए लोग अपने ही संसाधनों का उपयोग करते हैं और उनका विकास करते हैं;
- सामुदायिक प्राथमिकताओं के अनुसार लोग मुख्य ध्यान अपनी समस्याओं, संसाधनों तथा कार्यवाही पर देते हैं।

जन भागीदारी को तय करने वाले कारक (Factors Determining People's Participation):

(1) संप्रेषण (Communication): सामुदायिक कार्यकर्त्ता को उस भाषा में बात करनी चाहिए जिसे लोग समझते हैं। आप जानते ही हैं कि अलग-अलग समूहों को अलग-अलग माध्यम से समझाना पड़ता है।

(2) प्रेरणा और नेतृत्व (Motivation and leadership): सामुदायिक कार्यकर्त्ता में लोगों को कार्यक्रम में हिस्सेदारी के लिए प्रेरित और उत्साहित करने का माद्दा होना चाहिए। वह उनमें भरोसा जगाए कि कार्यक्रम के लाभ उन्हें मिलेंगे। उसके भीतर नेतृत्व की क्षमता और बेहतर साख होनी चाहिए। लोकतांत्रिक नेतृत्व जन भागीदारी को बढ़ावा देने में कमाल की भूमिका निभा सकता है।

(3) किस हद तक कार्यक्रम जरूरतों पर आधारित है (Extent to which programmes are based on felt needs): वही कार्यक्रम कामयाब होगा, जो लोगों की जरूरतों पर आधारित होगा। उसके लिए जरूरतों की साफ समझ और निर्धारण जरूरी है। मसलन, कम खर्च में पोषक आहार का कार्यक्रम तब तक लोकप्रिय नहीं होगा, जब तक लोगों को उसकी जरूरत महसूस नहीं हो।

समुदाय जन भागीदारी के लिए आगे क्यों नहीं आते, जबकि उससे उन्हें ही लाभ पहुँचता है; उसके कई कारण हैं:

(क) निरक्षरता, गरीबी और आमतौर पर निचले स्तर की जागरूकता भी अन्य कारणों में है।

(ख) नौकरशाही अक्सर इस तरह के बदलाव को लागू करने में सबसे बड़ी रुकावट बन जाती है। उन्हें लगता है कि उससे उनकी ताकत और रुतबे में फर्क पड़ेगा।

(ग) अक्सर गाँवों की गुटबाजी, वहाँ का शक्ति संतुलन और निहित स्वार्थ लोगों को हिस्सेदारी से रोकते हैं। खासतौर पर जब कार्यक्रम मौजूदा व्यवस्था को चुनौती दे रहा हो, गरीबों के सामाजिक न्याय को नकार रहा हो या अपने चरित्र में ही शोषण करने वाला हो।

(घ) ज्यादातर मामलों में जन भागीदारी इसलिए नहीं हो पाती, क्योंकि समुदाय उस कार्यक्रम के लिए तैयार नहीं होता। वहाँ के नेतृत्व को भरोसे में नहीं लिया जाता। उन्हें शामिल नहीं किया जाता।

प्रश्न 3. स्वैच्छिक संगठन एवं गैर-सरकारी संगठन में अंतर बताइए।

अथवा

स्वैच्छिक संगठन एवं गैर-सरकारी संगठन पर संक्षिप्त टिप्पणी कीजिए।

[जून-2014, प्रश्न सं.-5(च)]

उत्तर– स्वैच्छिक संगठन एवं गैर-सरकारी संगठन में अंतर निम्न प्रकार से है:

स्वैच्छिक संगठन	गैर-सरकारी संगठन
(1) अपने ही सदस्यों द्वारा गठित तथा संचालित।	(1) सरकार द्वारा गठित और संचालित।
(2) कर्मचारियों की नियुक्ति संचालन मंडल करता है।	(2) कर्मचारियों की नियुक्ति सरकार करती है।
(3) कर्मचारियों का वेतन संचालन मंडल द्वारा निर्धारित किया जाता है।	(3) कर्मचारियों को वेतन सरकार द्वारा दिया जाता है।
(4) इन्हें धन मुख्यत: दान-कर्त्ता एजेंसियों से मिलता है।	(4) इन्हें धन सरकार से मिलता है।
(5) ये आवश्यकता पड़ने पर नई नीतियाँ और कार्यक्रम बना सकते हैं, लेकिन इनके लिए संचालन मंडल की अनुमति आवश्यक है।	(5) इनकी नीतियों और कार्यक्रमों में परिवर्तन सरकार की नीतियों और कार्यक्रमों में परिवर्तन पर निर्भर होता है।
(6) इनमें न तो मजदूर संघ होते हैं और न ही ये राजनीतिक तौर पर किसी से संबद्ध होते हैं।	(6) इनमें मजदूर संघ हो सकते हैं और सरकारी क्षेत्र के बाहर इनके राजनीतिक तौर पर संबंध भी हो सकते हैं।

प्रश्न 4. स्वर्ण जयंती ग्राम स्वरोजगार योजना तथा जिला योजना समिति पर टिप्पणी कीजिए।

उत्तर– स्वर्ण जयंती ग्राम स्वरोजगार योजना (Swarna Jayanti Gram Swarozgar Yajana; SGSY): अप्रैल 1999 में समन्वित ग्रामीण विकास कार्यक्रम और सहयोगी कार्यक्रमों को मिलाकर एक कार्यक्रम यानी स्वर्ण जयंती स्वरोजगार योजना

तैयार की गई थी। उसमें मिलियन वेल्स स्कीम यानी लाखों कुआँ नीति भी शामिल थी। इस योजना को गाँवों के लघु उद्यम विकास के एक समग्र कार्यक्रम के तौर पर सोचा गया था। उसमें जोर गाँवों के गरीबों को स्वयं सहायता समूह बनाने, क्षमता बढ़ाने, गतिविधियों की योजना बनाने, बुनियादी सुविधाओं के लिए सहयोग, तकनीकी, क्रेडिट या कर्ज और बाजार संयोजन पर था। उसका मकसद कार्यक्रम को लागू करने के लिए तमाम एजेंसियों का एक तंत्र विकसित करना था। एजेंसियाँ मसलन, जिला ग्रामीण विकास अभिकरण यानी डी.आर.डी.ए., राज्य सरकारों के संबंधित विभाग, बैंक, गैर-सरकारी संस्थाएँ और पंचायती राज संस्थाएँ उसमें शामिल थीं। यह योजना खास गतिविधियों पर जोर देने की जरूरत महसूस करती है। साथ ही गतिविधि समूहों के महत्त्व को भी समझती है। इस कार्यक्रम में कमजोर वर्गों के हित समाए हुए हैं। उसका जोर है कि पचास प्रतिशत स्वयं सहायता समूह सिर्फ महिलाएँ ही बनाएँ और पचास प्रतिशत लाभ अनुसूचित जाति और जनजाति की ओर जाए। उसमें विकलांग हितग्राहियों या लाभान्वितों के लिए अलग से व्यवस्था है। यह कार्यक्रम क्रेडिट और सब्सिडी यानी कर्ज और इमदाद पर आधारित है। कर्ज और सब्सिडी का अनुपात 3:1 रखा गया है। सब्सिडी परियोजना खर्च की 30 प्रतिशत तय है। बशर्ते सामान्य वर्ग के लाभान्वित को अधिकतम ₹7500 मिले या समूह का पचास प्रतिशत।

जिला योजना समिति (District Planning Committee; DPCs): संविधान के 74वें संशोधन में जिला योजना समितियाँ बनाने का प्रावधान था। हालाँकि ये प्रावधान बेहद कमजोर था क्योंकि उसमें सिर्फ योजना का प्रारूप तैयार करने की ही बात है। राज्य सरकारों ने उन पर कायदे से ध्यान ही नहीं दिया। फिर जिला योजना पर भारत सरकार के दिशा-निर्देश पूरी तरह लागू नहीं हो पाए। वैसे जिला योजना समितियों को स्थापित करना चाहिए और उसके कार्यकर्त्ताओं को योजना के बुनियादी पहलुओं के बारे में प्रशिक्षित किया जाना चाहिए। लोगों की जरूरतों के लिहाज से ग्राम सभा और पंचायत को शामिल कर गाँवों के विकास की योजना बनाई जानी चाहिए। इन योजनाओं को पंचायत समिति और जिला स्तरीय योजना से जोड़ना चाहिए और जमीनी योजना प्रक्रिया को दसवीं योजना के समय में हकीकत बनाना चाहिए।

पिछले बीस सालों में स्वैच्छिक क्षेत्र ने जबरदस्त प्रगति की है। इन संस्थाओं ने खासतौर पर स्वास्थ्य और शिक्षा के मामले में समुदायों को गतिशील करने, उनकी विकास परियोजनाओं के लिए तकनीकी सहायता मुहैया करने में अहम् भूमिका निभाई है। अब यह तय हो गया है कि जब भी पंचायत, सामुदायिक संगठनों और प्रयोग समूहों ने मिलकर काम किया है, तब विकास परियोजनाओं से लोगों को बहुत लाभ पहुँचा है। चाहे वे परियोजनाएँ सरकार की हों या समुदाय की। जन संगठन चाहे एन.जी.ओ. के तौर पर हों या विशेषज्ञ समूहों के तौर पर उन्होंने पंचायतों को विशेषज्ञता और सक्षमता दी है जो उन्हें आमतौर पर नहीं मिल पाती। हालाँकि कई जगहों पर संवैधानिक पंचायती राज संस्थानों

के उभर आने से स्वैच्छिक संस्थाओं और उनके बीच टकराव के हालात बन गए। आखिर दोनों ही एक ही तरह का काम कर रहे हैं। गाँव के गरीबों के हालात सुधारने के लिए एन.जी.ओ. और अन्य नागरिक सेवा संस्थाएँ पंचायती राज संस्थानों को जिम्मेदार बना सकती हैं और उन्हें बढ़ावा देने की कोशिश कर सकती हैं। जी.पी.एच. की पुस्तकों का मुख्य उद्देश्य ज्ञान के साथ-साथ अच्छे नम्बर दिलाना है।

प्रश्न 5. स्वैच्छिक संस्थाओं की भूमिका सरकार किन आधारों पर स्वीकारती है? उन शर्तों को बताइए जिन्हें स्वैच्छिक संस्थाओं द्वारा सरकार की मदद लेने के लिए पूरा किया जाता है?

अथवा

स्वैच्छिक प्रयास को बढ़ावा देने में सरकार की भूमिका पर प्रकाश डालिए।

[जून-2012, प्रश्न सं.-5(g)]

उत्तर— स्वैच्छिक संस्थाओं की भूमिका को सरकार इन आधार पर स्वीकारती है:

- स्वैच्छिक संस्थाएँ समुदाय की क्षमताओं को पहचानने और विकसित करने में अहम् भूमिका निभाती हैं ताकि वे अपनी जरूरतों के मुताबिक लगातार विकास का काम कर सकें।
- स्वैच्छिक संस्थाएँ सरकार के विकास कार्यक्रमों में पूरक की भूमिका निभा सकती हैं। वे भौगोलिक दूरियों को मिटाने, कार्यक्रम की जरूरतों को समझने और समुदाय को गतिशील करने के मामले में सरकार की पूरक हो सकती हैं।
- सरकार के कार्यक्रमों का स्तर और कारगरता तभी बढ़ेगी, जब कार्यक्रम के अलग-अलग चरणों में यानी योजना, क्रियान्वयन और मूल्यांकन में लोगों को जोड़ा जाएगा।
- लोगों की जरूरतों को पूरा करने में जरूरी सभी संसाधनों का सरकार अकेले इस्तेमाल नहीं कर सकती।

इनके जरिए सरकार स्वैच्छिक संस्थाओं के काम को बढ़ावा देती है:

- स्वैच्छिक संस्थाओं को विदेशी एजेंसियों से मिलने वाले अनुदान को सरकार जरूरी होने पर मंजूरी देती है।
- स्वैच्छिक संस्थाओं की जानकारी और कौशल में सुधार लाने के लिए सरकार प्रशिक्षण और परियोजना व्यवस्थापन कार्यक्रम आयोजित करती है।
- आधिकारिक नीति वक्तव्य—जैसा हमने देखा कि नीति के तौर पर योजना मसौदा स्वैच्छिक कोशिशों को सहयोग और बढ़ावा देने को महत्त्वपूर्ण ध्येय मानता है।
- सरकार अपने अलग-अलग मंत्रालयों की नीति योजना और क्रियान्वयन के लिए बने आयोग, अध्ययन दल, समिति और कार्य समूह में गैर-सरकारी लोगों को शामिल करती है। अब उस मामले में विशेषज्ञों, सामाजिक हस्तियों और सामाजिक कार्यकर्त्ताओं की हिस्सेदारी आम बात हो गई है।

सरकार से मदद लेने के लिए स्वैच्छिक संस्थाओं को कुछ शर्तों का पालन करना होता है। मसलन:

- उसका उद्देश्य गाँवों की सामाजिक-आर्थिक दशा सुधारना होना चाहिए। खास तौर पर कमजोर वर्गों के लिए काम करना चाहिए।
- गाँवों के विकास में संवैधानिक और अहिंसात्मक तौर-तरीकों को अपनाना चाहिए।
- उसे हानि-लाभ रहित काम करना चाहिए उसके उलट नहीं।
- उसकी गतिविधियाँ देश के सभी नागरिकों के लिए खुली होनी चाहिए। वहाँ जाति, धर्म, पंथ, नस्ल और लिंग के नाम पर भेदभाव नहीं होना चाहिए।
- उसका संगठनात्मक ढाँचा होना चाहिए। उसके पास जरूरी लोग होने चाहिए। कार्यक्रम को लागू करने के लिए उनमें व्यावसायिक कौशल और योग्यता होनी चाहिए।
- उसके अधिकारी किसी राजनीतिक दल के चुने हुए सदस्य नहीं होने चाहिए।
- उसकी गतिविधियों की सालाना रिपोर्ट सामान्य सभा से अनुमोदित होनी चाहिए। खातों का ऑडिट जरूरी है। अधिकारियों के नियमित चुनाव होने चाहिए। कार्यकारी समिति की लगातार बैठकें होनी चाहिए। कुल मिलाकर जीवंत लोकतांत्रिक ढाँचा दिखलाई पड़ना चाहिए।
- संस्था किसी अधिनियम के तहत पंजीकृत या रजिस्टर होनी जरूरी है। वह वैध इकाई होनी चाहिए।
- उसका आधार गाँवों में होना चाहिए। गाँवों में काम करने का कुछ अनुभव भी जरूरी है।

प्रश्न 6. ग्राम विकास में स्वैच्छिक संगठनों के सम्मुख आने वाली समस्याओं को स्पष्ट कीजिए। [जून-2012, प्रश्न सं.-3(c)]

उत्तर– स्वैच्छिक संगठनों के सामने विभिन्न समस्याएँ आती हैं। इन समस्याओं के बहुत से कारण हैं मसलन, बड़ी संख्या में अनुदान मदद मिलने के बावजूद ज्यादातर स्वैच्छिक संस्थाओं को पैसे की कमी झेलनी पड़ रही है। उसकी वजह से उनके कामकाज पर असर पड़ रहा है। कभी-कभी पैसे की कमी इतनी बड़ी रुकावट नहीं बनती, जितना कि तय समय पर लगातार मिलने वाला पैसा। उसकी वजह से स्वैच्छिक संस्थाएँ बीच में ही काम अधूरा छोड़ कर दूसरा काम करने लग जाती हैं। जाहिर है उन कामों के लिए पैसा मिल रहा है। कुछ स्वैच्छिक संस्थाएँ विदेशी पैसे पर निर्भर करती हैं, जो अनिश्चित होता है। पैसा देने वाली एजेंसियों की अपनी सोच होती है। अक्सर वे अपनी प्राथमिकताएँ और कार्यक्रम स्वैच्छिक संस्थाओं पर थोप देती हैं। सरकार या मदद देने वाली एजेंसियों से मिलने वाली तदर्थ अनुदान मदद उन्हें बेचेहरा संस्थाएँ बना देती हैं, जो तरह-तरह के एक-दूसरे से न जुड़ने वाले कार्यक्रम करते रहते हैं। उससे उनकी निरंतरता और बढ़ाव पर भी असर पड़ता है।

स्वैच्छिक संस्थाएँ नेतृत्व की समस्या से भी जूझती हैं। जैसे ही उनके काम का दायरा बढ़ता है, कुछ खास लोग संस्था को चलाने में जबरदस्त अधिकार हासिल कर लेते हैं। नई पहल करना और फैसला लेना कुछ लोगों के हाथ में चला जाता है। तब बढ़ते केंद्रीकरण से कामकाज का लचीलापन प्रभावित होता है।

यह भी देखा गया है कि ज्यादातर स्वैच्छिक संस्थाएँ बदलाव के लिए लक्ष्य समूहों की क्षमता और उनका अपना नेतृत्व विकसित करने के लिए कुछ नहीं करतीं। गाँव के गरीबों के लिए कारगर संस्थाओं को विकसित करने की कोशिशें बहुत कम हुई हैं। यही वजह है कि दशकों से ढेरों स्वैच्छिक संस्थाओं की मौजूदगी के बावजूद जमीनी स्तर पर संस्थाएँ उभर नहीं पाई हैं। बेहतर जमीनी संस्थाओं की गैर-मौजूदगी से गरीबों को असल ताकत नहीं मिल सकी है।

कम वेतन और खास भविष्य या जीविका की मंजिल सीमित होने से स्वैच्छिक संस्थाओं को बेहतर लोगों को लाने में दिक्कतें आती हैं। वे व्यावसायिक कौशल वाले प्रशिक्षित लोगों को अलग-अलग तरह की गतिविधियों के लिए रख नहीं पातीं। वेतनभोगी कर्मियों की भी अलग-अलग सोच होती है। कुछ तो सचमुच पूरी प्रतिबद्धता से काम करना चाहते हैं। लेकिन काफी लोग उसे कुछ समय की मजबूरी मान कर चलते हैं। दूसरा काम मिलते ही वे चले जाते हैं। कैरियर यानी भविष्य की सीढ़ी के अभाव में लोग भारी संख्या में आते-जाते रहते हैं। जाहिर है उससे स्वैच्छिक संस्थाओं के कामकाज पर असर पड़ेगा ही।

देश के अलग-अलग इलाकों में स्वैच्छिक प्रयास एक स्तर के नहीं हैं। वह भी भारी दिक्कत है। दरअसल, राज्य के छोटे-बड़े होने या आबादी से वहाँ काम करने वाली स्वैच्छिक संस्थाओं की संख्या तय नहीं होती। देश के कई हिस्सों खासकर पिछड़े इलाकों में स्वैच्छिक संस्थाओं की मौजूदगी बेहद कम है। इसलिए उनके विकास के लिए सरकार के पैसे का कारगर इस्तेमाल हो ही नहीं पाता।

स्वैच्छिक प्रयासों को प्रोत्साहित और सहयोग करने की सरकारी नीति के बावजूद संस्थाओं को नौकरशाही और नेताओं से पूरा सहयोग नहीं मिल पाता। स्वैच्छिक संस्थाओं के मुताबिक जिला स्तर और उसके नीचे की एजेंसियों समेत तमाम सरकारी एजेंसियाँ विकास कार्यक्रमों को लेकर अपने अधिकार और एकाधिकार छोड़ने को तैयार ही नहीं हैं।

हाल के सालों में कई संस्थाओं की तो यही मंशा रही है कि वे सरकार से किसी तरह अनुदान ले लें। जाहिर है उस पैसे का वे सही इस्तेमाल नहीं करते। अपनी पहुँच की वजह से उन्हें अनुदान तो मिल जाता है हालाँकि वे सिर्फ कागजी होता है। उनकी खराब छवि असली संस्थाओं को भी परेशान करती है। अब यह भी कोई छिपी हुई बात नहीं है कि कई नेता और राजनीतिक पार्टियाँ अपने निहित स्वार्थों के लिए स्वैच्छिक संस्थाओं का इस्तेमाल करती हैं। यह सचमुच चिंता का विषय है।

अस्सी के दशक के बीच में सरकारी और गैर-सरकारी लोगों की कोशिश थी कि एक भारतीय स्वैच्छिक परिषद् का गठन हो जाए। उसी के जरिए स्वैच्छिक संस्थाओं के लिए आचार संहिता बन जाए। उम्मीद की गई थी कि उससे एक समन्वित नीति बन सकेगी ताकि सरकारी अनुदान मदद के लिए एजेंसियों का चयन हो सके। पैसे का दुरुपयोग रुके। साथ ही स्वैच्छिक संस्थाओं के अधिकारों, हितों और विशेषाधिकारों की सुरक्षा हो, खासतौर पर छोटी एजेंसियों की। इस विचार का कई स्वैच्छिक संस्थाओं ने भी जम कर विरोध किया। उन्हें डर था कि उससे उनके क्षेत्र पर नियंत्रण और नियमन बढ़ जाएगा। उससे नौकरशाही और हावी होगी। जाहिर है उससे हाशिए पर पड़ी संस्थाओं के कामकाज पर बुरा असर पड़ेगा।

प्रश्न 7. स्व-सहायता समूह पर संक्षिप्त टिप्पणी लिखिए।

[जून-2013, प्रश्न सं.-5(f)]

उत्तर– स्व-सहायता समूह लम्बे समय तक तभी एकजुट रह पाएँगे, जब वे एकरूप हों। सामाजिक तौर पर लामबंद करना स्वयं सहायता समूहों के लिए बेहद जरूरी कदम है। उसके लिए उच्च स्तर की प्रेरणा जरूरी होती है। समूह बनाने वाले व्यक्ति को प्रेरक का काम करना पड़ता है। वह अपना भरपूर समय दे। वह आदर्श चरित्र हो। उसके पास विशेषज्ञता और प्रबंधन कौशल हो। सबसे जरूरी है कि वह गरीबों का हिमायती हो। डी.आर.डी.ए. के जरिए ही स्वर्ण जयंती स्वरोजगार योजना लागू होती है। स्वयं सहायता समूह बनाने के लिए उसे गैर-सरकारी संस्थाओं, पंचायती राज संस्थाओं और अन्य सामुदायिक संस्थाओं का सहयोग जरूरी है। भारतीय लघु उद्योग विकास बैंक यानी सिडबी, राष्ट्रीय कृषि और ग्रामीण विकास बैंक यानी नाबार्ड, राष्ट्रीय महिला कोष और कई जिला परिषदें स्वयं सहायता समूहों को बढ़ावा देने में खास भूमिका निभा रहे हैं। इस योजना के तहत इन संस्थाओं का एक-दूसरे से जुड़ाव जरूरी है। ये संस्थाएँ तब स्वयं सहायता प्रोत्साहन संस्थाओं के तौर पर काम करेंगी। ये संस्थाएँ सुनिश्चित करेंगी कि स्वयं सहायता समूहों से उनके रिश्ते बने रहें।

प्रश्न 8. एन.जी.ओ. पर संक्षिप्त टिप्पणी लिखिए।

उत्तर– गैर-सरकारी संगठन (NGO) एक ऐसा शब्द है जो बिना किसी सरकारी भागीदारी या प्रतिनिधित्व के साथ प्राकृतिक या कानूनी व्यक्तियों के द्वारा बनाए गए विधिवत् संगठित गैर-सरकारी संगठनों को संदर्भित करने के लिए व्यापक रूप से स्वीकार किया गया है। उन मामलों में जिनमें गैर-सरकारी संगठन पूरी तरह से या आंशिक रूप से सरकारों द्वारा निधिबद्ध होते हैं, NGO अपना गैर-सरकारी ओहदा बनाए रखता है और सरकारी प्रतिनिधियों को संगठन में सदस्यता से बाहर रखता है। शब्द *इंटरगवर्नमेंटल ऑर्गेनाइजेशन* के विपरीत, "गैर-सरकारी संगठन" एक आम उपयोग का शब्द है, लेकिन एक

कानूनी परिभाषा नहीं है। कई न्यायालयों में इस प्रकार के संगठनों को "नागरिक समाज संगठन" के रूप में परिभाषित किया जाता है या अन्य नामों से निर्दिष्ट किया जाता है।

अनुमान है कि अंतर्राष्ट्रीय स्तर पर सक्रिय गैर-सरकारी संगठनों की संख्या 40,000 है। राष्ट्रीय संख्या और भी अधिक है: रूस में 2,77,000 गैर-सरकारी संगठन हैं। भारत में 1 मिलियन और 2 मिलियन के बीच गैर-सरकारी संगठन होने का अनुमान है।

प्रश्न 9. स्वैच्छिक प्रयासों को मजबूती और बढ़ावा देने के लिए प्रमुख सुझाव बताइए।

उत्तर– स्वैच्छिक प्रयासों को मजबूती और बढ़ावा देने के लिए मुख्य सुझाव निम्नलिखित हैं:

- स्वैच्छिक संस्थाओं से व्यवहार में नौकरशाही को अपना रवैया बदलना चाहिए। विस्तार आधारित प्रोत्साहन शैली इस उद्देश्य के लिए कारगर हो सकती है।
- हमारे नेताओं को अपनी कथनी और करनी से स्वैच्छिक कोशिशों को बढ़ावा देना चाहिए। उद्योगपति, प्रोफेशनल, बुद्धिजीवी और अकादमीशियन को इस दिशा में प्रतिबद्ध होकर काम करना चाहिए। इससे उन्हें गरीबों के विकास की समस्याओं को समझने का मौका मिलेगा।
- अनुदान मदद के कार्यक्रमों को स्वैच्छिक संस्थाओं के बीच जमकर प्रचारित करना चाहिए। अनुदान के लिए आवेदन करने में उनकी मदद करनी चाहिए, क्योंकि ज्यादातर संस्थाओं को ये सब करने का अनुभव नहीं है।
- अनुदान मदद के प्रवाह पर असर पड़ेगा, अगर उसे लेने वाली कोई एजेंसी नहीं होगी। इसलिए उन राज्यों या इलाकों में स्वैच्छिक कोशिशों को बढ़ावा देना चाहिए, जहाँ स्वैच्छिक संस्थाएँ नहीं हैं।
- अनुदान मदद को सुव्यवस्थित और आसान बनाना चाहिए। अनुदान समय पर मिलना चाहिए, क्योंकि उसमें देरी से संस्थाओं को अपने कार्यकर्त्ताओं को वेतन देने में दिक्कत आती है। जाहिर है, उससे सेवाओं पर भी असर पड़ता है।
- स्वैच्छिक संस्थाओं को अपने संगठन के ढाँचे को दुरुस्त करना चाहिए और प्रशासनिक ढाँचे को बेहतर बनाना चाहिए। हिसाब-किताब और रख-रखाव का खास ध्यान रखना चाहिए। उन्हें न केवल समस्या सुलझाने में कुशलता विकसित करनी चाहिए और विकास को बढ़ावा देना चाहिए बल्कि लोगों को उत्साहित और संवेदनशील बनाना चाहिए। ताकि समस्या सुलझाने और सतत् विकास के लिए समुदाय की क्षमताएँ विकसित हो सकें।
- गैर-सरकारी संगठनों और स्वैच्छिक संस्थाओं के बीच बेहतर समन्वय होना चाहिए, ताकि सेवाओं में दोहराव न हो। इस सिलसिले में स्वैच्छिक संस्थाओं की समन्वय परिषद् फायदेमंद हो सकती है। वह सहभागिता और सहयोग का

एक मंच बन सकती है। वह मिलजुलकर सरकार के साथ भी मसले उठा सकती है।

- स्वैच्छिक संस्थाओं के लिए लोगों को महज उत्साहित करना ही जरूरी नहीं है, उन्हें एक ठोस प्रशिक्षण नीति भी बनानी चाहिए। व्यावसायिक नजरिए से बेहतर नतीजे निकल सकते हैं।
- बड़ी स्वैच्छिक संस्थाओं को अपने कर्मचारियों के लिए कारगर कार्मिक नीति बनानी चाहिए।
- स्वैच्छिक संस्थाओं को अपने कार्यक्रमों का दस्तावेज तैयार करना चाहिए। उसका प्रसार करना चाहिए। ताकि समाज उनके कामों और कोशिशों का जायजा ले सकें। यह दूसरे लोगों के लिए स्रोत सामग्री का काम भी कर सकता है।

प्रश्न 10. स्वैच्छिक एजेंसियों की प्रकृति और कार्यक्षेत्र का वर्णन कीजिए।

अथवा

स्वैच्छिक एजेंसी प्रशासन पर संक्षिप्त टिप्पणी लिखिए।

[दिसम्बर-2012, प्रश्न सं.-5(c)]

उत्तर— गैर-सरकारी संगठनों में कार्य करने वाले सभी व्यक्ति स्वयं सेवक नहीं होते। इसका कारण, स्वयं सेवक आवश्यक रूप से पूर्ण परोपकारी नहीं होते तथा कुशलता, अनुभव तथा संपर्कों से स्वयं को, साथ-साथ जिनकी वे सेवा कर रहे हैं, उनको तत्काल लाभ प्रदान कर सकते हैं।

गाँव के विकास से जुड़ी स्वैच्छिक एजेंसियों के प्रशासनिक प्रबंधकों को लगातार अपनी गतिविधियों के बारे में सफाई देनी पड़ती है। सरकार, पैसा देने वाली एजेंसियों और खुद गाँव के लोगों को अपने काम के बारे में बता कर ही वे आगे बढ़ सकते हैं। चूँकि प्रशासनिक प्रबंधकों को एक जगह से स्थायी और लगातार सहयोग नहीं मिल सकता। इसलिए वे अपनी एजेंसी के लक्ष्यों के लिए अलग-अलग लोगों का सहयोग लेते रहते हैं। यह उनके बने रहने के लिए भी जरूरी होता है।

स्वैच्छिक एजेंसी प्रशासन की परिभाषा (Definition of Voluntary Agency Administration): स्वैच्छिक एजेंसी प्रशासन को हम इस तरह परिभाषित कर सकते हैं:

- एजेंसी के सिद्धांतों को व्यावहारिक योजनाओं और कार्यक्रमों में उतारना
- संगठन के ढाँचे की संकल्पना और लक्ष्य पाने के लिए अपनाए गए तौर-तरीके
- मनुष्य और माल के तौर पर संसाधनों की सुरक्षा
- लक्ष्य पाने और संगठन बनाए रखने के लिए जरूरी सामाजिक स्वीकृति
- ठोस तकनीकी का चयन

- संगठन को कारगर बनाने और सक्षमता को बढ़ाने में लगाना
- व्यवस्थित विकास और लगातार बदलाव के लिए एजेंसी के काम का मूल्यांकन।

प्रशासनिक काम और गतिविधियाँ (Administrative Tasks and Activities): स्वैच्छिक एजेंसियों के प्रशासनिक मामलों में काम और गतिविधियाँ जुड़ी होती हैं। प्रशासनिक काम के मायने वे काम हैं, जो प्रशासनिक प्रबंधक को करने होते हैं या कराने होते हैं ताकि एजेंसी का कामकाज कायदे से चल सके। प्रशासनिक गतिविधि में उसे सब काम खुद ही करने होते हैं।

प्रमुख प्रशासनिक कार्य हैं:

- **संगठन ढाँचा और प्रक्रिया की संकल्पना (Designing organisational structures and processes):** इसका मतलब अपने कर्मियों या कार्यकर्त्ताओं के बीच अधिकार, जिम्मेदारी और उम्मीदों का साफ-साफ बँटवारा करना है। प्रशासनिक प्रबंधक को काम और अधिकार सौंपने के अलावा उसके लिए नियम और शर्तें भी तय करनी चाहिए। कभी-कभी संगठन का चार्ट, नियमावली, काम का ब्यौरा और संवाद के चैनल बना देना बेहतर रहता है। कार्यकर्त्ताओं को तैयार करना, आपसी झगड़ों को निपटाना, मिलकर काम करने का माहौल देना, प्रोत्साहन देना वगैरह भी उसी के कामों में आता है। प्रबंधक को अड़ियल रवैये से बचना चाहिए ताकि लचीलापन और रचनात्मकता बनी रहे।

- **कार्यकर्त्ताओं या कर्मचारियों की योग्यता विकसित करना और बनाए रखनाः (Developing and maintaining staff capability):** किसी कार्यक्रम को करने के लिए खास तरह की क्षमता और योग्यता जरूरी होती है। उसी को देखते हुए कार्यकर्त्ता या कर्मचारी की शैक्षिक योग्यता, जरूरी अनुभव तय करना, सही व्यक्ति का चयन करना, कर्मचारियों के कामकाज का मूल्यांकन करने के लिए शर्तें तय करना, कामकाज का बँटवारा करना फिर कर्मचारियों को टीम के तौर पर काम करने की अहमियत बताना फिर मार्गदर्शन, प्रशिक्षण, काम में हेर-फेर या अदला-बदली और खास काम देकर उनकी योग्यताओं को बढ़ाया जा सकता है।

- **एजेंसी कार्यक्रमों का मूल्यांकन (Assessing agency programmes):** इसका मतलब कार्यक्रम के विचार का मूल्यांकन करना है। यह भी देखना है कि उसे लागू करने में क्या कोशिशें हुई हैं? वितरण व्यवस्था कैसी है और वह कितना कारगर है? यह मूल्यांकन जरूरत के लिहाज से समय-समय पर या कभी-कभी हो सकता है।

- **एजेंसी कार्यक्रमों में बदलाव (Changing agency programmes):** एजेंसी पर लगातार बाहरी दबाव होते हैं। मसलन, समुदाय की उम्मीदों या सोच

में बदलाव या तकनीकी के उन्नत हो जाने, दूसरी एजेंसियों के कामकाज, पैसा देने वाली एजेंसियों की बाध्यता या उम्मीदों की वजह से एजेंसी को अपने कार्यक्रमों में बदलाव करना पड़ सकता है। एजेंसी और इन बाहरी प्रभावों के बीच संतुलन बिठाने के लिए बदलाव करने पड़ते हैं। इसलिए काम का विस्तार करना, सेवाओं से हाथ खींच लेना, कार्यक्रम की जगह बदल देना, नई गतिविधियों को शामिल करना, मौजूदा कार्यक्रमों या कार्यवाहियों में बदलाव अहम् ही नहीं हैं, एजेंसी की जिंदगी के लिए जरूरी भी हैं।

- **कार्यक्रम की योजना और विकास (Planning and developing the programmes):** कार्यक्रमों के जरिए ही एजेंसी अपने उद्देश्य और लक्ष्यों को पूरा कर पाती है। प्रशासनिक प्रबंधक का काम लक्ष्य समूहों की जरूरतों को समझना है। किन जरूरतों पर काम करना है और उन जरूरतों को पूरा करने के लिए कार्यक्रम बनाना है? उसमें कार्यवाही का मॉडल, क्या निकल कर आएगा, प्रस्तावित सेवाओं की प्रकृति, किन लोगों को सेवा देनी है, काम करने वाले लोग और जरूरी वित्तीय संसाधन शामिल हैं। कार्यक्रम की योजना तो लगातार चलने वाली प्रक्रिया है। उसमें विस्तार, सामंजस्य, शुरुआती संकल्पना में बदलाव वगैरह होते रहते हैं। फिर कार्यक्रम की रूपरेखा में नयापन, सुधार और लगातार देख-रेख होनी चाहिए।
- **संसाधन जुटाना (Acquiring resources):** संसाधन किसी एजेंसी के लिए हाड़-माँस की तरह होते हैं। इसलिए प्रशासनिक प्रबंधक के लिए सबसे जरूरी काम तमाम तरह के संसाधन जुटाना होता है। फिर चाहे वह माल जुटाना हो या कार्यकर्त्ता या पैसा और तकनीकी ताकि एजेंसी की गतिविधियाँ और कार्यक्रम ठीक से चल सकें। उसे यह भी अंदाज होना चाहिए कि किस संसाधन की कितनी जरूरत है? उसे कहाँ से जुटाया जाए? उसे कैसे जुटाया जाए? उन संसाधनों को कैसे बनाया जाए? उन्हें कैसे बढ़ाया जाए? फिर जुट गए संसाधनों को कैसे बरकरार रखा जाए? संसाधनों को जुटाने के साथ-साथ तमाम गतिविधियों के हिसाब-किताब पर ध्यान रखना भी उसका काम है।

इन प्रबंधकीय कार्यों को ध्यान में रखते हुए ये तेरह गतिविधियाँ रोजमर्रा के कामकाज में दिखलाई पड़ती हैं:

- **समन्वयन (Coordination):** यह योजना बनाने और लागू करने दोनों के स्तर पर जरूरी होता है ताकि कार्यक्रम का प्रबंधन कारगर ढंग से काम कर सके।
- **मूल्यांकन (Evaluating):** इसका मतलब कार्यक्रम के हर पहलू का मूल्यांकन है। किसी भी किस्म की लागत हो यानी पैसा, माल, जनशक्ति या उनकी कोशिशें। कार्यक्रम के मूर्त और अमूर्त लाभ, हर कार्यकर्त्ता का प्रदर्शन और नए विचार के मद्देनजर उसे देखा जाता है।

- **समझौते और बातचीत (Negotiating):** इसमें सरकारी अधिकारियों, लाभान्वितों, कार्यकर्त्ताओं – कर्मियों वगैरह के साथ सलाह-मशविरा, परामर्श और लेन-देन शामिल है।
- **प्रतिनिधित्व (Representing):** मीडिया, सरकारी अधिकारियों वगैरह के सामने एजेंसी के काम को बताने और लाभान्वितों के हितों की पैरवी करना।
- **कार्यकर्त्ता-कर्मी मामले (Staffing):** इसके तहत कार्यक्रमों को लागू करने वाले कार्यकर्त्ताओं और कर्मियों की भर्ती, चयन, नियुक्ति, पदोन्नति, काम सौंपना और तबादला करना वगैरह शामिल है।
- **देख-रेख या पर्यवेक्षण (Supervising):** देख-रेख की जिम्मेदारियों में काम सौंपना, काम को समझाना, कायदे-कानून, कार्यवाही, निर्देशन, मार्गदर्शन, प्रशिक्षण वगैरह आता है।
- **स्थान और आपूर्ति की व्यवस्था (Allocating space and supplying):** इसमें कार्यक्रम लागू करने के लिए जरूरी माल, उपकरणों, लेखन सामग्री वगैरह के लिए स्थान और आपूर्ति की व्यवस्था शामिल है।
- **सहायक गतिविधियाँ (Ancillary activities):** एजेंसी के हितों से जुड़ी बैठकों और गतिविधियों में हिस्सेदारी। लेकिन यह असल काम का हिस्सा नहीं है। इन गतिविधियों में समुदाय को प्रभावित करने वाले किसी विधेयक के लिए समर्थन जुटाना या किसी फैसले का विरोध शामिल है।
- **सीधी सेवाएँ (Direct service):** इसके तहत एजेंसी के आदेशपत्र के मुताबिक सेवाएँ उपलब्ध कराना है।
- **बजट यानी आय-व्यय (Budgeting):** इसमें एजेंसी की तमाम गतिविधियों की आय-व्यय का ब्यौरा तैयार करना होता है।
- **योजना (Planning):** भविष्य के लिए योजना बनाना जरूरी है। उन्हें पूरा करने के लिए कदम उठाने होते हैं। लक्ष्य तय करने होते हैं। नीतियाँ और कार्यक्रम की रणनीति बनानी होती है। फिर उन्हें बिल्कुल अभी या तात्कालिक, थोड़े समय या लम्बे समय में बाँटना जरूरी होता है। ये काम किसी को अकेले या समिति या दल या समूह को सलाह-मशविरा या चिट्ठी-पत्री से करने हैं। इसकी योजना भी बनानी होती है।
- **सूचना प्रक्रिया (Information Processing):** संगठन के काम को ठीक से चलाने के लिए लिखाई-पढ़ाई, रिकॉर्डिंग, चिट्ठी-पत्री, रिपोर्टिंग, समीक्षा, टेलीफोन करना वगैरह सूचना प्रक्रिया के उदाहरण हैं।
- **नियंत्रण (Controlling):** इसमें देख-रेख, बैठकों, बातचीत और संदेशों के जरिए मार्गदर्शन, नियमन, स्वीकृति और मंजूरी वगैरह आती है। जी.पी.एच. की पुस्तकों का मुख्य उद्देश्य ज्ञान के साथ-साथ अच्छे नम्बर दिलाना है।

प्रश्न 11. स्वैच्छिक एजेंसी के योजना और बजट पर प्रकाश डालिए।

उत्तर– बड़े गैर-सरकारी संगठन का वार्षिक बजट सैकड़ों मिलियन्स अथवा कई मिलियन डॉलर्स हो सकता है। उदाहरण के लिए, अमेरिकन एसोसिएशन ऑफ रिटायर्ड पर्सस (AARP) का 1999 में बजट US$540 मिलियन से अधिक था। इस प्रकार के बड़े बजट की वित्त व्यवस्था के लिए अधिकतर गैर-सरकारी संगठनों को वित्त व्यवस्था के लिए महत्त्वपूर्ण प्रयास करने पड़ते हैं। गैर-सरकारी संगठन की वित्त व्यवस्था में सदस्यता शुल्क, सामान तथा सेवाओं की बिक्री, अंतर्राष्ट्रीय संस्थानों अथवा राष्ट्रीय सरकारों से सहायता तथा निजीदान सम्मिलित है। कई यूरोपीय संघ EU-अनुदान गैर-सरकारी संगठन को वित्त प्रदान करते हैं।

योजना और बजट (Planning and Budgeting):

भूमिका (Introduction): परियोजना कार्यक्रम की शुरुआती योजना बेहद अहम् होती है। आधी-अधूरी योजना से विकास परियोजना या कार्यक्रम को खासी दिक्कतें पेश आती हैं। कभी-कभी यह भी देखने में आता है कि योजना दस्तावेज तो ठोस होता है, लेकिन सिद्धांत और व्यवहार में दूरी बनी रहती है यानी काम करने वालों और गतिविधियों के बीच उद्देश्यों को लेकर टकराहट बनी रहती है। लक्ष्य समूह और बाहरी दबाव किसी परियोजना या कार्यक्रम की कामयाबी और नाकामयाबी को तय करते हैं।

योजना में कमी अक्सर अधूरी देख-रेख व्यवस्था को दिखाती है। आमतौर पर कार्यक्रम को लागू करते हुए ऊपरी नतीजों पर ज्यादा जोर दे दिया जाता है। नीतियों पर कम ध्यान दिया जाता है। फिर उसका परियोजना या समुदाय या लक्ष्य समूह पर क्या असर पड़ेगा, इस पर सोचने की जरूरत नहीं समझी जाती।

योजना किसी भी परियोजना का सबसे महत्त्वपूर्ण हिस्सा है। यहाँ भविष्य के लिए बीज रखा जाता है। इसमें ये काम शामिल हैं, हालाँकि ये खासा व्यक्तिगत हैं:

- विचारों को उकसाना
- परियोजना विचारों की खोज-बीन
- विचारों की शुरुआती पड़ताल
- संभावित विचारों की कारगरता
- तथ्यों औरण आँकड़ों का सर्वे
- वित्तीय आकलन-विकासात्मक लाभ
- आर्थिक आकलन-लागत या संगठन के सिलसिले में लाभ
- पारिस्थितिकी आकलन-पर्यावरण प्रभाव
- तकनीकी आकलन, जहाँ जरूरी हो
- कुल मिलाकर परियोजना की कीमत तय करना
- अनुदान प्रस्तावों की तैयारी

आर्थिक योजना (Financial Planning): योजना बनाने की तमाम कोशिशें पैसे की मौजूदगी और जरूरत को ध्यान में रखकर होनी चाहिए। सभी परियोजनाओं और कार्यक्रमों को वित्तीय संदर्भ में ही देखना चाहिए। योजना का वित्तीय पहलू ही आमतौर पर बजट कहा जाता है।

एक परियोजना या कार्यक्रम में कई तरह के खर्चे होते हैं। मसलन:
- पूँजीगत व्यय या खर्च
- कार्यक्रम पर खर्च
- प्रशासनिक लागत

एक परियोजना में पूरे समय के लिए कई तरह का वित्तीय खर्च होता है। एक परियोजना या कार्यक्रम एक साल से लेकर छह या सात से भी ज्यादा साल के लिए हो सकता है। यह जरूरी है कि हर कदम पर आय और व्यय का ठीक से अंदाज लगाया जाए।

इन हालात में पूँजीगत खर्चे की प्रकृति को समझना जरूरी है और इस सिलसिले में लिए जाने वाले फैसलों की जटिलताओं की समझ भी होनी चाहिए।

पूँजीगत खर्चे: एक नजर में (Capital Expenses: An Overview):

पूँजीगत खर्च (Capital Expenditure): आम शब्दों में पूँजीगत खर्च स्थायी प्रकृति के होते हैं। दूसरे शब्दों में ये उन खर्चों की तरफ इशारा करते हैं, जिनकी उपयोगिता सीमित समय के लिए नहीं, बल्कि सालों के लिए होती है। खर्चों का हिस्सा करते हुए पूँजीगत और राजस्व को लेकर अलग-अलग विचार मिलते हैं। उसका अलग-अलग तरह से इस्तेमाल करते हैं। फिर भी कुछ संकेतक हैं, जिनसे पता चलता है कि ये खर्च पूँजीगत प्रकृति के हैं:

- कोई भी खर्च जो बचत को बढ़ाने के लिए होते हैं चाहे वह आय को बढ़ाने के सिलसिले में हों या कामकाजी खर्चे को घटाने के लिए हों।
- कोई भी खर्च चाहे वह आय को बढ़ा रहा हो या नहीं, लेकिन किसी स्थायी संपत्ति को बना रहा हो।

पूँजीगत खर्च को ऐसा खर्च माना जा सकता है, जो किसी संपत्ति को बढ़ाए या किसी संपत्ति को खरीद ले या आय को बढ़ाने वाला खर्च हो या संस्था की व्यापारिक क्षमता बढ़ा रहा हो।

परियोजना की योजना में आमतौर पर कुछ समय के लिए पूँजी के खर्च की योजना भी शामिल होती है। इसलिए यह जरूरी है कि इस तरह के खर्चों पर फैसले लेने से पहले उसके महत्त्व और दिक्कतों को समझ लेना चाहिए।

महत्त्व (Importance): पूँजीगत खर्चों पर फैसले बेहद महत्त्वपूर्ण होते हैं क्योंकि:
- **लम्बे समय के लिए (Enduring effect):** सभी पूँजीगत खर्च लम्बे समय के लिए होते हैं। उनकी उपयोगिता सालों तक बनी रहती है। इसलिए परियोजना के

पूरे समय को ध्यान में रखते हुए उसकी जरूरत और कारगरता का अंदाज लगाना चाहिए।

- **वापसी नहीं** (Cannot be reversed): अमूमन जब एक बार पूँजीगत खर्च कर लिया जाता है, तो उसे बदला नहीं जा सकता। किसी भी संपत्ति और उपकरणों को खरीद कर बहुत जल्द बेचा नहीं जा सकता। ऐसा करने पर कुछ अपवादों को छोड़ कर घाटा होता है। यही वजह है कि इस सिलसिले में गलत फैसला लेने से पूरी परियोजना ही खतरे में पड़ सकती है। उसका मकसद बर्बाद हो सकता है।

- **बड़ा निवेश** (Huge investment): राजस्व खर्च से अलग पूँजीगत खर्च में आमतौर पर अच्छा-खासा पैसा लगता है। इसलिए बहुत सोच-समझ कर कोई फैसला लेना चाहिए, क्योंकि परियोजना के लिए एक गलत खर्च का फैसला खतरनाक हो सकता है।

समस्याएँ (Problems): जब भी पूँजीगत खर्च को लेकर फैसले लेने की जरूरत पड़ेगी, उसमें आमतौर पर ये समस्याएँ आएँगी:

- **मापने की समस्या** (Measurement problem): राजस्व खर्च में आप आसानी से लागत और लाभ को माप लेते हैं और तुलना भी कर लेते हैं। उसके विपरीत पूँजीगत खर्च में लागत और लाभ को मापना मुश्किल होता है। दरअसल, एक संपत्ति पर किया गया पूँजीगत खर्च उसकी पूरी जिंदगी तक फैला होता है।

- **अनिश्चितता** (Uncertainty): चूँकि पूँजीगत खर्च लम्बे समय के लिए होता है और उसके लाभ भी भविष्य के लिए होते हैं। इसलिए आने वाले समय में उसकी ठीक-ठीक क्या उपयोगिता होगी? यह अनुमान लगाना आसान नहीं होता। दुनिया बड़ी तेजी से बदल रही है। चीजों और तकनीक का तेजी से अप्रचलन भी हमेशा खतरे की तरह बना रहता है।

- **परियोजना को संपत्ति के खत्म होने तक चलाना** (Spreading the project over assets life): विकास परियोजनाओं की जहाँ तक बात है, पूँजीगत खर्च से जुड़ा लागत और लाभ आमतौर से दो से दस साल तक के लिए होता है। कभी-कभी परियोजना के खत्म होने तक पूँजीगत खर्च की उपयोगिता को बनाए रखना मुश्किल हो जाता है। एक संपत्ति की उपयोगिता परियोजना के खत्म होने तक रह भी सकती है और नहीं भी। इसलिए यह जरूरी है कि संपत्ति की उपयोगिता उस परियोजना के खत्म होने तक बनी रहे।

बजट (Budgeting): परियोजना की योजना का वित्तीय पहलू ही बजट है। सभी तरह का योजना खर्च और प्राप्तियों का बजट के मुताबिक अनुमान किया जाता है। उसी से परियोजना की कारगरता देखी जाती है। बजट के दो पहलू होते हैं:

- पैसे का स्रोत
- गतिविधि और खर्च

बजट आर्थिक प्रबंधन का महत्त्वपूर्ण औजार है। वह पहले से ही आने वाली रकम और प्राप्तियों का अनुमान करता है। परियोजना की गतिविधियाँ खत्म होने पर उनकी तुलना कर सकता है।

प्रश्न 12. एक स्वैच्छिक एजेंसी द्वारा डिजाइन के स्तर पर उठाए जाने वाले कदमों को समझाइए।

अथवा

स्वैच्छिक एजेंसी की संकल्पना करते समय किन बातों का ध्यान रखना चाहिए? स्पष्ट कीजिए।

उत्तर— डिजाइन या संकल्पना स्तर पर प्रशासन (Administration at the Design Stage):

(1) **आम सभा (General Meeting):** स्वैच्छिक एजेंसी में साधारण यानी आम सभा का मतलब संस्था के सभी सदस्यों की बैठक है। आमतौर पर साल में एक आम सभा होती है। यह अहम् मसलों पर सलाह-मशविरा और साल की गतिविधियों की समीक्षा, ऑडिटर या लेखा परीक्षक की नियुक्ति, परीक्षित लेखे का अनुमोदन वगैरह करती है। इसे सालाना आम सभा या वार्षिक साधारण बैठक यानी ए.जी.एम. कहा जाता है।

सभी संस्थाओं को साल में एक बार आम सभा करनी जरूरी होती है। सामान्यतया यह वित्त वर्ष बीत जाने के छह महीने के भीतर हो जाती है। इसमें पिछले साल की सभी गतिविधियों और लेखे-जोखे को रख दिया जाता है।

(2) **बोर्ड बैठक/प्रबंध परिषद् की बैठक (Board Meeting/Governing Body Meeting):** संस्था के प्रबंध परिषद् की बैठक जल्दी-जल्दी होती है। जाहिर है उसे प्रशासनिक फैसले लेने होते हैं। आमतौर पर ये बैठकें तीन महीने में हो जानी चाहिए। एक संस्था को चलाने के लिए प्रबंध परिषद् की बैठक बेहद अहम् होती है।

(3) **अधिसूचना (Notice):** हर बैठक की सूचना लिखित में देनी चाहिए। संस्था के नियम-उपनियम बनाते हुए सूचना के लिए समय तय करना चाहिए। अगर नियमों में समय तय नहीं किया गया है, तो आम सभा के लिए कम से कम 21 दिन का समय देना चाहिए और प्रबंध परिषद् की बैठक के लिए सात दिन का समय होना चाहिए।

(4) **कार्यसूची (Agenda):** सभा की सूचना देने के साथ-साथ उस बैठक में उठाए जाने वाले मुद्दों की भी सूची देनी चाहिए। इसी को कार्यसूची या एजेंडा कहते हैं। कार्यसूची को अगर बैठक की सूचना के साथ दिया जाए, तो बेहतर होगा। उससे सदस्य बैठक के लिए तैयार होकर आ सकते हैं। कार्यसूची को पहले से ही भेज देने का मतलब है कि संस्था का कामकाज पूरे खुलेपन और लोकतांत्रिक तरीके से चल रहा है।

(5) **कोरम या गणपूर्ति (Quorum):** इसका मतलब उन न्यूनतम या कम से कम सदस्यों से है, जिनके बिना बैठक नहीं हो सकती। आमतौर पर संस्था के नियम-उपनियम में साफ तौर पर जिक्र होता है कि अलग-अलग बैठकों के लिए कम से कम कितने सदस्यों की जरूरत है।

अगर किसी बैठक में जरूरी सदस्य शामिल नहीं हैं, तो उसे स्थगित कर देना चाहिए। आमतौर पर बैठक को अगले सप्ताह उसी जगह, उसी समय, उसी दिन के लिए स्थगित किया जाता है। स्थगित बैठक के बाद भी अगर सदस्य पूरे नहीं होते हैं, तब बैठक को वैध माना जाता है।

(6) परोक्षी या प्रॉक्सी (Proxy): परोक्षी का मतलब उस व्यक्ति से है, जो किसी के प्रतिनिधि की हैसियत से बैठक में शामिल है। संस्था के किसी भी सदस्य को जिसे बैठक में भाग लेने और वोट देने का अधिकार है, अपना परोक्षी बैठक में भेज सकता है। उसके लिए उसे अधिकार पत्र देना होगा।

उस अधिकार पत्र को बैठक से दो दिन पहले पंजीकृत कार्यालय में समय पर जमा करना होगा।

वैसे स्वैच्छिक संस्थाओं को परोक्षी से बचना चाहिए। अगर जरूरी है तो आम बैठकों में उसका इस्तेमाल करना चाहिए।

(7) विवरण या ब्यौरा (Minutes): यह बैठक की कार्यवाही का आधिकारिक ब्यौरा है। बेहतर है कि बैठक की कार्यवाही का सार लिखित में तैयार हो। वह खुले पन्ने पर भी हो सकती है या किसी बँधे रजिस्टर पर। ब्यौरे के पन्ने सिलसिलेवार होने चाहिए।

बैठक की शुरुआत में आमतौर पर पिछली बैठक का ब्यौरा पढ़ा जाता है। उसकी पुष्टि की जाती है। फिर उस ब्यौरे पर अध्यक्ष के हस्ताक्षर होते हैं। उसे बाद में बदला नहीं जा सकता।

(8) संकल्प (Resolutions): दरअसल, संकल्प बैठक में लिए गए फैसले की अभिव्यक्ति है। इससे बैठक के विचार या फैसले का पता चलता है। इसमें एक खास संकल्प के पक्ष और विपक्ष में मतदान का भी अंदाजा होता है।

स्वैच्छिक एजेंसी की शुरुआत किसी व्यक्ति या समूह की पहल से होती है। वे अपनी तरह के लोगों को एकजुट कर एक विचार के लिए समर्थन जुटाते हैं और उसे आकार देते हैं। सबसे पहले प्रस्ताव पर बड़े समूह के साथ सलाह-मशविरा किया जाता है और फिर व्यक्ति समूहों के साथ चर्चा की जाती है। तब उसे सामुदायिक नेताओं और संभावित प्रायोजकों के आगे रखा जाता है। इस पूरी प्रक्रिया के चरण हैं:

(क) परियोजना प्रस्ताव को बनाना
(ख) स्वैच्छिक एजेंसी का पंजीकरण
(ग) समर्थन जुटाना
(घ) पैसा जुटाना

(9) परियोजना प्रस्ताव बनाना या तैयार करना (Formulation of Project Proposal): अपनी जरूरत के लिए लोगों की अभिव्यक्ति की पहचान ही परियोजना प्रस्ताव का मकसद है या जरूरत के लिए जागरूकता जगाने की मुहिम है, जिसे बाहरी एजेंसियाँ बेहद अहम् मानती हैं। कभी-कभी लोग अपनी जरूरतों को ठीक-ठीक शब्दों

में बयान नहीं कर पाते। वे अपनी समस्याओं के लिए मदद माँगने आ सकते हैं या फिर नियति को मान कर चुप बैठ जाते हैं।

समुदाय की जरूरतों को सिलसिलेवार देखने के लिए कई तरीके अपनाए जा सकते हैं। कोई एक मामला भी उनमें इच्छा जगा सकता है और उस पर कोई पहल की जा सकती है। किसी परियोजना पर पहल करने के लिए कोई ठोस वजह जरूरी है। मसलन, मौजूदा शोध रपट, किसी मौजूदा एजेंसी के जमीनी कार्यकर्त्ता का हालात बयान करना, संभावित लाभान्वितों से पूछताछ, स्थानीय नेताओं का अनुरोध या फिर समुदाय पर आया कोई संकट या आपदा जैसे बाढ़ वगैरह।

समुदाय की जरूरतों को समझ कर ही पता चलेगा कि एजेंसी को किन उद्देश्यों के लिए काम करना है। उद्देश्य तो इरादों का ठोस बयान होता है, जिसे कार्यक्रम में उतारना है। जहाँ तक जरूरी हो कम से कम उद्देश्य रखने चाहिए यानी दो या तीन। ज्यादा उद्देश्यों से एजेंसी अपनी दिशा से भटक सकती है। यह बेहतर होता है कि उद्देश्य आपस में जुड़े हुए हों और बेहतर नतीजे के लिए एक-दूसरे के सहायक हों। जैसे, ग्रामीण विकास के लिए काम करने वाली स्वैच्छिक एजेंसी को खेती-बाड़ी, शिक्षा, स्वास्थ्य, वानिकी और कर्ज से जुड़े कार्यक्रमों पर काम करना चाहिए।

संकल्पना में संगठन के ढाँचे और रूपरेखा को स्पष्ट करना चाहिए। उसमें संगठन का चार्ट, वेतन पाने वाले कर्मचारियों का वर्गीकरण और कार्यकर्त्ताओं की जरूरत, एजेंसी की कानूनी वैधता वगैरह को भी अंकित करना चाहिए।

(10) समर्थन जुटाना (Mobilising Support): अगर स्वैच्छिक एजेंसी को कामयाबी से काम करना है, तो उसे कई तरह का समर्थन जुटाना होता है। उसे केवल समुदाय का ही नहीं बल्कि कई संस्थाओं का समर्थन जरूरी होता है। उसमें सरकारी और गैर-सरकारी दोनों तरह की संस्थाएँ आती हैं। इन संस्थाओं के साथ एजेंसी को लगातार संपर्क में रहना होता है और उसका असर उनके काम पर पड़ता है। कई एजेंसियों को लगता है कि अगर बेहतर काम करेंगे, तो समर्थन अपने आप या खुद-ब-खुद जुट जाएगा। लेकिन यह बेहतर सोच नहीं है। दरअसल, अन्य एजेंसियों, समूहों और संस्थाओं में उनके काम के उद्देश्यों और तरीकों पर उपेक्षा का भाव बन सकता है।

(11) संसाधन जुटाना (Acquiring Resources): स्वैच्छिक एजेंसी को कई स्रोतों से आर्थिक मदद मिल सकती है। योजना के स्तर पर ही यह तय हो जाना चाहिए कि किन स्रोतों से आर्थिक मदद लेनी है? ये स्रोत सरकारी, गैर-सरकारी और अंतर्राष्ट्रीय हो सकते हैं।

जब भी कोई एजेंसी अनुदान के लिए आवेदन करती है, तो उसे आलेखित या ऑडिट हुए इन विवरणों की जरूरत होती है:

(क) पिछले साल के आय-व्यय का ब्यौरा, उससे पहले के सालों का भी।
(ख) पिछले साल के साथ पहले के सालों की प्राप्तियाँ और भुगतान।
(ग) पिछले साल के साथ पहले के सालों का हिसाब-किताब या बैलेंस शीट।

स्वैच्छिक एजेंसियाँ विदेशी संस्थाओं से भी आर्थिक मदद ले सकती हैं। अंतर्राष्ट्रीय मदद कई तरह की हैं:

(i) संयुक्त राष्ट्र संस्थाएँ और अंतर-सरकारी संस्थाएँ जो महज राष्ट्रीय और राज्य सरकारों के जरिए काम करती हैं।

(ii) विश्व बैंक या एशियाई विकास बैंक जो कभी-कभी तय करते हैं कि जिन परियोजनाओं को वे अनुदान दे रहे हैं, उन्हें स्वैच्छिक एजेंसियों से लागू कराया जाए।

(iii) विदेशी दानदाता एजेंसियाँ जो द्विपक्षीय समझौते के तहत काम करती हैं। इनसे मिलने वाली मदद सरकार समर्थित एजेंसियों के जरिए मिलती है। इसमें सरकारी दिशा-निर्देशों का पालन करना होता है।

(iv) विदेशी गैर-सरकारी संगठन।

(v) विदेशी निजी दानदाता।

(12) बजट और आलेखन (Budgeting and Audit): एजेंसियों को बजट बनाना जरूरी होता है ताकि किसी खास साल में आय-व्यय का पूरा ब्यौरा उनके पास हो।

बजट तो अलग-अलग चीजों और गतिविधियों के लिए पैसा तय करने का दूसरा नाम है। इसमें आवर्ती और अनावर्ती चीजों की अलग-अलग सूची होती है। हालाँकि हर वित्तीय वर्ष में अपनी गतिविधियों के लिए वार्षिक बजट तैयार करना जरूरी होता है। लेकिन तीन या पाँच साल के लिए अनुमानित बजट तैयार कर लिया जाता है ताकि गतिविधियों और पैसे की माँग के सिलसिले में एजेंसी के विकास को देख लिया जाए।

हर एजेंसी को बेहतर लेखा-जोखा व्यवस्था बनानी चाहिए। उसका आलेखन या ऑडिट भी कायदे से होना चाहिए। यह एजेंसी की वित्तीय और प्रशासनिक सेहत के लिए बेहतर होता है। यह और भी जरूरी है अगर एजेंसी को बाहर से मदद मिल रही है। एजेंसी को समय-समय पर दानदाता एजेंसियों को स्वीकृत रकम के साथ-साथ खर्चा भी दिखाना होता है। यह भी कि उस सिलसिले में कितना लक्ष्य हासिल हो सका है।

प्रश्न 13. स्वैच्छिक एजेंसी के क्रियान्वयन और स्थायित्व स्तर पर मुख्य गतिविधियों का रेखांकन कीजिए।

उत्तर– क्रियान्वयन या लागू करने का स्तर एजेंसी के काम में जुट जाने का स्तर है। उसमें हर रोज की गतिविधि तय होती है:

क्रियान्वयन स्तर पर प्रशासन (Administration at Implementation Stage): क्रियान्वयन या लागू करने के स्तर पर प्रशासनिक प्रक्रिया आमतौर से एजेंसी के ग्राहक बनाने से जुड़ी होती है या फिर आस-पास के समूहों और संस्थाओं के साथ आपसी रिश्ते विकसित करने से। उसी समय एजेंसी में काम के लिए कर्मियों-कार्यकर्त्ताओं

के बढ़ने से उसके प्रदर्शन में जिम्मेदारी की भावना आती है। वहीं बेहतर निरंतरता, संयोजन और नियंत्रण के लिए रास्ते तलाशने की जरूरत महसूस होती है।

यह जरूरी है कि इस स्तर पर कार्यक्रम की क्षमताएँ बढ़ाई जाएँ। सेवाओं की सीमा तय की जाए। एजेंसी के भीतर और एजेंसी-एजेंसी के बीच अनिश्चय कम किया जाए। इस सिलसिले में तीन खास काम हैं:

- सेवार्थियों को आकर्षित करना और समुदाय व अन्य एजेंसियों के बीच रिश्ता कायम करना।
- एजेंसी का ढाँचा इस तरह बनाना, जिससे कार्यकुशलता बढ़े, तालमेल बने और जिम्मेदारी तय हो।
- ठोस नीतियों को विकसित करना ताकि काम करने वालों की योग्यता बढ़े और कर्मचारियों-कार्यकर्त्ताओं का कायदे से चयन हो।

क्रियान्वयन के स्तर पर कुछ सिद्धांतों का पालन करना चाहिए। जैसे:

- आशय स्पष्ट करना और हो सके तो उसे बार-बार दोहराना।
- जहाँ तक हो सके स्थानीय लोगों से ही बैठक कराना।
- कार्यवाही को इस तरह दर्ज करना कि सब उसे समझ सकें और सहमत हो सकें।
- अनुवर्ती या फॉलो-अप काम सौंपना।
- जल्दी-जल्दी बैठक करना।
- खुली हिस्सेदारी रखना।
- पहली गतिविधि का औपचारिक तौर पर उद्घाटन कराना ताकि ज्यादा लोगों का ध्यान जाए।
- हर स्तर पर स्थानीय लोगों को जोड़ना और उनसे सलाह करना।
- पर्याप्त सूचना देना।
- समुदाय की समझ में आने वाले प्रतीकों और आसान भाषा का इस्तेमाल करना।
- गतिविधि या लाभ के नतीजों को वास्तविक, तात्कालिक और समुचित बनाना।
- स्थानीय जानकारी का इस्तेमाल करना।
- जहाँ तक हो सके स्थानीय लोगों को काम पर रखना। बाहरी लोगों को तभी रखना चाहिए, जब बेहद जरूरी हो।
- कर्मियों-कार्यकर्त्ताओं की तादाद कम से कम रखना ताकि बाध्यता कम से कम हो।
- खर्चे कम से कम रखना। बेवजह के खर्चे से बचना।
- हर तरह के संवाद में खुलापन रखना। चाहे वह कर्मियों-कार्यकर्त्ताओं के बीच हो, एजेंसी के भीतर हो या समुदाय में हो।
- आसान कामकाजी तरीका अपनाना, जो भरोसे पर टिका हो।
- आत्मनिर्भरता बढ़ाना।

- निर्देश साफ-साफ होने चाहिए। निर्देश देते हुए यह ध्यान भी रखना चाहिए कि उनका पालन हो सके।
- समय की पाबंदी का ध्यान रखना और उसके पालन को बढ़ावा देना।
- कार्यक्रम के उद्देश्यों को ध्यान में रखते हुए हितग्राहियों या लाभान्वितों को चुनना।
- ऐसे मामले जो बढ़ावा देने वाले हों या भरोसा बनाने वाले हों, उनकी नजदीकी देख-रेख करना।
- कर्मियों और कार्यकर्त्ताओं में टीम भावना भरना।

स्थायित्व स्तर पर प्रशासन (Administration at Stabilisation Stage)—जब एजेंसी स्थायित्व स्तर पर आ जाती है, तो उसके अस्तित्व का सवाल अहम् नहीं रह जाता। एक स्थिर एजेंसी की खासियत ही यह है कि उसमें कायदे-कानून, नियम-उपनियम, काम का ठीक से बँटवारा और प्रदर्शन के मापदंड भी तय होते हैं। इस स्तर पर कर्मियों की देखभाल नेतृत्व क्षमता और देख-रेख से जुड़ी होती है।

स्थायित्व के इस स्तर पर एजेंसी की कारगरता का आकलन किया जाता है। जिम्मेदारियाँ तय हो जाती हैं। कारगरता साबित करने की सामूहिक बाहरी माँग से कर्मी-कार्यकर्त्ता दबाव में न आ जाएँ, इसलिए उस दबाव को किसी तरह कम करने या उसे बराबर करने के लिए प्रतिरोधक या अप्रभावीकरण का तौर-तरीका अपनाया जाता है।

कार्यक्रम लागू करने के लिए एक बेहतर देख-रेख की व्यवस्था विकसित करना भी खासा दिक्कत का काम है।

उच्च आदर्श और जिम्मेदारी कायम रखने के लिए नए-नए प्रयोग और सुधार करते रहना चाहिए। कार्यवाही संबंधी, कार्यक्रम संबंधी और बुनियादी बदलाव लाए जा सकते हैं। अब ये बदलाव किस तरह के हों? किस आकार के हों? उनकी प्रकृति कैसी हो? बदलाव का तरीका क्या हो? ये सब आपसी हिस्सेदारी से तय कर लेने चाहिए। इस स्तर पर मुद्दों का चयन, जुड़ने वाले लोगों का चयन और बाकी मामले देखना जरूरी होता है। एजेंसी के सिद्धांत या जीवन दर्शन उन चुनावों या पसंद को तय करते हैं। लेकिन यह स्तर ठहराव का स्तर नहीं है। असल में इस समय तो एजेंसी जम चुकी होती है। इसलिए वह विकास और नएपन पर ध्यान दे सकती है।

प्रश्न 14. समुदाय का क्या अभिप्राय है?

अथवा

समुदाय आधारित कार्यक्रम पर संक्षिप्त टिप्पणी लिखिए।

[जून-2013, प्रश्न सं.-5(g)]

उत्तर— समुदाय अपने ही उद्देश्यों के लिए बना सामाजिक/आर्थिक/सांस्कृतिक अथवा धार्मिक समूह जो सभी सदस्यों के सहयोग से अपने उद्देश्यों की पूर्ति के लिए कार्य करता है।

दरअसल, समुदाय आधारित कार्यक्रम जरूरी नहीं कि अपने दायरे में सबको समाएँ और ज्यादातर सदस्यों को लाभ पहुँचाने के लिए हों। यों इसका मतलब उन कार्यक्रमों से है, जिनकी योजना, पहल, निरंतरता और लागू होना समुदाय की हिस्सेदारी से होता है। दूसरे शब्दों में हर स्तर पर लोगों का जुड़ाव और हिस्सेदारी होती है। अगर इन शर्तों को कोई बाहरी एजेंसी पूरा नहीं करती है, तो वह समुदाय आधारित कार्यक्रम नहीं होगा। चाहे उसे कोई स्वैच्छिक संस्था ही क्यों न कर रही हो।

समुदाय आधारित कार्यक्रमों के पीछे यह सोच है:

नीचे से योजना बनाना (Bottom-up Planning): समुदाय की समस्याओं को गहराई से समझने में बाहरी लोग एक सीमा तक ही कामयाब हो पाते हैं। स्थानीय लोग भी योजना बनाने, समुदाय के अलग-अलग लोगों को जोड़ने और उन्हें काम में जुटाने की योग्यता रखते हैं। वे अपने समुदाय में सहमति का माहौल बना कर उन्हें बड़े स्तर पर फैसलों से जोड़ सकते हैं और कार्यक्रम लागू करने में टीम भावना जगा सकते हैं। यह जरूरी है कि कारगर विकास प्रक्रिया में पूरे समुदाय की रचनात्मकता को लगा दिया जाए।

जरूरत से जुड़ा या आवश्यकता आधारित (Need-Based): समुदाय आधारित कार्यक्रमों की योजना समुदाय की जरूरतों से ही निकल कर आनी चाहिए। समुदाय की कुछ जरूरतों को वे खुद महसूस कर सकते हैं। कुछ ऐसी भी जरूरतें हो सकती हैं, जिनकी पहचान समुदाय न कर सके। लेकिन विशेषज्ञ ऐसी जरूरतों को समुदाय के लिए जरूरी मान सकते हैं। मसलन, पर्यावरण स्वच्छता और रोकथाम संबंधी स्वास्थ्य वगैरह। इस सिलसिले में समुदाय को उन जरूरतों के बारे में जागरूक करना होता है।

स्थानीय संसाधन (Local Resources): स्थानीय स्तर पर चाहे कितने भी कम संसाधन हों, उनको जुटाना और इस्तेमाल करना बेहद जरूरी होता है। अब ये संसाधन पैसे, माल और जनशक्ति के तौर पर हो सकते हैं। स्थानीय संसाधनों की जरूरत इसलिए भी होती है कि उसी से बाहरी पैसा आता है। अगर कभी बाहरी पैसा आना बंद हो जाए, तब भी किसी न किसी स्तर पर कार्यक्रम जारी रह सकता है।

भागीदारी (Participation): समुदाय भागीदारी भी बेहद जरूरी होती है। उसकी वजह से ही लोकतांत्रिक तरीके से फैसले लेकर कार्यवाही आगे बढ़ती है। बेहतर काम के लिए भागीदारी मील का पत्थर है। स्थानीय लोगों को जोड़ने से स्थानीय जानकारी और विशेषज्ञता का इस्तेमाल होता है। उसी से बाहरी लोगों और तकनीकी विशेषज्ञों पर बेवजह की निर्भरता घटती है। उससे लोगों में सामूहिक फैसले लेने की ताकत आती है।

प्रश्न 15. समुदाय आधारित कार्यक्रमों की योजना का विश्लेषण कीजिए।

अथवा

समुदाय आधारित कार्यक्रमों की योजना बनाने की प्रक्रिया में शामिल कदमों का वर्णन कीजिए। [दिसम्बर-2013, प्रश्न सं.-2]

उत्तर— योजना प्रक्रिया की समुदाय आधारित कार्यक्रमों के विकास में एक महत्त्वपूर्ण भूमिका होती है। समुदाय संस्थाओं के कार्यकर्त्ता अपनी योजना क्षमता का इस्तेमाल करते हैं। लेकिन अक्सर ये योजनाएँ काफी हद तक संकुचित और ज्यादा ही तकनीकी हो जाती हैं। इसी वजह से योजना बनाने वालों और लोगों के बीच एक दूरी बन जाती है। बार-बार आपको एक कार्यकर्त्ता के तौर पर उस प्रतिनिधि समूह पर काम करने को कहा जाएगा, जो लक्ष्य हासिल करने, कार्यक्रम विकास, कार्यक्रम लागू करने और मूल्यांकन में हिस्सेदारी कर सके। दरअसल, योजना तो किसी भी काम से पहले आती है।

समुदाय में पहुँच (Approaching the Community): समुदाय आधारित कार्यक्रम की योजना बनाने में सबसे पहला कदम उस समुदाय में 'पहुँच' बनाना होता है। कभी-कभी जब कोई बाहरी एजेंसी समुदाय में जाती है, तो उससे स्थानीय लोगों के दिमाग में तमाम तरह के शक और संदेह पैदा हो जाते हैं। इसलिए समुदाय में पहुँच बहुत सोच-समझ कर बनानी चाहिए। समुदाय में पैठ बनाने के लिए कुछ तरीके हैं। मसलन:

सामुदायिक नेताओं से बैठक (Meeting Community Leaders): अगर मुमकिन हो, तो सामुदायिक नेताओं की पहचान कर पहले ही तय कर लेना चाहिए कि उनसे कैसे और कब संपर्क करना है। आमतौर पर समुदाय में दो तरह का नेतृत्व होता है। एक, औपचारिक और दूसरा अनौपचारिक। पहला, नेतृत्व समुदाय से औपचारिक तौर पर चुना हुआ होता है। मसलन, ग्राम पंचायत का प्रधान। दूसरा कोई शिक्षक या धार्मिक गुरु या अन्य हो सकता है। वे अपने सामाजिक, धार्मिक या अन्य वजहों से नेता के तौर पर मान लिए जाते हैं। सामुदायिक कार्यकर्त्ता को दोनों तरह के नेतृत्व से मिलना चाहिए और उनका भरोसा जीतने की कोशिश करनी चाहिए।

समुदाय की तैयारी (Preparation of the Community): इस स्तर पर सामुदायिक नेतृत्व बैठकों और चर्चाओं के जरिए समुदाय आधारित कार्यक्रम को शुरू करने के विचार को लोगों तक पहुँचाता है। इस काम में सामुदायिक कार्यकर्त्ता उन्हें सहयोग देता है। कार्यक्रम के बड़े उद्देश्यों पर चर्चा हो जाती है और तमाम संदेह दूर हो जाते हैं। बड़े स्तर पर अपनी पहुँच बनाने के लिए सभी समूहों को शामिल करने की कोशिश होनी चाहिए।

समुदाय की नब्ज पकड़ना (Community Diagnosis): सामुदायिक बैठकों और चर्चाओं में समुदाय की समस्याओं और जरूरतों की जानकारी तो हो जाती है लेकिन अक्सर उनकी जटिलता और फैलाव का अंदाज करना मुश्किल होता है। इसलिए समुदाय की हिस्सेदारी से एक ठोस सर्वे करना चाहिए। यह सर्वे प्रशिक्षित लोगों को करना चाहिए ताकि समुदाय की समस्याओं पर बेहतर नजरिया रख सकें।

समुदाय की नब्ज पकड़ने के लिए इन दिशा-निर्देशों का इस्तेमाल कर सकते हैं:
- सर्वे का उद्देश्य तय करें।
- जाँच के प्रमुख सिद्धांत तय करें।

- स्थानीय जरूरतों के लिहाज से आसान अनुसूची यानी शिड्यूल बनाएँ ताकि पूछताछ करने वाले को दिक्कत न आए।
- नेताओं को आँकड़े जुटाने की जरूरत और उद्देश्य समझा दें।
- पूछताछ करने वालों को समुदाय से ही लिया जाए। उन्हें हल्का-सा सिखा-पढ़ा कर सूचना जुटाने के काम में प्रशिक्षित करना चाहिए।
- अनुसूची के जरिए ही सूचनाएँ जुटाई जाएँ। लोगों से बात करके भी सूचनाएँ जुटानी चाहिए। कुछ खास मामलों में वे जरूरी सूचनाएँ दे सकते हैं।
- आँकड़ों को वर्गीकृत करें।
- रिपोर्ट को लिख लें।

जरूरत की पहचान (Need Identification): अगर सर्वे के नतीजों को समुदाय तक पहुँचाया जाए, तो उससे लोगों में रुचि पैदा होगी। फिर चर्चाओं और गतिविधियों से कार्यक्रम की जरूरतों की पहचान करने का रास्ता साफ होगा।

समुदाय के सामने समस्याएँ रखना *(Presenting the problems to the community)*: समस्याओं की पहचान कर उन्हें समुदाय के आगे रखना चाहिए ताकि वे अपनी समस्याओं को ठीक से समझ सकें। यह लिखित में हो सकती है और मौखिक या मुँहजुबानी भी। मौखिक प्रस्तुति से समुदाय के नेतृत्व को सर्वे से निकल कर आई खास समस्या पर चर्चा करने का मौका मिलता है। बाद में वे उसे समुदाय की बैठकों में भी उठा सकते हैं।

तौर-तरीका तय करना *(Determining the criteria)*: असल में पहचान की गई जिस समस्या को सबसे पहले उठाने की जरूरत होती है, उसे कैसे तय किया जाए? इस सिलसिले में पहले समस्या की गंभीरता को देखना चाहिए। समस्याओं की घटनाओं पर नजर डालनी चाहिए। यह भी देखना चाहिए कि कौन-सा खास समूह उससे पीड़ित या प्रभावित हुआ है। कितने लोग प्रभावित हुए हैं? फिर समुदाय उस समस्या को कितना महत्त्व देता है? यह जरूर देखा जाना चाहिए कि अगर उस समस्या को जल्द हल नहीं किया गया, तो उसके कितने गंभीर परिणाम होंगे।

समस्या को चुन कर काम करना *(Choosing problems to work on)*: हर समस्या पर एक साथ काम करना कारगर नहीं होता। फिर समस्या को लेकर किसी सहमति पर पहुँचना भी आसान नहीं होता। आमतौर पर उन समस्याओं को उठाया जाता है, जो समुदाय समझता है कि उसे बहुत परेशान कर रही हैं। ये समस्याएँ उपलब्ध संसाधनों का इस्तेमाल कर स्थानीय स्तर पर ही सुलझाई जा सकती हैं। कुछ मामलों में ये प्रक्रिया अपनाई जाती हैं:

- प्राथमिक समस्या समुदाय के खास सदस्यों के आगे रखी जाती है। यह बताते हुए कि उसकी पहचान कैसे की गई? उसमें खास सदस्यों की भागीदारी बेहद

जरूरी होती है। उससे फैसला लेने की पूरी प्रक्रिया आसान और अर्थपूर्ण हो जाती है। कार्यक्रम के लिए भी उनकी प्रतिबद्धता बढ़ती है।
- समुदाय के लोगों को अपनी समस्याओं को तत्काल, तुरंत और तुरंत नहीं में बाँटने को कहना चाहिए।
- जिस समस्या को ज्यादातर लोग बिल्कुल अभी या तत्काल कहें, उसे प्राथमिक कार्यवाही के लिए चुन लेना चाहिए।

प्रश्न 16. समुदाय आधारित कार्यक्रमों के नियोजन के लिए जिन प्रमुख सोपानों की आवश्यकता पड़ती है, उनकी संक्षेप में चर्चा कीजिए।

उत्तर— समुदाय आधारित कार्यक्रमों के नियोजन के लिए जिन प्रमुख सोपानों की आवश्यकता पड़ती है उनका कार्यक्रम बनने में बहुत बड़ा योगदान होता है। मसलन:

- समस्या से कौन-से खास समूह, संस्थाएँ और संगठन जुड़े हुए हैं? इन समूहों के बीच संवाद किस तरह होगा? वे कौन-सी ताकतें हैं, जो सबको मिलकर काम करने से रोक रही हैं या दबाव डाल रही हैं?
- किन दलों और समूहों की पहचान सहायक या विरोधी स्रोत के तौर पर की गई है?
- कौन-से आम तरीके इस्तेमाल किए गए हैं?
- स्थानीय स्तर पर कौन-सा खास माल या गैर-माल संसाधन मौजूद है? उसकी पूर्व शर्तें क्या हैं? उनकी देख-रेख कैसे होगी?
- फिलहाल समस्या से जूझने के लिए कौन-से संसाधन इस्तेमाल किए जा रहे हैं?
- कौन-से वैकल्पिक समाधान विकसित किए जा सकते हैं, जो स्वीकार्य हो सकते हों?
- समुदाय किन नतीजों की उम्मीद कर रहा है?

उद्देश्य तय करना (Setting Objectives): समस्या को तय करने के बाद कार्यक्रम बनाने के सिलसिले में पहला कदम उद्देश्यों को स्पष्ट करना है। उद्देश्य तो लक्ष्यों से निकल कर आते हैं। उन्हें मोटे तौर पर लम्बे समय के लिहाज से तय किया जाता है। उद्देश्य इरादों का ठोस बयान होते हैं। उन्हें कार्यक्रम में ढालना होता है। जहाँ तक जरूरी हो, उद्देश्यों को सीमित रखना ही बेहतर होता है। मसलन, चार या पाँच बहुत हैं। यह देख लेना चाहिए कि उन्हें एक तय समय सीमा में हासिल कर लिया जाए। एक समय सीमा में बाँध दिए जाने वाले उद्देश्यों को लक्ष्यांक कहते हैं।

कार्यक्रम और सेवा अंशों को तय करना (Determining Programme and Service Components): उद्देश्य ही कार्यक्रम और सेवा अंशों को तय करते हैं। यह जरूरी है कि उन्हें विस्तार से तैयार किया जाए ताकि देख-रेख या देखभाल में कोई

दिक्कत नहीं आए। इस सिलसिले में कई मामलों को देखना जरूरी है। मसलन, लाभान्वित समूहों को तय करना, लाभान्वितों के चयन का तरीका, क्या सेवाएँ दी जाएँगी, लाभान्वित तक पहुँचने के लिए क्या रणनीति अपनाई जाएगी, वे कैसे सेवाओं का इस्तेमाल करेंगे और वितरण व्यवस्था कैसे होगी? वगैरह-वगैरह।

लाभान्वितों की पहचान (Identification of Beneficiaries): लाभान्वितों की पहचान बहुत महत्त्वपूर्ण है। लेकिन यह बेहद जटिल काम है जबकि सब्सिडी या अनुदान या और किसी किस्म की मदद उसमें जुड़ी हो। फिर स्थानीय सत्ता के ढाँचे की यह भी इच्छा हो कि उससे उनके हित ही सधें। वे चाहते हैं कोई समूह इतना ताकतवर नहीं हो सके कि उनके प्रभुत्व को चुनौती मिले। इसलिए अक्सर विकास कार्यक्रम इंगित करते हैं कि लाभान्वितों का चयन कार्यक्रम की शर्तों के मुताबिक नहीं हुआ है। लाभान्वितों के चयन में कई तरीके इस्तेमाल हो सकते हैं। उनमें से कुछ इस प्रकार हैं:

- सर्वे लाभान्वितों की पहचान करने में मदद करते हैं।
- कार्यक्रम को लागू करने वाली एजेंसी या अधिकारी अपनी ओर से एक सूची तैयार कर लेते हैं, योजना में तय शर्तों का पालन करते हुए।
- अलग-अलग समूहों के नेताओं से नाम सुझाने को कहा जाता है।
- एक खुली बैठक में चयन हो जाता है, जिसमें सभी की भागीदारी होती है।

अगर इन तरीकों का पालन किया जाता है, तो प्रारंभिक सूची तैयार कर लेनी चाहिए। बेहतर है उस पर खुली बैठक में चर्चा की जाए ताकि अयोग्य लोगों को बाहर किया जाए और अगर योग्य लोग छूट गए हों, तो शामिल कर लिया जाए। यह तरीका खासतौर पर वहाँ ज्यादा जरूरी है, जहाँ सब्सिडी या अनुदान रियायती दरों पर या अन्य लाभ जुड़े हों।

मील के पत्थर तय करना (Setting Milestones): मील के पत्थर तय करने का मतलब है कि आखिरकार उद्देश्यों-लक्ष्यों को हासिल करने के लिए किन स्तरों की जरूरत है? कार्यक्रम को तैयार करने में ये बेहद अहम् हैं। इन बिंदुओं को भी देखना जरूरी है:

- कार्यक्रम उद्देश्यों को पूरा करने के लिए कामों को तय करने की जरूरत।
- कठिन कामों की पहचान और यह निशानदेही भी कि काम करते हुए कौन-सी रुकावटें आ सकती हैं।
- यह तय करना कि कौन-सा काम कब करना है।
- उन कामों की पहचान जो समुदाय के लोग कर सकते हैं या वे तरीके जिनसे समुदाय कार्यक्रम को लागू करने में हिस्सेदारी कर सकता है।
- जिम्मेदारियों को सौंपना कि कौन क्या काम करेगा और कब करेगा।

अनुमानित बजट तैयार करना और संसाधनों की पहचान (Identifying the Resources and Preparing the Budget Estimate): कार्यक्रम तैयार करने में

अगला कदम संसाधनों की पहचान है। मसलन, स्थानीय संसाधनों की मौजूदगी और बाहर से संसाधन जुटाने की जरूरत। ग्रामीण समुदायों के आर्थिक हालात को देखते हुए स्थानीय लोगों से वित्तीय सहयोग की उम्मीद करना संवेदनशील मुद्दा है। मसलन, जब ग्रामीण समुदाय के ज्यादातर लोग ₹12 रोज कमा रहे हों, वह भी साल के कुछ महीनों में। तब आप उनसे कार्यक्रम के लिए पूरा या आंशिक सहयोग की माँग कैसे कर सकते हैं? लेकिन उन लोगों को यह महसूस कराने के लिए कि 'हम अपना कार्यक्रम करते हैं', उनसे कुछ सहयोग लेना भी जरूरी है। वह चाहे कितना भी कम क्यों न हो। फिर वह सहयोग चाहे पैसे में हो या किसी और तरह का। समुदाय के संसाधनों में माल, उपकरण, पैसा, हुनर, तकनीकी जानकारी और जनशक्ति हो सकती है।

एक अनुमानित बजट तैयार करना चाहिए। उसमें यह इंगित हो कि कितना पैसा मंजूर हुआ और किस चीज के लिए हुआ। अनुमानित बजट तैयार करने से पहले यह अंदाज लगाना बेहद जरूरी है कि आखिर कितना पैसा जुटाया जा सकता है? असल में कुछ अनुदान और आय तो तय होती हैं। लेकिन कुछ के बारे में अनिश्चितता बनी रहती है। अनुमानित बजट को समुदाय के सामने रखना चाहिए। पैसे को लेकर ज्यादा उम्मीदें ठीक नहीं हैं। खासतौर पर जब कार्यक्रम के बीच में ही ठहर जाने का खतरा हो। इसके अलावा आवर्ती यानी लगातार होने वाले खर्चों के लिए भी लम्बे समय को ध्यान में रख कर संसाधन का होना जरूरी है।

कार्यक्रम क्रियान्वयन योजना या लागू करने की योजना (Planning Programme Implementation): कार्यक्रम लागू करने की योजना बनाते समय कुछ बातों का ध्यान रखना जरूरी है ताकि समुदाय में कार्यक्रम स्वीकार्य हो और उम्मीदों के मुताबिक नतीजे मिल सकें:

- योग्य और इच्छुक समुदाय नेताओं को ढूँढ़ना, जो कार्यक्रम को शुरू करने की जिम्मेदारी उठा सकें।
- कार्यक्रम की देख-रेख और समीक्षा के लिए एक समिति गठित की जाए। उसमें समुदाय के लोग भी हों।
- समुदाय के भीतर और बाहर ऐसी संस्थाओं की पहचान की जाए, जो कार्यक्रम लागू करने में मदद दे सकें।
- खास कामों को करने के लिए काम का बँटवारा और उसे अलग-अलग लोगों को सौंपना। उसमें समुदाय के लोगों को जितना जोड़ा जाए, उतना बेहतर है।
- चालू गतिविधियों का लेखा-जोखा या रिकॉर्ड करने और रपट करने की बेहतर व्यवस्था बनाई जाए।
- यह तय करना कि शुरू में कितने और किस तरह के लाभान्वितों को जोड़ा जाए।

- कम से कम पहले साल के लिए पैसे की व्यवस्था सुनिश्चित करना।
- पूरे कार्यक्रम का समय तय करना। यह भी तय करना कि हर गतिविधि के लिए कितना समय लगेगा।

प्रश्न 17. सामुदायिक भागीदारी का अर्थ तथा उसके प्रकारों का वर्णन कीजिए।

उत्तर– एक प्रक्रिया के तौर पर सामुदायिक भागीदारी का अर्थ लोगों और काम करने वालों के बीच नजदीकी संवाद को बनाना है। कई तरीके हैं, जिनसे लोग योजनाकारों और लागू करने वालों से जुड़ सकते हैं। उसे भागीदारी के प्रकारों, उनके कामों और सत्ता केंद्र में आँका जा सकता है। दरअसल, जब कोई समुदाय अपने माहौल में चीजों को तय करने लगता है, तो मान लेना चाहिए कि समुदाय आधारित कार्यक्रम कामयाब हो रहा है। हम छह तरह के सामुदायिक भागीदारी के प्रकारों पर सोच सकते हैं:

तालिका 3.1: योजना और प्रबंधकीय विकास में सामुदायिक भागीदारी के तरीके

भागीदारों की पहचान	सत्ता केंद्र	कामकाज	लोगों को मिली सीधी सत्ता का आकलन
(1) शिक्षित समूह (खास लोग) बाहरी एजेंसी से नियुक्त	सरकारी कर्मचारी और स्थानीय खास लोग।	स्थानीय खास लोगों के जरिए बाहरी योजना को वैध बनाना।	फैसला लेने में समुदाय का कम-से-कम जुड़ाव।
(2) सरकारी लोग मसलन ग्रामीण विकास समिति का संयोजक	सरकारी कर्मचारी और स्थानीय खास लोग।	स्थानीय खास लोगों के जरिए बाहरी योजना को वैध बनाना और बाहरी कार्यक्रम का लागू होना क्योंकि स्थानीय खास लोगों को ऊपर से ताकत मिली हुई है फैसला लेने में समुदाय का कम-से कम जुड़ाव।	जन भागीदारी महज पीछे चलने या लाभ लेने तक सीमित।
(3) सरकारी कर्मचारी योजना बनाने के बाद लोगों से सलाह करते हैं	सरकारी कर्मचारी	बाहरी योजना को वैध बनाना, लोगों को यह महसूस करा कर कि बाद में उनकी भी बात मानी जाएगी।	योजना तय होने के बाद समुदाय से सलाह करने से भागीदारी के कुछ विकल्प तो खुलेंगे, लेकिन वे नाममात्र के ही होंगे।

Contd...

Contd...

भागीदारों की पहचान	सत्ता केंद्र	कामकाज	लोगों को मिली सीधी सत्ता का आकलन
(4) सरकारी कर्मचारी बिल्कुल योजना की शुरुआत से ही जन समूहों से सलाह करेंगे।	सरकारी कर्मचारी जब लाभान्वित कम होंगे, तो सरकारी कर्मचारी ज्यादा होने की वजह से हावी रहेंगे।	लोगों के विचार जानने का मौका। लोगों को अपनी प्राथमिकता तय करने के लिए योजना की ठोस समझ।	फैसले लेने में उनका हिस्सा। लेकिन सरकारी कर्मचारी पूरी प्रक्रिया को नियंत्रित करेंगे।
(5) एक या दो लाभान्वित ही बोर्ड में प्रतिनिधि होंगे।	फैसलों में लोगों की ज्यादा चलेगी।	जन भागीदारी के विचार को वैधता देना लेकिन साथ ही बाहरी नियंत्रण को भी वैध करना।	लोग फैसला लेने की जिम्मेदारी में सहभागी होंगे।
(6) बोर्ड में स्थानीय लाभान्वित लोग बहुमत में होंगे।		लोगों के अधिकारों को वैधता देना और उन्हें सशक्त करना।	लोगों को सशक्त करना ताकि वे किसी बाहरी ताकत का मोहरा न बनें।

प्रश्न 18. समुदाय आधारित कार्यक्रमों में नेतृत्व की भूमिका बताइए।

उत्तर— सामूहिक सोच, समूह चर्चा और दूसरों को प्रभावित करने के मामले में नेता की भूमिका को नजरंदाज नहीं किया जा सकता। अपने समूह के लोगों को नेता प्रभावित करते हैं। वे उनके व्यवहार पर भी असर डालते हैं। फिर वे लोगों से प्रभावित होते हैं। यह आदान-प्रदान की प्रक्रिया है, जिसमें समूह के लोग एक-दूसरे को प्रभावित और प्रोत्साहित करते हैं ताकि एक लक्ष्य की ओर बढ़ सकें।

समूह में आपसी मेल-जोल और संवाद को सुधारने के लिए कई चीजें काम करती हैं। उसी से समूह कामयाबी से अपना काम कर पाता है। मसलन, हिस्सेदारी की दर, समूह की विशेषताएँ, काम की प्रकृति और संस्था की गतिशीलता। इस सिलसिले में नेतृत्व अहम् भूमिका निभा सकता है।

नेता की क्षमताएँ इन मामलों में दिखलाई पड़ती हैं। मसलन:
- लोगों से संवाद,
- अपने और अपने प्रस्तावों के प्रति विश्वसनीयता हासिल करना,
- विरोधों और विरोधियों की पहचान,
- कार्यसूची को आगे बढ़ाना,
- समूह के लोगों को कार्यसूची के उद्देश्यों के प्रति जुटा देना।

बाहरी माहौल, परिस्थितियाँ, समूह का आकार, उसका ढाँचा और तमाम वजह होती हैं, जिससे लक्ष्य हासिल करने में दिक्कत आती है। जाहिर है उससे नेता की कारगरता पर भी असर पड़ता है।

समुदाय के लोगों में से ही नेता की पहचान करनी चाहिए। वहाँ के लोग जिस व्यक्ति को समझते हों कि वह औरों को प्रभावित कर सकता है उनको दिशा दे सकता है। लाभान्वितों से पूछ सकते हैं कि वे किसे नेता के लायक समझते हैं या कुछ लोगों को जिन्हें वे नेतृत्व के लिए ठीक मानते हैं। यह सोच कर चला जाता है कि सब लोग अपने असर का एक जैसा इस्तेमाल नहीं करते। यह भी याद रखना चाहिए कि समुदाय के ज्यादातर लोग तो अपने असर का इस्तेमाल ही नहीं करते। ज्यादातर मामलों में यह बेहद सीमित होता है। नेताओं के मामले में असर का इस्तेमाल काफी बड़ी संख्या में होता है।

हालाँकि समुदाय या समूह नेताओं की पहचान हमेशा आसान नहीं होती। खासतौर पर जब नेताओं की कोई कमी नहीं होती और कुछ मामलों में जब नेताओं की श्रेणियाँ या अनुक्रम व्यवस्थित और औपचारिक नहीं होता। हालाँकि कभी-कभी नेता उभर आते हैं, जब कोई संकट आ जाता है या कोई खास लक्ष्य हासिल करना होता है।

कुछ नेता अपने तौर-तरीकों में निरंकुश होते हैं। वे अपनी नीतियाँ तय करते हैं, रणनीति और कार्य योजना बनाते हैं और काम सौंप देते हैं। लेकिन समुदाय आधारित कार्यक्रम तो लोकतांत्रिक ढाँचे के तहत काम करते हैं। उसमें नेतृत्व की योजना बनाने और लागू करने में लोगों को साथ लेकर चलना होता है। वे लोगों से विकल्प सुझाने को कहते हैं। आपसी साझेदारी और जुड़ाव से बेहतर काम करने का तरीका ढूँढ़ते हैं। वे लोगों को अपनी जिम्मेदारियाँ खुद तय करने की छूट देते हैं। सामूहिक सोच और फैसलों को बढ़ावा देते हैं। कभी-कभी समुदाय अपने नेता से चाहता है कि वह खुद फैसले ले और उन्हें दिशा दे क्योंकि उन्हें लोकतांत्रिक प्रक्रिया और भागीदारी नेतृत्व का अनुभव ही नहीं होता। नेता की कोशिशों से इसे बदला जा सकता है और सामुदायिक भागीदारी कारगर हो सकती है।

प्रश्न 19. सामाजिक क्रिया का अर्थ तथा विशेषताओं का उल्लेख कीजिए।

अथवा

सामाजिक क्रिया की अवधारणा और महत्त्वपूर्ण विशेषताओं को स्पष्ट कीजिए। [दिसम्बर-2012, प्रश्न सं.-3(c)]

अथवा

सामाजिक क्रिया पर संक्षिप्त टिप्पणी लिखिए।[जून-2014, प्रश्न सं.-5(छ)]

उत्तर— एक समाज में कई प्रकार के समूह हो सकते हैं जो एक या अनेक दिशाओं में मानव व्यवहार को प्रभावित करें। इस अर्थ में सामाजिक प्रक्रम वह प्रक्रिया है जिसके द्वारा सामाजिक व्यवस्था अथवा सामाजिक क्रिया की कोई भी इकाई या समूह अपनी एक अवस्था से दूसरी अवस्था की ओर निश्चित रूप से कुछ समय तक अग्रसर होने की गति में हो।

सामाजिक क्रिया पर अब तक कोई सर्वसम्मत परिभाषा नहीं बन सकी है। हालाँकि मोटे तौर पर एक समझ जरूर बन गई है।

बिल्कुल शुरुआती परिभाषा 1922 में मेरी रिचमंड ने देने की कोशिश की थी। उन्होंने सामाजिक क्रिया को 'सामाजिक विधान और प्रोपेगैंडा या प्रचार के जरिए लोगों की बेहतरी' के तौर पर देखा था। यह परिभाषा काफी सामान्य थी। उसमें सामाजिक क्रिया की खास विशेषताएँ नहीं समा पाई थीं।

उससे बेहतर परिभाषा 1963 में फ्रीडलैंडर ने दी थी, 'सामाजिक क्रिया किसी व्यक्ति, समूह या समुदाय की कोशिशें हैं, जिन्हें समाज कार्य दर्शन और व्यवहार के तहत चलाया जाता है। उसका उद्देश्य सामाजिक प्रगति, सामाजिक नीतियों में बदलाव, सामाजिक विधान, स्वास्थ्य और कल्याण सेवाओं में बेहतरी है।' जैसे ही वह कहते हैं, 'समाज कार्य दर्शन और व्यवहार के तहत', तो परिभाषा में से संघर्ष और क्रांतिकारी बदलाव बाहर हो जाते हैं।

रोजर बाल्डविन के अनुसार सामाजिक क्रिया 'सामाजिक और आर्थिक संस्थान को बदलने की संगठित कोशिश है। यह समाज कार्य और समाज सेवा से अलग वह क्षेत्र है, जिसमें जरूरी नहीं कि स्थापित संस्थानों में बदलाव की कोशिश हो। राजनीतिक सुधार, औद्योगिक लोकतंत्र, सामाजिक विधान, सामाजिक और नस्लीय न्याय, धार्मिक आजादी और नागरिक अधिकार सामाजिक कार्यवाही के तहत आते हैं। प्रचार-प्रसार, शोध और गुट बनाना उसकी तकनीक है।' यह परिभाषा समाज कार्य मूल्यों के तहत सामाजिक क्रिया को बदलाव का हामी नहीं मानती। कुल मिलाकर यह परिभाषा मौजूदा संस्थान साँचे के भीतर ही बदलाव की बात करती है।

गैब्रियल ब्रिटो 'संघर्ष' पर जोर देते हैं, सामाजिक क्रिया संघर्ष से भरपूर उतार-चढ़ाव वाली प्रक्रिया है। उसकी पहल या चालन आम लोग या खास लोगों का समूह करते हैं। यह लोगों की भागीदारी या उनके बिना भी हो सकता है। यह कार्यवाही व्यवस्था या संस्थानों या सरकार या किसी खास एजेंसी या सत्ता प्रतिष्ठानों की नीतियों और कार्यक्रमों या प्रक्रियाओं के विरोध में हो सकती है।

पॉल भी संघर्ष के तत्त्व को मानता है। इसलिए वह मानता है कि सामाजिक क्रिया 'वे संगठित और नियोजित गतिविधियाँ हैं, जो हैसियत, सत्ता और संसाधन के सामाजिक बँटवारे को प्रभावित करती हैं।'

विशेषताएँ (Main Features)

- सामाजिक क्रिया के उद्देश्य आमूल परिवर्तनवादी या बदलाववादी हो सकते हैं। मसलन, वह मसौदा ढाँचे की बुनियाद पर ही सवाल उठा सकते हैं। उसे ढहाने की बात कर सकते हैं। वे अक्सर उसका विकल्प सुझाते हैं। ये विकल्प पूरी तरह कारगर न हो पाएँ, तब भी। दूसरी ओर सामाजिक क्रिया व्यवस्था के भीतर भी बदलाव पर काम कर सकते हैं।
- सामाजिक क्रिया का भौगोलिक क्षेत्र और संख्या मुद्दों के लिहाज से काफी बड़ी और छोटी हो सकती है।

- सामाजिक क्रिया को चलाने की ताकत बाहर से आ सकती है। शुरुआती दौर में एकजुट किए बिना या रणनीति और लक्ष्य पर लोगों की हिस्सेदारी या आंशिक हिस्सेदारी से भी काम चल सकता है। लेकिन लगातार बेहतर नतीजे पाने के लिए रणनीति और लक्ष्यों पर लोगों की भागीदारी जरूरी है।
- सामाजिक क्रिया के लक्ष्य कभी मूल्य तटस्थ नहीं होते। वे मूल्य आधारित होते हैं और चरित्र में आदर्शी या मानकीय होते हैं। हालाँकि ये मूल्य और मानक किसी संस्कृति के स्वीकृत लक्ष्यों और मूल्यों से अलग हो सकते हैं।
- सामाजिक क्रिया में संघर्ष के तत्त्व रहते हैं। जरूरी नहीं कि वह पूरी तरह शांतिपूर्ण और पूरी तरह से अहिंसात्मक हों। यह अलग बात है कि हिंसा कोई बेहतर तरीका नहीं है।
- सामाजिक क्रिया कुछ मामलों में ऐसे तरीके या लक्ष्य तय करती है, जो भविष्य के लिए होते हैं। उनका दायरा खासा ठोस और विस्तृत होता है। वह कानून से परे जा सकते हैं। फिर भी लक्ष्यों और तरीकों की सामाजिक और नैतिक मंजूरी भी महत्त्वपूर्ण है।
- सामाजिक क्रिया अभियान में नेताओं की प्रतिबद्धता, लक्ष्यों और तरीकों में उनका भरोसा और भावात्मक भागीदारी जरूरी होती है।
- सामाजिक क्रिया गैर-राजनीतिक नहीं होती। फिर भी ज्यादातर सामाजिक क्रिया के अभियान राजनीतिक पार्टियाँ नहीं चलातीं।
- सामाजिक क्रिया एक संगठित कोशिश है। उसका मकसद सामाजिक, आर्थिक या राजनीतिक ढाँचे और उनके कामकाज के तौर-तरीकों में बदलाव लाना है ताकि सामाजिक और आर्थिक बेहतरी हासिल हो सके। सामाजिक, आर्थिक और राजनीतिक व्यवस्था कायम हो सके। खासतौर पर समाज के हाशिए पर पड़े समूह बेहतर महसूस कर सकें। उसे कमजोर वर्गों को एकजुट करने और सामूहिक कार्यवाही से निहित स्वार्थों के खिलाफ खड़े करने के तरीके के तौर पर देखा जाता है। उसमें तमाम तरह के सत्ता समूहों के शोषण आते हैं। चाहे वे राजनीतिक या आर्थिक हों या उद्योग या व्यापार वगैरह के हों।
- सामाजिक क्रिया का क्षेत्र बहुत बड़ा और फैला हुआ है यानी राजनीतिक सुधार, सामाजिक और आर्थिक सुधार, सामाजिक अन्याय और धार्मिक असहिष्णुता, मानव अधिकारों की बहाली, कानून बनवाना, फैसले लेने और लाभों में हिस्सेदारी, पर्यावरण संरक्षण, मौजूदा लोकाचारों की जकड़न से मुक्ति वगैरह-वगैरह।

प्रश्न 20. सामाजिक क्रिया की भिन्न-भिन्न कार्यनीतियों को स्पष्ट कीजिए।

अथवा

सामाजिक क्रिया की विभिन्न कार्यनीतियों के महत्त्वपूर्ण पहलुओं की चर्चा कीजिए। [जून-2013, प्रश्न सं.-2]

उत्तर— एक ही समाज के विभिन्न भाग जब एक-दूसरे का समर्थन करते हुए सामाजिक व्यवस्था को अखंड बनाए रखने में योगदान करते रहते हैं तो उस प्रक्रम को इंटेग्रेशन (एकीकरण) कहा जाता है। इस प्रकार के समाज की ठोस रचना कई बार समाज को बलवान बनाते हुए नए विचारों से विहीन बना देती है।

सामाजिक क्रिया के लिए अलग-अलग रणनीतियाँ हो सकती हैं। रणनीतियाँ ही तय करती हैं कि क्या तरीके अपनाए जाएँगे।

रणनीतियों के प्रकार (Types of Strategies):

गैब्रियल ब्रिटो ने 1984 में क्रिया के लिए एकजुट करने के गाँधीवादी मॉडल के आधार पर रणनीतियों को पहचानने की कोशिश की। ये हैं:

विश्वसनीयता बढ़ाना (Credibility-building): इसका मकसद सामाजिक मूल्यों के आधार पर नेतृत्व, प्रायोजकों और हिस्सेदारों की लोगों में बेहतर छवि बनाना है।

वैधता (Legitimation): आंदोलन के उद्देश्यों को नैतिक तौर पर सही साबित करते हुए बढ़ावा देना ताकि कार्यवाही को सामाजिक और नैतिक तौर पर वैध और स्वीकार्य बनाया जाए।

नाटकीकरण (Dramatisation): इसका मकसद भावनात्मक अपीलों, जोरदार भाषणों, मीडिया को भरोसे में लेते हुए, समर्थन हासिल करने के बेहतर तरीके अपनाते हुए, धारदार नारों, जुलूसों, विरोध प्रदर्शनों और इसी तरह की और तकनीकों से लोगों को एकजुट करना है।

बहुआयामी रणनीतियाँ (Multiple strategies): इसका मतलब क्रिया के समन्वित कार्यक्रम से है। जैसे वकालत, शिक्षा, समझाना-बुझाना, कार्यवाही को अंजाम देना, दबाव बनाना वगैरह।

दोहरी सोच (Dual approach): इसका मकसद एक ऐसी प्रति व्यवस्था को विकल्प के तौर पर उठाना है या ऐसी व्यवस्था को फिर से जिंदा करना है, जो ढह रही है या ढह चुकी है। बशर्ते वह व्यवस्था लाभकारी हो। एक रचनात्मक प्रति क्रिया योजना का प्रस्ताव मौजूदा व्यवस्था के विरोध में होगा, अगर मौजूदा व्यवस्था को अन्यायी, शोषक और अनचाही माना जाए।

बहु-स्तरीय कार्यक्रम (Manifold programme): यह सामाजिक, आर्थिक और राजनीतिक कार्यक्रमों को विकसित करने के लिए है ताकि सामाजिक-आर्थिक पुनर्निर्माण के लिए लोगों को एकजुट किया जाए और राजनीतिक आजादी हासिल हो सके।

सिद्दीकी ने भी 1984 में सर्वोदय रणनीति में इस्तेमाल हो रहे स्तरों पर बात की है। ये स्तर गाँधी दर्शन की सर्वोदय सामाजिक कार्यवाही आंदोलन से प्रभावित हैं। ये स्तर हैं:

- प्रचार
- परिचय

- अध्ययन या सर्वे
- सहवास या संघ
- सेवा
- प्रतिकार या विरोध
- समुदाय सेवा या निर्माण कार्य
- बदलाव के लिए माहौल बनाना

1984 में **देसाई** ने सामाजिक कार्यकर्त्ताओं के लिए रणनीतियों को तीन भागों में बाँटा है:

- **सहयोगवादी (Collaborative):** यह उस सोच पर आधारित है कि अगर संघर्ष का रास्ता नहीं अपनाया जाए, तो सत्ता में बैठे लोग बदलाव के लिए तैयार हो जाते हैं। वहाँ बदलाव लाया जा सकता है क्योंकि 'होने वाला बदलाव इस या उस बुराई से कम होता है या वे खुद उन कारणों की पहचान कर लेते हैं, जिससे उस संस्था का अस्तित्व ही खतरे में पड़ सकता है या उनके लक्ष्यों की उपलब्धि ही खतरे में हो या वे असंतुष्ट हों या उनका मोहभंग हो गया हो। इसलिए वे बदलाव में भाग लेने को राजी हो गए हों। हालाँकि व्यवस्था का कुछ हिस्सा शुरुआती दौर में अड़ियलपन दिखा सकता है।'

- **लेन-देन, बातचीत और वकालत (Bargaining, Negotiating and Advocacy):** यहाँ माना जाता है कि कुछ अड़ियलपन तो मिलेगा ही, इसलिए हल्का-सा दबाव जरूरी होगा। **देसाई** के शब्दों में 'इसमें लेन-देन और बातचीत की तकनीक शामिल हो सकती है। मीडिया के जरिए वकालत और प्रचार से बदलाव के लक्ष्य को लेकर दिक्कत हो सकती है। उससे बड़ी तादाद में समुदाय के विचारों से लक्ष्य समूह को अलग-थलग करने की कोशिश हो सकती है। इस सिलसिले में इस्तेमाल होने वाली तकनीक कुछ हद तक सामान्य आपसी व्यवहारों से दूर हो जाती है और वे सत्याग्रह, मोर्चा और इसी तरह के हालात को नाटकीय बनाने वाले तरीकों से जनमत विकसित कर लेते हैं।'

- **संघर्षवादी (Conflictual/Confrontational):** माना जाता है कि विचारों और स्थितियों में बुनियादी फर्क होता है। इसलिए जबरदस्त दबाव का इस्तेमाल जरूरी हो जाता है। मसलन, प्रदर्शन और सविनय अवज्ञा या सीधी कार्यवाही। चूँकि संघर्ष की अतिवादी अभिव्यक्तियों का मतलब मिटा देना, खत्म कर देना, हरा देना या अधीनता है। इसलिए देसाई ने उनका जिक्र नहीं किया है क्योंकि वे समाज कार्य के शिक्षा दर्शन से मेल नहीं खाते।

कुछ युक्तियों की तो साफ-साफ पहचान हो गई है। वे हैं:

- तथ्यान्वेषण या पड़ताल।
- औपचारिक और अनौपचारिक माध्यम का इस्तेमाल करते हुए प्रचार, प्रसार, वकालत।

- शिक्षा, जागरूकता अभियान, अंतर्आत्मा की जागृति।
- स्थापित सांस्थानिक ढाँचे और राजनीतिक प्रक्रियाओं के जरिए समर्थन जुटाना और जनमत बनाना।
- क्रोध, कोप और घृणा को नाटकीय और नए ढंग से अभिव्यक्त करना।
- सहयोग/समझौता।
- नारों का इस्तेमाल।
- संधिवार्ता या बातचीत, लेन-देन, मध्यस्थता।
- विघटन और हल्का बल प्रयोग जैसे विरोध, प्रदर्शन, जुलूस, मोर्चा, धरना, हड़ताल, बहिष्कार, अनशन, घेराव वगैरह। आदेशों की अवहेलना और अलग-अलग तरह के आर्थिक प्रतिबंध।
- भारी बल प्रयोग के तरीके जैसे गैर-वैधानिक तरीके और सीधी कार्यवाही।

कदम (Steps): सामाजिक क्रिया के कई कदम होते हैं। ये हैं:

- समस्या की पहचान करना: इस मामले में अन्याय, निदान करना, उसके बारे में सूचनाएँ इकट्ठी करना, मुख्य भूमिका किसकी होगी, क्या भूमिका वे निभाएँगे, उनके क्या हित हैं या वे क्या लाभ उठाएँगे?
- अपना रुख तय करना।
- सामाजिक क्रिया के लक्ष्यों की पहचान जैसे नतीजों की उम्मीद। ये बिल्कुल साफ होने चाहिए। दूसरे व्यावहारिक होने चाहिए।
- औपचारिक और अनौपचारिक तौर-तरीके अपनाकर समर्थन जुटाना। ताकत और प्रभाव के नेटवर्क ढूँढ़ना।
- संघर्ष, कागजी कार्यवाही और नेतृत्व देने के लिए एक तंत्र विकसित करना।
- रणनीति बनाना। एक विस्तृत योजना, जिसमें कार्यवाहियों की पूरी श्रृंखला हो और नेतृत्व के बीच नेटवर्किंग हो।
- संचार के चैनल बनाना और सामाजिक कार्यवाही आंदोलन की निर्णय क्षमता विकसित करना।
- कार्यवाही को चलाना।
- रणनीति को लागू करने की समीक्षा करना। अगर जरूरी हो, तो वैकल्पिक तरीकों पर जोर देना और वैकल्पिक योजना बनाना।
- लगातार दबाव बनाए रखना।

प्रश्न 21. निम्नलिखित पर संक्षिप्त टिप्पणी कीजिए:

(i) सत्याग्रह

उत्तर– सत्याग्रह का शाब्दिक अर्थ सत्य के लिए आग्रह करना होता है। सत्याग्रह, उन्नीसवीं शताब्दी के अंतिम दशक में गाँधीजी के दक्षिण अफ्रीका के भारतीयों के

अधिकारों की रक्षा के लिए कानून भंग शुरू करने तक संसार निःशस्त्र पतिकार अथवा निष्क्रिय प्रतिरोध (पैंसिव रेजिस्टेंस) की युद्ध नीति से ही परिचित था। यदि प्रतिपक्षी की शक्ति हमसे अधिक है तो सशस्त्र विरोध का कोई अर्थ नहीं रह जाता। सबल प्रतिपक्षी से बचने के लिए "निःशस्त्र प्रतिकार" की युद्ध नीति का अवलम्बन किया जाता था। इंग्लैंड में स्त्रियों ने मताधिकार प्राप्त करने के लिए इसी "निष्क्रिय प्रतिरोध" का मार्ग अपनाया था। इस प्रकार प्रतिकार में प्रतिपक्षी पर शस्त्र से आक्रमण करने की बात छोड़कर उसे दूसरे हर प्रकार से तंग करना, छल-कपट से उसे हानि पहुँचाना अथवा उसके शत्रु से संधि करके उसे नीचा दिखाना आदि उचित समझा जाता था।

चित्र 3.1: सत्याग्रह

गाँधीजी को इस प्रकार की दुर्नीति पसंद नहीं थी। दक्षिण अफ्रीका में उनके आंदोलन की कार्यपद्धति बिल्कुल भिन्न थी। उनका सारा दर्शन ही भिन्न था। अतः अपनी युद्धनीति के लिए उनको नए शब्द की आवश्यकता महसूस हुई। सही शब्द प्राप्त करने के लिए उन्होंने एक प्रतियोगिता की जिसमें स्वर्गीय मगनलाल गाँधी ने एक शब्द सुझाया "सदाग्रह" जिसमें थोड़ा परिवर्तन करके गाँधीजी ने "सत्याग्रह" शब्द स्वीकार किया। अमेरिका के दार्शनिक थोरो ने जिस सिविल डिसओबिडियेंस (सविनय अवज्ञा) की टेकनिक का वर्णन किया है, "सत्याग्रह" शब्द उस प्रक्रिया से मिलता-जुलता था।

"सत्याग्रह" का मूल अर्थ है सत्य के प्रति आग्रह तथा सत्य को पकड़े रहना। अन्याय का सर्वथा विरोध करते हुए अन्यायी के प्रति वैरभाव न रखना, सत्याग्रह का मूल लक्षण है। हमें सत्य का पालन करते हुए निर्भयतापूर्वक मृत्यु का वरण करना चाहिए और मरते-मरते भी जिसके विरुद्ध सत्याग्रह कर रहे हैं, उसके प्रति वैरभाव या क्रोध नहीं करना चाहिए।

"सत्याग्रह" में अपने विरोधी के प्रति हिंसा के लिए कोई स्थान नहीं है। धैर्य एवं सहानुभूति से विरोधी को उसकी गलती से मुक्त करना चाहिए, क्योंकि जो एक को सत्य प्रतीत होता है, वहीं दूसरे को गलत दिखाई दे सकता है। धैर्य का तात्पर्य कष्ट सहन से

है। इसलिए इस सिद्धांत का अर्थ हो गया, "विरोधी को कष्ट अथवा पीड़ा देकर नहीं, बल्कि स्वयं कष्ट उठाकर सत्य का रक्षण।"

महात्मा गाँधी ने कहा था कि सत्याग्रह में एक पद "प्रेम" अध्याहत है। सत्याग्रह मध्यमपदलोपी समास है। सत्याग्रह यानी सत्य के लिए प्रेम द्वारा आग्रह (सत्य + प्रेम + आग्रह = सत्याग्रह)।

गाँधीजी ने लॉर्ड इंटर के सामने सत्याग्रह की संक्षिप्त व्याख्या इस प्रकार की थी–"यह ऐसा आंदोलन है जो पूरी तरह सच्चाई पर कायम है और हिंसा के उपायों के एवज में चलाया जा रहा है।" अहिंसा सत्याग्रह दर्शन का सबसे महत्त्वपूर्ण तत्त्व है, क्योंकि सत्य तक पहुँचने और उन पर टिके रहने का एकमात्र उपाय अहिंसा ही है और गाँधीजी के ही शब्दों में "अहिंसा किसी को चोट न पहुँचाने की नकारात्मक (निगेटिव) वृत्तिमात्र नहीं है, बल्कि वह सक्रिय प्रेम की विधायक वृत्ति है।"

सत्याग्रह में स्वयं कष्ट उठाने की बात है। सत्य का पालन करते हुए मृत्यु के वरण की बात है। सत्य और अहिंसा के पुजारी के शस्त्रागार में "उपवास" सबसे शक्तिशाली शस्त्र है। जो किसी रूप में हिंसा का आश्रय नहीं लेता है, उसके लिए उपवास अनिवार्य है। मृत्युपर्यंत कष्ट सहन और इसलिए मृत्युपर्यंत उपवास भी, सत्याग्रही का अंतिम अस्त्र है। परंतु अगर उपवास दूसरों को मजबूर करने के लिए आत्मपीड़न का रूप ग्रहण करे तो वह त्याज्य है: आचार्य विनोबा जिसे सौम्य, सौम्यतर, सौम्यतम सत्याग्रह कहते हैं, उस भूमिका में उपवास का स्थान अंतिम है।

"सत्याग्रह" एक प्रतिकार पद्धति ही नहीं है, एक विशिष्ट जीवन पद्धति भी है जिसके मूल में अहिंसा, सत्य, अपरिग्रह, अस्तेय, निर्भयता, ब्रह्मचर्य, सर्वधर्म समभाव आदि एकादश व्रत हैं। जिसका व्यक्तिगत जीवन इन व्रतों के कारण शुद्ध नहीं है, वह सच्चा सत्याग्रही नहीं हो सकता। इसलिए विनोबा इन व्रतों को "सत्याग्रह निष्ठा" कहते हैं।

"सत्याग्रह" और "नि:शस्त्र प्रतिकार" में उतना ही अंतर है, जितना उत्तरी और दक्षिणी ध्रुव में। नि:शस्त्र प्रतिकार की कल्पना एक निर्बल के अस्त्र के रूप में की गई है और उसमें अपने उद्देश्य की सिद्धि के लिए हिंसा का उपयोग वर्जित नहीं है, जबकि सत्याग्रह की कल्पना परम शूर के अस्त्र के रूप में की गई है और इसमें किसी भी रूप में हिंसा के प्रयोग के लिए स्थान नहीं है। इस प्रकार सत्याग्रह निष्क्रिय स्थिति नहीं है। वह प्रबल सक्रियता की स्थिति है। सत्याग्रह अहिंसक प्रतिकार है, परंतु वह निष्क्रिय नहीं है।

अन्यायी और अन्याय के प्रति प्रतिकार का प्रश्न सनातन है। अपनी सभ्यता के विकासक्रम में मनुष्य ने प्रतिकार के लिए प्रमुखत: चार पद्धतियों का अवलम्बन किया है:

- पहली पद्धति है बुराई के बदले अधिक बुराई। इस पद्धति से दंडनीति का जन्म हुआ जब इससे समाज और राष्ट्र की समस्याओं के निराकरण का प्रयास हुआ तो युद्ध की संस्था का विकास हुआ।

- दूसरी पद्धति है, बुराई के बदले समान बुराई अर्थात् अपराध का उचित दंड दिया जाए, अधि नहीं। यह अमर्यादित प्रतिकार को सीमित करने का प्रयास है।
- तीसरी पद्धति है, बुराई के बदले भलाई। यह बुद्ध, ईसा, गाँधी आदि संतों का मार्ग है। इसमें हिंसा के बदले अहिंसा का तत्त्व अंतर्निहित है।
- चौथी पद्धति है बुराई की उपेक्षा।

आचार्य विनोबा कहते हैं: "बुराई का प्रतिकार मत करो बल्कि विरोधी की समुचित चिंतन में सहायता करो। उसके सद्‌विचार में सहकार करो। शुद्ध विचार करने, सोचने-समझने, व्यक्तिगत जीवन में उसका अमल करने और दूसरों को समझाने में ही हमारे लक्ष्य की पूर्ति होनी चाहिए। सामने वाले के सम्यक् चिंतन में मदद देना ही सत्याग्रह का सही स्वरूप है।" इसे ही विनोबा सत्याग्रह को सौम्यतर और सौम्यतम प्रक्रिया कहते हैं। सत्याग्रह प्रेम की प्रक्रिया है। उसे क्रम-क्रम, अधिकाधिक निखरते जाना चाहिए।

सत्याग्रह कुछ नया नहीं है, कौटुम्बिक जीवन का राजनीतिक जीवन में प्रसार मात्र है। गाँधीजी की देन यह है कि उन्होंने सत्याग्रह के विचार का राजनीतिक जीवन में सामूहिक प्रयोग किया। कहा जाता है, लोकतंत्र में, जहाँ सारा काम "लोक" की राय से, लोकप्रतिनिधियों के माध्यम से चल रहा है, सत्याग्रह के लिए कोई स्थान नहीं है। विनोबा कहते हैं—वास्तव में सामूहिक सत्याग्रह की आवश्यकता तो उस तंत्र में नहीं होगी, जिसमें निर्णय बहुमत से नहीं, सर्वसम्मति से होगा। परंतु उस दशा में भी व्यक्तिगत सत्याग्रह पड़ोसी के सम्यक् चिंतन में सहकार के लिए तो हो ही सकता है। परंतु लोकतंत्र में जब विचार स्वातंत्र्य और विचार प्रधान के लिए पूरा अवसर है, तो सत्याग्रह को किसी प्रकार के "दबाव, घेराव अथवा बंद" का रूप नहीं ग्रहण करना चाहिए। ऐसा हुआ तो सत्याग्रह की सौम्यता नष्ट हो जाएगी। सत्याग्रही अपने धर्म से च्युत हो जाएगा।

आज दुनिया के विभिन्न कोनों में सत्याग्रह एवं अहिंसक प्रतिकार के प्रयोग निरंतर चल रहे हैं। द्वितीय महायुद्ध में हजारों युद्धविरोधी पैसेफिग्ट सेना में भर्ती होने के बजाय जेलों में गए हैं। बट्रेंड रसेल जैसे दार्शनिक युद्धविरोधी सत्याग्रहों के कारण जेल के सीखचों के पीछे बंद हुए थे। अणुअस्त्रों के कारखाने आल्डर मास्टन से लंदन तक, प्रतिवर्ष 60 मील की पदयात्रा कर हजारों शांतिवादी अणुअस्त्रों के प्रति अपना विरोध प्रकट करते हैं। नीग्रो नेता मार्टिन लूथर किंग के बलिदान की कहानी सत्याग्रह संग्राम की अमर गाथा बन गई है। इटली के डैनिलो डोलची के सत्याग्रह की कहानी किसको रोमांचित नहीं कर जाती। ये सारे प्रयास भले ही सत्याग्रह की कसौटी पर खरे न उतरते हों, परंतु ये शांति और अहिंसा की दिशा में एक कदम अवश्य है।

सत्याग्रह का रूप अंतर्राष्ट्रीय संघर्ष में कैसा होगा, इसके विषय में आचार्य विनोबा कहते हैं: मान लीजिए, आक्रमणकारी हमारे गाँव में घुस जाता है, तो मैं कहूँगा कि तुम प्रेम से आओ – उनसे मिलने हम जाएँगे, डरेंगे नहीं। परंतु वे कोई गलत काम कराना चाहते हैं तो हम उनसे कहेंगे, हम यह बात मान नहीं सकते हैं—चाहे तुम हमें समाप्त कर दो। सत्याग्रह के इस रूप

का प्रयोग अभी अंतर्राष्ट्रीय समस्याओं के समाधान के लिए नहीं हुआ है। परंतु यदि अणुयुग की विभीषिका से मानव संस्कृति की रक्षा के लिए, हिंसा की शक्ति को अपदस्थ करके अहिंसा की शक्ति को प्रतिष्ठित होना है, तो सत्याग्रह के इस मार्ग के अतिरिक्त प्रतिकार का दूसरा मार्ग नहीं है। इस अणुयुग में शस्त्र का प्रतिकार शस्त्र से नहीं हो सकता।

(ii) रॉलेट कानून सत्याग्रह

उत्तर— ब्रिटिश सरकार का 1918 में बना रॉलेट कानून नागरिक अधिकारों और बिना मुकद्दमा कैद करने के युद्ध समय की पाबंदियों को लागू करने के लिए था। तमाम भारतीय राजनीति रॉलेट कानून के विरोध में थी। लेकिन गाँधीजी ने उस विरोध को अखिल भारतीय दर्जा दिया। उस विरोध का मकसद महज अर्जियाँ देने तक सीमित नहीं था। यह भी देखना था कि पूरा विरोध कहीं अनियंत्रित और हिंसक न हो जाए। पहले-पहल कार्यकर्त्ताओं ने प्रतिबंधित साहित्य को बेच कर अपनी गिरफ्तारियाँ दीं। बाद में महात्मा गाँधी ने उसे अखिल भारतीय हड़ताल का रूप दे दिया।

(iii) नमक सत्याग्रह

उत्तर— मार्च 1930 में महात्मा गाँधी ने घोषणा की कि वे ब्रिटिश भारत के सर्वाधिक घृणित कानूनों में से एक, जिसने नमक के उत्पादन और विक्रय पर राज्य को एकाधिकार दे दिया है, को तोड़ने के लिए एक यात्रा का नेतृत्व करेंगे। नमक एकाधिकार के जिस मुद्दे का उन्होंने चयन किया था वह गाँधीजी की कुशल समझदारी का एक अन्य उदाहरण था। प्रत्येक भारतीय घर में नमक का प्रयोग अपरिहार्य था लेकिन इसके बावजूद उन्हें घरेलू प्रयोग के लिए भी नमक बनाने से रोका गया और इस तरह उन्हें दुकानों से ऊँचे दाम पर नमक खरीदने के लिए बाध्य किया गया। नमक पर राज्य का एकाधिपत्य बहुत अलोकप्रिय था। इसी को निशाना बनाते हुए गाँधीजी अंग्रेजी शासन के खिलाफ व्यापक असंतोष को संघटित करने की सोच रहे थे।

चित्र 3.2: नमक सत्याग्रह

अधिकांश भारतीयों को गाँधीजी की इस चुनौती का महत्त्व समझ में आ गया था किंतु अंग्रेजी राज को नहीं। हालाँकि गाँधीजी ने अपनी 'नमक यात्रा' की पूर्व सूचना वाइसराय लॉर्ड इर्विन को दे दी थी किंतु इर्विन उनकी इस कार्यवाही के महत्त्व को न समझ सके। 12 मार्च 1930 को गाँधीजी ने साबरमती में अपने आश्रम से समुद्र की ओर चलना शुरू किया। तीन हफ्तों बाद वे अपने गंतव्य स्थान पर पहुँचे। वहाँ उन्होंने मुट्ठी भर नमक बनाकर स्वयं को कानून की निगाह में अपराधी बना दिया। इसी बीच देश के अन्य भागों में समांतर नमक यात्राएँ आयोजित की गईं।

असहयोग आंदोलन की तरह अधिकृत रूप से स्वीकृत राष्ट्रीय अभियान के अलावा भी विरोध की असंख्य धाराएँ थीं। देश के विशाल भाग में किसानों ने दमनकारी औपनिवेशिक वन कानूनों का उल्लंघन किया जिसके कारण वे और उनके मवेशी उन्हीं जंगलों में नहीं जा सकते थे जहाँ एक जमाने में वे बेरोक-टोक घूमते थे। कुछ कस्बों में फैक्ट्री कामगार हड़ताल पर चले गए, वकीलों ने ब्रिटिश अदालतों का बहिष्कार कर दिया और विद्यार्थियों ने सरकारी शिक्षा संस्थानों में पढ़ने से इन्कार कर दिया। 1920-22 की तरह इस बार भी गाँधीजी के आह्वान ने तमाम भारतीय वर्गों को औपनिवेशिक शासन के विरुद्ध अपना असंतोष व्यक्त करने के लिए प्रेरित किया। जवाब में सरकार असंतुष्टों को हिरासत में लेने लगी। नमक सत्याग्रह के सिलसिले में लगभग 60,000 लोगों को गिरफ्तार किया गया। गिरफ्तार होने वालों में गाँधीजी भी थे। समुद्र तट की ओर गाँधीजी की यात्रा की प्रगति का पता उनकी गतिविधियों पर नजर रखने के लिए तैनात पुलिस अफसरों द्वारा भेजी गई गोपनीय रिपोर्ट से लगाया जा सकता है। इन रिपोर्टों में रास्ते के गाँवों में गाँधीजी द्वारा दिए गए भाषण भी मिलते हैं जिनमें उन्होंने स्थानीय अधिकारियों से आह्वान किया था कि वे सरकारी नौकरियाँ छोड़कर स्वतंत्रता संघर्ष में शामिल हो जाएँ।

वसना नामक गाँव में गाँधीजी ने ऊँची जाति वालों को संबोधित करते हुए कहा था कि यदि आप स्वराज के हक में आवाज उठाते हैं तो आपको अछूतों की सेवा करनी होगी। सिर्फ नमक कर या अन्य करों के खत्म हो जाने से आपको स्वराज नहीं मिल पाएगा। स्वराज के लिए आपको अपनी उन गलतियों का प्रायश्चित करना होगा जो आपने अछूतों के साथ की है। स्वराज के लिए हिंदू, मुसलमान, पारसी और सिख, सबको एकजुट होना पड़ेगा। ये स्वराज की सीढ़ियाँ हैं। पुलिस के जासूसों ने अपनी रिपोर्ट में लिखा था कि गाँधीजी की सभाओं में तमाम जातियों के औरत-मर्द शामिल हो रहे हैं। उनका कहना था कि हजारों वॉलंटियर राष्ट्रवादी उद्देश्य के लिए सामने आ रहे हैं। उनमें से बहुत सारे ऐसे सरकारी अफसर थे जिन्होंने औपनिवेशिक शासन में अपने पदों से इस्तीफा दे दिया था। सरकार को भेजी अपनी रिपोर्ट में जिला पुलिस सुपरिटेंडेंट; पुलिस अधीक्षक ने लिखा था कि श्री गाँधी शांत और निश्चिंत दिखाई दिए। वे जैसे-जैसे आगे बढ़ रहे हैं, उनकी ताकत बढ़ती जा रही है।

नमक यात्रा की प्रगति को एक और बात से भी समझा जा सकता है। अमेरिकी समाचार पत्रिका टाइम को गाँधीजी की कद-काठी पर हँसी आती थी। पत्रिका ने उनके तकुए जैसे शरीर और मकड़ी जैसे पैरों का खूब मजाक उड़ाया था। इस यात्रा के बारे में अपनी पहली रिपोर्ट में ही टाइम ने नमक यात्रा के मंजिल तक पहुँचने पर अपनी गहरी शंका व्यक्त कर दी थी। उसने दावा किया कि दूसरे दिन पैदल चलने के बाद गाँधीजी जमीन पर पसर गए थे। पत्रिका को इस बात पर विश्वास नहीं था कि इस मरियल साधु के शरीर में और आगे जाने की ताकत बची है। लेकिन एक रात में ही पत्रिका की सोच बदल गई। टाइम ने लिखा कि इस यात्रा को जो भारी जनसमर्थन मिल रहा है उसने अंग्रेज शासकों को बेचैन कर दिया है। अब वे भी गाँधीजी को ऐसा साधु और जननेता कह कर सलामी देने लगे हैं जो ईसाई धर्मावलंबियों के खिलाफ ईसाई तरीकों का ही हथियार के रूप में इस्तेमाल कर रहा है।

नमक यात्रा कम से कम तीन कारणों से उल्लेखनीय थी। पहला, यही वह घटना थी जिसके चलते महात्मा गाँधी दुनिया की नजर में आए। इस यात्रा को यूरोप और अमेरिकी प्रेस ने व्यापक कवरेज दी। दूसरे, यह पहली राष्ट्रवादी गतिविधि थी जिसमें औरतों ने भी बढ़-चढ़ कर हिस्सा लिया। समाजवादी कार्यकर्त्ता कमलादेवी चट्टोपाध्याय ने गाँधीजी को समझाया कि वे अपने आंदोलनों को पुरुषों तक ही सीमित न रखें। कमलादेवी खुद उन असंख्य औरतों में से एक थीं जिन्होंने नमक या शराब कानूनों का उल्लंघन करते हुए सामूहिक गिरफ्तारी दी थी। तीसरा और संभवतः सबसे महत्त्वपूर्ण कारण यह था कि नमक यात्रा के कारण ही अंग्रेजों को यह एहसास हुआ था कि अब उनका राज बहुत दिन नहीं टिक सकेगा और उन्हें भारतीयों को भी सत्ता में हिस्सा देना पड़ेगा।

(iv) महिला मुक्ति मोर्चा, दल्ली राजहरा

उत्तर— मध्य प्रदेश के दुर्ग जिले में दल्ली राजहरा एक लौह अयस्क की खानों का शहर है। यहाँ की खदानों में ठेकेदार खुदाई कराते हैं। वहाँ काम करने वाले ठेके के मजदूर ज्यादातर आदिवासी, भूमिहीन और छोटे खेतिहर घरों से आते थे। ये पूर्वी मध्य प्रदेश और छत्तीसगढ़ के सात जिलों से थे।

वहाँ पर महिलाओं ने सामाजिक क्रिया की लड़ाई में अहम् भूमिका निभाई। मसलन, 1979-80 में उनकी कामयाबी के बाद वहाँ के मजदूरों के वेतन में बढ़ोतरी हुई। वहीं शराबबंदी की जबरदस्त मुहिम छिड़ी। उसी वजह से लोगों की खून-पसीने की कमाई घरों में आई। उसका फायदा ठेकेदारों और शराब माफिया की जेबों में नहीं गया। उन लोगों का एकजुट होना किसी सामाजिक मुद्दे पर एकजुट होने की मिसाल बन गया।

इस मुहिम के विचार का प्रचार-प्रसार करने में महिलाओं ने गजब की भूमिका निभाई। उन महिलाओं ने मोहल्ला समितियाँ गठित कीं। ये समितियाँ पता ही नहीं लगाती थीं, वे सजा भी देती थीं। 1982 में इन महिलाओं ने अपना अलग मंच महिला मुक्ति मोर्चा बनाया।

इस मोर्चे ने तीन बड़े क्षेत्रों पर ध्यान दिया। पहला, महिलाएँ और काम, दूसरा महिलाएँ और स्वास्थ्य और तीसरा महिला संघर्ष। इस मोरचे से होने वाली कार्यवाही आमतौर पर मुद्दों से जुड़ी थी। कई तरीकों से जागरूकता और एकजुटता को कारगर बनाया गया। उसके लिए नाटकों और गानों का सहारा लिया गया। वे सालाना शहीदी दिवस मनाती थीं उन लोगों के लिए जिन्होंने गरीबों के अधिकारों के लिए संघर्ष किया था।

(v) नर्मदा बचाओ आंदोलन

उत्तर– इस सामाजिक क्रिया आंदोलन ने विकास के मुद्दे पर काम कर रही कई संस्थाओं को एकजुट किया। नर्मदा बाँध के निर्माण से होने वाली पर्यावरणीय समस्या से जूझने के लिए ये इकट्ठे हुए। आज इस आंदोलन को समाज के कई वर्गों का जबरदस्त समर्थन हासिल है। उस निर्माण से सीधे पीड़ित लोगों का समर्थन तो उन्हें हासिल ही है। इस आंदोलन से कई मशहूर समाजसेवी, विज्ञानी, बुद्धिजीवी, छात्र और स्थानीय गाँवों के लोग जुड़े हुए हैं। इन लोगों ने जबरदस्त विरोध यात्रा और प्रदर्शन किए। उसमें कई राज्यों के दूर-पास के गाँव वालों ने हिस्सा लिया। उन्होंने अपने बैनर-झंडों के साथ, नारे लगाते हुए नर्मदा के किनारे मानवीय श्रृंखला बनाई। उन्होंने उसी किनारे शपथ ली। बाँध निर्माण स्थल पर जोरदार प्रदर्शन किए गए। कभी-कभी तो प्रतिबंध के आदेशों को तोड़ा गया। यहाँ लोगों ने फैसला लेने वालों को संदेश दिया कि योजना से लेकर लागू करने तक हर स्तर पर जन भागीदारी होनी चाहिए या अब लोग मूक दर्शक बनकर नहीं बैठ सकते। यह नहीं हो सकता कि परियोजना पर परियोजना बनती रहें। उसके लाभ ठेकेदारों और अमीरों जैसे निहित स्वार्थों को ही मिलें और लोग हाशिए पर खड़े रहें।

प्रश्न 22. स्वैच्छिक संगठन से आप क्या समझते हैं? इसके पंजीकरण की आवश्यकता क्यों पड़ती है?

अथवा

विदेशी योगदान नियमन कानून, 1976 पर संक्षिप्त टिप्पणी लिखिए।

[जून-2012, प्रश्न सं.-5(a)]

अथवा

स्वैच्छिक संगठनों की बुनियादी विशेषताएँ बताइए।

उत्तर– स्वैच्छिक संगठन वह संस्थाएँ अथवा संगठन हैं जो स्वतंत्र रूप से स्वार्थहीन समाज सेवा तथा जन सेवा करते हैं। यह स्थानीय, राष्ट्रीय अथवा अंतर्राष्ट्रीय स्तर पर कार्य करते हैं।

भारत सरकार द्वारा संचालित कार्यक्रमों के अंतर्गत स्वैच्छिक संगठनों संस्थाओं को श्रमजीवी महिला छात्रावासों के निर्माण हेतु भूमि की लागत का 50 प्रतिशत तथा निर्माण लागत का 75 प्रतिशत अनुदान दिया जाता है।

चित्र 3.3: स्वैच्छिक संगठन

ऐसे लोग, जो अपने अधिकारों के लिए आवाज नहीं उठा सकते, उनके लिए स्वैच्छिक संगठनों द्वारा स्थानीय, राष्ट्रीय व अंतर्राष्ट्रीय स्तर पर आवाज उठाई जाती है। स्वैच्छिक संगठनों को सशक्त करने के साथ-साथ उनकी क्रिया व कार्यप्रणाली में नवीन पहलुओं व सरकारी प्रावधानों का समावेश जरूरी है ताकि समानता व विभेदरहित समाज की स्थापना का स्वप्न साकार हो सके। मानवाधिकारों की सुरक्षा के लिए प्रभावपूर्ण तरीके से कार्य करने व कार्यक्रमों को क्रियान्वित करने की दिशा में 'डरबन सम्मेलन' महत्त्वपूर्ण है जो इस पर विशेष बल देता है कि विभिन्न देशों की सरकारों द्वारा स्वैच्छिक संगठनों को उत्साहजनक वातावरण उपलब्ध कराया जाना चाहिए ताकि वे अपनी सार्थकता सिद्ध कर सकें।

राष्ट्रीय व स्थानीय न्यायपालिका, विधायिका एवं निर्वाचन निकायों की भूमिका मानवाधिकारों की सुरक्षा में महत्त्वपूर्ण स्थान रखती है। इनके द्वारा कानूनों के क्रियान्वयन तथा सामाजिक, आर्थिक, राजनीतिक व सांस्कृतिक समानता स्थापित करने की दिशा में महत्त्वपूर्ण भूमिका सुनिश्चित की जा सकती है। समाज के विकास में स्वैच्छिक संगठनों द्वारा अपनी नीतियों पर लगातार अभ्यासपरक अमल किया जाता है जबकि सरकारी तंत्र नीति अनुश्रवण पर ज्यादा निर्भर रहता है। स्वैच्छिक संगठनों की नीतियों एवं क्रियान्वयन प्रणाली में शीघ्रता एवं लचीलापन होता है जबकि सरकार द्वारा किसी भी नीति को क्रियान्वित करने और रणनीति बनाने में लम्बा समय लगता है।

समाज कल्याण की कुंजी स्वायत्त और लचीली कार्यवाही से निकलती है, जो अपनी प्रकृति में स्वैच्छिक होती है। उसकी शुरुआत कुछ समान सोच के लोगों की एक केंद्रित कार्यवाही से होती है। उसका मकसद अपनी दृढ़ इच्छा से समाज के सामाजिक-आर्थिक प्रतिमानों को बदलना होता है। वह खासतौर पर कमजोर वर्गों के लिए होता है। वह महज मानवीयता और दानशीलता पर नहीं, बल्कि सामाजिक न्याय पर टिका होता है।

स्वैच्छिक क्रिया की पहली शर्त ही किसी खास मुद्दे पर एक खास समूह की योजनाबद्ध सचेत कार्यवाही है। स्वैच्छिक प्रयास में यह जरूरी नहीं है। इसलिए स्वैच्छिक क्रिया हर हाल में समस्या से जुड़ी होती है। उसका मकसद महज समस्या उठाना ही नहीं, बल्कि उसे बार-बार होने से रोकना है। जब कोई समूह इस तरह की केंद्रित क्रिया पर औपचारिक पहल करता है, तो वह स्वैच्छिक संगठन का आकार ले लेता है।

यहाँ स्वैच्छिक क्षेत्र संस्था की परिभाषा एक 'सामान्य सहायतार्थ या दानशीलता' की है। उसे स्वैच्छिक संगठनों के राष्ट्रीय परिषद् ने दिया है। सामान्य सहायतार्थ यानी:
- सरकार और व्यापार से अलग या स्वतंत्र
- अलाभकारी
- बड़े जन लाभ दिलाना, जो किसी सदस्यता से परे हो।

सहायतार्थ या दानशीलता की विस्तृत परिभाषाएँ हैं। उसमें वे संस्थाएँ और संगठन आते हैं जैसे मजदूर संगठन, कॉलेज, विश्वविद्यालय वगैरह। लेकिन उन सबको यहाँ शामिल नहीं किया गया है।

ब्राउन और **कोर्तेन** ने 1991 में कहा था, 'स्वैच्छिक संस्थाएँ अलग किस्म की संस्थाओं का प्रतिनिधित्व करती हैं। वे अपने सदस्यों और समर्थकों की ऊर्जा और संसाधनों पर निर्भर करती हैं। दरअसल वे संस्थागत मिशन में भरोसा करती हैं। वे महज राजनीतिक आदेशों और आर्थिक प्रोत्साहन के लिए काम नहीं करतीं।'

स्वैच्छिक क्षेत्र में कौन आता है? (Who does the voluntary sector include?): स्वैच्छिक संगठन समाज के कई क्षेत्रों में काम कर रहे हैं। जैसे, अंतर्राष्ट्रीय सहायता, स्वास्थ्य, संस्कृति और मनोरंजन, पर्यावरण, स्वयंसेवक तरक्की या संवर्धन, नागरिक और वकालत संस्थाएँ, समाज सेवाएँ, शिक्षा और शोध, पशु कल्याण और अन्य एकल मुद्दे संस्थाएँ। उसी में वे संगठित कार्यवाही भी आती हैं जैसे सामाजिक न्याय के लिए वकालत करना, अलग-अलग किस्म के शोषण यानी सामाजिक, राजनीतिक और आर्थिक के खिलाफ लड़ाई करना। स्वैच्छिक क्षेत्र को अलाभकारी, स्वैच्छिक और सामुदायिक क्षेत्र, तीसरा क्षेत्र या सहायतार्थ क्षेत्र भी कहा जाता है।

संभावना (Scope): यह क्षेत्र विविधता भरा है। उसमें तकरीबन हर किस्म के हित और गतिविधि आ जाती हैं। इन संस्थाओं की खास विशेषता मुद्दे से जुड़े होना है। वे लाभ के बजाय कुछ खास करना चाहती हैं। अपनी सातवीं योजना में स्वैच्छिक क्षेत्र को तीन क्षेत्रों यानी प्राथमिक स्वास्थ्य और परिवार नियोजन, पर्यावरण व महिला विकास को अहम् भूमिका दी गई थी। आठवीं योजना में उसी को दोहराया गया।

आकार (Size): अपने देश में कुल कितने स्वैच्छिक संगठन हैं? यह तय करना मुश्किल है। ये 50 हजार से कई सौ हजार हो सकते हैं। यह स्वैच्छिक संगठनों की परिभाषा पर निर्भर करता है यानी क्या वह स्वैच्छिक/सहायतार्थ क्षेत्र है या बड़ा व्यापार। ज्यादातर संस्थाएँ समिति पंजीकरण अधिनियम, 1860 के तहत पंजीकृत होती हैं। इन संस्थाओं में ऑक्सफैम जैसी अंतर्राष्ट्रीय सहायतार्थ सेवाएँ भी हैं, जो अपने लेखाकारों, प्रबंधकों, प्रशासकों, कार्मिक और पैसा इकट्ठा करने वाले कर्मचारियों को वेतन देती हैं। दूसरी ओर वे छोटी संस्थाएँ भी हैं, जो पूरी तरह से अवैतनिक कार्यकर्त्ताओं पर निर्भर रहती हैं।

पंजीकरण की जरूरत और उद्देश्य (Need and Purpose for Registration):

(1) जरूरत (Need):

(क) स्थापना और प्रबंधन (Establishing and Managing): समान विचार वाले लोगों का कोई भी समूह एक संघ या समिति बना सकता है। उसके लिए देश के कानून के तहत पंजीकरण यानी रजिस्ट्रेशन कराना जरूरी है ताकि उसे वैधानिक पहचान और प्रतिष्ठा मिल सके। दरअसल, समाज व्यवस्था में काम कर रहे स्वैच्छिक संगठनों को कई तरह के लोगों से संपर्क बनाने और बरकरार रखने होते हैं। आमतौर पर समुदाय भी संस्थाओं के साथ जुड़ते हैं। भले ही हर सदस्य से उनका जुड़ाव न हो। इसलिए यह जरूरी है कि संस्था को एक इकाई के तौर पर माना जाए। यह उसे वैधानिक दर्जा देने से ही हो सकता है।

(ख) वित्त व्यवस्था (Finances): स्वैच्छिक संगठनों के बेहतर कामकाज और कार्यक्रम को लागू करने के लिए वित्तीय संसाधनों का होना बेहद जरूरी है। फिलहाल, कल्याण आधारित व्यवस्था के तहत विकास प्रक्रिया में कई और साझेदार उभर आए हैं। सरकार तो पहले से ही मदद के तौर पर अनुदान देती रही है। इधर कई कॉरपोरेट या व्यापारिक समूहों, राष्ट्रीय और अंतर्राष्ट्रीय दानदाता एजेंसियों से भी सहायता मिल रही है। चूँकि स्वैच्छिक संस्थाएँ कुल मिलाकर सामाजिक उद्देश्य और विकास भूमिका निभा रही हैं। इसलिए कई जानकारों का मानना है कि उन्हें वित्तीय और तकनीकी सहायता देना सरकार की जिम्मेदारी है। यह ध्यान में रखना चाहिए कि सरकारी अनुदान और अन्य वित्तीय सहायता लेने के लिए संस्था का पंजीकरण पहली शर्त है।

इसलिए पंजीकृत संस्थाएँ तीन स्रोतों से पैसा ले सकती हैं। पहला, सरकार, दूसरा, कॉरपोरेट और अन्य निकाय, तीसरा, विदेशी दानदाता। चूँकि सातवीं योजना में इस क्षेत्र पर जोर दिया। इसलिए स्वैच्छिक संगठनों के लिए कई मंत्रालयों में अच्छा-खासा बजट है। हर मंत्रालय के अपने अलग दिशा-निर्देश हैं। आप संबंधित विभाग से उस सिलसिले में पूछताछ कर सकते हैं।

विदेशी दानदाता एजेंसियों का वर्गीकरण:

द्विपक्षीय निधि (Bilateral funds): इसका मतलब उन देशों से है, जिनका भारत से द्विपक्षीय करार है और उनके पास एन.जी.ओ. के लिए धन है। पहले विदेशी धन भारत सरकार के जरिए ही आता था। लेकिन 1972 में विदेशी समूहों ने अपनी सरकारों पर दबाव डाला कि वे तीसरी दुनिया के देशों में कुछ हिस्सा सीधा एन.जी.ओ. को ही दें।

एन.जी.ओ. दानदाता (NGO donors): इसमें आमतौर पर एन.जी.ओ. समूह और सहायतार्थ संस्थाएँ आती हैं। मसलन, ऑक्सफैम, एक्शन एड, बचपन बचाओ निधि वगैरह।

प्रायोजक (Sponsors): एक्शन एड जैसे समूह बच्चों से जुड़े मसलों पर कार्यक्रम प्रायोजित करते हैं।

(ग) **कर में छूट** (Tax Deduction): आयकर कानून की धारा 80 जी के तहत कोई व्यक्ति या कंपनी स्वैच्छिक संगठनों को दान देकर अपनी कर योग्य कमाई में 50 प्रतिशत की छूट हासिल कर सकती है। यह दान सिर्फ कर स्वीकृत स्वैच्छिक संगठनों को ही दिया जा सकता है। उसकी कुछ शर्तें हैं। मसलन, वह दान ₹250 से ज्यादा होना चाहिए। वह कुल साल की कमाई का दस प्रतिशत से ज्यादा नहीं होना चाहिए। उससे कई एन.जी.ओ. के लिए रास्ते खुल गए, क्योंकि दानदाता को उस पैसे पर कर में छूट मिलने लगी। उसकी वजह से संस्थाएँ कुछ ज्यादा मौजूदा स्थानीय संसाधनों का इस्तेमाल कर सकीं।

(घ) **विदेशी योगदान नियमन कानून, 1976** (Foreign Contribution Regulation Act, 1976): एक स्वैच्छिक संगठन को पहले पंजीकरण कराना होता है। फिर तीन साल काम करना पड़ता है। तब जाकर उसे विदेशी योगदान नियमन कानून, 1976 के तहत एफ.सी.आर.ए. खाता मिलता है। उसके बाद वह विदेशी एजेंसियों से नियमित धन ले सकता है। लेकिन स्वैच्छिक संस्था गैर-राजनीतिक होनी चाहिए ताकि उस धन का इस्तेमाल किसी राजनीतिक पार्टी के लिए न हो। भारत सरकार का गृह मंत्रालय इस सिलसिले में प्रमाणपत्र जारी करता है। वह क्षेत्र में काम कर रही सरकारी एजेंसियों के जरिए उनके कामकाज की रपट लेता है।

(ङ) **कामकाजी समस्या का संबोधन** (To Address Problems of Functioning): कोई भी समूह या लोगों का समूह एकजुट होकर समिति गठित कर कामकाज शुरू कर सकते हैं। लेकिन इस सामूहिक कोशिश में पंजीकरण का खास महत्त्व है ताकि आने वाले समय में किसी दिक्कत का सामना न करना पड़े। ये मुद्दे संस्था के सदस्यों की भीतरी गतिशीलता से लेकर समुदाय में बाहरी कामकाज तक हो सकते हैं। अपने ज्ञापन में साधन और उद्देश्य स्पष्ट करने के अलावा पंजीकरण से अंदरूनी प्रबंधन प्रक्रिया भी साफ होती है। मसलन, सदस्यता, अंशदान या चंदा, सदस्यता के अधिकार और विशेषाधिकार, आम सभा और उसके अधिकार, कर्त्तव्य और काम, प्रबंध समिति, उप समिति, आय के साधन और पैसे का इस्तेमाल, आय का ऑडिट, बैंक खातों का चलन वगैरह।

(2) **मकसद या प्रयोजन** (Purpose): स्वैच्छिक संस्था का असल मकसद एक खास लक्ष्य समूह की बेहतरी के लिए काम करना होता है। यह काम पूरी तरह जुट कर और कारगर ढंग से होना चाहिए। यह पहल कई तरह के मुद्दों पर हो सकती है। मसलन, शिक्षा, स्वास्थ्य, संस्कृति और अन्य सामाजिक गतिविधियाँ वगैरह। आर्थिक मकसद जैसे मजदूर संगठन गतिविधियाँ, सहकारी समितियों का विकास, स्वयं सहायता समूह वगैरह।

(3) **संस्थागत जिम्मेदारी** (Organisational Accountability): स्वैच्छिक संस्थाओं को अपनी गतिविधियों का लेखा-जोखा रखना पड़ता है। उन्हें अपने खर्चे का पूरा ब्यौरा अधिकारियों को देना पड़ता है। पंजीकरण तो कराना ही पड़ता है। उन्हें आय कर

विभाग में भी पंजीकरण कराना पड़ता है ताकि दान-अनुदान पर कर में राहत मिल सके। उन्हें विदेशी धन के लिए भी अलग से पंजीकरण कराना पड़ता है।

स्वैच्छिक संस्थाओं की खास विशेषताएँ हैं:

(क) वह एक समुचित कानून के तहत पंजीकृत होती है ताकि व्यक्ति समूहों को कानूनी दर्जा मिल जाए। उनकी निजी जिम्मेदारी समूह जिम्मेदारी में बदल सके।

कुछ कानून या अधिनियम हैं, जिनके तहत ये संस्थाएँ पंजीकृत हो सकती हैं। मसलन, समिति पंजीकरण अधिनियम, 1860, भारतीय न्यास अधिनियम, 1882, सहकारी समिति अधिनियम, 1904, संयुक्त स्टॉक कंपनी अधिनियम, 1956 या इसी तरह का कोई कानून। लेकिन ज्यादातर कल्याण एजेंसियाँ समिति पंजीकरण अधिनियम, 1860, धारा 21 के तहत ही पंजीकृत होती हैं।

ये संस्थाएँ भी समिति पंजीकरण अधिनियम, 1860, धारा 21 के तहत पंजीकृत हो सकती हैं। सहायतार्थ या खैराती समितियाँ, सैन्य अनाथ निधि, विज्ञान, साहित्य या ललित कलाओं के प्रोत्साहन के लिए बनी समितियाँ। ये उपयोगी जानकारी या उसके प्रसार या निर्देशों के लिए हो सकती हैं। वह पुस्तकालय के बनाने और देख-रेख या सबके या सदस्यों के लिए वाचनालय या जन संग्रहालय या चित्रकला गैलरी या कला के अन्य काम, प्राकृतिक इतिहास संकलन, मशीनी या दार्शनिक खोज, उपकरण या संकल्पना पर हो सकती हैं।

(ख) उसकी प्रशासनिक और कार्यकारी समिति होनी चाहिए।

(ग) संस्था को अपने उद्देश्यों को घोषित करना जरूरी है। उसमें मात्रात्मक या परिमाण को भी शामिल करना चाहिए। ये जमीनी हकीकत पर आधारित होने चाहिए। उसे सभी सदस्यों से गहन सलाह के बाद तय करना चाहिए।

(घ) उसके अपने लोकतांत्रिक सिद्धांत, नियम और प्रक्रिया होनी चाहिए। उसी के तहत अंदरूनी कामकाज होना चाहिए। फिर उसका नियंत्रण बाहर से नहीं होना चाहिए।

प्रश्न 23. स्वैच्छिक एजेंसी निर्माण और पंजीकरण प्रक्रिया को स्पष्ट कीजिए।

उत्तर– स्वैच्छिक एजेंसी का पंजीकरण (Registration of the Voluntary Agency): भारत के संविधान ने अपने नागरिकों को यह अधिकार दिया है कि वे धारा 19 के तहत संघ बना सकते हैं। यह प्रावधान कई विधेयकों के कारण है। जैसे, समिति पंजीकरण अधिनियम, 1860 या उसी तरह का राज्य का अधिनियम, भारतीय न्यास अधिनियम, 1882, कंपनी अधिनियम, 1956 या सहकारी समिति अधिनियम। कुछ व्यक्तियों का समूह इनमें से किसी अधिनियम के तहत पंजीकरण करा कर समिति के तौर पर एकजुट हो सकते हैं। वह एक अलग कानूनी इकाई हो सकते हैं। उसकी कानूनी पहचान अपने संस्थापक सदस्यों से अलग होती है। एक पंजीकृत समिति या एजेंसी इसी कानूनी पहचान की वजह से चिर उत्तराधिकार को सुनिश्चित कर पाती है। उसमें संस्थापक सदस्यों के बदलाव के बावजूद निरंतरता बनी रहती है। अपनी खास पहचान और विधिवत्

अस्तित्व के कारण एजेंसी कई तरह की गतिविधियाँ उम्मीदों और लक्ष्यों के अनुसार कर पाती हैं। पंजीकरण की वजह से एजेंसी अपने उद्देश्यों को पाने के लिए चल और अचल संपत्ति बना सकती है। उससे जुड़े हुए सदस्य निजी जिम्मेदारी से अलग हो जाते हैं। पंजीकरण का एक लाभ यह भी है कि समिति की गतिविधि की वजह से जो कर्मी बाकी रह जाते हैं उनका भी उपयोग हो जाता है।

बेहतर है कि एजेंसी का संविधान हो, उसमें लक्ष्य और उद्देश्य हों, संगठनात्मक ढाँचा, सदस्यता, पदाधिकारियों के चुनाव का तरीका, कार्यकाल और जगह इत्यादि। एक तय प्रक्रिया के तहत पंजीकरण के समय समिति, सहकारी समिति, कंपनी या चैरिटी यानी पूर्त आयुक्त को एक आवेदन देना पड़ता है। संस्था की नियमावली और एजेंसी को चलाने वाले नियम और उपनियम यानी कायदे-कानून बनाने और पेश करने पड़ते हैं। हालाँकि देश भर में कमोबेश यही प्रक्रिया अपनाई जाती है। लेकिन कुछ राज्यों में थोड़ा फेर-बदल मिलता है।

विदेशी एजेंसियों से धन लेने के लिए स्वैच्छिक संस्थाओं को विदेशी कोष योगदान नियमन कानून, 1976 के तहत अलग से पंजीकरण कराना पड़ता है। इस मामले में भारत सरकार नियम बनाती है।

समिति पंजीकरण अधिनियम के तहत पंजीकरण (Registration under The Societies Registration Act): किसी भी व्यक्ति और इकाई को यह अधिकार है कि वह औपचारिक पंजीकरण के बिना भी विकास का काम कर सके। फिर भी यह जरूरी है कि हर स्वैच्छिक संस्था कानूनन पंजीकरण कराए। पंजीकरण कराने की कुछ वजह हैं:

- संपत्तियाँ संस्था के नाम पर कानूनन निहित हो सकती हैं।
- संस्था के नाम पर बैंक खाता खोला जा सकता है।
- वह कानूनी इकाई हो जाती है, जो मुकद्दमा कर सकती है या उस पर मुकद्दमा हो सकता है।
- वह आय कर अधिनियम, विदेशी योगदान नियमन कानून और अन्य कानूनी संस्थाओं के साथ पंजीकृत हो सकती है।
- उन्हें बेहतर विश्वसनीयता मिलती है, जिससे पैसा लेने और कार्यक्रम लागू करने में आसानी होती है।
- उससे संस्थापकों के बिना भी संस्था चलती रहती है।
- आमतौर पर सदस्यों की बाध्यता कम हो जाती है।

पंजीकरण के प्रकार (Forms of Registration): अपने देश में एक संस्था को पंजीकरण कराने के कई विकल्प हैं। सबसे आसान और लोकप्रिय तरीका समिति पंजीकरण अधिनियम, 1860 के तहत पंजीकरण है।

एक संस्था खुद को न्यास यानी ट्रस्ट के तौर पर भी पंजीकृत करा सकती है। मसलन, पूर्त और धार्मिक न्यास अधिनियम, 1920 या बॉम्बे जन न्यास अधिनियम, 1950 के तहत। संस्था कंपनी अधिनियम 1956 के तहत भी पंजीकरण करा सकती है।

पंजीकरण के ये सब तरीके अपने यहाँ मौजूद हैं। इसलिए अपनी संस्था के आकार और उद्देश्य को देखते हुए इनमें से किसी को चुन लेना चाहिए।

संस्था का पंजीकरण (Registration of the Organisation): सात या उससे ज्यादा का समूह समिति पंजीकरण अधिनियम, 1860 के तहत अपनी संस्था को पंजीकृत करा सकता है। ऐसी संस्था किसी साहित्यिक, वैज्ञानिक या पूर्त यानी खैराती कामों के लिए हो सकती है। धारा 20 में बताया गया है कि किन कामों के लिए स्वैच्छिक संस्था पंजीकरण करा सकती है। समितियों के पंजीयक को संस्था की नियमावली और नियम-उपनियम देने होते हैं।

समिति पंजीकरण अधिनियम, 1860 के अलावा अलग-अलग राज्यों ने अपने कायदे-कानून बनाए हैं। अब जिस राज्य में संस्था है, उसी सरकार के तहत पंजीकरण कराना पड़ता है। अलग-अलग राज्यों में थोड़े-बहुत बदलावों के साथ संस्था को किसी भी जिले में पंजीकृत कर सकते हैं। राज्य भर के अधिकार क्षेत्र को ध्यान में रखते हुए बेहतर है कि संस्था को उस राज्य के समिति पंजीयक के यहाँ पंजीकृत कराया जाए।

पंजीकरण के लिए दस्तावेज (Documents to be Furnished for Registration): पंजीकरण के लिए ये दस्तावेज जरूरी होते हैं:

- संस्था की नियमावली साथ में सभी सदस्यों के हस्ताक्षर वाली प्रमाणित प्रति।
- उपविधि या नियम-उपनियम साथ में उसकी एक प्रमाणित प्रति।
- अध्यक्ष या सचिव की ओर से गैर-न्यायिक स्टांप पेपर पर शपथपत्र। यह शपथपत्र किसी कार्यकारी न्यायाधीश या नोटरी पब्लिक से प्रमाणित करा लें।
- पंजीकृत कार्यालय परिसर के दस्तावेज। गृह कर या किराए की रसीद के कागजात। अगर किराएदार हैं, तो मकान मालिक से अनापत्ति प्रमाणपत्र भी लेना चाहिए।
- तय शुल्क वगैरह के साथ एक सहपत्र, जिसमें पंजीयक से पंजीकरण के लिए आवेदन हो। अलग-अलग राज्यों में शुल्क दस रुपए से सौ रुपए तक हो सकता है। ठीक कितना पैसा देना है? यह स्थानीय पंजीकरण अधिकारी से पता कर लेना चाहिए।

पंजीकरण प्रमाणपत्र (Certificate of Registration): समिति पंजीयक या रजिस्ट्रार, संस्थाएँ उन दस्तावेजों को देखेंगे और उसकी जाँच करेंगे। अधिनियम के प्रावधानों के अनुसार पूरी तरह संतुष्ट होने और सारे दस्तावेज ठीक-ठाक होने पर ही पंजीकरण प्रमाणपत्र दिया जाएगा।

यह प्रमाणपत्र और नियम-उपनियम पंजीकृत संस्था के प्रथम दृष्टया साक्ष्य होते हैं। इन दोनों दस्तावेजों की प्रमाणित प्रति बनानी चाहिए ताकि जरूरत पड़ने पर तमाम कानूनी और प्रशासकीय मामलों में उनका इस्तेमाल किया जा सके।

पंजीकरण प्रक्रिया (Registration Process): गैर-सरकारी संस्था या स्वैच्छिक संस्था शुरू करना एक ही स्तर पर पूरा नहीं हो सकता। समिति पंजीकरण अधिनियम, 1860 के तहत पंजीकरण कराने के लिए कुछ बातों का ध्यान रखना पड़ता है:

(1) प्रपत्र (The Form): राज्य की राजधानियों में रजिस्ट्रार यानी पंजीयक कार्यालय में फॉर्म मिलते हैं। (उसमें फॉर्म भरने के लिए दिशा-निर्देश और निर्देश होते हैं।)

(2) फॉर्म भरना (Filling up the Form): कोई सात लोगों का समूह या लोग किसी पूर्व उद्देश्य या मसले के लिए समिति पंजीयक या राज्य सरकार के नियुक्त अधिकारी के सामने समिति के लिए फॉर्म भर सकते हैं। संस्था की नियमावली में उन सात या ज्यादा लोगों के नाम होने चाहिए।

संस्था की नियमावली में ये विवरण होने चाहिए:

(क) संस्था का नाम और पता (Name and address of the association): संस्था का नाम तय करने से पहले यह ध्यान रखना चाहिए कि वह आसान, छोटा और समझ में आ सके। उससे संस्था के उद्देश्यों का भी पता लगना चाहिए। वह नाम किसी और पंजीकृत संस्था का नहीं होना चाहिए। संस्था के पंजीकृत कार्यालय का पूरा पता होना चाहिए।

संस्था की नियमावली में आवेदन करने वाले पदाधिकारियों के हस्ताक्षर गवाहों से प्रमाणित होने चाहिए। उस नियमावली को ऊपर दिए गए तरीके से तैयार करना चाहिए। उस पर सात या ज्यादा लोगों के हस्ताक्षर होने चाहिए। फिर उसे तय शुल्क के साथ पंजीयक के पास जमा कर देना चाहिए। फिर वह समिति का नाम दर्ज कर लेगा।

ज्यादातर राज्यों में जिलाधिकारी को यह अधिकार मिले हुए हैं। पंजीकरण में आमतौर से एक महीना लग जाता है और औपचारिक लागत ₹50 आती है।

(ख) उद्देश्य (Purpose): विस्तार से संस्था के उद्देश्य और लक्ष्य साफ-साफ लिखे होने चाहिए।

(ग) सदस्यता जरूरत (Membership requirements): दस्तावेज में यह संकेत होना चाहिए कि संस्था का सदस्य बनने के लिए क्या योग्यता होनी चाहिए। यह वित्तीय प्रावधानों, न्यूनतम आयु, खास रुचि और कार्यक्रम के योगदान को लेकर हो सकती है।

(घ) अन्य विवरण (Other particulars): उसमें कुछ और पहलू भी होने चाहिए। मसलन, बोर्ड निदेशक, पदाधिकारी, चुनाव, उप-समितियाँ, सभाएँ, औपचारिक साल, विधान में संशोधन, वित्त व्यवस्था, देखभाल, बैंक खातों की देख-रेख, संपत्ति और विघटन वगैरह।

(3) कानूनी सहायता (Legal Assistance): रजिस्ट्रार के कार्यालय में फॉर्म भरने और पंजीकरण के लिए ज्ञापन और नियमों-नियमनों यानी कायदे-कानूनों को इस तरह तैयार करना चाहिए ताकि भविष्य में अगर कोई कानूनी मुद्दा या दिक्कत आती है, तो संस्था और उसके सदस्यों का बचाव हो सके। इसके अलावा संस्था के खिलाफ और

उसकी तरफ से होने वाले हर किस्म के मुकद्दमे संस्था के नाम पर ही लड़े जाने चाहिए। इसलिए बेहतर है कि पंजीकरण के दस्तावेज तैयार करते हुए कानूनी सहायता ले ली जाए।

(4) अंतिम चरण (Final Stage): रजिस्ट्रार समितियों के तहत संस्था खुद को पंजीकृत करेगी। वह एक ज्ञापन देगी, जिसमें संस्था का नाम, उद्देश्य, प्रबंध समिति के सदस्यों के नाम, पते और व्यवसाय के साथ नियम-नियमन यानी कायदे-कानून होंगे। उस साधारण सभा की कार्यवाही की प्रति भी होनी चाहिए, जिसमें संस्था बनाने का प्रस्ताव पारित हुआ।

ज्ञापन को इसी अंदाज में तैयार करना चाहिए। उसमें सात या उससे ज्यादा सदस्यों के हस्ताक्षर और तय शुल्क के साथ रजिस्ट्रार के पास जमा कर देना चाहिए। उस अधिनियम के तहत संस्था पंजीकृत हो जाएगी और प्रमाणपत्र जारी हो जाएगा। पंजीकृत इकाई को अपनी प्रबंध समिति के सदस्यों की वार्षिक सूची और अधिनियम के तहत जरूरी सूचनाएँ देनी होंगी। पंजीकरण के बाद सभी चल और अचल संपत्तियाँ संस्था की हो जाएँगी। फिर संस्था की ओर से या संस्था के खिलाफ तमाम मुकद्दमे दायर हो सकेंगे।

ध्यान देने के अन्य मुद्दे (Other Issues to be noted):

(1) पंजीकरण के प्रकार (Types of Registration):

(क) स्थानीय/राज्य स्तर (Local/State level): किसी भी हाल में संस्था के ज्ञापन पर हस्ताक्षर करने वाले लोग सात से कम नहीं होने चाहिए।

(ख) राष्ट्रीय स्तर (National level): अगर संस्था राष्ट्रीय स्तर पर काम करना चाहती है, तो उसमें देश के अलग-अलग आठ राज्यों के लोगों के ज्ञापन पर हस्ताक्षर होने चाहिए।

(2) सदस्यता (Membership):

(क) प्रबंध परिषद् के वर्तमान सदस्यों और ज्ञापन पर हस्ताक्षर करने वालों के नाम, पते, व्यवसाय और पद उनके हस्ताक्षर सहित होने चाहिए। उन्हें साक्ष्य के साथ प्रमाणित भी होना चाहिए।

(ख) संस्था के कामकाज के अनुसार स्थानीय और राष्ट्रीय सदस्यता तय हो सकती है।

(ग) सदस्यता शुल्क: संस्था में शुल्क देने के आधार पर कई तरह के सदस्य हो सकते हैं। जैसे, आजीवन सदस्य, विशिष्ट सदस्य, वार्षिक सदस्य, सक्रिय सदस्य और सहयोगी सदस्य वगैरह।

प्रश्न 24. ट्रस्ट निर्माण की प्रक्रिया को विस्तार से बताइए।

अथवा

मान्य न्यास की जरूरत पर संक्षिप्त टिप्पणी लिखिए।

[दिसम्बर-2012, प्रश्न सं.-5(h)]

उत्तर– न्यास यानी ट्रस्ट का पंजीकरण (Registration as a Trust): एक न्यास यानी ट्रस्ट के तौर पर किसी संस्था को गठित करना आसान होता है। लेकिन उसके प्रावधान, प्रक्रियाएँ और नियम बहुत जटिल होते हैं। भारतीय कानूनों के तहत कई किस्म के निजी और सार्वजनिक न्यास गठित किए जा सकते हैं।

अजीब बात है कि भारतीय पूर्त अधिनियम, 1882 सार्वजनिक पूर्त न्यास पर लागू नहीं होता। सार्वजनिक न्यास आम कानून के तहत बनाए जाते हैं। इस सिलसिले में अन्य कानून हैं:

- धार्मिक विन्यास अधिनियम, 1863,
- पूर्त और धार्मिक न्यास अधिनियम, 1920 और
- बॉम्बे जन न्यास अधिनियम, 1950

(1) मान्य न्यास की जरूरतें (Essentials of a Valid Trust): मान्य न्यास के लिए ये बुनियादी जरूरतें हैं:

(क) न्यास का लेखक या व्यवस्थापक।
(ख) न्यासी।
(ग) हिताधिकारी या लाभान्वित।
(घ) न्यास की संपत्ति।
(ङ) न्यास का उद्देश्य।

(2) न्यास कौन गठित कर सकता है? (Who Can Form a Trust?): संपत्ति की कायदे से देख-रेख करने वाला कोई भी व्यक्ति न्यास गठित कर सकता है। एक व्यक्ति के अलावा लोगों की इकाई या लोगों का संघ, एक संस्था, मर्यादित कंपनी या अपने कर्त्ता के जरिए अविभक्त हिंदू परिवार भी न्यास बना सकते हैं।

न्यास की तीन शर्तें हैं:

(क) न्यास बनाने के इरादों की निश्चितता।
(ख) उद्देश्य और लाभान्वितों की निश्चितता।
(ग) न्यास के विषय-वस्तु की निश्चितता। मसलन, राशि और संपत्ति विलेख में ही तय होनी चाहिए।

(3) पूर्त या पुण्यार्थ उद्देश्य (Charitable Purpose): सार्वजनिक पूर्त न्यास बनाने के लिए जरूरी है कि उसके उद्देश्य पुण्यार्थ प्रकृति के और आम लोगों के लिए उपयोगी हों। पूर्त विन्यास अधिनियम, 1890 के अनुसार पूर्त उद्देश्य गरीबों को राहत, शिक्षा, चिकित्सा राहत और आम लोगों की किसी जरूरत के किसी चीज को उन्नत करने के लिए हैं। लेकिन उसमें वह उद्देश्य शामिल नहीं हैं, जो सीधे किसी धार्मिक शिक्षा या पूजा-इबादत से जुड़े हुए हैं।

पूर्त उद्देश्यों को चार भागों में बाँटा गया है:

(क) गरीबी से राहत (Relief of Poverty): पूर्त उद्देश्यों में सहयोग या सहायता देना शामिल है। मसलन, गरीबों को वित्तीय सहायता। यह राहत सार्वजनिक चरित्र की होनी

चाहिए। कंपनी के कर्मचारियों को सहायता या निजी लोगों के समूह को सहायता जैसे दानदाताओं के गरीब रिश्तेदार पूर्त उद्देश्यों में नहीं आते हैं।

(ख) शिक्षा (Education): शिक्षा, साहित्य, विज्ञान और ललित कलाओं को बढ़ावा पूर्त उद्देश्यों में आता है। शिक्षा के मामले में जरूरी नहीं कि वह महज गरीबों को ही दी जाए। उसे औरों को भी दिया जा सकता है।

(ग) चिकित्सा सहायता (Medical Relief): जरूरतमंद मरीजों को चिकित्सा सहायता मुहैया कराना पूर्त उद्देश्य है। यह जरूरी नहीं कि वह चिकित्सा सहायता निःशुल्क हो या उचित दर पर हो।

(घ) सामान्य सार्वजनिक उपयोगिता (General Public Utility): लोगों या किसी खास वर्ग के लोगों के लाभ के लिए किसी भी किस्म की प्रगति को पूर्त उद्देश्यों में माना जाता है। यह भी माना जाता है कि खेलों का विकास भी पूर्त उद्देश्यों में आता है।

(4) ट्रस्ट यानी न्यास के गठन की प्रक्रिया (Procedure of Formation of a Trust): पूर्त न्यास के गठन के लिए कोई स्पष्ट विधान या मानक नहीं हैं। इस सिलसिले में एकमात्र केंद्रीय विधेयक पूर्त और धार्मिक न्यास अधिनियम, 1920 है। यह अधिनियम भी अपने प्रयोग में सीमित है और वह सार्वजनिक पूर्त न्यासों पर कोई कारगर नियंत्रण नहीं रख पाता।

एक विधिवत् सार्वजनिक पूर्त न्यास बनाने के लिए सबसे पहले न्यास विलेख यानी ट्रस्ट डीड तैयार करनी चाहिए। उसमें न्यास की निश्चितताओं का साफ-साफ ब्यौरा होना चाहिए।

(5) सभा और संकल्प (Meetings and Resolutions): संस्था के फैसले लेने वाले लोगों के बीच कारगर संवाद पर ही ठोस प्रशासन निर्भर करता है। यह जरूरी है कि नियमित सभाएँ होती रहें। जैसे:

(क) फैसले लेने के लिए

(ख) योजना और बजट

(ग) संसाधन जुटाना

(घ) कानूनी नियंत्रण

(ङ) लेखा परीक्षक यानी ऑडिटर की नियुक्ति

(च) पूँजीगत लेखा की खरीद

(छ) कर्मचारियों-कार्यकर्त्ताओं की नियुक्ति।

प्रश्न 25. स्वैच्छिक संगठनों की संगठनात्मक डिजाइन और संरचना की रूपरेखा बनाइए।

स्वैच्छिक क्रिया   177

उत्तर– कई स्वैच्छिक और समाजसेवी संस्थाएँ उन प्रयासों की उपेक्षा करती हैं, जिनसे उनके अपने संगठन की क्षमता बढ़ती है। मोटे तौर पर, इस क्षेत्रकार्य को लेकर वे पूर्वाग्रही हो जाती हैं। उसकी वजह से अजीब स्थिति बन जाती है। यह जरूरी है कि कोई संस्था अपने लक्ष्य समूह पर ध्यान दे। लेकिन संस्था के भीतरी कामकाज की उपेक्षा नहीं की जा सकती। अक्सर इस उपेक्षा से ऐसी स्थिति बन जाती है, जहाँ से संस्था कमजोर पड़ने लगती है और संगठन के स्तर पर घुन लगने लगता है। इसलिए संस्था को बनाए रखने की बुनियादी शर्त ही क्षेत्रकार्य और संगठनात्मक काम के बीच संतुलन है।

कई तरह की संस्थाएँ कई तरह के मुद्दों पर काम कर रही हैं। जैसे शिक्षा, स्वास्थ्य, महिला सशक्तीकरण, सामाजिक सक्रियतावाद वगैरह। उनकी अलग तरह की गतिविधियाँ होती हैं। इसलिए संगठन की संकल्पना और ढाँचा कैसा हो? इस पर जानकारों में आम राय नहीं बन पाती। फिर भी संस्था और स्थितियों के लिहाज से सहज सिद्धांत और सोच को अपनाया जा सकता है। स्वयंसेवी संस्थाओं के सिलसिले में कुछ खास सिद्धांत हैं:

- संस्था का आम बजट और कर्मियों में बँटवारा इन उद्देश्यों के अनुसार होना चाहिए। आजकल आमतौर से बजट की पूरी कवायद दानदाता एजेंसी से प्रभावित होती है। वह बजट इतना बँटा या खंडित होता है कि संस्थाओं के लिए यह खास उपयोगी नहीं रह जाता।
- समय-समय पर संस्था के कामकाज की समीक्षा होनी चाहिए। यह समीक्षा ऊपर से नीचे और नीचे से ऊपर होनी चाहिए। उसमें प्रबंधन और कार्यकारी कर्मियों के सभी स्तर आने चाहिए। साथ ही साथ एक-दूसरे के बीच की खाई को भी देखने की कोशिश होनी चाहिए।
- अपने कर्मियों का कायदे से रख-रखाव होना चाहिए। उन्हें जरूरी सुविधाएँ देनी चाहिए।
- संस्था को बनाए रखने के लिए अपने उद्देश्यों के साथ एक साफ प्रयोजन और दिशा का होना बेहद जरूरी है। यह उससे जुड़े सभी लोगों से गंभीर चर्चाओं के बाद तय होना चाहिए।
- संस्था के ये उद्देश्य सभी विभागों और कर्मियों के योजना कामों में दिखलाई पड़ने चाहिए। इससे संस्था के झगड़े कम करने में मदद मिलेगी।

प्रश्न 26. काम का माहौल और संगठन संस्कृति पर संक्षिप्त टिप्पणी कीजिए।

उत्तर– स्वैच्छिकतावाद का मूल आधार सामाजिक जागृति है अर्थात् यह लोगों में जागरूकता पैदा करता है। इस प्रकार कई बाहरी और भीतरी कारण स्वैच्छिक संस्थाओं पर असर डालते हैं और यह तय करते हैं कि वे कितना आगे जाएँगी। संगठन की सक्रियता या गहराई जानने के लिए उन कारणों की समझ बहुत जरूरी है।

संगठन संस्कृति और काम के माहौल पर चर्चा करते हुए तीन पहलुओं पर विचार किया जा सकता है: पहला, पूरी संस्था के लिए प्रतिबद्धता का अंश यानी समूची संस्था के लिए कितनी प्रतिबद्धता है। इसमें अमूमन मनोबल का स्तर, दिशा बोध और काम में संतोष के अलावा मिलने वाला पैसा आता है। स्वैच्छिक संस्था में काम का माहौल बनाने में प्रतिबद्ध कर्मियों की बहुत जरूरत होती है।

दूसरा पहलू अनौपचारिक काम संस्कृति है। इसके तहत नियमों और ऊँचे और नीचे पदों पर ज्यादा जोर नहीं दिया जाता। वहाँ लचीलापन और बातचीत में खुलापन होता है। दरअसल, स्वैच्छिक संस्था में संगठन विकास का पहला दौर अनौपचारिक, सहज संगठित और मजबूती से बँधा हुआ होना चाहिए। हालाँकि जब संस्था बढ़ती है, तो अक्सर इन विशेषताओं को बनाए रखना मुश्किल हो जाता है। सफल संस्थाओं में अगर ये स्थितियाँ आई हैं, तो उनके नेतृत्व ने फिर से अपने कर्मियों को उत्साहित किया है। यह बेहतर है कि संस्था इस दौर में कारगर कामकाज के लिए ठोस ढाँचा, प्रक्रिया और व्यवस्था की शुरुआत करे।

तीसरा पहलू फैसले लेने में भागीदारी है। इसका मतलब सलाह-मशविरा या विचार-विमर्श की व्यवस्था बनाना है। यह सिलसिला ऊपर से नीचे और नीचे से ऊपर दोनों स्तरों पर होना चाहिए। संस्था से जुड़े सभी लोगों को फैसला लेने में शामिल करना चाहिए। उससे कर्मियों में प्रतिबद्धता बढ़ती है और आपसी जिम्मेदारी की भावना आती है। इससे नए-नए विचारों और पहल के लिए बेहतर माहौल बनता है।

किसी भी संस्था का एक जरूरी काम समन्वय की प्रक्रिया को विकसित करना है यानी समान कार्यवाही के लिए गतिविधि या माहौल बनाना, अलग-अलग हिस्सों में संतुलन और तालमेल बिठाना ताकि घोषित उद्देश्य पूरे हो सकें। दरअसल, किसी संस्था के काम के माहौल को उनके आपसी रिश्तों और संवाद से देखा जा सकता है। मसलन:

- एजेंसी के अलग-अलग विभाग
- एजेंसी के अलग-अलग कर्मी
- बोर्ड की अलग-अलग उप-समितियों के बीच
- प्रबंधन और कर्मियों के बीच

भागीदारी का अंदाज और संस्था का अंदरूनी संवाद बेहतर काम की संस्कृति बनाने के लिए जरूरी है। यह इसलिए भी जरूरी है, क्योंकि अक्सर संस्था में काम करने वालों को बहुत पैसा नहीं दिया जाता। लेकिन बेहतर सेवाएँ देना जरूरी होता है। उसके लिए काफी हद तक हौसला और प्रतिबद्धता चाहिए। ऐसे में भागीदारी का माहौल बनाए बगैर कल्याणकारी राज्य के बड़े विचार और संस्था के लक्ष्यों के साथ काम नहीं किया जा सकता।

प्रश्न 27. निम्नलिखित पर संक्षिप्त टिप्पणी लिखिए:
(i) प्राधिकार की संकल्पना

उत्तर– **प्राधिकार (अधिकार):** अधिकार किसी वस्तु को प्राप्त करने या किसी कार्य को संपादित करने के लिए उपलब्ध कराया गया किसी व्यक्ति की कानून सम्मत या संविदा सम्मत सुविधा, दावा या विशेषाधिकार है। कानून द्वारा प्रदत्त सुविधाएँ अधिकारों की रक्षा करती हैं। दोनों का अस्तित्व एक-दूसरे के बिना संभव नहीं। जहाँ कानून अधिकारों को मान्यता देता है वहाँ इन्हें लागू करने या इनकी अवहेलना पर नियंत्रण स्थापित करने की व्यवस्था भी करता है।

विश्व के समस्त देशों के नागरिकों को अभी पूर्ण मानव अधिकार नहीं मिला है। अफ्रीका के अनेक देशों एवं संयुक्त राज्य अमेरिका के दक्षिणी राज्यों में अभी भी किसी-न-किसी रूप में दास प्रथा, रंगभेद तथा बेगारी मौजूद है। भारत में हरिजनों तथा अनेक परिगणित जातियों को व्यवहार में समता और संपत्ति के अधिकार नहीं मिल सके हैं। दो-तिहाई मानव जाति का अभी भी आर्थिक शोषण होता चला आ रहा है। उपनिवेशवाद के कारण एशिया, अफ्रीका तथा लैटिन अमेरिका के अनेक अविकसित राष्ट्रों का बड़े साम्राज्यवादी राष्ट्रों द्वारा आर्थिक शोषण हो रहा है। इसी दिशा में मुक्ति तथा राष्ट्रों और नागरिक के अधिकारों की सुरक्षा के लिए संयुक्त राष्ट्र संघ सचेष्ट हैं। संयुक्त राष्ट्र संघ की ओर से प्रति वर्ष 10 दिसम्बर को मानव अधिकार दिवस मनाया जाता है। सन् 1945 में अपनी स्थापना के समय से ही संयुक्त राष्ट्र संघ ने मानव अधिकारों की अभिवृद्धि एवं संरक्षण के लिए प्रयास आरंभ किया है। इस निमित्त मानव अधिकार आयोग ने अधिकारों की एक विस्तृत रूपरेखा प्रस्तुत की जिसे संयुक्त महासभा ने 10 दिसम्बर, 1948 को स्वीकार किया। तीस अध्यायों के मानव अधिकार घोषणापत्र में उन अधिकारों का उल्लेख है जिन्हें विश्वभर के स्त्री-पुरुष बिना भेदभाव के पाने के अधिकारी हैं। इन अधिकारों में व्यक्ति के जीवन, दैहिक स्वतंत्रता, सुरक्षा एवं स्वाधीनता, दासता से मुक्ति, स्वैच्छिक गिरफ्तारी एवं नजरबंद से मुक्ति, स्वतंत्र एवं निष्पक्ष न्यायाधिकरण के सामने सुनवाई का अधिकार, अपराध प्रमाणित न होने तक निरपराध माने जाने का अधिकार, आवागमन एवं आवास की स्वतंत्रता, किसी देश की राष्ट्रीयता प्राप्त करने का अधिकार, विवाह करने का और परिवार बसाने का अधिकार, संपत्ति रखने का अधिकार, विचार, धर्म, उपासना की स्वतंत्रता, अभिव्यक्ति की स्वतंत्रता, शांतिपूर्ण सभा करने की स्वतंत्रता, मतदान करने और सरकार में शामिल होने का अधिकार, सामाजिक स्वतंत्रता का अधिकार, काम पाने का अधिकार, समुचित जीवन स्तर का अधिकार, शिक्षा प्राप्त करने का अधिकार, समाज के सांस्कृतिक जीवन में सहभागी बनने का अधिकार इत्यादि शामिल हैं। वैकल्पिक रूप से संयुक्त राष्ट्र संघ अनेक संगठनों एवं संस्थाओं का निर्माण पर धरती पर इन अधिकारों को चरितार्थ करने के लिए प्रयत्नशील है।

(ii) क्रेडिट (credit) वितरण प्रणाली

उत्तर– स्वर्ण जयंती स्वरोजगार योजना कार्यक्रम कर्ज यानी क्रेडिट पर आधारित होता है। तमाम कोशिशों के बावजूद देश में कर्ज वितरण यानी कर्ज देने की व्यवस्था की पहुँच बेहद सीमित बनी हुई है। साख की असल और वैध माँग अभी तक अधूरी है, क्योंकि बड़ी संख्या में गरीब औपचारिक कर्ज व्यवस्था से बाहर बने हुए हैं। यह माँग और आपूर्ति की खाई अपनी कमजोर वितरण व्यवस्था की वजह से है। दरअसल, प्रत्यक्ष कर्ज की नीति, कर्ज की निर्देशित कीमत और कर्ज लेने वाले के चयन में आजादी की कमी के कारण औपचारिक कर्ज संस्थानों को कर्ज देना काफी महँगा पड़ता है। जाहिर है उधार लेने वाले को उसका खामियाजा भुगतना पड़ेगा। अब एक ऐसी व्यवस्था की जरूरत है, जो लचीली हो, गरीब की जरूरतों के मुताबिक हो और इस लायक हो कि समय पर जरूरी कर्ज दे सके।

ऐसा नहीं है कि औपचारिक कर्ज संस्थानों की कमियों को दूर नहीं किया जा सकता। कमर्शियल बैंकों की ताकत को एन.जी.ओ. की मध्यस्थ योग्यता से जोड़ कर गरीबों को व्यावसायिक या कमर्शियल बैंकिंग चैनल में शामिल किया जा सकता है। यह गरीबों को कर्ज देने के लिए लागत प्रभावी या बेहतर विकल्प हो सकता है। इससे बैंक कम लागत में लेन-देन कर ज्यादा संख्या में छोटे कर्ज दे पाएँगे। कर्ज न चुकाने का जोखिम भी कम हो जाएगा क्योंकि समूह का दबाव रहेगा। फिर समूह उस कर्ज का ठीक-ठीक इस्तेमाल हो रहा है या नहीं, उसकी देख-रेख भी करेंगे। स्वयं सहायता समूहों के जरिए बैंक से लेन-देन भी कर्ज लेने वाले को सस्ता पड़ेगा। इस योजना के तहत कर्ज वितरण व्यवस्था में एन.जी.ओ. की वित्तीय मध्यस्थता को बढ़ावा दिया जाएगा। असल में 'सेवा' यानी स्वयं सेवित महिला संघ और इसी तरह की अन्य संस्थाओं के अनुभव को बड़े स्तर पर इस्तेमाल किया जाएगा।

नवीं योजना में समन्वित ग्रामीण विकास परियोजना और स्वर्ण जयंती स्वरोजगार योजना दोनों ही सब्सिडी पर आधारित थे। सब्सिडी अपने आप में स्व रोजगार के प्रोत्साहन में बहुत बड़ी रुकावट बन गई है। छोटे कर्ज देने वाले संस्थानों का अनुभव बताता है कि गरीब अपने कर्ज का भुगतान करने को तैयार है। वह एन.जी.ओ. वित्तीय संस्थाओं की सेवाओं के बदले भी पैसा देने को राजी है। कुल मिलाकर वह सब्सिडी का मोहताज नहीं है।

(iii) भारत के संविधान के अनुच्छेद 49 का कार्यान्वयन

उत्तर– अनुच्छेद 49 राष्ट्रीय महत्त्व के स्मारकों और वस्तुओं का संरक्षण सुनिश्चित करने का दायित्व राज्य को सौंपता है।

भारतीय संविधान के भाग 3 तथा 4 मिलकर संविधान की आत्मा तथा चेतना कहलाते हैं क्योंकि किसी भी स्वतंत्र राष्ट्र के लिए मौलिक अधिकार तथा नीति-निर्देश देश के निर्माण में महत्त्वपूर्ण भूमिका निभाते हैं। नीति निर्देशक तत्त्व जनतांत्रिक संवैधानिक विकास के नवीनतम तत्त्व हैं। सर्वप्रथम ये आयरलैंड के संविधान में लागू किए गए थे। ये वे तत्त्व हैं जो संविधान के विकास के साथ ही विकसित हुए हैं। इन तत्त्वों का कार्य

एक जनकल्याणकारी राज्य की स्थापना करना है। भारतीय संविधान के इस भाग में नीति निर्देशक तत्त्वों का रूपाकार निश्चित किया गया है, मौलिक अधिकार तथा नीति निर्देशक तत्त्व में भेद बताया गया है और नीति निर्देशक तत्त्वों के महत्त्व को समझाया गया है।

जनकल्याणकारी राज्य वह है जो जनकल्याण हेतु ही अस्तित्व में आया है। यह दो कार्य करता है:

- दिन-प्रतिदिन के प्रशासनिक कार्य तथा कानून व्यवस्था को बनाए रखना।
- जनता के आर्थिक-सामाजिक विकास को बढ़ावा देना।

इसका अर्थ यह निकलता है कि आर्थिक विकास व्यक्तिगत मामला नहीं रहकर राज्य की जिम्मेदारी है कि वह व्यक्तियों के आर्थिक विकास को बढ़ाने का कार्य करे। इन नीति निर्देशकों के आधार पर राज्य के लिए लक्ष्य निर्धारित किए गए हैं जिन पर उसे चलना है। ये तत्त्व एक एकीकृत सामाजिक-आर्थिक प्रशासनिक कार्यक्रम का निर्धारण भी राज्य हेतु करते हैं।

प्रश्न पत्र

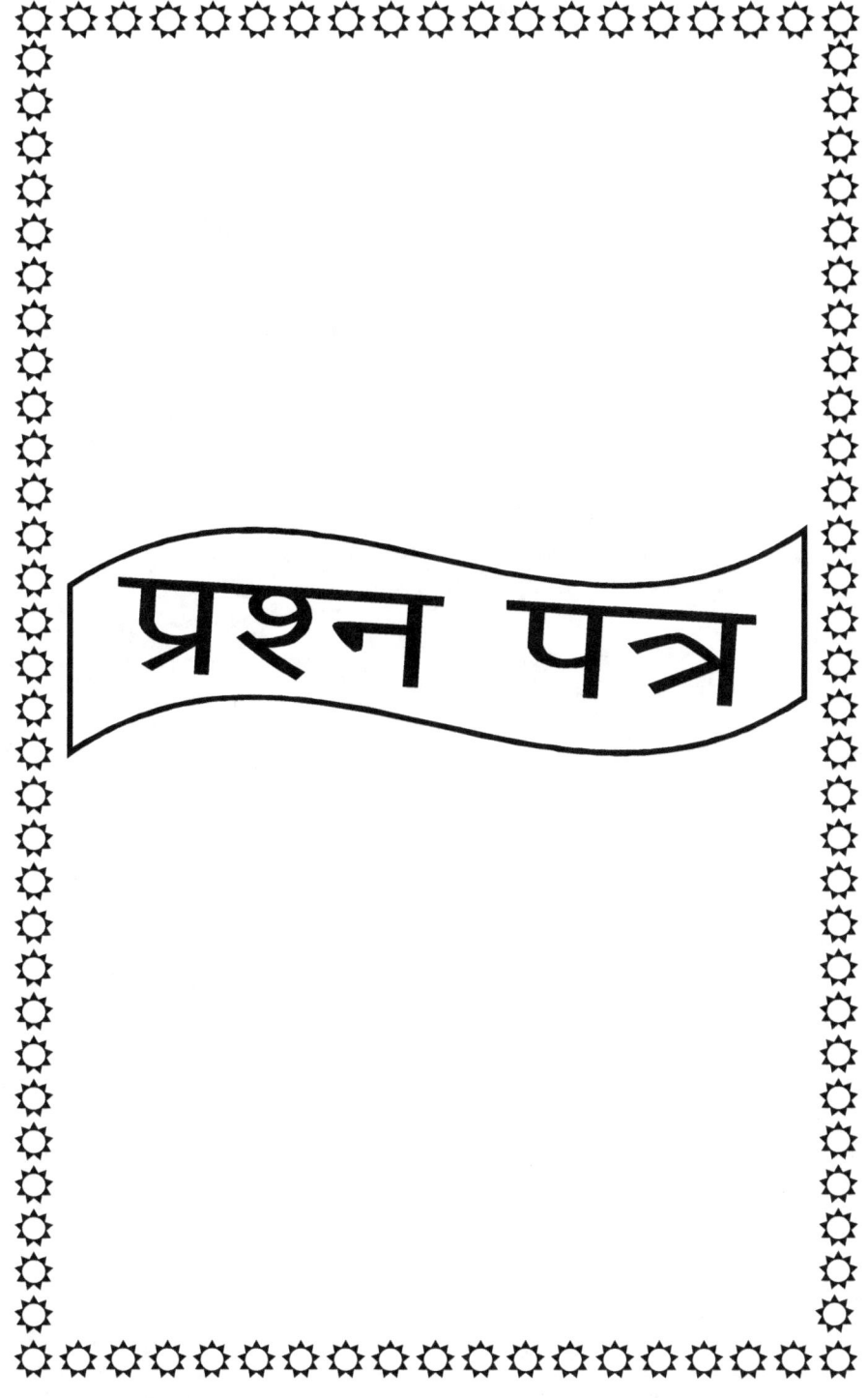

ग्राम विकास योजना और प्रबंध : एम.आर.डी.-103
जून, 2012

नोट: (i) सभी पाँच प्रश्नों के उत्तर दीजिए।
(ii) सभी प्रश्नों के अंक समान हैं।
(iii) प्रश्न संख्या 1 और 2 के उत्तर (प्रत्येक) 800 शब्दों से अधिक नहीं होने चाहिए।

प्रश्न 1. ग्राम विकास के लिए योजना की तर्कसंगता बताइए और ग्राम विकास योजना के महत्त्वपूर्ण सिद्धांतों की व्याख्या कीजिए।

उत्तर– देखें अध्याय-1, प्र.सं.-1, 2

अथवा

परियोजना के प्रमुख आयामों और निर्माण प्रक्रिया का वर्णन कीजिए।

उत्तर– देखें अध्याय-2, प्र.सं.-5, 6

प्रश्न 2. भारत में बहु-स्तरीय योजना की प्रक्रिया में शामिल मुद्दों की चर्चा कीजिए।

उत्तर– भारत में बहु-स्तरीय योजना की प्रक्रिया में शामिल मुद्दे इस प्रकार हैं:
(1) क्षेत्र के स्तरों की पहचान: देखें अध्याय-1, प्र.सं.-10
(2) कार्यकलाप की पहचान: देखें अध्याय-1, प्र.सं.-10
(3) योजना एजेंसियों की पहचान: देखें अध्याय-1, प्र.सं.-11

अथवा

भारत में ग्राम विकास के क्षेत्र में स्वैच्छिक प्रयास की भूमिका का मूल्यांकन कीजिए।

उत्तर– देखें अध्याय-3, प्र.सं.-5

प्रश्न 3. निम्नलिखित में से किन्हीं दो प्रश्नों के उत्तर (प्रत्येक) लगभग 400 शब्दों में दीजिए:

(a) विकेंद्रीकृत योजना के गुण और दोषों की चर्चा कीजिए।

उत्तर– देखें अध्याय-1, प्र.सं.-9

(b) परियोजना के आर्थिक मूल्यांकन में समय की भूमिका की व्याख्या कीजिए।
उत्तर– देखें अध्याय-2, प्र.सं.-12

(c) ग्राम विकास में स्वैच्छिक संगठनों के सम्मुख आने वाली समस्याओं को स्पष्ट कीजिए।
उत्तर– देखें अध्याय-3, प्र.सं.-6

प्रश्न 4. निम्नलिखित में से किन्हीं चार के उत्तर (प्रत्येक) लगभग 200 शब्दों में दीजिए:

(a) खंड स्तर योजना
उत्तर– देखें अध्याय-1, प्र.सं.-16

(b) जिला योजना एजेंसियाँ
उत्तर– देखें अध्याय-1, प्र.सं.-7

(c) प्रबंध और प्रशासन
उत्तर– देखें अध्याय-2, प्र.सं.-2

(d) सूचना प्रणाली
उत्तर– देखें अध्याय-2, प्र.सं.-18

(e) गैर-सरकारी संगठनों की भूमिका
उत्तर– देखें अध्याय-3, प्र.सं.-8

(f) मूल्यांकन के मापदंड
उत्तर– देखें अध्याय-2, प्र.सं.-22

प्रश्न 5. निम्नलिखित में से किन्हीं पाँच पर संक्षिप्त टिप्पणियाँ (प्रत्येक) लगभग 100 शब्दों में लिखिए:

(a) विदेशी योगदान नियमन कानून, 1976
उत्तर– देखें अध्याय-3, प्र.सं.-22

(b) महिला मुक्ति मोर्चा-दल्ली राजहरा
उत्तर– देखें अध्याय-3, प्र.सं.-21(iv)

(c) गाँव को अपनाओ कार्यक्रम
उत्तर– देखें अध्याय-3, प्र.सं.-1

(d) विस्तृत परियोजना रिपोर्ट
उत्तर– देखें अध्याय-2, प्र.सं.-7

(e) नकदी प्रवाह विवरण
उत्तर– देखें अध्याय-2, प्र.सं.-13

(f) जन भागीदारी
उत्तर– देखें अध्याय-3, प्र.सं.-2

(g) स्वैच्छिक प्रयास को बढ़ावा देने में सरकार की भूमिका
उत्तर– देखें अध्याय-3, प्र.सं.-5

(h) समुदाय भागीदारी के प्रकार
उत्तर– देखें अध्याय-3, प्र.सं.-17

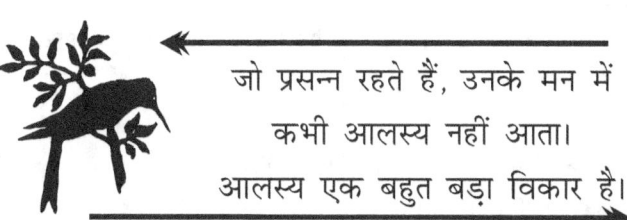

जो प्रसन्न रहते हैं, उनके मन में कभी आलस्य नहीं आता। आलस्य एक बहुत बड़ा विकार है।

ग्राम विकास योजना और प्रबंध : एम.आर.डी.-103
दिसम्बर, 2012

नोट: (i) सभी पाँच प्रश्नों के उत्तर दीजिए।
(ii) सभी प्रश्नों के अंक समान हैं।
(iii) प्रश्न संख्या 1 और 2 के उत्तर (प्रत्येक) 800 शब्दों से अधिक नहीं होने चाहिए।

प्रश्न 1. भारत में योजना प्रक्रिया की संक्षिप्त विवेचना कीजिए।
उत्तर– देखें अध्याय-1, प्र.सं.-6

अथवा

परियोजना के मूल्यांकन से जुड़ी तकनीकी व्यवहार्यता की महत्त्वपूर्ण विशेषताओं को स्पष्ट कीजिए।
उत्तर– देखें अध्याय-2, प्र.सं.-9

प्रश्न 2. लोक कार्यवाही एवं ग्रामीण प्रौद्योगिकी प्रगति (कापार्ट) के उद्देश्य, संगठन और महत्त्वपूर्ण गतिविधियों की व्याख्या कीजिए।
उत्तर– देखें अध्याय-3, प्र.सं.-1

अथवा

'समुदाय आधारित कार्यक्रम' से आपका क्या अभिप्राय है? इसको विकसित करने के लिए जरूरी विभिन्न कदमों की चर्चा कीजिए।
उत्तर– देखें अध्याय-3, प्र.सं.-14, 15

प्रश्न 3. निम्नलिखित में से किन्हीं दो प्रश्नों के उत्तर (प्रत्येक) लगभग 400 शब्दों में दीजिए:
(a) भारत में जिला योजना की भूमिका की समीक्षात्मक जाँच कीजिए।
उत्तर– देखें अध्याय-1, प्र.सं.-12, 13

(b) प्रबंध के प्रमुख कार्यों का वर्णन कीजिए।
उत्तर– देखें अध्याय-2, प्र.सं.-4

(c) सामाजिक क्रिया की अवधारणा और महत्त्वपूर्ण विशेषताओं को स्पष्ट कीजिए।
उत्तर– देखें अध्याय-3, प्र.सं.-19

प्रश्न 4. निम्नलिखित में से किन्हीं *चार* के उत्तर (प्रत्येक) लगभग 200 शब्दों में दीजिए:
(a) योजना आयोग के कार्य
उत्तर– देखें अध्याय-1, प्र.सं.-7

(b) पंचायती राज संस्थाओं की मुख्य विशेषताएँ
उत्तर– देखें अध्याय-1, प्र.सं.-20

(c) नेटवर्क विश्लेषण
उत्तर– देखें अध्याय-2, प्र.सं.-16

(d) समवर्ती एवं अंतिम मूल्यांकन
उत्तर– देखें अध्याय-2, प्र.सं.-22

(e) जन भागीदारी को तय करने के कारक
उत्तर– देखें अध्याय-3, प्र.सं.-2

(f) एन.जी.ओज. का सकारात्मक प्रभाव
उत्तर– गैर-सरकारी संगठनों की सबसे बड़ी उपलब्धि जमीन से जुड़ाव रहा है। मिशनरियों के बाद सचमुच एन.जी.ओ. ही गाँवों, आदिवासियों, दलितों, महिलाओं और बड़े स्तर पर गरीबों तक पहुँचे। लेकिन दोनों में फर्क है। जहाँ मिशनरी का मकसद धर्म परिवर्तन होता है, वहीं एन.जी.ओ. लोगों को अपनी समस्या सुलझाने के लिए एक विकल्प देता है। जहाँ भी एन.जी.ओ. का फैलाव हुआ है, उन्होंने लोगों को समूहों में संगठित किया है। चाहे वह संगम के नाम पर हो या हितग्राही या लाभान्वित समूहों वगैरह के नाम पर।

उनकी वजह से लोग केंद्र में आए। लोगों को ताकत मिली। लोग जागरूक हुए। लोग संगठित हुए। लोग शोषण के खिलाफ आवाज उठाने लगे। चाहे वह जाति का हो या वर्ग का। लोग सरकार से अधिकार माँगने लगे और अपने लिए नियत लाभ हासिल करने लगे।

एन.जी.ओ. के कामों ने साबित किया कि गरीबों के लिए सरकारी कार्यक्रम गलत ढंग से चल रहे थे। कभी-कभी एक भारी-भरकम विकास के ढाँचे के खिलाफ ताकतवर प्रतिरोध की जरूरत होती है।

एन.जी.ओ. ने दलितों, आदिवासियों, भूमिहीनों के साथ-साथ महिलाओं और बच्चों की समस्याओं पर गंभीरता से ध्यान दिया। उन्होंने जल संसाधन, पारिस्थितिकी संकट, पर्यावरण की बर्बादी और सरकारी तंत्र की उदासीनता जैसे मुद्दों को जोरदार ढंग से उठाया।

गरीबों और पर्यावरण के मुद्दे पर उन्होंने नौकरशाही, सरकारी अधिकारियों और मीडिया को कुछ हद तक संवेदनशील बनाया। उस कामकाजी व्यवस्था को उजागर करने की कोशिश की, जिससे कम-से-कम गरीबों का भला नहीं हो रहा था।

विकल्पों की खोज-विकास के हावी मॉडल के खिलाफ नए विकल्प सुझाने की कोशिश एन.जी.ओ. ने की। मसलन, वैकल्पिक शिक्षा व्यवस्था, वैकल्पिक स्वास्थ्य व्यवस्था, वैकल्पिक ऊर्जा आदि।

प्रश्न 5. निम्नलिखित में से किन्हीं पाँच पर संक्षिप्त टिप्पणियाँ (प्रत्येक) लगभग 100 शब्दों में लिखिए:

(a) नर्मदा बचाओ आंदोलन

उत्तर– देखें अध्याय-3, प्र.सं.-21(v)

(b) सामाजिक क्रिया और सामाजिक सुधार

उत्तर– गॉन ने 1987 में सुधार के बारे में कहा था, 'एक सोची-समझी कोशिश, जो सामाजिक रवैये, संस्कृति में निहित भूमिकाओं और लोगों के व्यवहार की असल बनावट को मनचाही दिशा में बदलना चाहती है। यह बदलाव समझाने-बुझाने की प्रक्रिया और जन शिक्षा के जरिए होगा।' इसके आगे उनका मानना है कि ज्यादातर समाज सुधार 'किसी मनुष्य की गरिमा की पहचान से शुरू होते हैं। फिर खास लोगों की जिम्मेदारी होती है कि जिंदगी के अवसरों को समाज के सभी वर्गों तक ले जाएँ।'

सामाजिक क्रिया और समाज सुधार की कुछ समान विशेषताएँ–

- दोनों ही मौजूदा व्यवस्था या मूल्यों के प्रति असंतोष से शुरू करते हैं और सामाजिक न्याय की दिशा में बदलाव चाहते हैं। दोनों ही समाज के विशिष्ट वर्ग को समझाने की कोशिश करते हैं कि कमजोर वर्ग को बेहतर जिंदगी देने के लिए बदलाव को मान लें।
- दोनों कई तरह की रणनीतियाँ और युक्तियाँ अपनाते हैं। उनमें से कुछ समान होती हैं।
- दोनों ही जन एकजुटता के तौर-तरीके अपनाते हैं।
- दोनों ही अपने लक्ष्यों में प्रतिमान स्थापित करना चाहते हैं।

सामाजिक क्रिया और सामाजिक सुधार में अंतर–

- सामाजिक क्रिया का दायरा काफी बड़ा होता है। समाज सुधार तो सामाजिक क्रिया का एक क्षेत्र है।
- समाज सुधार एक लक्ष्य के लिए होता है। चाहे वह मध्यम लक्ष्य की क्यों न हो। एक मायने में उस सुधार के जरिए प्रभावित लोगों के हालात और स्तर बेहतर होते हैं। उस लक्ष्य को पाने के लिए सामाजिक क्रिया एक साधन हो सकती है।
- समाज सुधार दरअसल सामाजिक, आर्थिक और राजनीतिक ढाँचे को पूरी तरह बदलने या उसे नकारने की बात नहीं करता। वह तो उस ढाँचे के कुछ पहलुओं

में सुधार या बदलाव की बात करता है ताकि उसे मानवीय बनाया जा सके। दूसरी ओर सामाजिक क्रिया मौजूदा ढाँचे को पूरी तरह बदलने के लिए हो सकती है। वह उस ढाँचे को पूरी तरह नकार सकती है; अगर उसे महसूस होता है कि वह अन्याय, अत्याचार और शोषण से जुड़ा है।

- समाज सुधार आंदोलन अपने समय की देन होते हैं। इतिहास के अलग-अलग दौर में उसका महत्त्व अलग-अलग हो सकता है। समाज विकास के हर स्तर पर सामाजिक क्रिया की जगह, उसकी प्रासंगिकता और जरूरत होती है।
- समाज सुधार के प्रमुख नेता सामाजिक और धार्मिक समूहों से आ सकते हैं। सामाजिक क्रिया अलग-अलग समुदायों को छू सकती है।
- समाज सुधार का एक महत्त्वपूर्ण उद्देश्य बदलाव को विधान के जरिए लाना होता है। सामाजिक क्रिया के मामले में विधान जरूरी हो सकता है और नहीं भी। उसके उद्देश्य गैर वैधानिक ढंग से भी हासिल हो सकते हैं।

(c) स्वैच्छिक एजेंसी प्रशासन

उत्तर– देखें अध्याय-3, प्र.सं.-10

(d) आय की आंतरिक दर

उत्तर– देखें अध्याय-2, प्र.सं.-14

(e) परियोजना प्रबंध सूचना प्रणाली

उत्तर– देखें अध्याय-2, प्र.सं.-18

(f) भुगतान वापसी अवधि

उत्तर– देखें अध्याय-2, प्र.सं.-13

(g) नीचे के स्तर की योजना

उत्तर– देखें अध्याय-1, प्र.सं.-19

(h) मान्य न्यास की जरूरतें

उत्तर– देखें अध्याय-3, प्र.सं.-24

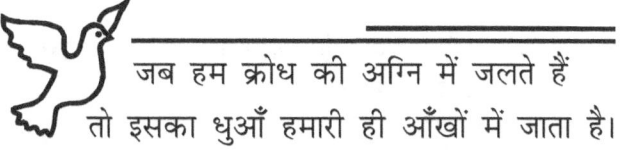

जब हम क्रोध की अग्नि में जलते हैं तो इसका धुआँ हमारी ही आँखों में जाता है।

ग्राम विकास योजना और प्रबंध : एम.आर.डी.-103
जून, 2013

नोट: (i) सभी पाँच प्रश्नों के उत्तर दीजिए।
(ii) सभी प्रश्नों के अंक समान हैं।
(iii) प्रश्न संख्या 1 और 2 के उत्तर (प्रत्येक) 800 शब्दों से अधिक नहीं होने चाहिए।

प्रश्न 1. भारत में राष्ट्रीय और राज्य स्तर योजना में शामिल प्रशासनिक तंत्र का वर्णन कीजिए।

उत्तर— देखें अध्याय-1, प्र.सं.-7

अथवा

विकेंद्रीकृत योजना क्या है? विकेंद्रीकृत योजना के गुण और दोषों को स्पष्ट कीजिए।

उत्तर— देखें अध्याय-1 प्र.सं.-9

प्रश्न 2. एक परियोजना के उद्देश्यों और आयामों को स्पष्ट कीजिए।

उत्तर— परियोजना का उद्देश्य परियोजना के परिणामों का वर्णन करता है। परियोजना का उद्देश्य परियोजना के दायरे में निहित होना चाहिए। परियोजना का उद्देश्य अक्सर लक्ष्य समूह के लिए परियोजना की उपयोगिता के लिए तैयार किया जाता है जैसे "बेहतर-उच्चतर"। परियोजना का उद्देश्य यह है कि हमें भविष्य में क्या प्राप्त करना है।

एक परियोजना के उद्देश्य में निम्न को शामिल किया जा सकता है:

- वितरित किए जाने वाले वस्तुओं/सेवाओं की सूची (ऐसी वस्तुओं/सेवाओं की सूची जिन्हें परियोजना को पूर्ण करने के लिए उपयोग किया जाना है)।
- परिणाम के स्तर पर परियोजना के प्रभाव का एक ठोस विवरण निहित होना चाहिए।
- विशिष्ट नियत दिनांक (जिस दिनांक तक परियोजना के लिए लक्ष्य को पूर्ण करना हो)।
- वितरित की जाने वाली वस्तुओं/सेवाओं की गुणवत्ता मापदंड की सूची।
- परियोजना की लागत सीमा।

फिर देखें अध्याय-2, प्र.सं.-5

अथवा

सामाजिक क्रिया की विभिन्न कार्यनीतियों के महत्त्वपूर्ण पहलुओं की चर्चा कीजिए।

उत्तर– देखें अध्याय-3, प्र.सं.-20

प्रश्न 3. निम्नलिखित में से किन्हीं दो प्रश्नों के उत्तर (प्रत्येक) लगभग 400 शब्दों में दीजिए:

(a) जिला स्तर योजना के महत्त्वपूर्ण घटकों का वर्णन कीजिए।

उत्तर– देखें अध्याय-1, प्र.सं.-12

(b) परियोजना की वित्तीय व्यवहार्यता के विश्लेषण की प्रमुख विशेषताओं को स्पष्ट कीजिए।

उत्तर– देखें अध्याय-2, प्र.सं.-13

(c) स्वैच्छिक प्रयास का संवर्धन करने में सरकार की भूमिका की चर्चा कीजिए।

उत्तर– देखें जून-2012, प्र.सं.-5(g)

प्रश्न 4. निम्नलिखित में से किन्हीं चार के उत्तर (प्रत्येक) लगभग 200 शब्दों में दीजिए:

(a) योजना में समेकित ग्राम विकास दृष्टिकोण

उत्तर– देखें अध्याय-1, प्र.सं.-2

(b) खंड स्तर योजना का अर्थ और उद्देश्य

उत्तर– देखें अध्याय-1, प्र.सं.-16

(c) विस्तृत परियोजना रिपोर्ट (डी.पी.आर.)

उत्तर– देखें जून-2012, प्र.सं.-5(d)

(d) मूल्यांकन अध्ययनों के लिए मानदंड

उत्तर– देखें अध्याय-2, प्र.सं.-22

(e) सामुदायिक भागीदारी की विशेषताएँ

उत्तर– जन भागीदारी को ग्रामीण विकास में महज विकास के निवेश के तौर पर नहीं देखा जाना चाहिए। उसे तो ग्रामीण विकास में कारगर भूमिका निभाने के लिए गाँव के गरीबों को सशक्त करने के माध्यम के तौर पर देखना चाहिए। समुदाय आधारित

कार्यक्रम को विकसित करने के लिए जन भागीदारी को विकास की प्रक्रिया में जरूरी हिस्से के तौर पर देखना चाहिए न कि महज सुविधा के लिए।

कुछ लेखकों का मानना है कि भागीदारी को बड़े स्तर और सही मायनों में करने के लिए मौजूदा सामाजिक-आर्थिक ढाँचे में बदलाव करना होगा। ऐसा ढाँचा, जो समता-समानता पर टिका हो। अंतर्आत्मा की जागृति को अक्सर जन भागीदारी के लिए महत्त्वपूर्ण कदम के तौर पर माना जाता है। खासतौर पर असमानता और शोषण को खत्म करने या सुधारने के मामले में। अंतर्आत्मा की जागृति का सीधा-सादा मतलब गंभीर जागरूकता अभियान से है। सिद्धांत के तौर पर यह मिल जाता है कि सभी पुरुष और महिलाएँ बराबर हैं। सीखने वाला चाहे कितने ही शोषित-पीड़ित माहौल से आए, सीख सकता है। बदलाव कर सकता है। वह किसी भी तरह के माहौल से अपने को मुक्त कर सकता है। चाहे वह भाग्यवादी हो या नियतिवादी। जन भागीदारी तय करने के तमाम तरीकों में अंतर्आत्मा की जागृति को सबसे ज्यादा महत्त्व और स्वीकार्यता मिली है। ब्राजील के शिक्षाविद् पाउलो फ्रायर ने अपनी किताब 'पेडोगॉजी ऑफ द ऑप्रेस्ड' में इस सिलसिले में गंभीर चर्चाएँ की हैं। वंचितों को इंसाफ और समानता दिलाने के मामले में उन्होंने दुनिया भर के सामाजिक कार्यकर्त्ताओं और बुद्धिजीवियों पर अपना असर छोड़ा है।

ठोस जागरूकता अभियान लोगों की गंभीर मानवीय चिंताओं पर आधारित है। उससे लोग खुद अपनी निगाह से अपनी जरूरतों को आँकने लगते हैं। वे उन ताकतवर लोगों की निगाह से जरूरतों को नहीं देखते, जो अपने स्वार्थ और सत्ता के लिए उनका इस्तेमाल कर रहे हैं। इससे अपने ही माहौल में गरीब लोगों की अपनी समस्याओं और जरूरतों को समझने और आँकने की योग्यता आती है। फिर उसी के मुताबिक माहौल को बदलने की कार्यवाही की जाती है।

(f) कापार्ट के उद्देश्य

उत्तर– देखें अध्याय-3, प्र.सं.-1

प्रश्न 5. निम्नलिखित में से किन्हीं पाँच पर संक्षिप्त टिप्पणियाँ (प्रत्येक) लगभग 100 शब्दों में लिखिए:

(a) योजना स्कीमें

उत्तर– योजनाओं को विभिन्न स्कीमों के माध्यम से कार्यान्वित किया जाता है। स्कीमें तीन प्रकार की होती है–केंद्रीय स्कीमें, केंद्र प्रायोजित स्कीमें और राज्य क्षेत्रक स्कीमें। चूँकि आर्थिक और सामाजिक योजना समवर्ती सूची के विषय हैं, इसलिए योजना स्कीमें राज्य योजना में और केंद्रीय योजना में भी होती हैं। केंद्रीय योजना में, आमतौर पर, दो प्रकार की योजना स्कीमें होती हैं अर्थात् केंद्रीय क्षेत्रक स्कीमें और केंद्र प्रायोजित स्कीमें। केंद्रीय क्षेत्रक स्कीमों के कुल परिव्यय और केंद्र प्रायोजित स्कीमों में केंद्र के शेयर का जोड़ केंद्रीय योजना परिव्यय है।

केंद्र क्षेत्रक प्रायोजित स्कीमें वे हैं जिनका संपूर्ण वित्तपोषण और कार्यान्वयन केंद्रीय सरकार और उसके संगठनों द्वारा किया जाता है। परंतु प्रायोजित स्कीमें वे हैं जिनका वित्तपोषण

पूर्णत: या अंशत: केंद्रीय सरकार द्वारा किया जाता है और कार्यान्वयन राज्यों या उनकी एजेंसियों द्वारा किया जाता है। केंद्र प्रायोजित स्कीमों के लिए केंद्र की सहायता की सीमा अलग-अलग है, कुछ मामलों में यह 100 प्रतिशत है और कुछ में 75 या 50 प्रतिशत है। केंद्र प्रायोजित स्कीम क्षेत्रक काफी समय से केंद्रीय और राज्य सरकारों के बीच विवाद का विषय रहा है। राज्य सरकारों ने इसे राज्यों के अधिकार क्षेत्र के अंतर्गत आने वाले कार्यों में हस्तक्षेप के रूप में माना है। दूसरी ओर, केंद्र प्रायोजित स्कीमों द्वारा केंद्र की सहभागिता को इस आधार पर तर्कसंगत माना गया है कि इसके बिना यदि सभी राज्यों में नहीं तो कुछ राज्यों में महत्त्वपूर्ण कार्यक्रमों को प्राथमिकता नहीं मिलेगी। जहाँ तक केंद्र प्रायोजित स्कीमों का संबंध है, ग्राम विकास के अधीन ऐसी प्रमुख स्कीमें एकीकृत ग्राम विकास कार्यक्रम, जवाहर रोजगार योजना, मरुस्थल विकास कार्यक्रम, सूखा प्रवण क्षेत्र कार्यक्रम हैं।

राज्य क्षेत्रक स्कीमों और केंद्र प्रायोजित स्कीमों में राज्य के शेयर का कुल जोड़ राज्य योजना है। ग्राम विकास के क्षेत्र में राज्य सरकार द्वारा पूर्णत: वित्त पोषित राज्य योजना स्कीम का उदाहरण महाराष्ट्र की रोजगार गारंटी स्कीम है।

(b) परिप्रेक्ष्य योजना
उत्तर– देखें अध्याय-1, प्र.सं.-17

(c) आय की आंतरिक दर
उत्तर– देखें दिसम्बर-2012, प्र.सं.-5(d)

(d) भुगतान वापसी अवधि
उत्तर– देखें दिसम्बर-2012, प्र.सं.-5(f)

(e) समवर्ती और अंतिम मूल्यांकन
उत्तर– देखें दिसम्बर-2012, प्र.सं.-4(d)

(f) स्व-सहायता समूह
उत्तर– देखें अध्याय-3, प्र.सं.-7

(g) समुदाय आधारित कार्यक्रम
उत्तर– देखें अध्याय-3, प्र.सं.-14

(h) नमक सत्याग्रह
उत्तर– देखें अध्याय-3, प्र.सं.-21(iii)

ग्राम विकास योजना और प्रबंध : एम.आर.डी.-103
दिसम्बर, 2013

नोट: (i) सभी पाँच प्रश्नों के उत्तर दीजिए।
(ii) सभी प्रश्नों के अंक समान हैं।
(iii) प्रश्न संख्या 1 और 2 के उत्तर (प्रत्येक) 800 शब्दों से अधिक नहीं होने चाहिए।

प्रश्न 1. ग्राम स्तर पर निचले स्तर की योजना के अर्थ और कार्यक्षेत्र की चर्चा कीजिए।
उत्तर— देखें अध्याय-1, प्र.सं.-19

अथवा

जिला योजना की प्रक्रिया में शामिल विभिन्न प्रावस्थाओं का वर्णन कीजिए।
उत्तर— देखें अध्याय-1, प्र.सं.-14

प्रश्न 2. परियोजना मूल्यांकन के अर्थ, उद्देश्यों और आयामों को स्पष्ट कीजिए।
उत्तर— देखें अध्याय-2, प्र.सं.-21

अथवा

समुदाय आधारित कार्यक्रमों की योजना बनाने की प्रक्रिया में शामिल कदमों का वर्णन कीजिए।
उत्तर— देखें अध्याय-3, प्र.सं.-15

प्रश्न 3. निम्नलिखित में से किन्हीं दो प्रश्नों के उत्तर (प्रत्येक) लगभग 400 शब्दों में दीजिए:
(a) प्रबंध के मुख्य कार्यों का वर्णन कीजिए।
उत्तर— देखें दिसम्बर-2012, प्र.सं.-3(b)

(b) परियोजना की निगरानी के बुनियादी पहलुओं को स्पष्ट कीजिए।
उत्तर— देखें अध्याय-2, प्र.सं.-17, 18

(c) लोगों की भागीदारी को निर्धारित करने वाले प्रमुख कारकों की चर्चा कीजिए।
उत्तर— देखें अध्याय-3, प्र.सं.-2

प्रश्न 4. निम्नलिखित में से किन्हीं चार के उत्तर (प्रत्येक) लगभग 200 शब्दों में दीजिए:

(a) संवृद्धि केंद्र दृष्टिकोण
उत्तर– देखें अध्याय-1, प्र.सं.-2

(b) वार्षिक योजनाएँ
उत्तर– देखें अध्याय-1, प्र.सं.-6

(c) परियोजना प्रबंध सूचना प्रणाली
उत्तर– देखें दिसम्बर-2012, प्र.सं.-5(e)

(d) तकनीकी व्यवहार्यता
उत्तर– देखें अध्याय-2, प्र.सं.-9

(e) गैर-सरकारी संगठनों की सीमाएँ
उत्तर– गैर-सरकारी संगठनों की सीमाएँ निम्नलिखित हैं:

- **सोच में संकट (Crisis in vision):** अक्सर कहा जाता है कि उनकी सबसे बड़ी सीमा साफ सोच का न होना है। इसमें एन.जी.ओ., सहायक संस्थाएँ, संसाधन एजेंसियाँ, अकादमिक इकाइयाँ और प्रबुद्ध नौकरशाह आते हैं। दिक्कत यह है कि सोच बुरी तरह खंडित है।
- **परियोजना ही सब कुछ है (Project as an end):** 'लोक केंद्रित विकास' ही एन.जी.ओ. का असल काम है लेकिन अक्सर परियोजना ही उनके लिए सब कुछ हो जाती है। चाहे वह एन.जी.ओ. हो, जो अपने अस्तित्व की लड़ाई लड़ रहा है या अपना साम्राज्य बना रहा है या संसाधन एजेंसियाँ जो अपनी बोर्ड बैठकों, परियोजना की जाँच-परख, पैसे की अगली किस्त का मूल्यांकन वगैरह में फंसी हों या फिर अपनी दिक्कतों से जूझ रही हों।
- **अलग-थलग पहल और खंडित नजरिया (Isolated initiative and fragmented approach):** एक सीमित दायरे में भी समान सोच का न होना और सभी वर्गों की कोशिशों को कायदे से जोड़ न पाना एक बड़ी दिक्कत है। इसलिए एक समन्वित कोशिश की जरूरत है। फिर संसाधन एजेंसियों के बीच सहयोग, विकास में एन.जी.ओ. के बीच सहयोग और आखिर में जन संगठनों को एकजुट करने के लिए मंच जैसी चीजों का विरोध और प्रतिरोध होता रहा है।
- **आँकड़ों और क्षेत्र आकलन का अभाव (Lack of data and area analysis):** बुनियादी क्षेत्र का आकलन, आँकड़ों का संचय, नजरिए की स्पष्टता और लम्बे समय की प्रतिबद्धता की कमी अखरती है।
- **कामचलाऊ योजना (Ad hoc plan):** हालाँकि ज्यादातर मामलों में लम्बे समय तक पैसा मिलता रहता है, लेकिन वह हिस्सों में मिलता है। उसका असर

खराब पड़ता है। उसकी वजह से एन.जी.ओ. टुकड़ों-टुकड़ों में काम करते हैं। जाहिर है लम्बे समय की सोच के साथ वे काम ही नहीं कर पाते।

- **परियोजना मूल्यांकन - बेवजह की कवायद (Project evaluation – a futile exercise):** पूरी प्रक्रिया से जुड़े हिस्सेदारों का कायदे से मूल्यांकन हो ही नहीं पाता।
- **अनुकूल परिप्रेक्ष्य की कमी (Lack of strategic perspective):** अक्सर एन.जी.ओ. के काम में अनुकूल परिप्रेक्ष्य की कमी होती है। एक क्षेत्र के काम में आप बड़े स्तर पर बहुत कम सम्बद्धता देख पाते हैं।
- **बड़े स्तर पर परिकल्पना की कमी (Lack of macro theory):** आमतौर पर एन.जी.ओ. अपने अलग तरह के माहौल में काम करते हैं। वे बड़े स्तर पर संयोजन के लिए तैयार ही नहीं होते। अपने नजदीकी माहौल से बाहर सामाजिक बदलाव को लाने के लिए उनके पास न सोच होती है और न परिकल्पना। वे उस स्तर पर संबद्ध समस्याओं का अंदाज ही नहीं लगा पाते।
- **गुट निरपेक्षता - एक कमजोरी (Non-alignment – a weakness):** अमूमन एन.जी.ओ. अपनी छोटी-सी दुनिया के भीतर काम करते हैं। वे दूसरों से जुड़कर एक साथ बड़ी ताकत के तौर पर काम करने की सोचते भी नहीं।
- **व्यक्तिगत सोच - सीमित दायरा (Individualistic approach – a limiting factor):** एन.जी.ओ. के भीतर व्यक्तिगत सोच हावी होती है। आमतौर पर वहाँ कार्यकर्त्ताओं के बीच सोच और लक्ष्य के स्तर पर कोई साझा नहीं किया जाता। उससे उनके काम का दायरा सिमट जाता है। यही सोच एन.जी.ओ. के क्षेत्र को सीमित करती है और उनके काम को भी।

(f) सामुदायिक समूहों के साथ काम करने के मुख्य कारक

उत्तर— किसी को यह गलतफहमी नहीं होनी चाहिए कि पूरा समुदाय एकजुट है। उसके सारे लोग फैसला लेने में हिस्सेदारी करेंगे। उनकी हिस्सेदारी हमेशा सबकी बेहतरी के लिए होगी या उस प्रस्ताव का कोई विरोध ही नहीं होगा या कोई अपने स्वार्थों की बात नहीं करेगा। असल में हर समुदाय में अलग-अलग गुट, हित समूह होते हैं। वे आपस में टकराते रहते हैं। उनके लक्ष्य अलग-अलग होते हैं। उनका अलग सत्ता ढाँचा होता है, जिसमें कुछ लोग या गुट हावी हो जाते हैं। हर गुट दूसरे को किनारे लगाने में लगा रहता है ताकि ज्यादा-से-ज्यादा लाभ अपने हिस्से कर सके। हर गुट अपनी इच्छा से तभी जुड़ता है, जब उसे साफ तौर पर लाभ नजर आते हैं। यही सच है कि आखिरकार कुछ गुट ही कायदे से भागीदारी कर पाते हैं।

सामुदायिक कार्यकर्त्ता की भूमिका ही यह है कि वह इन समूहों की भागीदारी इस तरह तय करे कि उससे गरीबों और कमजोरों के हितों पर असर न पड़े।

फैसले लेना (Decision-making): विकास कार्यक्रम से जुड़े फैसले जटिल होते हैं। अगर कोई बड़ा फैसला कोई एक व्यक्ति लेता है, तो उसमें सीमित जानकारी, अनुभव और विचार शामिल होता है। इसलिए जोखिम कम करने और वैधता हासिल करने के लिए बेहतर होता है कि सभी बड़े फैसले समिति ले या फिर उन्हें खुली बैठक में लिया जाए। समूह के फैसले इसलिए वैधता लिए होते हैं कि उसमें कई तरह के विचारों को जगह मिलती

है। कोई अलग ढंग से समस्या को उठा सकता है। अलग हल सुझा सकता है और फिर समूह में ऐसा नेता हो सकता है, जो इस रचनात्मक प्रक्रिया को चला सकता है।

भूमिका और नियम (Roles and Rules): सभी समूहों की प्रक्रियाएँ एक बुनियादी ढाँचे से जुड़ी होती हैं। यानी एक ऐसा साँचा जो समूह के सभी लोगों को बाँधे रखता है और काफी हद तक उनके व्यवहार को व्यवस्था देता है। समूह में तय जगह पर बैठे लोग आमतौर पर तय भूमिका में होते हैं। ये भूमिकाएँ समूह में अलग-अलग काम की वजह से निकलकर आती हैं। समूह में नियमों का मतलब है कि किस सदस्य को क्या काम करना है और क्या नहीं करना है? भूमिका और नियम बनने में समय लगता है।

समूह के साथ काम करने की तकनीक (Techniques for Working with Groups): यह जरूरी है कि समूह में काम करने के लिए तकनीक या रणनीति तय कर ली जाए, ताकि समूह ठीक से काम कर सके। समुदाय कार्यकर्त्ता के लिए यह उपयोगी होगा कि इनके बारे में उसे पूरी जानकारी हो, जिससे समूह का कामकाज कायदे से चले।

प्रश्न 5. निम्नलिखित में से किन्हीं पाँच पर संक्षिप्त टिप्पणियाँ (प्रत्येक) लगभग 100 शब्दों में लिखिए:

(a) स्थिति-विशेष योजना

उत्तर– देखें अध्याय-1, प्र.सं.-16

(b) क्षेत्र विकास दृष्टिकोण

उत्तर– देखें अध्याय-1, प्र.सं.-2

(c) मध्य-अवधि मूल्यांकन

उत्तर– देखें अध्याय-1, प्र.सं.-6

(d) नकदी प्रवाह विवरण

उत्तर– देखें जून-2012, प्र.सं.-5(e)

(e) उद्देश्यमूलक मूल्यांकन

उत्तर– देखें अध्याय-2, प्र.सं.-21

(f) स्वैच्छिक संगठनों की बुनियादी विशेषताएँ

उत्तर– देखें अध्याय-3, प्र.सं.-22

(g) निचले स्तर से योजना बनाना

उत्तर– देखें अध्याय-3, प्र.सं.-14

(h) महिला मुक्ति मोर्चा

उत्तर– देखें जून-2012, प्र.सं.-5(b)

ग्राम विकास योजना और प्रबंध : एम.आर.डी.-103
जून, 2014

नोट: (i) सभी पाँच प्रश्नों के उत्तर दीजिए।
(ii) सभी प्रश्नों के अंक समान हैं।
(iii) प्रश्न संख्या 1 और 2 के उत्तर (प्रत्येक) 800 शब्दों से अधिक नहीं होने चाहिए।

प्रश्न 1. लोक कार्यवाही एवं ग्रामीण प्रौद्योगिकी प्रगति (कापार्ट) के उद्देश्य, संगठन और महत्त्वपूर्ण गतिविधियों की व्याख्या कीजिए।

उत्तर– देखें दिसम्बर-2012, प्र.सं.-2

अथवा

'समुदाय आधारित कार्यक्रम' से आपका क्या अभिप्राय है? इसको विकसित करने के लिए जरूरी विभिन्न कदमों की चर्चा कीजिए।

उत्तर– देखें दिसम्बर-2012, प्र.सं.-2

प्रश्न 2. ग्राम विकास योजना से संबंधित विभिन्न सिद्धांतों और महत्त्वपूर्ण दृष्टिकोणों की समीक्षा कीजिए।

उत्तर– देखें अध्याय-1, प्र.सं.-2

अथवा

नियोजन की बहु-स्तरीय संरचना का विश्लेषण कीजिए। यह किस प्रकार विकेंद्रित नियोजन से भिन्न है?

उत्तर– देखें अध्याय-1, प्र.सं.-9

प्रश्न 3. निम्नलिखित में से किन्हीं दो प्रश्नों के उत्तर (प्रत्येक) लगभग 400 शब्दों में दीजिए:

(i) गरीबी उन्मूलन कार्यक्रमों की उपलब्धियों की समीक्षा कीजिए।

उत्तर– देखें अध्याय-1, प्र.सं.-5

(ii) परियोजना की आर्थिक व्यवहार्यता की अवधारणा और विशिष्टताओं को स्पष्ट कीजिए।

उत्तर– देखें अध्याय-2, प्र.सं.-11

(iii) सामाजिक क्रिया और सामाजिक सुधार के बीच अंतर बताइए।

उत्तर– देखें दिसम्बर-2012, प्र.सं.-5(b)

प्रश्न 4. निम्नलिखित में से किन्हीं चार पर संक्षिप्त टिप्पणियाँ (प्रत्येक लगभग 200 शब्दों में) लिखिए।

(क) नेटवर्क विश्लेषण

उत्तर– देखें दिसम्बर-2012, प्र.सं.-4(c)

(ख) जमीनी स्तर नियोजन

उत्तर– देखें अध्याय-1, प्र.सं.-19

(ग) संसाधनों की धारणा

उत्तर– किसी भी विकासशील देश में सदा मुख्य समस्या संसाधनों की होती है। अनिवार्यतः ये तीन किस्म की समस्याएँ होती हैं: मनुष्य, धन और सामग्री। जहाँ तक वित्त का संबंध है, योजनाकारों को देश के अंदर ही कर प्रयासों (tax efforts) और बाजार ऋण आदि द्वारा वित्तीय संसाधन जुटाने तथा निर्यात, प्रेषित धन, ऋण और सहायता ऋण के बीच तालमेल सुनिश्चित करना होता है। इन संसाधनों को ध्यान में रखकर योजनाकार को माँगों को पूरा करने तथा देश के लिए निर्धारित सभी उद्देश्यों को यथासंभव अधिक-से-अधिक समायोजित करना होता है।

जहाँ तक अपेक्षित जनशक्ति का संबंध है, इसकी भी योजना सावधानीपूर्वक बनानी होती है और आधार स्तर से ऊपर उच्चतम तकनीकी स्तर तक मानव संसाधन विकास के लिए आवश्यक प्रबंध करने होते हैं।

संसाधन का तीसरा पहलू विकास प्रक्रिया को मूर्त रूप देने के लिए अपेक्षित सामग्री है। योजना को ऐसे संसाधनों की उपलब्धता की व्यवस्था करनी होती है। उदाहरण के लिए तेल, इस्पात, सीमेंट, बिजली, उर्वरक आदि।

इसलिए योजना के माध्यम से लोगों की माँगों को पूरा करने के प्रयास करते समय, योजनाकार को यह सुनिश्चित करना होता है कि आधारिक संरचना और समर्थन के निर्माण के लिए अपेक्षित सामग्री की योजना भी साथ-साथ बनाई जाती है और मुहैया की जाती है।

(घ) एक सामाजिक क्रिया के रूप में नर्मदा बचाओ आंदोलन

उत्तर– देखें दिसम्बर-2012, प्र.सं.-5(a)

(ङ) ऋण-वितरण प्रणाली
उत्तर– देखें अध्याय-3, प्र.सं.-27(ii)

(च) नमक सत्याग्रह
उत्तर– देखें जून-2013, प्र.सं.-5(h)

प्रश्न 5. निम्नलिखित में से किन्हीं पाँच पर संक्षिप्त टिप्पणियाँ (प्रत्येक लगभग 100 शब्दों में) लिखिए।

(क) योजना के लिए आवश्यकता
उत्तर– देखें अध्याय-1, प्र.सं.-1

(ख) योजना आयोग
उत्तर– देखें अध्याय-1, प्र.सं.-7

(ग) खंड-योजना के उद्देश्य
उत्तर– देखें अध्याय-1, प्र.सं.-16

(घ) प्रशासन और प्रबंध
उत्तर– देखें अध्याय-2, प्र.सं.-2

(ङ) समवर्ती एवं अंतिम मूल्यांकन
उत्तर– देखें दिसम्बर-2012, प्र.सं.-4(d)

(च) स्वैच्छिक संगठन एवं गैर-सरकारी संगठन
उत्तर– देखें अध्याय-3, प्र.सं.-3

(छ) सामाजिक क्रिया
उत्तर– देखें अध्याय-3, प्र.सं.-19

(ज) स्व-सहायता समूह
उत्तर– देखें जून-2013, प्र.सं.-5(f)

GPH Provides Best Help Books for IGNOU STUDENTS

ग्राम विकास योजना और प्रबंध : एम.आर.डी.-103
दिसम्बर, 2014

नोट: (i) सभी पाँच प्रश्नों के उत्तर दीजिए।
(ii) सभी प्रश्नों के अंक समान हैं।
(iii) प्रश्न संख्या 1 और 2 के उत्तर (प्रत्येक) 800 शब्दों से अधिक नहीं होने चाहिए।

प्रश्न 1. भारत में नियोजन की प्रक्रिया की, विस्तारपूर्वक व्याख्या कीजिए।

अथवा

परियोजन के मूल्यांकन से जुड़ी तकनीकी व्यवहार्यता की महत्त्वपूर्ण विशेषताएँ क्या हैं? विस्तार से समझाएँ।

प्रश्न 2. ग्राम विकास के लिए समुदाय-आधारित कार्यक्रमों को विकसित करने में आवश्यक विभिन्न कदमों की चर्चा कीजिए।

अथवा

स्वैच्छिक संगठन से आप क्या समझते हैं? संगठनात्मक संरचना को प्रभावी बनाने के लिए स्वैच्छिक संगठन के दृष्टिकोणों की चर्चा कीजिए।

प्रश्न 3. निम्नलिखित में से किन्हीं दो प्रश्नों के उत्तर (प्रत्येक) लगभग 400 शब्दों में दीजिए।
(a) भारत में जिला योजना की भूमिका की समीक्षात्मक जाँच कीजिए।
(b) प्रबंध के प्रमुख कार्यों का वर्णन कीजिए।
(c) सामाजिक क्रिया की अवधारणा और महत्त्वपूर्ण विशेषताओं को स्पष्ट कीजिए।

प्रश्न 4. निम्नलिखित में से किन्हीं चार पर (प्रत्येक लगभग 200 शब्दों में) संक्षिप्त टिप्पणियाँ लिखिए।
(a) लोगों की भागीदारी के कारकों का निर्धारण।
(b) नेटवर्क विश्लेषण।

(c) संसाधनों की अवधारणा।
(d) मान्य न्यास की आवश्यकताएँ।
(e) परियोजना की निगरानी प्रणाली।
(f) नर्मदा बचाओ आंदोलन।

प्रश्न 5. निम्नलिखित में से किन्हीं पाँच पर संक्षिप्त टिप्पणियाँ (प्रत्येक लगभग 100 शब्दों में) लिखिए।
(a) नकदी-प्रवाह विवरण।
(b) विकेंद्रीकृत योजना की विशेषताएँ।
(c) जिला-योजना के आर्थिक घटक।
(d) औसत निवेश प्रतिलाभ (ए.आर.आई.)।
(e) भुगतान वापसी अवधि (पी.बी.पी.)।
(f) वार्षिक खंड योजना।
(g) स्व-सहायता समूह।
(h) अद्यतन कार्य संपन्न समय।

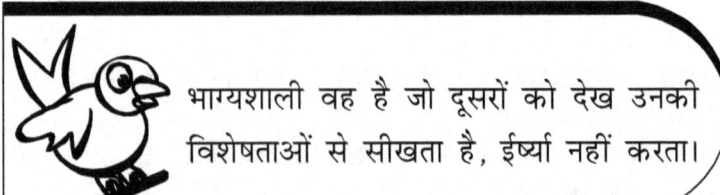

भाग्यशाली वह है जो दूसरों को देख उनकी विशेषताओं से सीखता है, ईर्ष्या नहीं करता।

ग्राम विकास योजना और प्रबंध : एम.आर.डी.-103

जून, 2015

नोट: (i) *सभी पाँच प्रश्नों के उत्तर दीजिए।*
(ii) *सभी प्रश्नों के अंक समान हैं।*
(iii) *प्रश्न संख्या 1 और 2 के उत्तर (प्रत्येक) 800 शब्दों से अधिक नहीं होने चाहिए।*

प्रश्न 1. क्षेत्र विकास के लिए खंड स्तर योजना का वर्णन कीजिए।

अथवा

नीचे के स्तर की योजना से जुड़ी प्रक्रिया की संक्षिप्त व्याख्या कीजिए।

प्रश्न 2. परियोजना मूल्यांकन की विभिन्न तकनीकों और मानदंडों की विवेचना कीजिए।

अथवा

स्वैच्छिक एजेंसी के गठन और उसके पंजीकरण का विवरण दीजिए।

प्रश्न 3. निम्नलिखित में से किन्हीं दो प्रश्नों के उत्तर (प्रत्येक) लगभग 400 शब्दों में दीजिए:

(a) स्वैच्छिक संगठन (वी.ओज.) और गैर-सरकारी संगठन (एन.जी.ओज.) के बीच विभेद कीजिए।

(b) जनजातीय योजना की द्वि-स्तरीय व्यवस्था का संक्षेप में वर्णन कीजिए।

(c) परियोजना का निर्माण कैसे किया जाता है? स्पष्ट कीजिए।

प्रश्न 4. निम्नलिखित में से किन्हीं चार के उत्तर (प्रत्येक) लगभग 200 शब्दों में दीजिए:

(a) परियोजना के कार्यान्वयन को प्रभावित करने वाले कारक

(b) परियोजना की आर्थिक व्यवहार्यता में समय की भूमिका

(c) एकीकृत ग्राम विकास दृष्टिकोण

(d) जिला योजना का विस्तार

(e) कापार्ट की गतिविधियाँ
(f) जनभागीदारी निर्धारण के कारक

प्रश्न 5. निम्नलिखित में से किन्हीं पाँच पर संक्षिप्त टिप्पणियाँ (प्रत्येक) लगभग 100 शब्दों में लिखिए:

(a) क्षेत्र विकास दृष्टिकोण
(b) पंचायती राज संस्थाओं द्वारा नीचे के स्तर की योजना के प्रतिमान
(c) आय की आंतरिक दर
(d) नकदी प्रवाह विवरण
(e) मूल्यांकन के लिए पूर्व शर्तें
(f) ऋण वितरण प्रणाली
(g) एन.जी.ओज. के सकारात्मक प्रभाव
(h) समुदाय भागीदारी के प्रकार

होठों पर मुस्कान हर मुश्किल कार्य को आसान कर देती है।

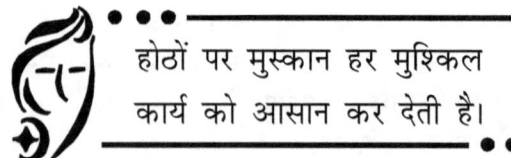

ग्राम विकास योजना और प्रबंध : एम.आर.डी.-103
दिसम्बर, 2015

नोट: (i) सभी पाँच प्रश्नों के उत्तर दीजिए।
(ii) सभी प्रश्नों के अंक समान हैं।
(iii) प्रश्न संख्या 1 और 2 के उत्तर (प्रत्येक) 800 शब्दों से अधिक नहीं होने चाहिए।

प्रश्न 1. जिला योजना का क्या महत्त्व है? जिला योजना की विभिन्न प्रावस्थाओं का संक्षेप में वर्णन कीजिए।

अथवा

प्रबंध की अवधारणा को स्पष्ट कीजिए। प्रबंध के मूल कार्यों की विवेचना कीजिए।

प्रश्न 2. परियोजना की तकनीकी व्यवहार्यता का विवरण दीजिए।

अथवा

कापार्ट के उद्देश्य कौन से हैं? कापार्ट के प्रमुख कार्यक्रमों की संक्षिप्त व्याख्या कीजिए।

प्रश्न 3. निम्नलिखित में से किन्हीं दो प्रश्नों के उत्तर (प्रत्येक) लगभग 400 शब्दों में दीजिए:

(a) नीचे के स्तर की योजना में पंचायती राज संस्थाओं की प्रासंगिकता का संक्षिप्त वर्णन कीजिए।
(b) सामाजिक क्रिया की मुख्य विशेषताओं की व्याख्या कीजिए।
(c) ग्राम विकास परियोजनाओं के कार्यान्वयन से जुड़े पहलुओं का वर्णन कीजिए।

प्रश्न 4. निम्नलिखित में से किन्हीं चार के उत्तर (प्रत्येक) लगभग 200 शब्दों में दीजिए:

(a) योजना की आवश्यकता

(b) खंड योजना के उद्देश्य
(c) जन भागीदारी
(d) सामाजिक क्रिया और सामाजिक सुधार में अंतर
(e) परियोजना पहचान
(f) परियोजना प्रबंध सूचना प्रणाली

प्रश्न 5. निम्नलिखित में से किन्हीं पाँच पर संक्षिप्त टिप्पणियाँ (प्रत्येक) लगभग 100 शब्दों में लिखिए:

(a) संवृद्धि केंद्र दृष्टिकोण
(b) जिला योजना का विस्तार
(c) विकेंद्रीकृत योजना के गुण और दोष
(d) स्वर्णजयंती ग्राम स्वरोजगार योजना (एस.जी.एस.वाई)
(e) नर्मदा बचाओ आंदोलन
(f) विदेशी योगदान नियमन कानून, 1976
(g) भुगतान वापसी अवधि
(h) उद्देश्यमूलक मूल्यांकन

जब हम क्रोध की अग्नि में जलते हैं तो इसका धुआँ हमारी ही आँखों में जाता है।

ग्राम विकास योजना और प्रबंध : एम.आर.डी.-103
जून, 2016

नोट: (i) सभी पाँच प्रश्नों के उत्तर दीजिए।
(ii) सभी प्रश्नों के अंक समान हैं।
(iii) प्रश्न संख्या 1 और 2 के उत्तर (प्रत्येक) 800 शब्दों से अधिक नहीं होने चाहिए।

प्रश्न 1. भारत में बहु-स्तरीय योजना के ढाँचे की व्याख्या कीजिए।

अथवा

जिला योजना के विभिन्न घटकों का वर्णन कीजिए।

प्रश्न 2. सामाजिक क्रिया से आपका क्या अभिप्राय है? सामाजिक क्रिया की विभिन्न रणनीतियों को स्पष्ट कीजिए।

अथवा

भारत में ग्राम विकास परियोजनाओं की कार्यान्वयन प्रक्रिया की चर्चा कीजिए।

प्रश्न 3. निम्नलिखित में से किन्हीं दो प्रश्नों के उत्तर (प्रत्येक) लगभग 400 शब्दों में दीजिए:

(a) स्वैच्छिक प्रयास को बढ़ावा देने में सरकार की भूमिका की व्याख्या कीजिए।

(b) परियोजना मूल्यांकन की आर्थिक व्यवहार्यता में समय की भूमिका की चर्चा कीजिए।

(c) राज्य स्तर पर योजना प्रक्रिया के तंत्र का वर्णन कीजिए।

प्रश्न 4. निम्नलिखित में से किन्हीं चार के उत्तर (प्रत्येक) लगभग 200 शब्दों में दीजिए:

(a) संसाधनों का अभिप्राय

(b) विकेंद्रीकृत योजना के गुण और दोष

(c) प्रबंध की प्रक्रिया

(d) विस्तृत परियोजना रिपोर्ट

(e) गैर-सरकारी संगठन और स्वैच्छिक संगठन के बीच अंतर
(f) सामाजिक क्रिया और सामाजिक सुधार

प्रश्न 5. निम्नलिखित में से किन्हीं पाँच पर संक्षिप्त टिप्पणियाँ (प्रत्येक) लगभग 100 शब्दों में लिखिए:
(a) संवृद्धि केंद्र दृष्टिकोण
(b) पंचायती राज संस्थाओं द्वारा निचले स्तर की योजना के प्रतिमान
(c) नकदी प्रवाह विवरण
(d) परियोजना प्रबंध सूचना प्रणाली
(e) उद्देश्यमूलक मूल्यांकन
(f) जन भागीदारी
(g) नर्मदा बचाओ आंदोलन
(h) जिला योजना समिति

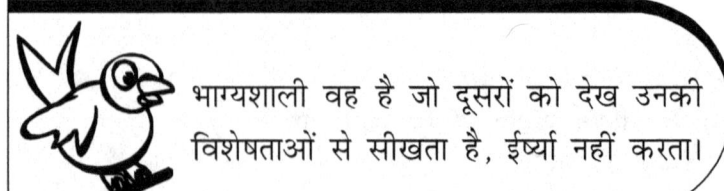

भाग्यशाली वह है जो दूसरों को देख उनकी विशेषताओं से सीखता है, ईर्ष्या नहीं करता।

ग्राम विकास योजना और प्रबंध : एम.आर.डी.-103

दिसम्बर, 2016

नोट: (i) सभी पाँच प्रश्नों के उत्तर दीजिए।
(ii) सभी प्रश्नों के अंक समान हैं।
(iii) प्रश्न संख्या 1 और 2 के उत्तर (प्रत्येक) 800 शब्दों से अधिक नहीं होने चाहिए।

प्रश्न 1. खंड स्तर पर योजना प्रक्रिया की व्याख्या कीजिए।

अथवा

ग्राम विकास में परियोजना के आयामों का वर्णन कीजिए।

प्रश्न 2. स्वैच्छिक एजेंसी की प्रकृति और कार्यक्षेत्र की चर्चा कीजिए।

अथवा

विकेंद्रीकृत योजना से आपका क्या अर्थ है? विकेंद्रीकृत योजना के गुण और दोषों की व्याख्या कीजिए।

प्रश्न 3. निम्नलिखित में से किन्हीं दो प्रश्नों के उत्तर (प्रत्येक) लगभग 400 शब्दों में दीजिए:

(a) सामाजिक क्रिया की मुख्य विशेषताओं का वर्णन कीजिए।
(b) नीचे के स्तर की योजना के अर्थ और कार्यक्षेत्र का संक्षिप्त वर्णन कीजिए।
(c) परियोजना की वित्तीय व्यवहार्यता की मुख्य विशेषताओं की विवेचना कीजिए।

प्रश्न 4. निम्नलिखित में से किन्हीं चार के उत्तर (प्रत्येक) लगभग 200 शब्दों में दीजिए:

(a) भारत में बहुस्तरीय योजना
(b) जिला योजना का कार्यक्षेत्र
(c) भुगतान वापसी अवधि
(d) परियोजना के मूल्यांकन की पूर्व शर्तें

(e) कपार्ट

(f) समुदाय भागीदारी के प्रकार

प्रश्न 5. निम्नलिखित में से किन्हीं पाँच पर संक्षिप्त टिप्पणियाँ (प्रत्येक) लगभग 100 शब्दों में लिखिए:

(a) स्थानिक घटक

(b) योजना और कृषि संबंधी रूपांतरण

(c) स्व-सहायता समूह

(d) जन-भागीदारी

(e) परियोजना पहचान करना

(f) निवेश पर औसत प्रतिलाभ

(g) क्षेत्र विकास दृष्टिकोण

(h) जिला योजना समिति

होठों पर मुस्कान हर मुश्किल

कार्य को आसान कर देती है।

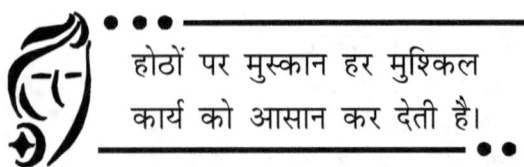

ग्राम विकास योजना और प्रबंध : एम.आर.डी.-103
जून, 2017

नोट: (i) सभी पाँच प्रश्नों के उत्तर दीजिए।
(ii) सभी प्रश्नों के अंक समान हैं।
(iii) प्रश्न संख्या 1 और 2 के उत्तर (प्रत्येक) 800 शब्दों से अधिक नहीं होने चाहिए।

प्रश्न 1. खंड स्तर पर आधार स्तर की योजना से आप क्या समझते हैं? इसकी प्रकृति और विस्तार की व्याख्या कीजिए।
उत्तर– देखें अध्याय-1, प्र.सं.-16

अथवा

स्वतंत्रता प्राप्ति के बाद भारत में ग्राम विकास योजना की विवेचना कीजिए।
उत्तर– देखें अध्याय-1, प्र.सं.-5

प्रश्न 2. ग्राम विकास परियोजना की तकनीकी व्यवहार्यता का समीक्षात्मक विश्लेषण कीजिए।
उत्तर– देखें अध्याय-2, प्र.सं.-9

अथवा

स्वैच्छिक एजेंसी के गठन और उसके पंजीकरण में शामिल चरणों की चर्चा कीजिए।
उत्तर– देखें अध्याय-3, प्र.सं.-23

प्रश्न 3. निम्नलिखित में से किन्हीं दो प्रश्नों के उत्तर (प्रत्येक) लगभग 400 शब्दों में दीजिए:

(a) आधार स्तर पर योजना में पंचायती राज संस्थाओं की भूमिका का संक्षेप में वर्णन कीजिए।
उत्तर– देखें अध्याय-1, प्र.सं.-20

(b) कापार्ट की गतिविधियों की व्याख्या कीजिए।
उत्तर– देखें अध्याय-3, प्र.सं.-1

(c) परियोजना मूल्यांकन में वित्तीय व्यवहार्यता की मुख्य विशेषताओं की संक्षिप्त चर्चा कीजिए।
उत्तर— देखें अध्याय-2, प्र.सं.-13

प्रश्न 4. निम्नलिखित में से किन्हीं चार के उत्तर (प्रत्येक) लगभग 200 शब्दों में दीजिए:

(a) वार्षिक जिला योजना
उत्तर— देखें अध्याय-1, प्र.सं.-15

(b) बहुराष्ट्रीय योजना के संबद्धता कारक
उत्तर— देखें अध्याय-1, प्र.सं.-9

(c) परियोजना के आयाम
उत्तर— देखें अध्याय-2, प्र.सं.-5

(d) पोस्डकोर्ब
उत्तर— देखें अध्याय-2, प्र.सं.-4

(e) स्व-सहायता समूह
उत्तर— देखें अध्याय-3, प्र.सं.-7

(f) स्वैच्छिक संगठनों की समस्याएँ
उत्तर— देखें अध्याय-3, प्र.सं.-6

प्रश्न 5. निम्नलिखित में से किन्हीं पाँच पर संक्षिप्त टिप्पणियाँ (प्रत्येक) लगभग 100 शब्दों में लिखिए:

(a) एकीकृत ग्राम विकास दृष्टिकोण
उत्तर— देखें अध्याय-1, प्र.सं.-2

(b) पंचवर्षीय योजनाएँ
उत्तर— देखें अध्याय-1, प्र.सं.-6

(c) परिप्रेक्ष्य जिला योजना
उत्तर— देखें अध्याय-1, प्र.सं.-15

(d) लागत और लाभ विश्लेषण
उत्तर— देखें अध्याय-2, प्र.सं.-11

(e) वापस अदायगी अवधि

उत्तर— देखें अध्याय-2, प्र.सं.-13

(f) स्वर्ण जयंती ग्राम स्व-रोजगार योजना

उत्तर— देखें अध्याय-3, प्र.सं.-4

(g) स्टाफ विकास

उत्तर— संस्था के लक्ष्य, उद्देश्य और कार्यक्रम तय करते हैं कि किस तरह के कर्मी चाहिए। ये दो तरह के होते हैं। पहले, प्रशासनिक कर्मी और दूसरे, कार्यक्रम कर्मी।

प्रशासनिक कर्मियों में वित्त विभाग और क्लर्क किस्म के लोग वगैरह होते हैं। कार्यक्रम कर्मियों में कार्यक्रम संयोजक और अन्य लोग होते हैं, जो कार्यक्रम को लागू करने से सीधे जुड़े होते हैं। इसमें तकनीकी कर्मी भी आते हैं।

प्रशिक्षण को कर्मचारी विकास में निवेश माना जाता है। इससे महज जानकारी, समझ और हुनर ही नहीं बढ़ता, बल्कि आगे बढ़ने की प्रेरणा भी मिलती है। आजकल स्वैच्छिक संस्थाएँ बहुत तरह के कार्यक्रमों को हाथ में लेती हैं। उसमें कुछ हद तक वे समाज बनाने का काम भी करती हैं। कर्मियों को लगातार लोगों से मिलना-जुलना होता है। उनसे संवाद बनाना पड़ता है। ये बदलाव के एजेंट के तौर पर काम करते हैं। प्रशिक्षण से भविष्य के अवसर ही नहीं बढ़ते, उससे कर्मियों की क्षमता भी बढ़ती है। फिर उससे एजेंसी का प्रदर्शन भी बेहतर होता है।

अपने कर्मियों के लिए प्रशिक्षण कार्यक्रम तय करते हुए उस प्रशिक्षण का पाठ्यक्रम, प्रशिक्षण का समय, कौन प्रशिक्षण देगा और उसका क्या असर होगा? जैसे मुद्दों पर ठीक से सोच-विचार होना चाहिए। फिलहाल, कई तरह की नई प्रशिक्षण पद्धतियाँ आ गई हैं, जो भागीदारी वाली बहुमाध्यम (मल्टीमीडिया) सोच का इस्तेमाल करती हैं।

(h) समुदाय भागीदारी के प्रकार

उत्तर— देखें अध्याय-3, प्र.सं.-17

ग्राम विकास योजना और प्रबंध : एम.आर.डी.-103
दिसम्बर, 2017

नोट: (i) सभी पाँच प्रश्नों के उत्तर दीजिए।
(ii) सभी प्रश्नों के अंक समान हैं।
(iii) प्रश्न संख्या 1 और 2 के उत्तर (प्रत्येक) 800 शब्दों से अधिक नहीं होने चाहिए।

प्रश्न 1. ग्राम के स्तर पर आधार स्तर की योजना से जुड़ी प्रक्रिया की व्याख्या कीजिए।

अथवा

ग्राम विकास परियोजनाओं के कार्यान्वयन की प्रक्रिया का वर्णन कीजिए।

प्रश्न 2. स्वैच्छिक एजेंसी से आपका क्या अभिप्राय है? स्वैच्छिक एजेंसी की प्रकृति और क्षेत्र की चर्चा कीजिए।

अथवा

समुदाय आधारित कार्यक्रमों की योजना में शामिल कदमों को स्पष्ट कीजिए।

प्रश्न 3. निम्नलिखित में से किन्हीं दो प्रश्नों के उत्तर (प्रत्येक) लगभग 400 शब्दों में दीजिए–
(a) जिला योजना के विभिन्न घटकों का संक्षिप्त वर्णन कीजिए।
(b) परियोजना मूल्यांकन में तकनीकी व्यवहार्यता की मुख्य विशेषताओं को स्पष्ट कीजिए।
(c) सामाजिक क्रिया की रणनीतियों की संक्षिप्त चर्चा कीजिए।

प्रश्न 4. निम्नलिखित में से किन्हीं चार के उत्तर (प्रत्येक) लगभग 200 शब्दों में दीजिए–
(a) योजना की आवश्यकता
(b) योजना आयोग
(c) ग्राम विकास परियोजनाओं के कार्यान्वयन को प्रभावित करने वाले कारक

(d) नकदी प्रवाह विवरण
(e) जिला योजना समिति
(f) एन.जी.ओज की सीमाएँ

प्रश्न 5. निम्नलिखित में से किन्हीं पाँच पर संक्षिप्त टिप्पणियाँ (प्रत्येक) लगभग 100 शब्दों में लिखिए–
(a) परियोजना जीवन चक्र
(b) विकेंद्रीकृत योजना
(c) आय की आंतरिक दर
(d) नेटवर्क विश्लेषण
(e) जन भागीदारी
(f) स्वैच्छिक प्रयास को बढ़ावा देने में सरकार की भूमिका
(g) नर्मदा बचाओ आंदोलन
(h) समुदाय में नेतृत्व

ग्राम विकास योजना और प्रबंध : एम.आर.डी.-103
जून, 2018

नोट: (i) सभी पाँच प्रश्नों के उत्तर दीजिए।
(ii) सभी प्रश्नों के अंक समान हैं।
(iii) प्रश्न संख्या 1 और 2 के उत्तर (प्रत्येक) 800 शब्दों से अधिक नहीं होने चाहिए।

प्रश्न 1. योजना की बहु-स्तरीय संरचना से आपका क्या अभिप्राय है? ग्राम विकास को मजबूत करने वाले सम्बद्धता कारकों का वर्णन कीजिए।
उत्तर– देखें अध्याय-1, प्र.सं.-9

अथवा

ग्राम विकास परियोजना के आर्थिक मूल्यांकन में समय की भूमिका की विवेचना कीजिए।
उत्तर– देखें अध्याय-2, प्र.सं.-12

प्रश्न 2. कापार्ट के संगठन संबंधी ढाँचे और गतिविधियों का वर्णन कीजिए।
उत्तर– देखें अध्याय-3, प्र.सं.-1

अथवा

स्वैच्छिक संगठन के पंजीकरण की जरूरत और उद्देश्य की व्याख्या कीजिए।
उत्तर– देखें अध्याय-3, प्र.सं.-22

प्रश्न 3. निम्नलिखित में से किन्हीं दो प्रश्नों के उत्तर (प्रत्येक) लगभग 400 शब्दों में दीजिए–
(a) क्षेत्र विकास के लिए खंड स्तरीय योजना की संक्षिप्त व्याख्या कीजिए।
उत्तर– देखें अध्याय-1, प्र.सं.-16

(b) ग्राम विकास परियोजना के कार्यान्वयन की प्रक्रिया का वर्णन कीजिए।
उत्तर– देखें अध्याय-2, प्र.सं.-3

(c) समुदाय आधारित परियोजनाओं के लिए कार्यक्रमों को कैसे तैयार किया जाता है?
उत्तर– देखें अध्याय-3, प्र.सं.-16

प्रश्न 4. निम्नलिखित में से किन्हीं चार के उत्तर (प्रत्येक) लगभग 200 शब्दों में दीजिए–

(a) संसाधनों की धारणा
उत्तर– देखें जून-2014, प्र.सं.-4 (ग)

(b) पंचवर्षीय योजनाएँ
उत्तर– देखें अध्याय-1, प्र.सं.-6

(c) विस्तृत परियोजना रिपोर्ट
उत्तर– देखें अध्याय-2, प्र.सं.-7

(d) परियोजना मूल्यांकन के आयाम
उत्तर– देखें अध्याय-2, प्र.सं.-21

(e) सामाजिक क्रिया और सामाजिक सुधार
उत्तर– देखें दिसम्बर-2012, प्र.सं.-5 (b)

(f) न्यास का पंजीकरण
उत्तर– देखें अध्याय-3, प्र.सं.-24

प्रश्न 5. निम्नलिखित में से किन्हीं पाँच पर संक्षिप्त टिप्पणियाँ (प्रत्येक) लगभग 100 शब्दों में लिखिए–

(a) संवृद्धि केंद्र दृष्टिकोण
उत्तर– देखें अध्याय-1, प्र.सं.-2

(b) योजना और कृषि का रूपांतरण
उत्तर– देखें अध्याय-1, प्र.सं.-5

(c) भारत में विकेंद्रीकृत योजना
उत्तर– देखें अध्याय-1, प्र.सं.-9

(d) नेटवर्क विश्लेषण
उत्तर– देखें अध्याय-2, प्र.सं.-16

(e) परियोजना के मूल्यांकन की पूर्व शर्तें
उत्तर– देखें अध्याय-2, प्र.सं.-21

(f) एनजीओज की सीमाएँ
उत्तर– देखें दिसम्बर-2013, प्र.सं.-4 (e)

(g) नर्मदा बचाओ आंदोलन
उत्तर– देखें अध्याय-3, प्र.सं.-21 (v)

(h) समुदाय भागीदारी के प्रकार
उत्तर– देखें अध्याय-3, प्र.सं.-17

ग्राम विकास योजना और प्रबंध : एम.आर.डी.-103
दिसम्बर, 2018

नोट: सभी पाँच प्रश्नों के उत्तर दीजिए। सभी प्रश्नों के अंक समान हैं। प्रश्न सं. 1 और 2 के उत्तर 800 शब्दों (प्रत्येक) से अधिक नहीं होने चाहिए।

प्रश्न 1. जिला स्तर योजना के विभिन्न घटकों का वर्णन कीजिए।

अथवा

परियोजना की वित्तीय व्यवहार्यता की मुख्य विशेषताओं को स्पष्ट कीजिए।

प्रश्न 2. सामाजिक क्रिया के लिए अपनाई गई विभिन्न प्रकार की रणनीतियों का वर्णन कीजिए।

अथवा

समुदाय आधारित कार्यक्रमों की पूर्वधारणाएँ क्या हैं? समुदाय आधारित कार्यक्रमों की योजना की प्रक्रिया की चर्चा कीजिए।

प्रश्न 3. निम्नलिखित में से किन्हीं दो प्रश्नों के उत्तर लगभग 400 शब्दों (प्रत्येक) में दीजिए:

(क) राष्ट्रीय स्तर पर योजना के लिए संगठन पर प्रकाश डालिए।

(ख) परियोजना मूल्यांकन की तकनीकों और मानदंडों की संक्षेप में व्याख्या कीजिए।

(ग) जमीनी (आधारिक) स्तर की योजना की मुख्य विशेषताओं की व्याख्या कीजिए।

प्रश्न 4. निम्नलिखित में से किन्हीं चार के उत्तर लगभग 200 शब्दों (प्रत्येक) में दीजिए:

(क) एकीकृत ग्राम विकास दृष्टिकोण

(ख) विकेंद्रीकृत योजना के गुण और दोष

(ग) नकदी प्रवाह विवरण

(घ) उद्देश्यमूलक मूल्यांकन

(ङ) स्वैच्छिक संगठनों की समस्याएँ

(च) कापार्ट के उद्देश्य

प्रश्न 5. निम्नलिखित में से किन्हीं पाँच पर लगभग 100 शब्दों (प्रत्येक) में संक्षिप्त टिप्पणियाँ लिखिए:

(क) जिला योजना समिति
(ख) विदेशी योगदान नियमन अधिनियम, 1976
(ग) लागत और लाभ विश्लेषण
(घ) आय की आंतरिक दर
(ङ) क्षेत्र विकास दृष्टिकोण
(च) परिप्रेक्ष्य योजना
(छ) सामुदायिक भागीदारी
(ज) व्यापक विकास योजना

ग्राम विकास योजना और प्रबंध : एम.आर.डी.-103
जून, 2019

नोट: सभी पाँच प्रश्नों के उत्तर दीजिए। सभी प्रश्नों के अंक समान हैं। प्रश्न संख्या 1 और 2 के उत्तर (प्रत्येक) 800 शब्दों से अधिक नहीं होने चाहिए।

प्रश्न 1. ग्राम विकास की योजना के महत्त्वपूर्ण सिद्धांतों और तकनीकों की व्याख्या कीजिए।
उत्तर– देखें अध्याय-1, प्र.सं.-2

अथवा

परियोजना निर्माण की प्रक्रिया और प्रमुख आयामों की व्याख्या कीजिए।
उत्तर– देखें अध्याय-2, प्र.सं.-6, 5

प्रश्न 2. स्वैच्छिक संगठन से आप क्या समझते हैं? स्वैच्छिक संगठन की पंजीकरण की आवश्यकता और प्रक्रिया को स्पष्ट कीजिए।
उत्तर– देखें अध्याय-3, प्र.सं.-22, 23

अथवा

नीचे के स्तर की योजना क्या होती है? इसमें पंचायती राज संस्थाओं की भूमिका की चर्चा कीजिए।
उत्तर– देखें अध्याय-1, प्र.सं.-19, 20

प्रश्न 3. निम्नलिखित में से किन्हीं दो प्रश्नों के उत्तर (प्रत्येक) लगभग 400 शब्दों में दीजिए–
(a) राज्य स्तर पर योजना के लिए संगठन का वर्णन कीजिए।
उत्तर– देखें अध्याय-1, प्र.सं.-7

(b) विकास परियोजना की निगरानी में सूचना प्रणाली की भूमिका को स्पष्ट कीजिए।
उत्तर– देखें अध्याय-2, प्र.सं.-18

(c) गरीबी उन्मूलन कार्यक्रमों की उपलब्धियों की जाँच कीजिए।
उत्तर– देखें अध्याय-1, प्र.सं.-5

प्रश्न 4. निम्नलिखित में से किन्हीं चार के उत्तर (प्रत्येक) लगभग 200 शब्दों में दीजिए।

(a) ऋण-वितरण प्रणाली
उत्तर– देखें अध्याय-3, प्र.सं.-27(ii)

(b) जिला योजना समितियाँ
उत्तर– देखें अध्याय-3, प्र.सं.-4

(c) आर्थिक योजना की अनिवार्य पूर्व आवश्यकताएँ
उत्तर– देखें अध्याय-1, प्र.सं.-12

(d) स्वैच्छिक संगठनों की समस्याएँ
उत्तर– देखें अध्याय-3, प्र.सं.-6

(e) परियोजना जीवन-चक्र
उत्तर– देखें अध्याय-1, प्र.सं.-3

(f) नमक सत्याग्रह
उत्तर– देखें अध्याय-3, प्र.सं.-21(iii)

प्रश्न 5. निम्नलिखित में से किन्हीं पाँच पर संक्षिप्त टिप्पणियाँ (प्रत्येक) लगभग 100 शब्दों में लिखिए–

(a) एकीकृत क्षेत्र दृष्टिकोण
उत्तर– देखें अध्याय-1, प्र.सं.-16

(b) भारत के संविधान का अनुच्छेद 39
उत्तर– भारत के संविधान के अनुच्छेद 39 के अनुसार, राज्य अपनी नीति का विशेषतया ऐसा संचालन करेगा कि सुनिश्चित रूप से–

(1) समान रूप से नर और नारी सभी नागरिकों को जीविका के पर्याप्त साधन प्राप्त करने का अधिकार हो,

(2) समुदाय की भौतिक संपत्ति का स्वामित्व और नियंत्रण इस प्रकार बँटा हो कि जिससे सामूहिक हित का सर्वोत्तम रूप से साधन हो,

(3) आर्थिक व्यवस्था इस प्रकार चले कि जिससे धन और उत्पादन-साधनों का सर्वसाधारण के लिए अहितकारी केंद्रण न हो,

(4) पुरुषों और स्त्रियों दोनों का समान कार्य के लिए समान वेतन हो,

(5) श्रमिक पुरुषों और स्त्रियों का स्वास्थ्य और शक्ति तथा बालकों की सुकुमार अवस्था का दुरुपयोग न हो तथा आर्थिक आवश्यकता से विवश होकर नागरिकों को ऐसे रोजगारों में न जाना पड़े जो उनकी आयु या शक्ति के अनुकूल न हों,

(6) बच्चों को स्वास्थ्य में स्वतंत्रता और सम्मानपूर्ण स्थिति में विकसित करने के अवसर और सुविधाएँ दी जाएँ और शैशव तथा किशोर अवस्था का शोषण से तथा नैतिक और आर्थिक परित्याग से संरक्षण हो।

(c) योजना प्रक्रिया के सम्बद्धता कारक
उत्तर— देखें अध्याय-1, प्र.सं.-9

(d) परियोजना का उद्देश्य उन्मुख मूल्यांकन
उत्तर— देखें अध्याय-2, प्र.सं.-21

(e) ग्राम सभा की अनिवार्य शक्तियाँ
उत्तर— देखें अध्याय-1, प्र.सं.-21

(f) शक्ति की अवधारणा
उत्तर— शक्ति उस सामाजिक स्थिति की द्योतक है जिसमें कोई व्यक्ति विशेष सामाजिक विरोध की स्थिति में भी अपनी इच्छा और आदेशों का पालन करवाने में सफल हो जाता है। यह नकारात्मक संकल्पना है।

शक्ति की अवधारणा सकारात्मकता एवं नकारात्मकता पूर्ण होती है। यदि शक्ति में वैधता जुड़ जाए तो वह सकारात्मक रूप से उभरती है अन्यथा शक्ति दिशाहीन होती है, जो विनाशकारी भी सिद्ध हो सकती है। शक्ति व्यक्ति की योग्यता को प्रदर्शित करती है।

शक्ति के संबंध में विद्वानों के विचार—

—शूमैन का कथन है कि शक्ति व्यक्तियों पर नियंत्रण एवं प्रभाव डालने संबंधी होती है।

—समाजशास्त्रीय वेबर शक्ति को आरोपण के रूप में अभिव्यक्त करते हैं। यह आरोपण बाध्यकारी रूप में होता है। यह अवधारणा अनेक विद्वानों द्वारा विवेचित की गई है।

—शक्ति के संबंध में विद्वान बर्नार्ड शा का मत है कि शक्ति कभी भ्रष्ट नहीं करती बल्कि जब यह अज्ञानी में निहित होती है, तभी भ्रष्ट होने की संभावना बढ़ जाती है।

(g) नर्मदा बचाओ आंदोलन
उत्तर— देखें अध्याय-3, प्र.सं.-21(v)

(h) संगठनात्मक जवाबदेही
उत्तर— देखें अध्याय-3, प्र.सं.-22

ग्राम विकास योजना और प्रबंध : एम.आर.डी.-103
दिसम्बर, 2019

नोट: *सभी पाँच प्रश्नों के उत्तर दीजिए। सभी प्रश्नों के अंक समान हैं। प्रश्न सं. 1 और 2 के उत्तर 800 शब्दों (प्रत्येक) से अधिक नहीं होने चाहिए।*

प्रश्न 1. भारत में बहु–स्तरीय योजना की प्रक्रिया में शामिल मुद्दों की विवेचना कीजिए।

उत्तर– देखें जून-2012, प्र.सं–2 (पेज नं.–185)

अथवा

भारत में ग्राम विकास के क्षेत्र में स्वैच्छिक प्रयास की भूमिका का मूल्यांकन कीजिए।

उत्तर– देखें अध्याय–3, प्र.सं–5 (पेज नं.–127)

प्रश्न 2. योजना के सिद्धांतो और तकनीकों की विवेचना कीजिए।

उत्तर– देखें अध्याय–1, प्र.सं–2 (पेज नं.–3)

अथवा

परियोजना की पहचान करने से आपका क्या अर्थ है? परियोजना निर्माण की प्रक्रिया का वर्णन कीजिए।

उत्तर– देखें अध्याय–2, प्र.सं–5, 6 (पेज नं.–61, 63)

प्रश्न 3. निम्नलिखित में से किन्हीं दो प्रश्नो के उत्तर (प्रत्येक) लगभग 400 शब्दों में दीजिए:

(a) खंड स्तर योजना के कार्यक्षेत्र की चर्चा कीजिए।

उत्तर– देखें अध्याय–1, प्र.सं–16 (पेज नं.–37)

(b) ग्राम विकास में लोगो कीं भागीदारी के मुख्य कारकों को स्पष्ट कीजिए।

उत्तर– देखें अध्याय–3, प्र.सं–2 (पेज नं.–123)

(c) परियोजना निगरानी के अर्थ और उद्देश्यों की व्याख्या कीजिए।

उत्तर– देखें अध्याय–2, प्र.सं–17 (पेज नं.–96)

प्रश्न 4. निम्नलिखित में से किन्हीं चार के उत्तर (प्रत्येक) लगभग 200 शब्दों में दीजिए:

(a) संसाधनों की धारणा
उत्तर– देखें जून–2014, प्र.सं–4(ग) (पेज नं.–201)

(b) पंचायती राज संस्थाएं
उत्तर– देखें अध्याय–1, प्र.सं–20 (पेज नं.–47)

(c) जिला योजना अभिकरण
उत्तर– देखें अध्याय–1, प्र.सं–7 (पेज नं.–15)

(d) नीचे के स्तर की योजना
उत्तर– देखें अध्याय–1, प्र.सं–19 (पेज नं.–43)

(e) स्वैच्छिक प्रयास को बढ़ाने में सरकार की भूमिका
उत्तर– देखें अध्याय–3, प्र.सं–5 (पेज नं.–127)

(f) समुदाय भागीदारी के प्रकार
उत्तर– देखें अध्याय–3, प्र.सं–17 (पेज नं.–151)

प्रश्न 5. निम्नलिखित में से किन्हीं पाँच पर संक्षिप्त टिप्पणियाँ (प्रत्येक) लगभग 100 शब्दों मे लिखिए:

(a) विदेशी योगदान नियमन अधिनियम, 1976
उत्तर– देखें अध्याय–3, प्र.सं–22 (पेज नं.–165)

(b) महिला मुक्ति मोर्चा–दल्ली राजहरा
उत्तर– देखें अध्याय–3, प्र.सं–21(4) (पेज नं.–164)

(c) स्व–सहायता समूह
उत्तर– देखें अध्याय–3, प्र.सं–7 (पेज नं.–130)

(d) विस्तरित परियोजना रिपोर्ट
उत्तर– देखें अध्याय–2, प्र.सं–7 (पेज नं.–65)

(e) नकद प्रवाह विवरण
उत्तर– देखें अध्याय–2, प्र.सं–13 (पेज नं.–78)

(f) नमक सत्याग्रह
उत्तर– देखें अध्याय–3, प्र.सं–21(3) (पेज नं.–162)

(g) कापार्ट
उत्तर– देखें अध्याय–3, प्र.सं–1 (पेज नं.–116)

(h) राष्ट्रीय विकास परिषद
उत्तर– देखें अध्याय–1, प्र.सं–7 (पेज नं.–17)

ग्राम विकास योजना और प्रबंध : एम.आर.डी.-103
जून, 2020

नोट: सभी पाँच प्रश्नों के उत्तर दीजिए। सभी प्रश्नों के अंक समान हैं। प्रश्न संख्या 1 और 2 के उत्तर (प्रत्येक) 800 शब्दों से अधिक नहीं होने चाहिए।

प्रश्न 1. भारत में आरंभ के ग्राम विकास योजना कार्यों की संक्षिप्त समीक्षा कीजिए।
उत्तर– देखें अध्याय-1, प्र.सं.-5

अथवा

जिला योजना की प्रक्रिया में महत्त्वपूर्ण प्रावस्थाओं का वर्णन कीजिए।
उत्तर– देखें अध्याय-1, प्र.सं.-14

प्रश्न 2. विकास परियोजना की तकनीकी व्यवहार्यता की प्रमुख विशेषताओं को स्पष्ट कीजिए।
उत्तर– देखें अध्याय-2, प्र.सं.-9

अथवा

सामाजिक क्रिया की प्रमुख कार्यनीतियों की चर्चा कीजिए।
उत्तर– देखें अध्याय-3, प्र.सं.-20

प्रश्न 3. निम्नलिखित में से किन्हीं दो प्रश्नों के उत्तर (प्रत्येक) लगभग 400 शब्दों में दीजिए।

(a) राष्ट्रीय स्तर पर योजना के लिए संगठन की चर्चा कीजिए।
उत्तर– देखें अध्याय-1, प्र.सं.-7

(b) परियोजना मूल्यांकन की तकनीक और मानदंड को स्पष्ट कीजिए।
उत्तर– देखें अध्याय-2, प्र.सं.-22

(c) ग्राम विकास में स्वैच्छिक प्रयास को बढ़ावा देने में सरकार की भूमिका का वर्णन कीजिए।
उत्तर– देखें अध्याय-3, प्र.सं.-5

प्रश्न 4. निम्नलिखित में से किन्हीं चार प्रश्नों के उत्तर (प्रत्येक) लगभग 400 शब्दों में दीजिए।

(a) संवृद्धि केंद्र दृष्टिकोण
उत्तर– देखें अध्याय-1, प्र.सं.-2

(b) स्थानिक घटक

उत्तर– देखें अध्याय–1, प्र.सं.–12

(c) ग्राम विकास परियोजनाओं के कार्यान्वयन को प्रभावित करने वाले कारक

उत्तर– देखें अध्याय–2, प्र.सं.–3

(d) जिला नियोजन एजेंसी

उत्तर– देखें अध्याय–1, प्र.सं.–7

(e) जन-भागीदारी

उत्तर– देखें अध्याय–3, प्र.सं.–2

(f) कापार्ट

उत्तर– देखें अध्याय–3, प्र.सं.–1

प्रश्न 5. निम्नलिखित में से किन्हीं पाँच पर संक्षिप्त टिप्पणियाँ (प्रत्येक) लगभग 100 शब्दों में लिखिए।

(a) एकीकृत क्षेत्र दृष्टिकोण

उत्तर– देखें अध्याय–1, प्र.सं.–16

(b) भंडार और प्रवाह

उत्तर– देखें अध्याय–1, प्र.सं.–4

(c) संसाधन की कोटि

उत्तर– संसाधनों के स्टॉक से बर्हिप्रवाह के कारण गुणवत्ता में ह्रास होता है, इसलिए संसाधन की गुणवत्ता का सुरक्षण, संरक्षण और सुरक्षा योजना का एक अनिवार्य कार्य है। तदनुसार, गुणवत्ता और कोटि के आधार पर संसाधनों के वितरण की जानकारी होना किसी भी योजना एजेंसी के लिए सबसे पहली आवश्यकता है। इसलिए उपयुक्त स्तर पर योजना का अनिवार्य कार्य योजना के आधार वर्ष में विद्यमान संसाधनों के स्टॉक का लेखा विवरण तैयार करना है। इस प्रकार के लेखा विवरण में उपर्युक्त संसाधनों के भिन्न-भिन्न प्रकारों की विशेषतासूचक लक्षणों का उल्लेख होना चाहिए। लेखा विवरण इस प्रकार तैयार किया जाना चाहिए जो योजना के संबद्ध प्रश्नों का उत्तर दे सके जैसे–

- किसी विशिष्ट संसाधनों के स्टॉक की मात्रा क्या है?
- इसके स्वामित्व, उपयोगिता या अल्प-उपयोगिता का क्या पैटर्न है?
- उत्पादन का वर्तमान प्रवाह क्या है?
- विज्ञान और प्रौद्योगिकी की वर्तमान स्थिति में प्राप्त किया जा सकने वाला उत्पादन क्या हो सकता है?
- स्टॉक की मात्रा बढ़ाने की कितनी गुंजाइश है?

(d) वापसी की आंतरिक दर
उत्तर— देखें अध्याय-2, प्र.सं.-14

(e) वाटरशेड प्रबंधन
उत्तर— देखें अध्याय-3, प्र.सं.-1

(f) विकेंद्रीकरण योजना
उत्तर— देखें अध्याय-1, प्र.सं.-9

(g) समुदाय के साथ काम करने के सिद्धांत
उत्तर— समुदाय की भागीदारी तय करने के लिए नीचे लिखे ये सिद्धांत दिशानिर्देशों का काम कर सकते हैं—

• **एकाग्रचित रहो**—सामुदायिक समूहों के साथ काम करने की बुनियाद ही कार्यक्रम उद्देश्यों की समझ और लक्ष्यों की स्पष्टता है।

• **नेताओं की सावधानी से पहचान**—सामुदायिक समूहों के साथ कामयाबी से काम करने के लिए नेतृत्व सबसे महत्त्वपूर्ण है। इसीलिए समुदाय से नेताओं का चयन बहुत सोच-समझ कर और सावधानी से करना चाहिए।

• **तैयार रहो**—किसी कार्यक्रम का चलना और प्रगति करना सीधे-सीधे फैसले लेने से पहले और उसके बाद की ठोस तैयारियों से जुड़ा होता है।

• **जुड़े रहो**—सभी सदस्यों की कारगर और बेहतर भागीदारी के लिए जुड़ाव का माहौल बनाए रखना चाहिए।

• **समर्थन जुटाना**—नेतृत्व को उखाड़ने के लिए नहीं, बल्कि उसके लिए समर्थन जुटाना।

• **संप्रेषण**—समय-समय पर सभी सदस्यों को तमाम गतिविधियों और प्रगति के बारे में औपचारिक-अनौपचारिक तौर पर सूचित करते रहना।

• **गतिशील रहो**—सामुदायिक समूहों की संतुष्टि और उनके उत्साह को बरकरार रखने के लिए लगातार प्रगति, गतिशीलता और साध लेने का भाव बनाए रखना बेहद जरूरी है।

(h) नर्मदा बचाओ आंदोलन
उत्तर— देखें अध्याय-3, प्र.सं.-21(v)

www.ingramcontent.com/pod-product-compliance
Lightning Source LLC
LaVergne TN
LVHW021810060526
838201LV00058B/3315